Internet und Gesellschaft

Schriften des Alexander von Humboldt Institut
für Internet und Gesellschaft

Herausgegeben von

Jeanette Hofmann, Matthias C. Kettemann,
Björn Scheuermann, Thomas Schildhauer
und Wolfgang Schulz

30

ARTIBUS INGENUIS J·C·B·M· 1·8·0·1

Amélie Heldt

Intensivere Drittwirkung

Die mittelbare Drittwirkung der Meinungsfreiheit in Öffentlichkeiten der digitalen Gesellschaft

Eine verfassungsrechtliche, rechtsvergleichende und interdisziplinäre Analyse

Mohr Siebeck

Amélie Heldt, geboren 1989; Studium der Rechtswissenschaften in Paris, Potsdam und Hamburg (Promotion); Design-Thinking-Studium in Potsdam; Wissenschaftliche Mitarbeiterin am Leibniz-Institut für Medienforschung/Hans-Bredow-Institut; Assoziierte Forscherin am Humboldt-Institut für Internet und Gesellschaft; Fellowships an der University of Haifa, Yale Law School, Weizenbaum-Institut; Referentin für Grundsatzfragen der Digitalpolitik im Bundeskanzleramt.
orcid.org/0000-0002-1910-9925

Die Open Access-Veröffentlichung des vorliegenden Bandes wurde ermöglicht durch eine Förderung des Humboldt-Instituts für Internet und Gesellschaft, Berlin.

ISBN 978-3-16-161938-0 / eISBN 978-3-16-161940-3
DOI 10.1628/978-3-16-161940-3

ISSN 2199-0344 / eISSN 2569-4081 (Internet und Gesellschaft)

Die Deutsche Nationalbibliothek verzeichnet diese Publikation in der Deutschen Nationalbibliographie; detaillierte bibliographische Daten sind über *http://dnb.dnb.de* abrufbar.

Das Buch wurde von epline in Bodelshausen aus der Times New Roman gesetzt, von Laupp & Göbel in Gomaringen auf alterungsbeständiges Werkdruckpapier gedruckt und dort gebunden.

Printed in Germany.

Vorwort

Die vorliegende Arbeit wurde im Wintersemester 2021/2022 von der Fakultät für Rechtswissenschaft der Universität Hamburg als Dissertationsschrift angenommen. Rechtsprechung und Literatur konnten bis Oktober 2021 berücksichtigt werden.

Mein Dank gilt an erster Stelle meinem Doktorvater, Prof. Dr. Wolfgang Schulz, für seine engagierte Betreuung meines Promotionsvorhabens. Die anregenden Gespräche und fundierten Ratschläge von der Themensuche bis zum Abschluss haben maßgeblich zum Gelingen dieser Arbeit beigetragen. Prof. Dr. Marion Albers danke ich für die zügige Erstellung des Zweitgutachtens und die damit verbundenen weiterführenden Hinweise. Der Heinrich-Böll-Stiftung danke ich für die großzügige Förderung durch ein Promotionsstipendium, sowohl finanzieller als auch ideeller Art. Prof. Dr. Natali Helberger möchte ich für die Zweitempfehlung für das Promotionsstipendium danken. Das Stipendium ermöglichte mir unter anderem Forschungsaufenthalte am University of Haifa Center for Cyber Law & Policy sowie an der Yale Law School, die diese Arbeit mannigfaltig bereichert haben. Mein Dank für ihre Betreuung jeweils vor Ort gilt daher Prof. Dr. Niva Elkin-Koren und Prof. Dr. Jack Balkin. Ich danke ebenfalls der Fakultät für Rechtswissenschaft der Universität Hamburg für die Aufnahme in das Magdalene-Schoch-Programm für Nachwuchswissenschaftlerinnen. Die damit verbundenen vielfältigen Austauschmöglichkeiten mit anderen Rechtwissenschaftlerinnen habe ich als besonders gewinnbringend empfunden.

Den Herausgebern Prof. Dr. Jeanette Hofmann, Prof. Dr. Matthias C. Kettemann, Prof. Dr. Björn Scheuermann, Prof. Dr. Thomas Schildhauer und Prof. Dr. Wolfgang Schulz danke ich herzlich für die Aufnahme in die Schriftenreihe Internet und Gesellschaft. Dem Humboldt-Institut für Internet und Gesellschaft danke ich für den gewährten Open-Access-Zuschuss.

Meine Promotionszeit am Leibniz-Institut für Medienforschung | Hans-Bredow-Institut (HBI) verbringen zu dürfen, habe ich als großes Glück empfunden. Der Zusammenhalt und die Kollegialität am HBI haben mich durch die Promotionsphase getragen, dafür möchte ich mich bei allen Kolleginnen und Kollegen sehr bedanken. Dort habe ich nicht nur akademische Inspiration, sondern auch Freunde gefunden. Meinem Forschungsprogrammleiter Dr. Stephan Dreyer danke ich ganz besonders für seine konstante Unterstützung, seinen unüberbietbaren Humor und seine klugen Ratschläge. Ebenso dankbar bin ich für die vielen bereichernden Gespräche am Humboldt-Institut für Internet und Gesellschaft, dem ich durch eine Zweitaffiliation verbunden war.

Nicht zuletzt bin ich meinen Freunden äußerst dankbar, die fachlich und persönlich stets mit einem offenen Ohr für mich da waren – ob durch kreative Ablenkung oder seriösen Austausch, ob nah oder fern.

Meinen Eltern und meinen Geschwistern möchte ich von Herzen für ihre Unterstützung während aller Phasen meines akademischen Werdegangs danken. Ihnen ist diese Arbeit gewidmet. Schließlich danke ich meinem Freund Moritz für die ermunternden Worte zur Themenwahl sowie die liebevolle Begleitung in der Phase der Fertigstellung dieser Arbeit.

Berlin, Februar 2023 Amélie Heldt

Inhaltsübersicht

Inhaltsverzeichnis

Abkürzungsverzeichnis

a. A.	andere Ansicht
Abl.	ablehnend
AG	Amtsgericht
ausf.	ausführlich
BAG	Bundesarbeitsgericht
BGH	Bundesgerichtshof
bspw.	beispielsweise
BVerfG	Bundesverfassungsgericht
BVerwG	Bundesverwaltungsgericht
d.	der/des
DSA	Digital Services Act
FrHSchV D-USA	Freundschafts-, Handels- und Schifffahrtsvertrag zw. der BRD und den USA v. 29.10.1954
i. d. R.	in der Regel
i. E.	im Ergebnis
i. e. S.	im engeren Sinne
i. S. v.	im Sinne von
i. V. m.	in Verbindung mit
i. w. S.	im weiteren Sinne
krit.	kritisch
LG	Landgericht
m. w. N.	mit weiteren Nachweisen
NB	nota bene
o. g.	oben genannt
OLG	Oberlandesgericht
s. a.	siehe auch
SCotUS	Supreme Court of the United States
s. o.	siehe oben
st. Rspr.	ständige Rechtsprechung
s. u.	siehe unten
u.	und
u. a.	unter anderem/und andere
Verf.	Verfasserin
vgl.	vergleiche
WRV	Weimarer Reichsverfassung
z. Bsp.	zum Beispiel
zw.	zwischen

Einleitung

A. Kommunikation in der digitalen Gesellschaft

Der Ruf nach Konzepten für das Recht der globalen und digitalen Gesellschaft hat in den letzten Jahren nicht abgenommen, obwohl er schon Beginn der 2000er Jahre prominent geäußert wurde.[1] Das hängt zum einen damit zusammen, dass bisherige Strukturmerkmale und Gegebenheiten, wie bspw. die grenzüberschreitende Durchsetzung des Rechts und die Autorität nationaler Gerichte, wegen der Digitalisierung und der Globalisierung in Frage gestellt werden. Zum anderen kann die Digitalisierung eine Transformation des anwendbaren Rechts mit sich bringen, weil neue Sachverhalte entstehen. Kaum ein Phänomen hat das Internet so verändert wie Informationsintermediäre, die sich nach und nach als Infrastruktur für Online-Kommunikation etabliert haben.[2] Sie bündeln verschiedene Medienlogiken und Kommunikationsformen, weshalb ihnen in vielen Ländern eine Schlüsselrolle als Infrastruktur des Internets zukommt.[3] In manchen Regionen der Welt werden sie sogar als „Das Internet" wahrgenommen.[4] Die hohen Nutzerzahlen auf einigen wenigen Plattformen und deren Geschäft mit der Aufmerksamkeit der Nutzer und deren Daten werfen Fragen auf. Wie ist mit asymmetrischen Verhältnissen zwischen Privaten im Internet umzugehen, ist das Verhältnis zwischen privaten Akteuren im Internet und der öffentlichen Gewalt vergleichbar,[5] inwieweit werden Menschenrechte wie die Meinungsfreiheit geschützt und welche Verantwortung schreibt man großen Intermediären zu?[6]

Digitale Kommunikationsplattformen sind keine neutralen Akteure. Von Google, das Anzeigen in Russland sperrt und YouTube-Videos entfernt, die den Krieg verharmlosen, über Twitter, das sich weigert, Tweets zu empfehlen, die

[1] *Hoffmann-Riem*, Der Staat 2003, 193 (214): „Die Kommunikationsordnung der Zukunft [...] hat noch keinen angemessenen Rechtsrahmen erhalten."

[2] *Schulz/Dankert*, Die Macht der Informationsintermediäre.

[3] *Dijck*, NM&S 2020, 1 (9); *Zimmer/Kunow*, Medienintermediäre und Meinungsbildung, S. 45.

[4] *Taub/Fisher*, Where Countries Are Tinderboxes and Facebook Is a Match.

[5] Vgl. *Marti*, in: Mastronardi, Das Recht im Spannungsfeld utilitaristischer und deontologischer Ethik, S. 107 (111); *Hoffmann-Riem*, Der Staat 2004, 203 (231).

[6] *Kaye*, Report of the Special Rapporteur on the promotion and protection of the right to freedom of opinion and expression.

auf russische Staatsmedien verweisen, bis hin zu TikTok, das als Reaktion auf das russische Fake News-Gesetz alle Video-Uploads aus dem Land aussetzte – alle großen Social Media-Plattformen haben seit dem 24.02.2022 Ad-hoc-Maßnahmen ergriffen, die über ihre bisherige Politik hinausgehen oder ihr widersprechen. Soziale Netzwerke sind eindeutig Teil des Informationskonflikts. Für diese Technologieunternehmen, die *de facto* zu Verwaltern von Online-Informationen geworden sind, ist es unerlässlich, schnell auf globale Ereignisse zu reagieren und gegebenenfalls ihre Regeln zu ändern. Vor über zehn Jahren bezeichnete die US-amerikanische Rechtswissenschaftlerin *Rebecca Tushnet* den Einfluss von Informationsintermediären auf die Meinungsfreiheit als „Power without Responsability".[7] Verantwortung ist keine rechtliche Kategorie und dennoch blieb es über viele Jahre sozialen Medien überlassen, den normativen Rahmen ihrer Plattform zu bestimmen – verantwortungsvoll oder nicht.

Heute sind unterschiedliche Regulierungsvorhaben jeweils gegen Phänomene wie Hasskriminalität und Desinformation in sozialen Netzwerken zu beobachten (bspw. das Netzwerkdurchsetzungsgesetz), aber (noch) kein einheitlicher Umgang auf EU-Ebene.[8] In der Diskussion um neue Regulierungsvorhaben kann aus dem Blick geraten, dass bereits vorhandene rechtliche Instrumente und allem voran die Menschenrechte (in unterschiedlichen Erklärungen und Chartas) ein gesellschaftliches Fundament bilden, auf dessen Grundlage die rechtlichen Instrumente von morgen geformt werden können.

Unbeantwortet ist u. a. bisher die Frage, wie der Umgang sozialer Netzwerke mit legalen jedoch unerwünschten Meinungsäußerungen im Internet rechtlich zu bewerten ist, d. h. ob das Sanktionieren von solchen Nutzerinhalten auf der Grundlage von privaten Nutzungsbedingungen mit der Meinungsfreiheit vereinbar ist. Die Inhaltemoderation durch soziale Netzwerke wurde lange nicht als rechtliches Problem wahrgenommen, weil die Frage der Durchsetzung gesetzlicher Verbote im Internet priorisiert wurde (bspw. durch das NetzDG). Doch unerwünschte, verletzende oder sogar demokratieschädigende Inhalte erfüllen oftmals nicht den objektiven Tatbestand eines gesetzlichen Verbots. Daraus folgt, dass soziale Netzwerke überwiegend durch ihre eigenen Regeln (bspw. „Gemeinschaftsstandards") darüber entscheiden, welches Nutzerverhalten „erlaubt" ist. Dieser Einfluss über öffentliche Kommunikation im Internet ist dann nicht unproblematisch, wenn solche Dienste Öffentlichkeit herstellen und Bedeutung für die Meinungsbildung erlangen, aber gleichzeitig den Zugang willkürlich verwehren. In diesem Kontext muss auf die Frage eingegangen werden, ob die Betreiber sozialer Medien die Kommunikationsfreiheiten ihrer Nutzer beachten sollten, und wenn ja, wie sie mit den Rechten und Freiheiten der Betreiber und Dritten vereinbar sind.[9] Muss das Kuratieren von digitalen

---

[7] *Tushnet*, Geo. Wash. L. Rev. 2008, 101.

[8] Aller Voraussicht nach mit dem Digital Services Package der Europäischen Union.

[9] S. a. *Siehr*, Das Recht am öffentlichen Raum, S. 684–685: in Bezug auf die „Ausweitung

Öffentlichkeiten auch grundrechtlich geschützt sein? Ziel dieser Arbeit ist es, verfassungsrechtliche Leitplanken zu identifizieren, die den Gerichten bei der Urteilsfindung als Unterstützung dienen können und die darüber hinaus auch in der Praxis der Inhaltemoderation der angesprochenen Unternehmen integriert werden können.

B. Fragestellung und Gang der Untersuchung

Informationsintermediäre und ihre Bedeutung für die individuelle und öffentliche Meinungsbildung beschäftigen diverse Wissenschaftszweige, auch die Rechtswissenschaften. Intermediäre des Typs „soziale Netzwerke" ermöglichen es Nutzerinnen und Nutzern, Medieninhalte sowie nicht-journalistisch-redaktionelle Inhalte zu rezipieren und sich innerhalb eines algorithmisch auf den einzelnen zugeschnittenen Informationsumfelds zu äußern. Welche Konsequenzen hat es, wenn Informationsintermediäre den Zugang zu Kommunikationsmöglichkeiten verhindern oder Meinungsäußerungen „verbieten", die keinen Verstoß gegen ein gesetzliches Verbot darstellen? Diese Frage ist der Anlass für die grundsätzliche Überlegung, inwieweit private Akteure wie soziale Netzwerke an die Meinungsfreiheit gebunden sein können.[10] Sollen sie ohne weiteres die Inhalte ihrer Nutzer löschen dürfen, wenn diese nicht rechtswidrig sind, aber gegen ihre Nutzungsbedingungen verstoßen? Die Arbeit kombiniert Fragen der Grundrechtsdogmatik, die sowohl in der Rechtsprechung als auch in der Literatur umfassend besprochen wurden und dennoch nicht an Relevanz verloren haben. Seit dem Lüth-Urteil des Bundesverfassungsgerichts 1958 wird die Lehre der mittelbaren Drittwirkung angewandt. Demnach strahlen Grundrechte – neben ihrem subjektiv-rechtlichen Gehalt – durch Einbruchstellen in private Rechtsverhältnisse aus. Folglich müsse bei der Auslegung von unbestimmten Rechtsbegriffen der Verfassung gefolgt werden. Wie steht es um die Maßstäbe für die ordentliche Gerichtsbarkeit, wenn die vertragliche Gestaltungsfreiheit von privaten Diensten mit Blick auf die Meinungsfreiheit der Nutzer beurteilt werden muss?[11]

Zur Beantwortung dieser Frage ist die Arbeit der Lehre der mittelbaren Drittwirkung gewidmet und befasst sich mit deren Entwicklung in der digitalen Gesellschaft. Forschungsgegenstand dieser Arbeit ist hauptsächlich deutsches Verfassungsrecht, insbesondere die Rechtsprechung des Bundesverfassungsgerichts. Dieser Schwerpunkt kann zunächst wie ein Widerspruch zu

semi-öffentlicher Räume" und dem Desiderat rechtlicher Regelungen für „die Ausübung der Grundrechte" gegenüber „privaten Betreiber semi-öffentlicher Räume".

[10] Vgl. *Kuczerawy*, Intermediary liability and freedom of expression in the EU, S. 328 (Ausblick).

[11] Vgl. *Holznagel*, CR 2018, 369 (378).

den gestellten Forschungsfragen wirken, denn das Internet und die Plattformregulierung sind Themen, die inhärent global sind und sich nicht auf nationale Sachverhalte reduzieren lassen. Dennoch gibt es verschiedene Anknüpfungspunkte an die deutsche Rechtsordnung: zum einen die Lehre der mittelbaren Drittwirkung, die hierzulande eine prominente Rolle spielt, und zum anderen die Betroffenheit individueller Nutzer, die ihre Rechte vor deutschen Gerichten geltend machen. So kommt es bis dato beim Streit zwischen Plattformen und Nutzern auf die nationale Perspektive an. Deutsche Gerichte entscheiden, inwieweit Grundrechte zu beachten und angemessen abzuwägen sind.

Im ersten Schritt der Arbeit werden die Grundlagen der Drittwirkungslehre aufgearbeitet, um womöglich dort erste Hinweise auf die Anwendung der Lehre auf eine *de facto* meinungsfreiheiteinschränkende Vereinbarung zwischen Privaten zu finden. Insbesondere aus der jüngeren Rechtsprechung des Bundesverfassungsgerichts ergibt sich, dass – unter bestimmten Voraussetzungen – Private zunehmend wie der Staat an die Meinungsfreiheit gebunden sein können. Im zweiten Schritt wird ein Vergleich mit den USA angestrengt. Grund hierfür ist der Verweis des Bundesverfassungsgerichts auf die US-amerikanische Doktrin des „public forum" sowie die Tatsache, dass die sozialen Netzwerke in der hier untersuchten Konstellation in der Regel aus den USA kommen und daher dem dortigen Verfassungsverständnis folgen – auch wenn ihr Angebot global ist. Damit soll das Thema aus verschiedenen Blickwinkeln verfassungsdogmatisch beleuchtet werden.

Die Untersuchung befasst sich im Anschluss mit dem Begriff der Öffentlichkeit, der für die Frage der Drittwirkung so zentral ist. Die mittelbare Drittwirkung von Art. 5 Abs. 1 GG soll nicht nur Kommunikation innerhalb *öffentlicher* Räume im rechtlichen Sinne, sondern innerhalb einer sich im Internet wandelnden Form von *Öffentlichkeit* schützen. Der Rückgriff auf den Begriff der Öffentlichkeit in der Rechtswissenschaft ist selbstverständlich nicht neu. Dafür ist ein nicht unbedeutender Transfer zwischen der Kommunikations- und der Rechtswissenschaft erforderlich. Diese interdisziplinäre Rückkopplung unterliegt ebenfalls dem digitalen Wandel. Fraglich ist also, wie der Wandel der Öffentlichkeit sich auf deren Schutz durch Rechtsnormen und innerhalb des Rechtssystems auswirkt. Diese drei theoretischen Schritte werden im zweiten Teil der Arbeit übereinandergelegt: Im vierten Kapitel wird untersucht, wie soziale Netzwerke im Öffentlichkeitsgefüge einzuordnen sind und wie ihr Einfluss auf Kommunikation und Meinungsbildung tatsächlich zu bemessen ist. Schließlich wird im fünften Kapitel der konkrete Anwendungsfall der Inhaltemoderation durch soziale Netzwerke am Beispiel von Facebook erläutert und geprüft. Fraglich ist, ob eine unangemessene Benachteiligung dann anzunehmen ist, wenn soziale Netzwerke sich das Recht vorbehalten, Inhalte zu löschen, die in den Schutzbereich von Art. 5 Abs. 1 S. 1 GG fallen. Es geht dabei einerseits um die Anforderungen, die an eine vertragliche Grundlage für das Sanktionieren von

Nutzerverhalten gestellt werden können. Andererseits stellt sich die Frage, ob es ein legitimes und schutzwürdiges Interesse der Plattform gibt, rechtmäßige Inhalte zu entfernen, wenn sie mit der Werteordnung des Grundgesetzes und der generellen Ausrichtung der Plattform nicht vereinbar sind.

Aus der vorliegenden Untersuchung ergibt sich ein den individuellen Schutz von Art. 5 Abs. 1 S. 1 GG verstärkendes Konzept, das auf die Wirkung der Meinungsfreiheit im Zivilrecht umfassend eingeht, denn beim Schutz von Art. 5 Abs. 1 S. 1 GG geht es nicht nur um die Abwehr staatlicher Gewalt, im Gegenteil: die objektiv-rechtlichen Gehalte der Kommunikationsfreiheiten gewinnen umso mehr an Bedeutung, desto weniger deutlich die Grenzen zwischen privaten und öffentlichen Kommunikationsorten gezogen werden können. Vom Leitbild der deliberativen Demokratie ausgehend ist es Aufgabe des Rechts, den Schutz der freien Meinungsbildung umfassend gegenüber den Konsequenzen einer materiellen Privatisierung des Raumes für öffentliche Kommunikation zu schützen, wenn sie eine Gefahr für die individuelle und öffentliche Meinungsbildung darstellt.[12] Aus dieser verfassungsrechtlichen Perspektive zeigt die Arbeit einen neuen dogmatischen Lösungsansatz auf (neben der bisher vorrangig regulierungsfokussierten Debatte),[13] der die Maßstäbe des Bundesverfassungsgerichts an die Lehre der mittelbaren Drittwirkung, den gesellschaftlichen Stellenwert der Meinungsfreiheit und die Besonderheiten der Öffentlichkeit in einer digitalen Gesellschaft verbindet.

---

[12] Zum Begriff der materiellen Privatisierung: *Maurer/Waldhoff*, Allgemeines Verwaltungsrecht, S. 655; *Masing*, in: Bäuerle/Wallrabenstein/Bryde, Demokratie-Perspektiven: Festschrift für Brun-Otto Bryde zum 70. Geburtstag, S. 409 (422) spricht von einem „folgenreichen Paradigmenwechsel".

[13] U. a. von *Schemmel*, Der Staat 2018, 501 (521) als Desiderat identifiziert.

Teil 1

Theoretischer Teil

Kapitel 1

Die Lehre der mittelbaren Drittwirkung

Die öffentliche Gewalt – Legislative, Exekutive, Judikative – ist an die Grundrechte gebunden. Diese unmittelbare Bindung wirkt nicht nur im Rahmen der Aufgaben der jeweiligen Organe, sondern verleiht dem individuellen Grundrechtsträger ein Abwehrrecht gegen den Staat, wenn jener in dessen Grundrechte eingreift.[1] Der subjektiv-rechtliche Gehalt der Grundrechte bedeutet, dass jeder Einzelne, wenn er sich durch eine Handlung der öffentlichen Gewalt in seinen Grundrechten verletzt glaubt, zur Beschwer gegen den Staat befugt ist. Dieses Verständnis der Grundrechte ist für die freiheitlich-demokratische Grundordnung fundamental, weshalb der Verfassungsgeber die Bindung der öffentlichen Gewalt an die Grundrechte in Art. 1 Abs. 3 und 20 Abs. 3 GG an zwei Stellen festgeschrieben, sowie in Art. 93 Abs. 1 Nr. 4a GG den Rechtsweg der Verfassungsbeschwerde geebnet hat.

Die Verfassungsbeschwerde kann gemäß § 90 Abs. 1 BVerfGG auch gegen Urteile der ordentlichen Gerichtsbarkeit gerichtet werden, wenn eine der beteiligten Parteien sich durch das Urteil in seinen Grundrechten eingeschränkt fühlt.[2] Das Bundesverfassungsgericht prüft, ob das angegriffene Urteil den Beschwerdeführer in seinen Grundrechten verletzt, weil das ordentliche Gericht die (Dritt-)Wirkung der Grundrechte nicht erkannt oder nicht ausreichend beachtet hat. So entfalten Grundrechte auch in Privatrechtsverhältnissen mittelbar eine Schutzwirkung. Grundsätzlich ist die Anwendung der Lehre stark von der verfassungsrechtlichen Rechtsprechung geprägt, aber dieses Verständnis ist keineswegs Konsens in der Rechtswissenschaft, sondern wurde sowohl von Gerichten, als auch von der Literatur kritisiert. Daher soll zunächst ein Überblick über die Genese der mittelbaren Drittwirkung gegeben werden (A.). Um darzulegen, wie konzeptionell offen für eine Weiterentwicklung und Anpassungen an die Rechtsrealität die Lehre der mittelbaren Drittwirkung ist, werden im nächsten Schritt einschlägige Entscheidungen des Bundesverfassungsgerichts (seit dem Fraport-Urteil) vorgestellt und analysiert (B.). Da sich die Arbeit auf den Schutz der Meinungsfreiheit konzentriert, wird anschließend auf die Schutzgehalte von Art. 5 Abs. 1 S. 1 GG und das Verhältnis zwischen objektiv-rechtlichen Gehalten jener und mittelbarer Drittwirkung eingegangen (C.).

---

[1] BVerfGE 6, 386 (387).

[2] Zur Zulässigkeit der Individualverfassungsbeschwerde: *Bethge*, in: Maunz/Schmidt-Bleibtreu/Klein/Bethge, BVerfGG § 90, Rn. 123.

Dieses *tour d'horizon* der Lehre der mittelbaren Drittwirkung wird abschließend bewertet und im Hinblick auf die weiteren Schritte der Arbeit fruchtbar gemacht (D.).

A. Die Genese der mittelbaren Drittwirkung in der Rechtsprechung

Die Lehre der mittelbaren Drittwirkung wird nicht *unisono* angewandt, vielmehr erfährt sie substanzielle Kritik auf unterschiedlichen Ebenen. Teilweise wird die Mittelbarkeit ihrer Wirkung in Frage gestellt, im Sinne eines umfassenderen Grundrechtsschutzes sei es gerechtfertigt, einzelne Freiheitsrechte im Rahmen bestimmter Privatrechtsverhältnisse unmittelbar anzuwenden. Zu den Vertretern dieser Ansicht zählte lange das Bundesarbeitsgericht, dessen Rechtsprechung daher einer Vorstellung bedarf (I.). Das Bundesverfassungsgericht – hingegen – hat sich im Lüth-Urteil für die Mittelbarkeit der Drittwirkung im Privatrecht ausgesprochen und ist von dieser Linie nicht abgewichen (II.). Die Kritik an der Lehre i. e. S. vermengt sich mit der an ihrer Anwendung durch das Bundesverfassungsgericht, sowie an der vermeintlichen Vermengung des Verfassungsrechts mit dem Privatrecht (III.). Die kritischen Argumente der Literatur sind wichtig, um ein vollständiges Bild zu zeichnen, aber auch um die Vor- und Nachteile der Offenheit der Lehre nachvollziehen zu können.

I. Die Rechtsprechung des BAG: die unmittelbare Drittwirkung

1. Schutz des Arbeitnehmers in Art. 118 WRV

Der Grundsatz, dass Grundrechte auch zwischen Privaten und sogar unmittelbar wirken können, galt bereits partiell in der Weimarer Reichsverfassung von 1919. Art. 118 Abs. 1 S. 2 WRV regelte die unmittelbare Bindung der Arbeitgeber an die Meinungsfreiheit folgendermaßen: „An diesem Rechte darf ihn kein Arbeits- oder Anstellungsverhältnis hindern, und niemand darf ihn benachteiligen, wenn er von diesem Rechte Gebrauch macht.“. Des Weiteren sah die Weimarer Reichsverfassung noch zwei andere Fälle der unmittelbaren Drittwirkung vor: Art. 159 S. 2 (Vereinigungsfreiheit) und 160 S. 1 (Freistellung für die Wahrnehmung staatsbürgerlicher Rechte und für öffentliche Ehrenämter) WRV. Die sozialen Grundrechte aus Art. 119 ff. WRV wurden in der Weimarer Reichsverfassung eher als Programmsätze oder Staatszielbestimmungen verstanden.[3] Die individuellen Grundrechte (Art. 109 bis 118 WRV) wurden kon-

[3] *Poscher*, S. 23 (27); *Scheuner*, in: Forsthoff/Weber, Festschrift für Ernst Rudolf Huber zum 70. Geburtstag am 8. Juni 1973, 164.

kreter artikuliert, allerdings unterschied sich die Qualität, ob als Rechtssatz oder bloß (politischer) Programmsatz.[4]

Der Wortlaut des Art. 118 Abs. 1 S. 2 WRV war im Hinblick auf die Grundrechtsbindung von Arbeitgebern eindeutig und unmissverständlich: die Meinungsfreiheit galt zwischen Arbeitgeber und Arbeitnehmer wie zwischen Staat und Bürger. Von einer solchen unmittelbaren Wirkung von Grundrechten zwischen Privaten hat der verfassungsgebende Konvent 1948 in Herrenchiemsee für die rechtliche und politische Grundordnung der Bundesrepublik Deutschland abgesehen. Der Berichterstatter für den Grundrechtskatalog *Ludwig Bergsträsser*, Mitglied des Parlamentarischen Rates, hatte in seinem Entwurf für das Grundrecht der Meinungsfreiheit folgenden Satz aufgenommen: „Dieses Recht darf auch durch ein Dienstverhältnis nicht beschränkt werden und niemand darf ein Nachteil widerfahren, wenn er es ausübt."[5] Damit warb er für die unmittelbare Wirkung der Meinungsfreiheit, zumindest im Arbeitsverhältnis. In einer Debatte rund um den Grundrechtekatalog (Dritte Sitzung vom 21. September 1948) ging es um das Zusammenführen der Meinungs- und der Informationsfreiheit: der Satz über die unmittelbare Drittwirkung fiel – scheinbar ohne Diskussion darüber – weg.[6] In der weiteren Diskussion über den Wortlaut und in den folgenden Fassungen des zukünftigen Art. 5 GG war keine Rede mehr von dessen unmittelbarer Drittwirkung,[7] weshalb der Zusatz aus dem ersten Entwurf entfernt wurde und man von dieser doch besonderen Wirkung der Meinungsfreiheit ohne Weiteres absah.

In manchen Landesverfassungen ist die unmittelbare Drittwirkung durchaus verankert.[8] In Bayern, Bremen, Hessen und Rheinland-Pfalz gilt die Meinungsfreiheit wie im Rahmen des Art. 118 Abs. 1 S. 2 WRV zwischen Arbeitgeber und -nehmer unmittelbar (in Rheinland-Pfalz darüber hinaus: „Niemand darf ihn deshalb benachteiligen."); in Brandenburg handelt es sich um einen qualifizierten Gesetzesvorbehalt für die (einfach)gesetzlichen Anforderungen an Arbeitsverhältnisse.

2. Die Weiterführung durch das BAG

Trotz ihrer Nichteinführung durch den Parlamentarischen Rat prägte die unmittelbare Drittwirkung der Meinungsfreiheit nach dem zweiten Weltkrieg die Rechtsprechung des BAG. Großen Einfluss auf diese Auslegungsweise hatte

4 *Von Lewinski*, JuS 2009, 505 (508); *Scheuner*, in: Forsthoff/Weber, Festschrift für Ernst Rudolf Huber zum 70. Geburtstag, 139 (164).

5 *Schick/Kahlenberg*, Der Parlamentarische Rat.

6 *Schick/Kahlenberg*, Der Parlamentarische Rat, Bd. 5/I, S. 53.

7 *Schick/Kahlenberg*, Der Parlamentarische Rat, Bd. 5/I, S. 111–115.

8 Art. 110 Verfassung des Freistaates Bayern; Art. 19 Verfassung des Landes Brandenburg; Art. 15 Landesverfassung der Freien Hansestadt Bremen; Art. 11 Verfassung des Landes Hessen; Art. 10 Verfassung für Rheinland-Pfalz.

der erste Präsident des BAG ab 1954, *Hans Carl Nipperdey*. Auch nach dem Inkrafttreten des Grundgesetzes im Mai 1949 legte er die Meinungsfreiheit aus Art. 5 Abs. 1 S. 1 GG an Art. 118 Abs. 1 S. 2 WRV angelehnt aus. In einem Leiturteil vom 03.12.1954 entschied sich das BAG für die „unmittelbare privatrechtliche Wirkung der Grundrechtsbestimmungen“.[9] In diesem Fall ging es um ein Betriebsratsmitglied, dem unter Gewährung einer vierwöchigen Auslauffrist gekündigt worden war, weil er im Betrieb der Beklagten während der Arbeitszeit Wahlzettel der Kommunistischen Partei verteilt hatte. Der Kläger war seit 1934 bei der Beklagten beschäftigt und gehörte dem Betriebsrat seit 1948 an. Das BAG entschied über die Revision des Klägers, der mit seinem Antrag die Feststellung begehrte, seine Kündigung sei unwirksam. Im Ergebnis wies das Gericht die Revision ab, denn obwohl der Arbeitgeber seine Machtstellung nicht zu „unbilliger und unsachlicher Knebelung der Meinungsfreiheit der Arbeitnehmer“ missbrauchen dürfe, hatte der Kläger durch „seine wiederholte parteipolitische Agitation im Betrieb den Betriebsfrieden ernstlich und schwer gefährdet“.[10]

Dennoch ging das Gericht in den Entscheidungsgründen auf die Meinungsfreiheit des Klägers ein. Es stellte zunächst fest, dass der Wortlaut des Art. 5 Abs. 1 S. 1 GG mit Art. 118 Abs. 1 WRV im Hinblick auf die Grundrechtswirkung zwischen Privaten nicht übereinstimme und es sich dabei nicht um ein redaktionelles Versehen handle.[11] Da es allerdings keinen Grund dafür sah, Art. 118 Abs. 1 S. 2 WRV außer Betracht zu lassen (und sich aus den Akten und Berichten des Parlamentarischen Rates kein Grund ergibt), entschied das BAG, man solle „aus der Änderung des Wortlauts keine zu weitgehenden Schlüsse ziehen“ und kam zu dem Ergebnis: „Wenn auch Art. 5 GG die Bestimmung des Art. 118 Abs. 1 S. 2 Weimarer Verfassung nicht übernommen hat, so ist gleichwohl anzunehmen, dass diese Bestimmung der Weimarer Verfassung auch im Bereich des Art. 5 GG maßgebend ist.“[12]

Im Kern begründete das Gericht seine Auffassung damit, dass die Meinungsfreiheit so wichtig für die freiheitlich-demokratische Grundordnung sei, dass sie nur durch allgemeine Gesetze gemäß ihren Schranken aus Abs. 2 einzuschränken sei, nicht jedoch durch private Verträge (wie Arbeitsverträge). Solange der Arbeitnehmer keine Äußerungen tätige, die gegen die Erhaltung des Betriebsfriedens oder gegen andere allgemeine Gesetze verstoßen, dürfe der Arbeitgeber ihn nicht in seiner Meinungsfreiheit beschränken. Dies sollte kein allgemeingültiger Grundsatz für alle Grundrechte sein, sondern nur für ausgewählte Grundrechte gelten:

---

[9] BAG, Urt. v. 03.12.1954 – 1 AZR 150/54, NJW 1955, 606 (607).
[10] BAG, Urt. v. 03.12.1954 – 1 AZR 150/54, NJW 1955, 606 (608).
[11] BAG, Urt. v. 03.12.1954 – 1 AZR 150/54, NJW 1955, 606 (607).
[12] BAG, Urt. v. 03.12.1954 – 1 AZR 150/54, NJW 1955, 606 (607).

„Zwar nicht alle, aber doch eine Reihe bedeutsamer Grundrechte der Verfassung sollen nicht nur Freiheitsrechte gegenüber der Staatsgewalt garantieren, sie sind vielmehr Ordnungsgrundsätze für das soziale Leben, die in einem aus dem Grundrecht näher zu entwickelnden Umfang unmittelbare Bedeutung auch für den Rechtsverkehr der Bürger untereinander haben."[13]

3. Abkehr von der unmittelbaren Drittwirkung

Die Lehre der unmittelbaren Drittwirkung der Meinungsfreiheit von *Nipperdey* stieß schon früh auf Kritik: weder das Bundesverfassungsgericht noch die Literatur (größtenteils) folgten seiner Ansicht. *Nipperdey* rückte von seiner Ansicht jedoch nicht ab und lehnte die Ausstrahlungswirkung via wertausfüllungsfähige und -bedürftige Gesetze ab. Dies begründete er vor allem mit der Einheit der Rechtsordnung. Das Grundgesetz sei „nicht nur die Neuordnung der staatlichen Organisation" oder „eine wertneutrale Ordnung", sondern eine objektive Werteordnung mit absoluter und unmittelbarer Wirkung: „alles Recht gilt nur auf der Grundlage und im Rahmen der Verfassung".[14]

Entsprechend der herrschenden Meinung in der Literatur und der Rechtsprechung des Bundesverfassungsgerichts fand in den 1980er Jahren auch am BAG ein Paradigmenwechsel statt, den der Zweite Senat mit seinem Urteil vom 20.12.1984 zur Drittwirkung von Art. 4 GG einleitete.[15] Diesen Richtungswechsel besiegelte der Große Senat des BAG kurz danach mit seinem Urteil vom 27.02.1985 zu Art. 1 und 2 GG.[16] Zwar betreffen diese beiden Entscheidungen nicht Art. 5 GG, anhand dessen *Nipperdey* in der Nachkriegszeit die unmittelbare Drittwirkung begründet hatte, aber sie zeugen von der allgemeinen Entwicklung des Verfassungsverständnisses am BAG, welches sich von der Dogmatik der WRV löste. Nichtsdestotrotz prägte *Nipperdeys* Ansatz, die Stellung des Arbeitnehmers gegenüber dem Arbeitgeber zu stärken, die junge Bonner Republik und untermauerte den Freiheitsgehalt der Grundrechte.[17]

II. Rechtsprechung des BVerfG: Lüth-Urteil und mittelbare Drittwirkung

Vier Jahre nach dem oben dargestellten Urteil des BAG hatte das Bundesverfassungsgericht über das Verbot eines Boykott-Aufrufes durch das LG Hamburg zu entscheiden. In dieser Entscheidung lehnte das Bundesverfassungsgericht eine unmittelbare Grundrechtsbindung Privater ab und entschied sich für den Weg der mittelbaren Drittwirkung. Die herrschende Lehre, vorran-

---

[13] BAG, Urt. v. 03.12.1954 – 1 AZR 150/54, NJW 1955, 606 (607).
[14] *Nipperdey*, Grundrechte und Privatrecht, S. 17.
[15] BAGE 47, S. 363.
[16] BAGE 48, S. 123.
[17] *Fabisch*, Die unmittelbare Drittwirkung der Grundrechte im Arbeitsrecht, S. 282.

gig von *Günter Dürig* geprägt,[18] vertrat die Position einer *mittelbaren* Grundrechtsbindung bereits vor dem Lüth-Urteil (1.). *Dürigs* Überlegungen übernahm das Bundesverfassungsgericht in jener Entscheidung (2.) und wich trotz kritischer Stimmen nicht davon ab. In darauffolgenden Entscheidungen konkretisierte das Gericht die Anforderungen an die Zivilgerichte bei der Anwendung der Lehre (3.).

1. Die Lehre der mittelbaren Drittwirkung

Im Gegenteil zur WRV enthält das GG keine staatsbürgerlichen Grundpflichten. Es wurde diesbezüglich in Herrenchiemsee sowohl über eine Wahlpflicht als auch über die „Pflicht der Treue gegen die Verfassung" eines Jeden[19] debattiert, jedoch verworfen. Auf ähnliche, aber entgegengesetzte Art wie *Nipperdey* dem Fehlen des Art. 118 Abs. 1 S. 2 WRV keine Bedeutung zusprechen wollte, ja sogar diese Lücke im Wortlaut ausdrücklich überging, sprachen sich viele Stimmen gegen eine Grundpflicht der Treue gegenüber der Verfassung und auch gegen eine unmittelbare Drittwirkung der Meinungsfreiheit aus.[20] So sei die Übertragung der Grundrechtswirkung auf Rechtsbeziehungen zwischen Privaten nicht ohne ausdrückliche Verankerung im Wortlaut vorzunehmen.[21] Dabei wurde mit den Wortlauten von sowohl Art. 1 Abs. 3 GG als auch Art. 118 Abs. 1 S. 2 WRV und Art. 9 Abs. 3 S. 2 GG argumentiert, welche jeweils eine solche Ausstrahlungswirkung der Grundrechte vorsehen. Im Ergebnis könne daher der subjektiv-rechtliche Gehalt der Grundrechte nur gegenüber der öffentlichen Gewalt klar festgestellt werden.[22]

In seinem Aufsatz „Grundrechte und Zivilrechtsprechung" beleuchtete *Dürig* die Wirkung der Grundrechte auf die Zivilrechtsprechung. Die für ihn entscheidende Frage diesbezüglich lautete: „Wie hat das Grundrechtssystem des Grundgesetzes die Rechtsordnung *gleichberechtigter Privater untereinander* beeinflusst?".[23] Jene Frage beantwortete er wie folgt: „Die Zivilrechtsprechung ist der Grundrechtsbindung in materieller Hinsicht nur *mittelbar* unterworfen, da ihre Bindung davon abhängt, wie weit die zur Entscheidung stehenden Privatrechtsverhältnisse ihrerseits unter Grundrechtsbindung stehen."[24] Trotz aller Kritik an *Nipperdeys* Leseart von Art. 5 Abs. 1 S. 1 GG war auch *Dürig* der Überzeugung, dass das Weglassen des entsprechenden Satzes aus Art. 118 Abs. 1 S. 2 WRV

---

[18] *Dürig*, in: Maunz, Grundrechte und Zivilrechtsprechung, S. 157 et passim.

[19] *Nawiasky*, Die Grundgedanken des Grundgesetzes, S. 33.

[20] Explizit auf *Nipperdeys* Argument eingehend: *Hueck*, Die Bedeutung des Art. 3 des Bonner Grundgesetzes für die Lohn- und Arbeitsbedingungen der Frauen, S. 18.

[21] *Schmidt-Rimpler u. a.*, AöR 76 (1950/51), 165 (171).

[22] *Nawiasky*, Die Grundgedanken des Grundgesetzes, S. 32; *Schmidt-Rimpler u. a.*, AöR 76 (1950/51), 165 (172).

[23] *Dürig*, aaO, S. 157 – kursiv im Original.

[24] *Dürig*, aaO, S. 158 – kursiv im Original.

ein „entstehungsgeschichtlicher Zufall" sei.[25] Dennoch lehnte er eine unmittelbare Wirkung der Meinungsfreiheit im Privatrecht ab, da auch das Arbeitsrecht zu den „allgemeinen Gesetzen" gemäß Art. 5 Abs. 2 GG zähle und es damit zu einem Kurzschluss zwischen dem „Ordnungsgrundsatz für das soziale Leben" und der Schranke käme.[26] Die Lösung für das Dilemma im Zivilrecht zwischen dem Wertesystem des Grundgesetzes und dem Grundsatz der Privatautonomie sah *Dürig* in den wertausfüllungsfähigen und wertausfüllungsbedürftigen Generalklauseln. Für deren Konkretisierung identifizierte er drei Intensitätsgrade, von denen folgende Konstellation am wichtigsten erscheint: „die Fälle, in denen das überkommene privatrechtliche Schutzsystem, gemessen an dem in der Verfassung ausgeformten Wertsystem, *Lücken* aufweist."[27] Die Ausstrahlungswirkung sei demzufolge je nach Schutzbedarf einzuordnen, wobei die Intensität dieser Wirkung sich nach der Korrelation zwischen dem Schutzbedarf des Individuums und dem Wertausfüllungserfordernis der Generalklausel richtet.

2. Das Lüth-Urteil

Hauptsächlich auf diese Lehre der „Einbruchsstellen" von *Dürig* stützte das Bundesverfassungsgericht sein Urteil vom 15. Januar 1958 in der Sache des Boykott-Aufrufs gegen den Drehbuchverfasser und Regisseur des Films „Jud Süß". Das LG Hamburg hatte den damaligen Senatsdirektor und Leiter der Staatlichen Pressestelle der Freien und Hansestadt Hamburg, *Erich Lüth*, für seinen Aufruf zum Boykott weiterer Filme des Regisseurs *Veit Harlan* im Jahr 1951 zur Unterlassung verurteilt.[28] Das LG sah darin eine unerlaubte Handlung gemäß § 826 BGB a. F., weshalb die Voraussetzungen für den Unterlassungsanspruch erfüllt seien.[29]

Das Bundesverfassungsgericht lehnte es ab, als „Superrevisionsgericht" die zivilgerichtlichen Urteile vollständig zu prüfen, sondern begrenzte seine Prüfungskompetenz auf die Frage, „ob das ordentliche Gericht die Reichweite und Wirkkraft der Grundrechte im Gebiet des bürgerlichen Rechts zutreffend beurteilt" hatte.[30] So lautet der erste Leitsatz der Entscheidung: „[…] [I]n den Grundrechtsbestimmungen des Grundgesetzes verkörpert sich aber auch eine objektive Wertordnung, die als verfassungsrechtliche Grundentscheidung für alle Bereiche des Rechts gilt."[31] Das Gericht schrieb der Meinungsfreiheit eine

[25] *Dürig*, in: Maunz, Vom Bonner Grundgesetz zur gesamtdeutschen Verfassung: Festschrift zum 75. Geburtstag von Hans Nawiasky, S. 157 (170).

[26] *Dürig*, aaO, S. 171.

[27] *Dürig*, aaO, S. 179 – kursiv im Original.

[28] LG Hamburg, Urt. v. 22.11.1951 – AZ 15 O 87/51.

[29] BVerfGE 7, 198 (202).

[30] BVerfGE 7, 198 (207).

[31] BVerfGE 7, 198 (198); in den Entscheidungsgründen BVerfGE 7, 198 (205): „Ebenso richtig ist aber, daß das Grundgesetz, das keine wertneutrale Ordnung sein will (BVerfGE 2, 1 [12]; 5, 85 [134 ff., 197 ff.]; 6, 32 [40 f.]), in seinem Grundrechtsabschnitt auch eine ob-

„grundlegende Bedeutung […] für den freiheitlich-demokratischen Staat" zu und kam in dem konkreten Fall von Lüth zu dem Ergebnis, das LG habe

„die besondere Bedeutung verkannt, die dem Grundrecht auf freie Meinungsäußerung auch dort zukommt, wo es mit privaten Interessen anderer in Konflikt tritt. Das Urteil des Landgerichts beruht auf diesem Verfehlen grundrechtlicher Maßstäbe und verletzt so das Grundrecht des Beschwerdeführers aus Art. 5 Abs. 1 S. 1 GG."[32]

Dem *Lüth*-Urteil sind wichtige Aussagen zu entnehmen: an erster Stelle, dass die Grundrechte neben dem subjektiv-rechtlichen Gehalt als Abwehrrechte gegen den Staat auch durch Einbruchsstellen in das Zivilrecht ausstrahlen – allerdings nicht unmittelbar zwischen Privaten wirken (entgegen der BAG-Rechtsprechung), sondern mittelbar.[33] Diese Ausstrahlungswirkung entfaltet sich innerhalb der Generalklauseln durch eine Güterabwägung zwischen den kollidierenden Grundrechten, die das Fachgericht vornehmen muss, wenn die Drittwirkung zu berücksichtigen ist.[34] Verstößt das Fachgericht gegen diese Pflicht, ist sein Urteil verfassungswidrig, weil es als Träger öffentlicher Gewalt gemäß Art. 1 Abs. 3 GG an die Grundrechte gebunden ist.[35] Das bürgerliche Recht müsse bei der Auslegung „der Verfassung folgen", um zu gewährleisten, dass das „Wertesystem, das seinen Mittelpunkt in der innerhalb der sozialen Gemeinschaft sich frei entfaltenden menschlichen Persönlichkeit und ihrer Würde findet, […] als verfassungsrechtliche Grundentscheidung für alle Bereiche des Rechts" gelte.[36] Schließlich entgegnete das Gericht dem unterschwelligen Vorwurf, es entwickle sich zu einer Superrevisionsinstanz, mit der Aussage, dass seine Kontrolle sich auf die Grundrechtsmäßigkeit der Entscheidungen der Fachgerichte beschränke.[37]

jektive Wertordnung aufgerichtet hat und daß gerade hierin eine prinzipielle Verstärkung der Geltungskraft der Grundrechte zum Ausdruck kommt (Klein-v. Mangoldt, Das Bonner Grundgesetz, Vorbem. B III 4 vor Art. 1 S. 93). Dieses Wertsystem, das seinen Mittelpunkt in der innerhalb der sozialen Gemeinschaft sich frei entfaltenden menschlichen Persönlichkeit und ihrer Würde findet, muß als verfassungsrechtliche Grundentscheidung für alle Bereiche des Rechts gelten; Gesetzgebung, Verwaltung und Rechtsprechung empfangen von ihm Richtlinien und Impulse. So beeinflußt es selbstverständlich auch das bürgerliche Recht; keine bürgerlich-rechtliche Vorschrift darf in Widerspruch zu ihm stehen, jede muß in seinem Geiste ausgelegt werden."

32 BVerfGE 7, 198 (230).

33 BVerfGE 7, 198 (205): „Der Rechtsgehalt der Grundrechte als objektiver Normen entfaltet sich im Privatrecht durch das Medium der dieses Rechtsgebiet unmittelbar beherrschenden Vorschriften."

34 BVerfGE 7, 198 (210).

35 BVerfGE 7, 198 (212).

36 BVerfGE 7, 198 (205).

37 BVerfGE 7, 198 (209); *Papier*, Handbuch der Grundrechte, S. 1344; *Hager*, JuS 2006, 769.

3. Weitere Konkretisierung der Überprüfung

Nach dem *Lüth*-Urteil konkretisierte das Bundesverfassungsgericht seinen Überprüfungsmaßstab weiter. In einem Verfahren zur Verfassungsmäßigkeit von §§ 24 Abs. 3 S. 2 und 3 PatG, in dem es um die Beachtung von Art. 14 GG ging, urteilte es, dass spezifisches Verfassungsrecht nur dann verletzt sei, wenn Auslegungsfehler „in ihrer materiellen Bedeutung für den konkreten Rechtsfall von einigem Gewicht" seien.[38] Es reiche nicht aus, dass „die Anwendung einfachen Rechts durch den hierzu zuständigen Richter zu einem Ergebnis geführt hat, über dessen ‚Richtigkeit' (in dem allgemeinen Sinne von ‚Sachgemäßheit' oder ‚Billigkeit') sich streiten lässt".[39]

In den folgenden drei Beschlüsse ging das Bundesverfassungsgericht genauer darauf ein, wann eine Verletzung spezifischen Verfassungsrechts in der Form der mittelbaren Drittwirkung von Grundrechten vorliege.

a) Blinkfüer-Beschluss

1969 hob das Bundesverfassungsgericht im Blinkfüer-Beschluss ein Urteil des Bundesgerichtshofs über einen Boykott-Aufruf auf,[40] weil der BGH die Tragweite der Meinungsfreiheit des zum Boykott Aufrufenden verkannt und das Grundrecht der Pressefreiheit „nicht in Erwägung gezogen" hatte.[41] Die Beklagten (die Verlagshäuser Axel Springer & Sohn KG, Hammerich & Lesser KG und Die Welt Verlags-GmbH) hatten an sämtliche Zeitungs- und Zeitschriftenhändler in Hamburg ein Rundschreiben geschickt, in dem sie dazu aufriefen, keine Zeitungen mehr zu verkaufen, die das DDR-Fernseh- und Rundfunkprogramm abdruckten. Beigelegt war ein Vordruck mit der Überschrift „Keine Ostprogramme mehr!", den Zeitungs- und Zeitschriftenhändler mit ihrem Namen ausfüllen konnten und somit „ihre Kundschaft informieren" konnten. Der Beschwerdeführer war Herausgeber und Chefredakteur der hauptsächlich im Raum Hamburg verbreiteten Wochenzeitung „Blinkfüer", in der die Rundfunk- und Fernsehprogramme der BRD und der DDR abgedruckt wurden. Er klagte gegen Springer et al. wegen unlauterem Wettbewerb. Das LG und OLG Hamburg gaben ihm Recht, der BGH hingegen gab der Revision der Beklagten statt, wogegen der Beschwerdeführer Verfassungsbeschwerde erhob.

Das Bundesverfassungsgericht entschied, dass der BGH „den Schutzbereich des Grundrechts der Meinungsäußerungsfreiheit zu weit ausgedehnt" habe.[42] Hier verlangte das Gericht, die Pressefreiheit (des Beschwerdeführers) aktiv zu

---

[38] BVerfGE 18, 85 (93) – Spezifisches Verfassungsrecht.
[39] BVerfGE 18, 85 (93).
[40] BGH, Urt. v. 10.07.1963 – I b ZR 214/62, GRUR 1964, 77.
[41] BVerfGE 25, 256 (263) – Blinkfüer.
[42] BVerfGE 25, 256 (265).

schützen und nicht, anders als beim Lüth-Urteil,[43] den Boykott-Aufruf als Meinungsäußerung vorrangig zu schützen. Ausschlaggebend sei der wirtschaftliche Druck, „der dem Sinn und dem Wesen des Grundrechts der freien Meinungsäußerung, das den geistigen Kampf der Meinungen gewährleisten soll" widerspräche.[44] Der Boykott-Aufruf sei nur so lange von Art. 5 Abs. 1 S. 1 GG geschützt, wie er ohne wirtschaftlichen Druck erfolge und nicht „die Gleichheit der Chancen beim Prozeß der Meinungsbildung" verletze.[45] Dem Adressaten müsse die Wahl überlassen werden, ob er dem Aufruf folge oder nicht, und bei der Abwägung könne die „marktbeherrschende Stellung" der Beklagten nicht außer Acht gelassen werden.[46] Das Gericht machte keine weiteren Angaben zu der Umsetzung der mittelbaren Drittwirkung.[47]

b) *Mephisto-Beschluss*

Dem Desiderat der Konkretisierung kam das Bundesverfassungsgericht 1971 nach: es formulierte im Mephisto-Beschluss seine Formel für den Überprüfungsmaßstab von Zivilgerichtsurteilen (durch das BVerfG). Eine Grundrechtsverletzung sei nur dann feststellbar,

> „wenn der zuständige Richter entweder nicht erkannt hat, dass es sich um eine Abwägung widerstreitender Grundrechtsbereiche handelt, oder wenn seine Entscheidung auf einer grundsätzlich unrichtigen Anschauung von der Bedeutung des einen oder anderen der Grundrechte, insbesondere vom Umfang ihrer Schutzbereiche, beruht."[48]

Die Urteilsverfassungsbeschwerde müsse also entweder auf einem Defizit oder einer Fehleinschätzung der zivilrechtlichen Instanz in der Anwendung oder Abwägung von Grundrechten beruhen. Damit darf nicht verwechselt werden, dass das Beachten von Grundrechten von ihrer Geltung durch die Generalklauseln im Zivilrecht abhängt, nicht ausschließlich von der Grundrechtsbindung der Rechtsprechung i. S. v. Art. 1 Abs. 3 GG.[49] Anhand der Mephisto-Formel konnte die Lehre der mittelbaren Drittwirkung besser abgegrenzt und sowohl im Hinblick auf ihre Anwendung durch die Fachgerichte als auch hinsichtlich des Überprüfungsmaßstabs konkretisiert werden.[50]

Hervorzuheben ist die abweichende Meinung des Richters *Stein*, der die Bildung solcher Maßstäbe für die Anwendung der Drittwirkungslehre in Frage stellt:

---

43 BVerfGE 25, 256 (267).
44 BVerfGE 25, 256 (265).
45 BVerfGE 25, 256 (265).
46 BVerfGE 25, 256 (267).
47 BVerfGE 25, 256 (263): „Im Rahmen des § 823 Abs. 1 BGB ist das Verfassungsrecht für die Feststellung der Widerrechtlichkeit der Verletzung von Bedeutung."
48 BVerfGE 30, 173 (197).
49 *Maurer*, Staatsrecht I, S. 268.
50 Vgl. *Rüfner*, in: Isensee/Kirchhof, § 197 Grundrechtsadressaten, Rn. 103.

„Ob und inwieweit im Rahmen der Privatrechtsordnung das Spannungsverhältnis widerstreitender Interessen wegen dieser verfassungsrechtlichen ‚Ausstrahlungswirkungen' im Wertsystem der Verfassung selbst angelegt und aus ihm heraus zu lösen ist, kann dabei nicht abstrakt, von den Umständen des zu schlichtenden Falls abgesehen, sondern nur unter würdigender Heranziehung des konkreten Interessenkonflikts ermittelt werden."[51]

Steins Argument ist durchaus stichhaltig, wie die weitere Entscheidungspraxis des Bundesverfassungsgerichts zeigen wird, denn gerade anhand der Einzelfälle wird „neues Recht im Einklang mit dem grundrechtlichen Wertsystem" gesprochen.[52] Die Gesamtschau der einschlägigen Verfassungsrechtsprechung wird zeigen, dass eine strikte Trennung im Sinne eines Tatbestandsmodells kaum möglich ist.[53]

c) Bürgschaftsverträge-Beschluss

In seinem Bürgschaftsverträge-Beschluss (1993) äußerte sich das Bundesverfassungsgericht zur Fehleinschätzung durch Fachgerichte bezüglich der Ausstrahlungswirkung von Grundrechten bei der Abwägung im Rahmen von Generalklauseln (nicht „Defizit" i. S. d. Mephisto-Formel). Demnach bleibe es den Fachgerichten überlassen, welche Akzente sie „bei der Beurteilung widerstreitender Grundrechtspositionen" setzen wollen,[54] sie seien aber zur Inhaltskontrolle von Verträgen verpflichtet, damit „Verträge nicht als Mittel der Fremdbestimmung dienen".[55] Die Urteilsverfassungsbeschwerde sei erst dann begründet, wenn die Auslegung der Generalklauseln Fehler erkennen ließe, „die auf einer grundsätzlich unrichtigen Auffassung von der Bedeutung eines Grundrechts, insbesondere vom Umfang seines Schutzbereichs, beruhen und auch in ihrer materiellen Bedeutung für den konkreten Rechtsfall von einigem Gewicht sind".[56] Das Gericht unterstrich den Grundsatz der Privatautonomie und dass schon aus Gründen der Rechtssicherheit nicht jedes Ungleichgewicht in einem Vertrag von der Rechtsprechung korrigiert werden solle. Allerdings schränkte es die Privatautonomie folgenderweise ein:

„Handelt es sich jedoch um eine typisierbare Fallgestaltung, die eine strukturelle Unterlegenheit des einen Vertragsteils erkennen lässt, und sind die Folgen des Vertrages für den unterlegenen Vertragsteil ungewöhnlich belastend, so muss die Zivilrechtsordnung darauf reagieren und Korrekturen ermöglichen."[57]

---

[51] BVerfGE 30, 173 (201).
[52] BVerfGE 7, 198 (205).
[53] Diese Ansicht ist auch in der Literatur verbreitet (dazu im nächsten Abschnitt).
[54] BVerfGE 89, 214 (230) – Bürgschaftsverträge.
[55] BVerfGE 89, 214 (234).
[56] BVerfGE 89, 214 (230).
[57] BVerfGE 89, 214 (232).

Der Staat soll also die Privatautonomie schützen und sie gleichzeitig zu diesem Schutzzweck regulieren.[58] Aus diesem Beschluss ergibt sich, dass die Privatautonomie – jenseits von einfachgesetzlichen Schranken – durch die Drittwirkung der Grundrechte via Generalklauseln eingeschränkt werden darf, da bei der Auslegung von Generalklauseln wie § 138 BGB darauf geachtet werden müsse, „ob die Regelung eine Folge strukturell ungleicher Verhandlungsstärke sei, und gegebenenfalls im Rahmen der Generalklauseln des geltenden Zivilrechts korrigierend eingreifen".[59]

Die mittelbare Drittwirkung von Grundrechten kann also zur Korrektur von besonders starken Ungleichgewichten innerhalb eines Vertragsverhältnisses dienen, indem Generalklauseln wie § 138 BGB konkretisiert werden, allerdings unter Berücksichtigung der konkreten Umstände im Einzelfall. Dabei bezieht sich das Bundesverfassungsgericht nicht auf ein spezifisches Grundrecht, sondern wendet die Drittwirkungslehre grundsätzlich auf den Grundrechtekatalog allgemein an (soweit einschlägig).[60]

III. Kritische Argumente der Literatur

Die herrschende Meinung in der Literatur lehnt zwar (in Übereinstimmung mit dem Bundesverfassungsgericht) die unmittelbare Drittwirkung der Grundrechte ab,[61] doch auch die Lehre der mittelbaren Drittwirkung blieb nicht unumstritten. Das Ausstrahlen der Grundrechte in das Zivilrecht sorgt(e) auf verfassungsdogmatischer wie auch auf praxisorientierter Ebene für Meinungsstreitigkeiten.[62] An dieser Stelle werden die für diese Arbeit wichtigsten Argumente der Literatur überblicksweise vorgestellt, um zu erfassen, wie die Ausstrahlungswirkung abgesehen von der verfassungsrechtlichen Rechtsprechung interpretiert werden kann.

1. Kritik an der „dirigierenden Verfassung"

In seinem Aufsatz „Grundrechtstheorie und Grundrechtsinterpretation" zeichnete *Böckenförde* unterschiedliche Grundrechtstheorien auf, um im Anschluss festzustellen, dass das Bundesverfassungsgericht sich abwechselnd auf verschiedene Theorien stützte, je nachdem welche zu einem „optimalen Ergebnis

58 *Mager*, Einrichtungsgarantien, S. 230.

59 BVerfGE 89, 214 (234).

60 *Dürig*, in: Maunz, Vom Bonner Grundgesetz zur gesamtdeutschen Verfassung: Festschrift zum 75. Geburtstag von Hans Nawiasky, S. 157 (178); *Classen*, AöR 122 (1997), 65 (89, 93).

61 Vgl. *Lübbe-Wolff*, Die Grundrechte als Eingriffsabwehrrechte, S. 160 m. w. N.

62 *Lübbe-Wolff*, Die Grundrechte als Eingriffsabwehrrechte, S. 159 „[…] schon über den Begriff der Drittwirkung, und damit über die richtige Fassung des Problems, besteht kein Konsens."; *Rüfner*, in: Isensee/Kirchhof, HdStR Bd. IX § 197, 83: „Kaum ein juristisches Problem wurde mit solcher Leidenschaft diskutiert wie die sogenannte Drittwirkung der Grundrechte."

im konkreten Fall" führten.[63] Darauf stützte er seine (scharfe) Kritik gegenüber dem Bundesverfassungsgericht, denn es bedürfe seines Erachtens einer mit der Verfassung im Einklang stehenden Grundrechtstheorie und nicht einer Theorie, die auf den Einzelfall angepasst werde. Als normative Grundintention der Grundrechte verstand er das Prinzip der Freiheit (als unmittelbare Antwort auf den Faschismus) und deswegen seien „alle Grundrechte unmittelbar geltendes Recht", die den Gesetzgeber und den Rechtsanwender *insbesondere*, aber nicht *ausschließlich* unmittelbar bänden.[64] Insoweit ergänzen sich die liberale Grundrechtsdogmatik und der Sozialstaatsauftrag, und man kann bei *Böckenförde* von einer modifizierten liberalen Grundrechtstheorie sprechen.

Böckenförde ordnete die mittelbare Drittwirkung als Entwicklung des Bonner Grundgesetzes ein, die nicht vom Grundgesetz vorgegeben war, aber von der zentralen Bedeutung des Schutzes der Menschenwürde nach dem Zweiten Weltkrieg getragen wurde.[65] Für ihn gab es keinen Unterschied zwischen mittelbarer und unmittelbarer Drittwirkung, er bezeichnete den Streit gar als „Wachstumskrise in der Entfaltung der objektiven Grundsatzwirkung der Grundrechte".[66] Er betrachtete die Auswirkung der objektiven Grundsatzwirkung der Grundrechte als Expansion des Verfassungsgerichts auf die Kompetenzen des Gesetzgebers. Nur der subjektiv-rechtliche Gehalt der Grundrechte sei dazu geeignet, eine Rahmenordnung für die Rechtsordnung zu schaffen. Der objektivrechtliche Gehalt und die vom Bundesverfassungsgericht angenommene mittelbare Drittwirkung der Grundrechte führe zu einer „dirigierenden Verfassung", woraus *Böckenförde* schlussfolgerte, dass „das Verfassungsgericht bei seiner Konkretisierungsarbeit in deren Umfang in spezifischer Weise zum Herrn der Verfassung" werde.[67] *Böckenfördes* These, die mittelbare Drittwirkung führe zu einer teilweisen Kompetenzüberschreitung des Bundesverfassungsgerichts gegenüber dem Gesetzgeber, gibt auf die Frage der konkreten Anwendung der Drittwirkungslehre keine Antwort. Dafür weist sie auf die Macht des Bundesverfassungsgerichts hin, welches den Gesetzgeber gewissermaßen lenken kann,[68] und dadurch Einfluss ausübt, indem es Recht für einzelne Grundrechtsträger (als Parteien im zivilrechtlichen Verfahren) spricht.[69]

---

63 *Böckenförde*, NJW 1974, 1529 (1537).

64 *Böckenförde*, NJW 1974, 1529 (1537), Hervorhebung d. Verf.

65 *Böckenförde*, Staat, Verfassung, Demokratie, S. 160.

66 *Böckenförde*, Staat, Verfassung, Demokratie, S. 170.

67 *Böckenförde*, Staat, Verfassung, Demokratie, S. 198.

68 Befürwortend: *Kelsen*, in: Wesen und Entwicklung der Staatsgerichtsbarkeit. Überprüfung von Verwaltungsakten durch die ordentlichen Gerichte, S. 30 (56); vgl. *Forsthoff*, in: Barion/Schmitt/Forsthoff/Weber, Festschrift für Carl Schmitt zum 70. Geburtstag, S. 35.

69 Vgl. *Kelsen*, in: Wesen und Entwicklung der Staatsgerichtsbarkeit. Überprüfung von Verwaltungsakten durch die ordentlichen Gerichte, S. 30 (56 f.) zum Verhältnis zw. positivem und negativem Gesetzgeber.

2. *Einheitliche Abwägung innerhalb der Rechtsordnung*

Nicht nur *Böckenförde* reagierte kritisch auf die mittelbare Drittwirkung: Für *Schwabe* ist die mittelbare Drittwirkung lediglich ein Konstrukt, das eine nicht erforderliche Antwort auf ein Scheinproblem darstellt, da im Ergebnis alle Grundrechtseinschränkungen laut ihm immer von der Rechtsmacht des Staates ausgingen und infolgedessen nicht zwischen dem Privat- und dem öffentlichen Recht zu unterscheiden sei.[70] Diese Position begründete er ausführlich damit, dass die Frage, wieweit die Grundrechte gelten, stets anhand der Güterabwägung beantwortet werde und dass letzteres dazu führe, dass es eigentlich keine Unterscheidung zwischen ihrer Geltung im öffentlichen oder im Privatrecht geben dürfe.[71] Es könne keine Drittwirkung geben, weil es auch keine „zwei voneinander verschiedene Interessenabwägungen des zivilen und des Verfassungsrechts" gäbe, sondern nur „eine einzige, die aber primär den Wertakzent der Grundrechte zu beachten hat."[72]

Die Ansicht *Schwabes*, dem Zivilrecht jede staatsunabhängige Gewalt abzusprechen, traf in der Literatur nicht auf Zustimmung[73] – u. a. bei *Canaris*. *Schwabe* und *Canaris* haben in den 1980er Jahren ausführlich über die Lehre der mittelbaren Drittwirkung gestritten. Kern von *Schwabes* Kritik in seiner Stellungnahme zu *Canaris*' Beitrag „Grundrechte und Privatrecht"[74] (s. u.) ist, dass die Grundrechtsbindung Privater nicht von der Unterscheidung zwischen „heteronomen" und „autonomen" Regelungen abhängen dürfe. Eine Grenzziehung zwischen typischen und atypischen Verträgen sei ausgeschlossen. *Schwabe* gestand im Nachhinein *Canaris* schließlich zu, dass das Privatvertragsrecht der unmittelbaren Grundrechtswirkung entzogen werden könne, doch „der praktisch bedeutsamste zivilrechtliche Anwendungsbereich, nämlich der nichtvertragliche, fällt aus dem Drittwirkungsproblem heraus, und zwar ungeteilt."[75]

3. *Unzureichende Systematisierung der Lehre*

Canaris setzte sich sowohl mit der unmittelbaren als auch der mittelbaren Drittwirkung auseinander und schloss sich beiden nur teilweise an. Die Lehre der mittelbaren Drittwirkung sei insoweit abzulehnen, als sie die unmittelbare Grundrechtsbindung der privatrechtlichen Normen – nach seinem Verständnis – verneine.[76] Seine Kritik an der unmittelbaren Drittwirkung stützte er hauptsächlich darauf, dass rechtsgeschäftliche Einschränkungen von Grundrechten nicht

---

[70] *Schwabe*, Die sogenannte Drittwirkung der Grundrechte, S. 155; vgl. *Lübbe-Wolff*, Die Grundrechte als Eingriffsabwehrrechte, S. 169 f.

[71] *Schwabe*, Die sogenannte Drittwirkung der Grundrechte, S. 115.

[72] *Schwabe*, Die sogenannte Drittwirkung der Grundrechte, S. 144.

[73] Vgl. *Guckelberger*, JuS 2003, 1151, 1152.

[74] *Canaris*, AcP 184 (1984), 201.

[75] *Schwabe*, AcP 185 (1985), 1 (8).

[76] *Canaris*, AcP 184 (1984), 201 (222).

von den jeweiligen Gesetzvorbehalten abhängen dürfen und dass die Machtverhältnisse zwischen Bürgern nicht die gleichen wie zwischen Staat und Bürger seien.[77] Im Hinblick auf die praktischen Folgen der unmittelbaren Drittwirkung unterschied er (wie bereits bei *Schwabe* erwähnt) zwischen dem deliktischen und dem rechtsgeschäftlichen Bereich, indem er beispielhaft anführte, dass das allgemeine Persönlichkeitsrecht als sonstiges Recht gemäß § 823 Abs. 1 BGB einen absoluten Schutz genieße, wohingegen bei Verträgen nur die Freiheitsrechte (nicht etwa das Gleichbehandlungsgebot) in den Genuss eines besonderen Schutzes kämen.[78] Zusammengefasst kritisierte er eine unzureichende Systematisierung der Drittwirkungslehre, jenseits der Aufteilung zwischen mittelbarer und unmittelbarer Wirkung.

Einen entscheidenden Unterschied zwischen der unmittelbaren und der mittelbaren Drittwirkung sah er beim Übermaßverbot: nach der Lehre der unmittelbaren Drittwirkung wäre es der Verhältnismäßigkeitsgrundsatz, wohingegen nach der Lehre der mittelbaren Drittwirkung die privatrechtlichen Verbote aus §§ 138 und 242 BGB greifen.[79] Er kam zu dem Schluss, dass die unmittelbare Drittwirkung die Privatautonomie aushöhle und erkannte als Ausnahme nur den „Grenzfall" der ergänzenden Auslegung an. Damit ist gemeint, dass das Fachgericht in seiner Auslegung die privaten Normen insoweit ergänzen darf, wie der Gesetzgeber es hätte tun können oder müssen. Da sowohl die Judikative als auch die Legislative an die Grundrechte gem. Art. 1 Abs. 3 GG unmittelbar gebunden seien, dürfe die ergänzende Auslegung nur insoweit erfolgen, als sie für „einen solchen Vertrag" vorzunehmen sei, nicht für die Besonderheiten des Einzelfalles.[80] Diese letzte Unterscheidung ist insoweit bemerkenswert, als durch diese Form der ergänzenden Auslegung, oder, breiter gefasst, für diese Form der Drittwirkung, eine Anwendbarkeit auf Vertragstypen im Sinne eines Tatbestandsmodells ein mögliches Ergebnis wäre, wenn sich objektive Maßstäbe identifizieren ließen.[81]

In seiner Erwiderung zu *Schwabes* Stellungnahme (s. o.) wiederholte *Canaris* im Wesentlichen die bereits dargestellten Argumente und betonte insbesondere die Unterscheidung zwischen Handlungen des Staates und von Privatpersonen. So zog er eine Grenze innerhalb beider Theorien, sowohl im Vertrags- als auch im Deliktsrecht, indem er die unmittelbare Grundrechtswirkung auf Handlungen der öffentlichen Gewalt, also Eingriffe aufgrund einer Norm des Privatrechts, anwendet, wohingegen bei einem Eingriff durch das Verhalten eines Privatrechtssubjekts die Grundrechte nicht als Abwehrrechte sondern „nur als Schutzgebote zum Zuge kommen".[82]

[77] *Canaris*, AcP 184 (1984), 201 (204).
[78] *Canaris*, AcP 184 (1984), 201 (208).
[79] *Canaris*, AcP 184 (1984), 201 (209).
[80] *Canaris*, AcP 184 (1984), 201 (216).
[81] S. u. Kap. 5, B. III. 5.
[82] *Canaris*, AcP 185 (1985), 9 (11).

Diese Interpretation verteidigte *Canaris* auch später und übte Kritik an der „sehr stark einzelfallbezogenen Abwägungslösung", zu der die „diffuse Lehre von der ‚Ausstrahlungswirkung' der Grundrechte verführe".[83] Dennoch erkannte er eine „gewisse Sozialpflichtigkeit der Privatautonomie" an.[84] Die Privatautonomie habe „daher jedenfalls dann grundsätzlich zurückzutreten hat, wenn ohne ihre Einschränkung die Ausübung eines Grundrechts faktisch auf das schwerste beeinträchtigt wäre".[85] Daraus ergebe sich eine Ausstrahlungswirkung der Grundrechte über den Einzelfall hinaus, d. h. auf gesellschaftlicher Ebene, wenn der Gesetzgeber seinen Pflichten aus den grundrechtlichen Schutzgeboten im Rahmen von privaten Rechtsverhältnissen nicht nachgekommen sei.

4. Schutzpflichten als eigentliches Kernproblem

Oeters Überlegungen zur mittelbaren Drittwirkung zeigten (anhand des o. g. Beschluss des Bundesverfassungsgerichts zu Bürgschaftsverträgen) die Unterschiede zwischen der Rechtsprechung – „ein nur sehr vage strukturiertes, dafür aber äußerst flexibles System von ‚Einwirkungen' der Grundrechte auf das Privatrecht" – und der herrschenden Literatur – „ein klar durchgeformtes Modell von Eingriffstatbeständen und Schutzpflichten" – auf.[86] Auch er schloss sich der grundsätzlichen Kritik an der Drittwirkungslehre an und äußerte Bedenken „gegen Form und Ausmaß der verfassungsrechtlichen ‚Kolonisierung' des Privatrechts".[87] Nach seiner Ansicht reiche es nicht, die Lehre der unmittelbaren Drittwirkung zu negieren, um eine übergreifende Einflussnahme des Verfassungsrechts auf das Privatrecht abzuwenden, viel eher sei das Problem im Kontext der staatlichen Schutzpflichten anzusiedeln. So diene die mittelbare Drittwirkung einer „final orientierten Ergebniskorrektur", also einer Feinjustierung oder Komplementierung der offen formulierten gesetzlichen Schutztatbestände.[88]

Oeters Kritik an dem nicht erkennbaren Modell aus der Kasuistik des Bundesverfassungsgerichts, sowie „das zu weite Ausgreifen verfassungsgerichtlicher Nachprüfung richterlicher Entscheidungen und die kaum mehr zu leugnende Problematik der traditionellen ‚Drittwirkungslehren'"[89] führten ihn im Ergebnis zu der Forderung nach einem stärkeren Schutz des Privatrechts vor

---

83 *Canaris*, Grundrechte und Privatrecht (erw. Fassung), S. 53.
84 *Canaris*, Grundrechte und Privatrecht (erw. Fassung), S. 60.
85 *Canaris*, Grundrechte und Privatrecht (erw. Fassung), S. 60–61.
86 *Oeter*, AöR 119 (1994), 529 (531).
87 *Oeter*, AöR 119 (1994), 529 (532).
88 *Oeter*, AöR 119 (1994), 529 (538); diese Auffassung ist nah an Canaris' Verständnis der Drittwirkung als Schutzinstrument der Judikative, wenn der Gesetzgeber gegen seine Schutzpflichten nicht oder nicht ausreichend erfüllt.
89 *Oeter*, AöR 119 (1994), 529 (560).

der – nach seinem Empfinden quasi arbiträren – Drittwirkung der Grundrechte. Er sah die Ausstrahlungswirkung der Grundrechte, ob mittel- oder unmittelbar, als Gefahr für die Autonomie des Privatrechts und für die Abgrenzung zwischen Gesetzgebung und Rechtsprechung.

5. Zwischenfazit

Als Instrument der Rechtsanwendung verpflichtet die mittelbare Drittwirkung Zivilgerichte, bei der Konkretisierung eines Rechtsverhältnisses zwischen Privaten auch die jeweilige grundrechtlich gewährleistete Freiheit zu beachten.[90] Es besteht Konsens darüber, dass der Begriff „Werteordnung" hierfür nicht konkret genug ist (oder auch „unscharf" laut *Stern*[91]), andererseits handelt es sich „keineswegs nur um schmückendes Beiwerk",[92] wenn man über objektiv-rechtliche Gehalte spricht. Dass die Realisierbarkeit der Freiheitsrechte aus Art. 5 Abs. 1 S. 1 GG von „selbst gewählten Pflichten der Bürger untereinander" abhängt,[93] vermag nicht zu überzeugen. Nichtsdestotrotz müssen in vertraglichen Verbindungen die Grundrechte derart einwirken, dass zwischen der Grundrechtbeeinträchtigung des einen und dem Schutz des anderen ausreichend abgewogen wird.[94] Wie die konkrete Umsetzung bei unterschiedlichen Grundrechten zu verstehen und umzusetzen ist, mag umstritten sein, doch die verfassungsrechtliche Wirkung in die gesamte Rechtsordnung steht fest.

Die Drittwirkung der Grundrechte hat konstant für Diskussionen und Denkanstöße gesorgt. Die Debatten haben weite Kreise gezogen und zu Diskussionen rund um die Einheit der Rechtsordnung sowie um das Verständnis der freiheitlich-demokratischen Rechtsordnung für den Schutz individueller Rechte geführt. *Alexy* hat das Spektrum der Entscheidungsmöglichkeiten unter Berufung auf die Lehre der mittelbaren Drittwirkung folgendermaßen zusammengefasst: „Betrachtet man die Sache vom Ergebnis her, so ist nicht die Konstruktion, sondern die Wertung, mit der sie gefüllt wird, das Entscheidende."[95] Dieser Satz unterstreicht den diffusen Charakter der mittelbaren Drittwirkung: so wie sie das Bundesverfassungsgericht anwendet, kann zwar nicht ein Defizit, aber wohl ein Mangel als „unrichtige Anschauung von der Bedeutung des einen oder anderen der Grundrechte" (siehe Mephisto-Formel) unter Umständen stets begründet werden. Unter anderem deswegen weiteten Autoren wie *Canaris*, *Oeter* oder auch *Lerche* die Frage auf jene der staatlichen Schutzpflichten aus. Sind in den Grundrechten Schutzaufträge enthalten und kommt der Gesetzgeber ihnen

---

[90] Vgl. *Wielsch*, AcP 213 (2013), 718 (731, 734).
[91] *Stern*, Das Staatsrecht der Bundesrepublik Deutschland Bd. III/1, S. 919.
[92] *Jarass*, AöR 110 (1985), 363 (365).
[93] *Rüfner*, in: Isensee/Kirchhof, § 197 Grundrechtsadressaten, Rn. 106.
[94] *Stern*, Das Staatsrecht der Bundesrepublik Deutschland Bd. III/1, S. 1513.
[95] *Alexy*, Theorie der Grundrechte, S. 484.

nicht nach, so könne das Bundesverfassungsgericht eingreifen.[96] Für *Lerche* ist daher „die staatliche Schutzpflicht nicht so sehr als grundgesetzvollziehendes Normierungsgebot, sondern als grundrechtsaktualisierende Auslegungsdirektive zu begreifen".[97]

Ein Teil der jüngeren Literatur löst sich von der Dichotomie zwischen mittelbarer und unmittelbarer Drittwirkung und versteht stattdessen unter der Horizontalwirkung von Grundrechten die grundrechtsorientierte Auslegung des einfachen Gesetzesrechts – nicht nur auf das Privatrecht beschränkt.[98] Unklar bleibt dabei allerdings, wie entsprechend zwischen der öffentlichen Gewalt und dem Privatrecht unterschieden werden soll, um Aufgaben- und Gewaltenteilung stringent aufrechtzuerhalten. Das Ziel könnte ein „Privatrecht mit Sinn für gesellschaftlichen Konstitutionalismus"[99] sein.

B. Jüngere Entwicklung der Rechtsprechung des BVerfG

Das Fraport-Urteil des Bundesverfassungsgerichts von 2011 stellt eine Zäsur im Umgang mit der Lehre der mittebaren Drittwirkung dar, weil das Gericht anlässlich dieses Falls zum ersten Mal festgestellt hat, dass die mittelbare Drittwirkung die gleiche Wirkung wie die unmittelbare Grundrechtsbindung haben könne, also eine Intensität entfalten könnte, die der Abwehrfunktion gegenüber dem Staat gleichkommen würde. Seitdem wurde über mehrere Fälle entschieden, bei denen die Ausstrahlungswirkung der Grundrechte in das Rechtsverhältnis zwischen Privatpersonen und juristischen Personen des Privatrechts belangvoll war. In diesen Fällen beschäftigte sich das Bundesverfassungsgericht – aus unterschiedlichen Blickwinkeln – mit öffentlichen Kommunikationsorten im Eigentum Privater. Im Fraport-Fall stütze das BVerfG seine Entscheidung hinsichtlich der Grundrechtsbindung noch darauf, dass die Fraport-AG mehrheitlich in öffentlicher Hand ist (I.), doch beim Nibelungen-Beschluss (II.) und dem Stadionverbot-Beschluss (III.) handelte es sich um juristische Personen des Privatrechts, die nicht unmittelbar an die Grundrechte gebunden sind. Relevant für die hiesige Fragestellung waren der III.-Weg-Beschluss, bei dem es genau um das privatrechtliche Verhältnis zwischen sozialen Netzwerken und ihren Nutzern ging (IV.), und der Nichtannahmebeschluss bezüglich eines Hausverbots im Hotel wegen der politischen Einstellung des Klägers (V.). Schließlich ist

---

[96] Die Schutzpflichten des Gesetzgebers in ihrem Spannungsverhältnis zum Interesse des Einzelnen an der Wahrung seiner von der Verfassung verbürgten Freiheitsrechte bilden allerdings eine eigene Forschungsfrage, die nicht Gegenstand dieser Arbeit ist.

[97] *Lerche*, in: Böttcher, Festschrift für Walter Odersky: zum 65. Geburtstag am 17. Juli 1996, (230).

[98] *Ipsen*, Grundrechte, Rn. 49.

[99] *Wielsch*, AcP 213 (2013), 718 (750).

das Bundesverfassungsgericht auch beim Recht auf Vergessen(werden) auch auf die Drittwirkungslehre eingegangen (VI.). Trotz der sehr unterschiedlichen Sachverhalte ging es im Kern um die Frage, inwieweit Private den Zugang und die Nutzung privat hergestellter Öffentlichkeit zulässigerweise einseitig bestimmen und beschränken dürfen.

I. Das Fraport-Urteil

1. Sachverhalt und Rechtsfrage

Der Rechtsstreit um eine Spontan-Demonstration im öffentlich zugänglichen Terminal 1 des Frankfurter Flughafens begann im März 2003. Sechs Aktivisten, darunter die Beschwerdeführerin, betraten das Terminal 1 und verteilten Flugblätter über eine bevorstehende Abschiebung, woraufhin sich eine Menschengruppe im Terminal 1 versammelte. Die Versammlung wurde von Flughafen-Mitarbeitern und Einsatzkräften des Bundesgrenzschutzes beendet und gegenüber der Beschwerdeführerin wurde ein Hausverbot ausgesprochen. Begründet wurde dies mit dem Hausrecht der Beklagten, der Fraport-AG, unter Verweis auf die Flughafenbenutzungsordnung. Das Terminal verfügt über einen „Luftbereich", der nur mit Bordkarte zugänglich ist, und einen „Landbereich", der für jedermann ohne Bordkarte erreichbar ist und über ein großes Angebot an Läden und Gastronomie verfügt. Circa 70 % der Aktien der Fraport-AG sind im Eigentum des Bundeslands Hessen und der Bundesrepublik Deutschland.

Die Klage der Beschwerdeführerin gegen das Demonstrationsverbot wurde unter Verweis auf das Hausrecht der Fraport-AG abgewiesen. Das Amtsgericht entschied, dass die Fraport-AG nicht unmittelbar an die Versammlungs- und Meinungsfreiheit gebunden sei, weil die Gesellschaft nicht zu 100 % in öffentlicher Hand sei.[100] Meinungs- und Versammlungsfreiheit seien Abwehrrechte gegenüber dem Staat, verliehen aber keine Rechte gegenüber einem Eigentümer, der auf seinem Gelände eine Versammlung nicht dulden wolle.[101] Auch das Landgericht wies die Berufung der Beschwerdeführerin zurück und stützte sein Urteil auf die vom Amtsgericht angeführten Gründe.[102] Ergänzend fügte es hinzu, die Fraport-AG habe durch die Abschiebungen keine öffentlich-rechtlichen Aufgaben wahrgenommen. Der Flughafenbetreiber müsse die Sicherheit und Leichtigkeit des Luftverkehrs gewährleisten, nicht aber die Zurverfügungstellung der Infrastruktur zu Abschiebungszwecken.[103]

Der Bundesgerichtshof erkannte die potenzielle Ausstrahlungswirkung der Grundrechte der Beschwerdeführerin aus Art. 5 Abs. 1 und 8 Abs. 1 GG. Er ver-

[100] AG Frankfurt a. M., Urt. v. 20.12.2004 – 31 C 2799/04–23.
[101] BVerfGE 128, 226 (230).
[102] LG Frankfurt a. M., Urt. v. 20.05.2005 – 2/1 S 9/05.
[103] BVerfGE 128, 226 (231).

neinte jedoch die Grundrechtsverletzung mit der Begründung, dass die Beklagte keine Duldungspflicht aus § 1004 Abs. 2 BGB treffe. Sie habe die Nutzung des Terminals „nur für bestimmte Nutzungszwecke freigegeben" und nicht „zur Verteilung von Flugblättern noch zur Durchführung von Protestaktionen oder sonstigen Versammlungen".[104] Die Ausübung des Hausrechts in Form eines Verbots verletze (selbst wenn *zugunsten* der Beschwerdeführerin eine unmittelbare Grundrechtbindung der Beklagten unterstellt werden würde) die Beschwerdeführerin nicht in ihren Grundrechten aus Art. 5 Abs. 1 S. 1 und Art. 8 Abs. 1 GG, weil es „grundsätzlich keine Leistungsansprüche gegen den Staat zur Nutzung von Räumlichkeiten [gebe], die einem eingeschränkten, die Durchführung von Versammlungen und Demonstrationen nicht umfassenden Zweck zu dienen bestimmt sind".[105] Das Hausrecht schütze die Funktionsfähigkeit des Flughafens und gewährleiste so die Erfüllung des gesetzlichen Auftrags, die dem Flugverkehr dienenden Anlagen gebrauchsfähig zu erhalten und vor Störungen zu schützen.[106] Folglich wies der BGH die Revision zurück.

In ihrer Urteilsverfassungsbeschwerde rügte die Beschwerdeführerin eine Verletzung ihrer Grundrechte aus Art. 5 Abs. 1 Satz 1 und Art. 8 Abs. 1 GG und eine „Flucht ins Privatrecht" der Beklagten. Ferner war sie der Ansicht, die Beklagte sei zumindest auch mittelbar an die Grundrechte gebunden, denn

> „aus der *Öffnung eines kommunikativen Raums* ergäben sich *Duldungspflichten*, denen sich die Beklagte aufgrund ihrer Aktionärsstruktur, der Wahrnehmung öffentlicher Aufgaben, der Sozialadäquanz des im Streit stehenden Verhaltens der Beschwerdeführerin sowie aus dem unmittelbaren örtlichen Bezug zwischen dem Flughafen und dem Protestgegenstand nicht mit dem pauschalen Hinweis auf eine Betriebsstörung entziehen könne."[107]

2. *Lösung des BVerfG*

a) *Wirkung der Versammlungs- und Meinungsfreiheit*

Das Bundesverfassungsgericht urteilte, die Flughafengesellschaft sei unmittelbar an die Grundrechte gebunden, weil sich die Aktien zu mehr als 50 % in öffentlich-rechtlicher Hand befanden. Gemischtwirtschaftliche Unternehmen, an denen sowohl private als auch öffentliche Anteileigner beteiligt sind, seien unmittelbar an die Grundrechte gebunden, sobald die öffentliche Hand das Unternehmen beherrscht. Die Grundrechtsbindung könne eben nicht „quotenweise realisiert werden".[108] Die unmittelbare Grundrechtsbindung der Fraport AG hatte zur Folge, dass sie sich gegenüber den Versammlungsteilnehmern nicht

---

[104] BGH, Urt. v. 20.01.2006 – V ZR 134/05, Rn. 9.
[105] BGH, Urt. V. 20.01.2006 – V ZR 134/05, Rn. 14.
[106] BGH, Urt. v. 20.01.2006 – V ZR 134/05, Rn. 18 f.
[107] BVerfGE 128, 226 (234), Hervorhebung d. Verf.
[108] BVerfGE 128, 226 (246).

auf eigene Grundrechte berufen konnte. Im Anschluss stellte das Gericht fest, dass die Beschwerdeführerin sowohl in ihrer Versammlungs- als auch in ihrer Meinungsfreiheit verletzt worden sei.[109]

Mit der für diese Arbeit relevanten Frage der Drittwirkung von Grundrechten befasste sich das Bundesverfassungsgericht in einem *obiter dictum* wie folgt:

„Dies schließt umgekehrt allerdings nicht aus, dass möglicherweise Private – etwa im Wege der mittelbaren Drittwirkung – unbeschadet ihrer eigenen Grundrechte ähnlich oder auch genauso weit durch die Grundrechte in Pflicht genommen werden, insbesondere wenn sie in tatsächlicher Hinsicht in eine vergleichbare Pflichten- oder Garantenstellung hineinwachsen wie traditionell der Staat."[110]

So könne die Intensität der mittelbaren Drittwirkung der Grundrechtsbindung steigern je mehr Private eine Rolle einnehmen, die der des Staates ähnele. Das Bundesverfassungsgericht ging auch auf die besondere Entwicklung im Bereich der Kommunikation und so des Schutzbereichs von Art. 5 Abs. 1 S. 1 GG ein:

„Für den Schutz der Kommunikation kommt das insbesondere dann in Betracht, wenn private Unternehmen die Bereitstellung schon der Rahmenbedingungen öffentlicher Kommunikation selbst übernehmen und damit in Funktionen eintreten, die – wie die Sicherstellung der Post- und Telekommunikationsdienstleistungen – früher dem Staat als Aufgabe der Daseinsvorsorge zugewiesen waren."[111]

Da es bereits die unmittelbare Grundrechtsbindung der Fraport AG aufgrund der öffentlichen-rechtlichen Mehrheit festgestellt hatte, ließ das Bundesverfassungsgericht offen, inwieweit der Grundsatz für private Unternehmen, die nicht anteilig dem Staat gehören, gelte.[112] Es erwähnte jedoch in Bezug auf die Kommunikation „materiell private Unternehmen […], die einen öffentlichen Verkehr eröffnen und damit Orte der allgemeinen Kommunikation schaffen".[113]

b) Ort der Meinungsäußerung im Fraport-Urteil

Bis dahin und auch nach dem Fraport-Urteil ging die herrschende Meinung in der Literatur sowie die Rechtsprechung davon aus, dass Eigentümer privater Grundstücke nicht an die in Art. 8 Abs. 1 GG enthaltene Freiheit der Wahl des Versammlungsortes gebunden seien.[114] Die Frage, ob eine Grundrechtsbindung im Hinblick auf die Meinungsäußerungsfreiheit für private Unternehmen besteht, die einen Raum des öffentlichen Verkehrs eröffnen und damit einen Ort der Kommunikation schaffen, wurde indes nicht beantwortet. Nichtsdestotrotz ging das Gericht auf die Freiheit der Wahl des Ortes

[109] BVerfGE 128, 226 (248).
[110] BVerfGE 128, 226 (248).
[111] BVerfGE 128, 226 (249).
[112] BVerfGE 128, 226 (250); so auch *Sachs*, JuS 2011, 665 (666).
[113] BVerfGE 128, 226 (250).
[114] *Sachs*, JuS 2011, 665 (665).

und der Zeit der Äußerung im Rahmen von Art. 5 Abs. 1 S. 1 GG ein. Es griff auch seine Rechtsprechung aus dem „Soldaten sind Mörder"-Beschluss auf, um die Weite des Schutzbereichs der Meinungsfreiheit zu verdeutlichen. Der Sich-Äußernde dürfe „auch die Umstände wählen, von denen er sich die größte Verbreitung oder die stärkste Wirkung seiner Meinungskundgabe verspricht."[115] Die Meinungsfreiheit verschaffe dem Sich-Äußernden keinen Anspruch auf Zutritt zu ihm sonst nicht zugänglichen Orten, aber die Meinungsäußerungsfreiheit stünde dem Bürger vom Grundsatz überall dort zu, wo er sich jeweils befinde.[116]

3. *Analyse*

Obwohl es sich beim Frankfurter Flughafen um einen öffentlichen Raum im Eigentum einer Aktiengesellschaft handelte, bot der Fall Gelegenheit, auf die Privatisierung des öffentlichen Raumes einzugehen, insbesondere wenn der Anteileigner nicht nur der Staat ist.[117] Bis dato war die Inanspruchnahme von öffentlich zugänglichen Orten in Privateigentum zum Zwecke einer Versammlung gegen den Willen des Eigentümers nicht durchsetzbar, sondern man ging davon aus, dass die Abwägung stets zugunsten des Privateigentümers entschieden werden würde.[118] Im Fraport-Urteil stellte das Bundesverfassungsgericht klar, dass es für die Frage der Drittwirkung auf die Schaffung eine Ortes der allgemeinen Kommunikation ankomme, das dem „Leitbild des öffentlichen Forums" entspreche[119] (ungeachtet der Tatsache, ob dieses Forum unter freiem Himmel sei, solange es allgemein zugänglich sei). Damit gab es zu erkennen, wer die Adressaten einer bislang nicht angewandten Form der Drittwirkung sein könnten: bestimmte Private, die allgemeine Kommunikationsorte betreiben.[120] Ob es im zweiten Schritt auch dazu kommen könne, dass solche Private *wie* der Staat an die Grundrechte gebunden wären, ließ das Gericht im Fraport-Urteil offen.[121]

---

[115] BVerfGE 93, 266 (289).

[116] BVerfGE 128, 226 (264).

[117] *Kersten/Meinel*, JZ 2007, 1127 (1133).

[118] *Sachs,* in: Stern, Staatsrecht IV/1, 1227.

[119] BVerfGE 128, 226 (253); *Masing*, in: Bäuerle/Wallrabenstein/Bryde, Demokratie-Perspektiven: Festschrift für Brun-Otto Bryde zum 70. Geburtstag, S. 409 (422): „Ausblicke, die jedenfalls eine hinreichende Flexibilität der Grundrechtslehren auch diese Fälle erkennbar machen."

[120] Dazu kritisch: Sondervotum des BVerfG-Richters *Schluckebier*, BVerfGE 128, 226, 274; hingegen deutlich befürwortend: *Masing*, in: Bäuerle/Wallrabenstein/Bryde, Demokratie-Perspektiven: Festschrift für Brun-Otto Bryde zum 70. Geburtstag, S. 409 (422) („deshalb vor Inpflichtnahmen nicht gefeit.").

[121] BVerfGE 128, 226 (250).

II. Der Nibelungen-Beschluss

Im Nibelungen-Beschluss (auch Bierdosenflashmob-Beschluss genannt) hingegen ging das Bundesverfassungsgericht auf die Grundrechtsbindung Privater als Funktionsnachfolge ein. Es ging darum, ob die private Eigentümerin eines öffentlich zugänglichen Platzes in Passau, dem Nibelungenplatz, an die Versammlungsfreiheit im Wege der mittelbaren Drittwirkung gebunden sei.[122]

1. Sachverhalt und Rechtsfrage

Der Antragsteller beabsichtigte im Juli 2015 für die Zeit von 18:15 bis 18:30 eine stationäre, öffentliche Versammlung auf dem Nibelungenplatz in Passau durchzuführen. Der Nibelungenplatz liegt zentral in der Stadt, von Arztpraxen, Cafés, Geschäften, einem Supermarkt und einem Kino umrandet und für den allgemeinen Publikumsverkehr geöffnet. Er ist im Eigentum einer GmbH & Co. KG ohne staatliche Beteiligung. Die geplante Versammlung stand unter dem Motto „Bierdosen-Flashmob für die Freiheit". Auf Kommando „Für die Freiheit – trinkt aus!" sollten die Versammlungsteilnehmer jeweils eine Dose Bier öffnen und diese schnellstmöglich leertrinken, worauf ein Redebeitrag des Antragstellers und eine Diskussion der Versammlungsteilnehmer folgen sollten. Mit der Versammlung sollte auf den zunehmenden Einsatz privater Sicherheitsdienste sowie auf eine steigende Beschränkung von Freiheitsrechten hingewiesen werden.[123] Die Eigentümerin sprach ein Hausverbot für die Dauer der Versammlung aus, wogegen der Antragsteller Eilanträge vor Gericht geltend machte.

Das AG und das LG lehnten beide die Anträge des Antragstellers ab. Das LG Passau verwies in großen Teilen auf den Beschluss des Amtsgerichts und führte aus, die Eigentümerin sei eine juristische Person des Privatrechts, deswegen nicht unmittelbar an die Grundrechte gebunden und darüber hinaus nach § 903 S. 1 BGB befugt, über ihr Eigentum frei zu verfügen und Dritte von jeder Einwirkung auszuschließen. Allerdings erkannte auch das LG die Ausstrahlungswirkung der Grundrechte und die Beachtung der mittelbaren Drittwirkung.[124] Eine entsprechende Anwendung des Fraport-Urteils auf die geplante Versammlung in Passau lehnte es mit Verweis auf das Privateigentum aber ab. Der Nibelungenplatz sei zwar ein Ort des allgemeinen kommunikativen Verkehrs, aber die Rechte des Antragstellers, diesen Platz zu nutzen, könnten nicht vorbehaltslos gewährleistet werden. In der Abwägung würde Art. 14 Abs. 1 GG gegenüber Art. 8 Abs. 1 GG überwiegen, weil der Privateigentümer keine Versammlung gegen seinen Willen dulden müsse, die auch auf öffentlichem Grund stattfinden

---

122 BVerfG, Beschl. v. 18.07.2015 – 1 BvQ 25/15.

123 BVerfG, Beschl. v. 18.07.2015 – 1 BvQ 25/15 – Rn. 1.

124 LG Passau, Beschl. v. 16.07.2015 – 2 T 127/15, S. 5.

und deren Versammlungsziel gleichermaßen erreicht werden könne.[125] Das Gericht stellte dabei u. a. auf die Tatsache ab, dass die Versammlung sich weder konkret gegen die Eigentümerin des Nibelungenplatzes, noch gegen einen Laden oder ein Lokal auf diesem Platz richtete.

Mit seinem Antrag gemäß § 32 Abs. 1 i. V. m. § 93d Abs. 2 BVerfGG wollte der Antragsteller die Aufhebung der Beschlüsse erreichen. Damit stellte sich für das Bundesverfassungsgericht die Frage, ob die eigentümerrechtlichen Positionen in der Abwägung so „eindeutig überwiegend" waren, wie vom LG Passau entschieden.[126]

2. Lösung des BVerfG: Funktionsnachfolge

Zunächst stellte das BVerfG fest, der Nibelungenplatz sei zwar in Privateigentum, „zugleich aber für den Publikumsverkehr offen" sei und somit einen Raum schaffe, der dem „Leitbild des öffentlichen Forums entspricht."[127] Dabei bezog es sich – wie die Vorinstanzen – auf die Fraport-Rechtsprechung und stellte auch klar, dass die Antragsgegnerin nicht wie der Staat *unmittelbar* an die Grundrechte gebunden sei. Allerdings wertete es die Reichweite der Ausstrahlungswirkung anders als das LG Passau.

Das Bundesverfassungsgericht erwähnte explizit den Grundsatz der praktischen Konkordanz als Maßstab für die Abwägung der sich gegenüberstehenden Grundrechte (wobei es sich um ein Eilverfahren handelte, weshalb das Gericht keine konkreten Grundsätze nannte, nach denen es die Grundrechtskollision im konkreten Fall aufgelöst hatte) und bezeichnete die Folgenabwägung als ausschlaggebenden Faktor für das Ergebnis der Abwägung. Demnach seien die Beschlüsse der Vorinstanzen aufzuheben, weil sie die Versammlungsfreiheit des Antragstellers nicht hinreichend beachtet hätten. Art. 8 Abs. 1 GG beinhalte zwar kein Recht darauf, „ein auf private Rechte gestütztes Hausverbot umgehen zu können", aber Art. 8 Abs. 1 GG gewährleiste das Recht, „selbst zu bestimmen, wann und unter welchen Modalitäten eine Versammlung stattfinden soll" und damit auch ein „Selbstbestimmungsrecht über den Ort der Veranstaltung",[128] also solche Orte oder Einrichtungen, wo man als Bürger sein Anliegen am wirksamsten zur Geltung bringen könne.[129]

Ein gleichwertiger Eingriff in das Eigentumsrecht der Antragsgegnerin sei, u. a. aufgrund des „eng begrenzten zeitlichen Rahmens" (ca. 15 Min. laut Antragsteller, sog. Flashmob), nicht zu erkennen und die Antragsgegnerin müsse insoweit für die Dauer der Versammlung die Versammlungsfreiheit des Antragstellers achten. Dabei ging das Gericht auf die üblichen Abwägungsgrün-

[125] LG Passau, Beschl. v. 16. Juli 2015 – 2 T 127/15, S. 6.
[126] LG Passau, Beschl. v. 16.07.2015 – 2 T 127/15, S. 7.
[127] BVerfG, Beschl. v. 18.07.2015 – 1 BvQ 25/15 – Rn. 5.
[128] BVerfG, Beschl. v. 18.07.2015 – 1 BvQ 25/15 – Rn. 9.
[129] Vgl. BVerfGE 69, 315 (343); BVerfGE 128, 226 (250 f.).

de aus dem Versammlungsrecht ein (vor allem die Beachtung des Kooperationsgebots[130]), aber nicht auf die vom LG Passau vorgebrachte Alternative des unmittelbar angrenzenden öffentlichen Grundstücks, auf dem der Antragsteller die Versammlung auch hätte durchführen können.[131] Damit dehnte es die Fraport-Rechtsprechung auf gänzlich Private aus[132] und begründete dies mit der Schaffung eines Ortes, der dem Leitbild des öffentlichen Forums entspräche und entsprechend die Kommunikationsfunktion der öffentlichen Straßen, Wege und Plätze ergänze.

3. Analyse

Der Nibelungen-Beschluss hat große Bedeutung für die Ausübung der Versammlungsfreiheit und die Grundrechtsbindung der wegen des Versammlungsorts betroffenen Privaten (Versammlungsteilnehmer und Eigentümer des Versammlungsorts). In seiner Auslegung der freien Ortswahl im Rahmen des Art. 8 Abs. 1 GG auch bei privaten Grundstücken blieb das BVerfG konsequent: es komme nicht darauf an, dass die Versammlung mit dem Ort inhaltlich oder thematisch verknüpft sei, sondern dass der Platz dem allgemeinen öffentlichen Verkehr eröffnet sei, also eine Kommunikationsfunktion übernähme und dass die dort stattfindende Kundgabe andere Bürgerinnen und Bürger erreiche.[133] Damit vertritt das BVerfG einen funktionalen Ansatz der Versammlungsfreiheit.[134]

Aus dem Beschluss ergeben sich keine genaueren Kriterien, anhand derer man das „Leitbild des öffentlichen Forums“[135] mit mehr Präzision definieren könnte. Offen blieb auch die Frage der *Intensität* der Grundrechtsbindung „Privater, die einen öffentlichen Verkehr eröffnen und damit Orte der allgemeinen Kommunikation schaffen“, die das BVerfG schon im Fraport-Urteil nicht beantwortet hatte.[136]

Es wurde angemahnt, dass die Erweiterung der mittelbaren Drittwirkung um die Funktionsnachfolge eines privaten Grundstückeigentümers ein Abwälzen staatlicher Pflichten auf Private sei und der Gesetzgeber aufgrund seiner Schutzpflichten stattdessen handeln müsse.[137] Es käme zu einer „Entgrenzung der mittelbaren Drittwirkung“.[138] Ferner habe das BVerfG nicht geklärt,

---

[130] *Schneider*, in: Epping/Hillgruber GG, Art. 8, Rn. 33.

[131] Vgl. *Schulenberg*, DÖV 2016, 55 (58).

[132] *Smets*, NVwZ 2016, 35 (38); *Gornik*, Die Bindung der Betreiber öffentlicher Räume an die Kommunikationsgrundrechte, S. 267.

[133] *Schulenberg*, DÖV 2016, 55 (59).

[134] *Schulenberg*, DÖV 2016, 55 (58).

[135] BVerfGE 128, 226 (253 f.).

[136] BVerfG, Beschl. v. 18.07.2015 – 1 BvQ 25/15 – Rn. 7.

[137] *Smets*, NVwZ 2016, 35 (38); *Frau*, LKV 2016, 445 (451).

[138] *Smets*, NVwZ 2016, 35 (38).

„wie weit“ die „der Grundrechtbindung des Staates nahekommende mittelbare Grundrechtbindung Privater auch für private Unternehmen überhaupt“ gelte.[139]

III. Stadionverbot-Beschluss

1. Sachverhalt und Rechtsfrage

Im April 2018 entschied das BVerfG über die Ausstrahlungswirkung des Gleichbehandlungsgebots auf ein privatrechtliches Schuldverhältnis in Bezug auf ein bundesweites Hausverbot in Fußballstadien. Dem Antragsteller, einem Anhänger des Fußballclubs Bayern München, wurde aufgrund seiner Mitgliedschaft in einer gewaltbereiten Ultra-Fangruppe („Schickeria“), dem Verdacht auf handgreifliche und verbale Auseinandersetzungen und einem in der Zwischenzeit eingestellten Ermittlungsverfahren wegen Landfriedensbruch ein bundesweites Stadionverbot auferlegt. Die Beklagte stützte dieses Verbot auf ihr Hausrecht und auf die Stadionverbots-Richtlinien (i. F. SVRL) des Deutschen Fußballbundes. Das Stadionverbot der Beklagten wurde trotz der Einstellung des Ermittlungsverfahrens gegen den Beschwerdeführer aufrechterhalten. Dies begründete die Beklagte mit hinreichenden Verdachtsmomenten, einer zusätzlichen Anhörung des Beschwerdeführers bedürfe es nicht. Das AG Duisburg[140] wies die Klage ab, sowohl die Berufung als auch die Revision blieben erfolglos. Mit seiner Verfassungsbeschwerde wollte der Beschwerdeführer die Aufhebung des BGH-Urteils[141] erreichen, welche sich auf das Hausrecht der Beklagten stützte. Der Beschwerdeführer berief sich auf die allgemeine Handlungsfreiheit aus Art. 2 Abs. 1 GG; das Bundesverfassungsgericht prüfte hauptsächlich, ob und wieweit der BGH die Drittwirkung von Art. 3 Abs. 1 GG beachtet hatte.[142]

2. Lösung des BVerfG

Das BVerfG wies die Verfassungsbeschwerde zurück, weil der BGH die Ausstrahlungswirkung des Gleichbehandlungsgebots aus Art. 3 Abs. 1 GG erkannt und ausreichend gewürdigt habe. Die vom Beschwerdeführer vorgetragene Verletzung seiner allgemeinen Handlungsfreiheit aus Art. 2 Abs. 1 GG konnte nach Ansicht des Bundesverfassungsgerichts der Eigentumsfreiheit der Beklagten nicht entgegengehalten werden. Es kam daher entscheidend auf die Berücksichtigung des Gleichbehandlungsgebots aus Art. 3 Abs. 1 GG an, obwohl es einer „spezifischen Konstellation“ bedarf, damit das Gleichbehandlungsgebot zwischen Privaten wirkt, weil Art. 3 Abs. 1 GG kein objektives Verfassungsprinzip enthält.

---

139 *Sachs*, JuS 2015, 954 (955).

140 AG Duisburg, Urt. v. 13.03.2008 – 73 C 1565/07.

141 BGH, Urt. v. 30.10.2009 – V ZR 253/08.

142 BVerfG, Beschl. v. 11.04.2018 – 1 BvR 3080/09, NVwZ 2018, 813.

In diesem Fall ergab sich die spezifische Konstellation aus der Teilhabe am gesellschaftlichen Leben: nach Ansicht des Bundesverfassungsgerichts handelt es sich beim Zugang zu Massenveranstaltungen wie Fußballspielen für Besucher (u. a. auch) um die Teilhabe am gesellschaftlichen Leben. Die Teilnahme an einer solchen Veranstaltung zu verwehren bedarf daher eines sachlichen Grundes, weil sie üblicherweise Besuchern ohne Ansehen ihrer Person eröffnet sei. Die Entscheidungsmacht über den Zugang dürfe daher nicht willkürlich ausgeübt werden, auch wenn es dem Eigentümer grundsätzlich überlassen bliebe, aufgrund seines Hausrechts Besucher auszuschließen. So seien diese kollidierenden Grundrechtspositionen nach dem Grundsatz der praktischen Konkordanz in einen Ausgleich zu bringen. Das Ergebnis des BGH, dass ein Gefahrenverdacht für den sachlichen Grund – auch nach Einstellung des Ermittlungsverfahrens – genüge, sei verfassungsrechtlich nicht zu beanstanden. Es reiche aus, dass sich „die Besorgnis künftiger Störungen durch die Betroffenen auf konkrete und nachweisliche Tatsachen von hinreichendem Gewicht stützen lässt". Diesem Ergebnis sei zuzustimmen, wenn das Störerpotenzial ausreichend hoch und das eventuell gefährdete Ziel (des Verbots) der friedliche Ablauf einer Massenveranstaltung sei.

Der BGH hätte ferner die Beachtung eines fairen Verfahrens prüfen müssen, da ein sachlicher Grund für eine derart wichtige Beschränkung nicht ausreiche. Bei einer solchen „faktisch als Sanktion wirkenden Entscheidung" habe derjenige, der sich auf sein Hausrecht berufe, grundlegende Anforderungen zu beachten, die es den Betroffenen ermöglichten, sich „mit den Vorwürfen auseinanderzusetzen und ihre Rechte unter Darlegung ihrer Sichtweise rechtzeitig geltend zu machen".[143] Hier rügte das BVerfG das BGH-Urteil, ließ den Mangel bei seiner Entscheidung dennoch unbeanstandet, indem es auf die Möglichkeit des Nachholens in mehreren Instanzen und auf die inzwischen geänderten SVRL verwies.

3. Analyse

Diese Entscheidung des Bundesverfassungsgerichts reiht sich in das Schema des Fraport-Urteils und des Nibelungen-Beschlusses ein. Das BVerfG stellt auch hier auf die Möglichkeit des Zugangs zu Orten der allgemeinen Kommunikation also der Teilhabe am gesellschaftlichen Leben und den damit einhergehenden Anforderungen an private Eigentümer ab. Gleichzeitig ist ein Bruch mit der bisherigen Begründungslinie festzustellen. Es fällt dem Gericht erkennbar schwer, die Drittwirkung von Art. 3 Abs. 1 GG mit juristischen Methoden zu begründen, vielmehr beruht die „spezifische Konstellation" laut Bundesverfassungsgericht auf der gesellschaftlichen Bedeutung einer sozialen Aktivität, bspw. des Fußballs in Deutschland – nachvollziehbar im Ergebnis, aber nicht

[143] BVerfG, Beschl. v. 11.04.2018 – 1 BvR 3080/09, NVwZ 2018, 813 (818).

systematisch.[144] Daraus könnte man schließen, dass es sich im Grunde nicht um einen Drittwirkungsfall handelt. So argumentiert *Michl*, dass das Bundesverfassungsgericht das Gewand der Drittwirkungslehre nutzt, um einen Rechtsprechungswandel im Stillen zu vollziehen.[145] In der Tat wirkt es so als erfülle die Lehre der mittelbaren Drittwirkung eher eine Auffangfunktion für die Abwägung zwischen dem Grundrechtsschutz des Individuums und dem Schutz der Privatautonomie. Dabei fordert das Gericht von einer Vertragspartei das Einhalten prozeduraler Standards, allein mit Hinweis auf die Drittwirkungslehre, nicht auf gesetzliche Bestimmungen, die eigentlich gemäß Art. 14 Abs. 1 S. 2 GG Sache des Gesetzgebers sind.

Hervorzuheben sind dennoch die zwei Merkmale, an denen das Gericht die mittelbare Drittwirkung des Gleichbehandlungsgebots in diesem Fall festgemacht hat und die für die Entwicklung der Drittwirkungslehre heranzuziehen sind: die Teilhabe am gesellschaftlichen Leben (a) und das Vorliegen einer spezifischen Konstellation (b).

a) Teilhabe am gesellschaftlichen Leben

Ausschlaggebend für das BVerfG war, dass Private anderen Privatpersonen die Teilhabe an einem Ereignis des gesellschaftlichen Lebens nicht ohne sachlichen Grund versagen sollen können.[146] Durch das Veranstalten von Massenveranstaltungen, bei denen es auf das Individuum nicht ankommt, erwachse „eine besondere rechtliche Verantwortung" und die Entscheidungsmacht des Veranstalters dürfe nicht dazu genutzt werden, „bestimmte Personen ohne sachlichen Grund von einem solchen Ereignis auszuschließen" (Rn. 41). Dafür nahm das Gericht auch Bezug auf „das Recht auf Teilhabe am kulturellen Leben" gemäß Art. 15 Abs. 1a des Internationalen Pakts über wirtschaftliche, soziale und kulturelle Rechte der Vereinten Nationen (Rn. 42).[147]

Das Merkmal der Teilhabe am gesellschaftlichen Leben kam bis dato in der Rechtsprechung des Bundesverfassungsgerichts nur in Fällen des Sozialrechts vor. In drei Normenkontrollverfahren über die Gewährleistung eines menschenwürdigen Existenzminimums hatte das Gericht dieses Merkmal herangezogen, um einen unmittelbar verfassungsrechtlichen Leistungsanspruch zu begründen.[148] Es handle sich um eine Garantie, die ein „Mindestmaß an Teilhabe am

---

[144] Vgl. ebenfalls krit. *Michl*, JZ 2018, 910 (916): „trügerische Camouflage einer in höchstem Maße begründungsbedürftigen richterlichen ‚Innovation'" sowie „Unspezifische spezifische Konstellation"; *Ruffert*, VerfBlog 2018; a. A. *Muckel*, JA 2018, 553 (556).

[145] *Michl*, JZ 2018, 910 (916).

[146] Vgl. *Smets*, NVwZ 2019, 34 (35).

[147] International Covenant on Economic, Social and Cultural Rights. Adopted by the General Assembly of the United Nations on 16.12.1966, in Kraft getreten am 03.01.1976, UNTS Bd. 993, S. 3.

[148] BVerfGE 125, 223; 132, 134; 137, 34.

gesellschaftlichen, kulturellen und politischen Leben umfasst, denn der Mensch als Person existiert notwendig in sozialen Bezügen."[149] Dieser unmittelbar verfassungsrechtliche Leistungsanspruch bezog sich jedoch auf das „Ob" des Existenzminimums. Der Gestaltungsspielraum des Gesetzgebers sei bei „Art und Umfang der Möglichkeit zur Teilhabe am gesellschaftlichen Leben" weit.[150] Dies umfasse auch die Wahl der Mittel um das Existenzminimum zu ermitteln und zu berechnen, solange die eingesetzten Mittel dazu geeignet seien die „finanzielle Hürden, die einer Integration [...] in die Gesellschaft entgegenstehen" zu beseitigen.[151]

Der „unmittelbar verfassungsrechtliche Leistungsanspruch auf Gewährleistung eines menschenwürdigen Existenzminimums" ergibt sich nach der Rechtsprechung des Bundesverfassungsgerichts aus Art. 1 Abs. 1 i.V.m. Art. 20 Abs. 1 GG, einschließlich der vom Gesetzgeber gewährleisteten Möglichkeit zu einem Mindestmaß an Teilhabe am gesellschaftlichen, kulturellen und politischen Leben.[152] Dem Gesetzgeber steht ein weiter Gestaltungsspielraum zu, doch die Möglichkeit der Teilhabe muss an überprüfbaren Zahlen und/oder Posten berechnet werden können. Unzulässig wäre eine Berechnung dieser Möglichkeiten „ins Blaue hinein".[153] In diesen Entscheidungen zum Sozialstaatsprinzips ging es weder um ein Privatrechtsverhältnis (daher nicht um die mittelbare Drittwirkung der Grundrechte) noch um die Berücksichtigung des Gleichbehandlungsgebots bei der Gewährleistung eines Zugangs zum gesellschaftlichen Leben. Dennoch handelt es sich um ein wichtiges Argument zugunsten der Drittwirkung, wenn die strukturelle Überlegenheit eines Vertragsteils einen Einfluss auf den Zugang zum gesellschaftlichen Leben haben kann.[154]

b) Die spezifische Konstellation

Wenngleich das Merkmal der Teilhabe am gesellschaftlichen Leben aus früherer verfassungsrechtlicher Rechtsprechung bekannt ist, bleibt der Beschluss zum Stadionverbot bemerkenswert, weil das Bundesverfassungsgericht eine „spezifische Konstellation" feststellt, bei der das Gleichbehandlungsgebot aus Art. 3 Abs. 1 GG zwischen Privaten wirkt. Dabei stehen sich das Gleichbehandlungsgebot und der Grundsatz der Privatautonomie grundsätzlich gegenüber, weshalb das Verhältnis zwischen diesen kollidierenden Prinzipien einfachgesetzlich geregelt ist. Wesentliches Merkmal der Privatautonomie ist die Vertragsfreiheit,[155]

---

149 BVerfGE 125, 175 (223) – Hartz IV.
150 BVerfGE 132, 134 (161) – Asylbewerberleistungsgesetz.
151 BVerfGE 137, 34 (97) – Existenzsichernder Regelbedarf.
152 BVerfGE 132, 134 (160).
153 BVerfGE 137, 34 (75).
154 Vgl. BVerfGE 89, 124 (230).
155 *Mager*, Einrichtungsgarantien, S. 226.

die einen allgemeinen Kontrahierungszwang ohne ausdrückliche gesetzliche Vorschrift ausschließt.[156] Um zur Drittwirkung des Gleichbehandlungsgebots zwischen Privaten zu gelangen, hat das Gericht eine nicht-abschließende Auflistung von Faktoren herangezogen: „die Unausweichlichkeit von Situationen, das Ungleichgewicht zwischen sich gegenüberstehenden Parteien, die gesellschaftliche Bedeutung von bestimmten Leistungen oder die soziale Mächtigkeit einer Seite".[157]

Im Fall des Stadionverbots nahm das Gericht eine spezifische Konstellation an, da Fußballspiele „einem großen Publikum ohne Ansehen der Person geöffnet werden" und die Verweigerung des Stadionbesuchs ohne sachlichen Grund aufgrund der „strukturellen Überlegenheit" des Fußballspielveranstalters nicht gerechtfertigt wäre.[158] So musste zwischen dem Hausrecht des Veranstalters und dem Interesse des Beschwerdeführers an der Teilhabe am gesellschaftlichen Leben in Form des Fußballspiels abgewogen werden. Fußballspiele haben neben ihrer sportlichen auch eine gesellschaftliche Bedeutung und folglich wird an die Sozialbindung des Eigentums aus Art. 14 Abs. 2 GG angeknüpft.

Die spezifische Konstellation liegt also dann vor, wenn die o. g. Indizien dazu führen, dass sich Gleichheitsanforderungen für das Verhältnis zwischen Privaten ergeben können – wie die nicht-willkürliche Ausübung des Hausrechts in Form einer Zugangsverwehrung. Die Möglichkeit auf andere Angebote ausweichen zu können ist im Hinblick auf die „Unausweichlichkeit von Situationen" relevant, aber nicht ausschlaggebend: geprüft wird die Teilhabemöglichkeit an einem konkreten Angebot. Der Grad des Angewiesenseins auf einen bestimmten Anbieter hängt – aus dieser Perspektive – nicht vom Vorhandensein anderer Anbieter ab, sondern hat in erster Linie mit der gesellschaftlichen Bedeutung des Angebots zu tun – daraus erwächst die „besondere rechtliche Verantwortung".[159] Die marktbeherrschende Stellung dient als Indiz.

c) *Zwischenfazit*

Übertragen auf die hier untersuchte Fragestellung kommt es auf die Möglichkeit der Teilhabe am allgemeinen Kommunikationsgeschehen innerhalb der Gesellschaft für den Einzelnen an, und zwar dort, wo sie aus der Sicht des Einzelnen bedeutungsvoll stattfindet. Die spezifische Konstellation ergibt sich aus den allgemeinen Begebenheiten auf Anbieterseite (bspw. dessen Stellung auf dem jeweiligen Markt) und der subjektiven Perspektive des Betroffenen. Es geht mithin nicht um einen Anspruch auf Gleichbehandlung i. e. S. zwischen Privaten, sondern um den freien Zugang zu Orten der allgemeinen Kommuni-

---

[156] BVerfG, Beschl. v. 11.04.2018 – 1 BvR 3080/09, NVwZ 2018, 813 (815 Rn. 37); *Busche*, in: MüKo BGB, Vorbermerkung zu BGB § 145, Rn. 20.

[157] BVerfG, Beschl. v. 11.04.2018 – 1 BvR 3080/09, NVwZ 2018, 813, 815 (Rn. 33).

[158] BVerfG, Beschl. v. 11.04.2018 – 1 BvR 3080/09, NVwZ 2018, 813, 816 (Rn. 41).

[159] BVerfG, Beschl. v. 11.04.2018 – 1 BvR 3080/09, NVwZ 2018, 813, 816 (Rn. 41).

kation,[160] der nicht ohne sachlichen Grund beschränkt werden kann. Der Schutz der Zugangsmöglichkeit muss für solche Orte gewährleistet sein, die hinsichtlich der freien individuellen und öffentlichen Meinungsbildung eine gewisse Bedeutung erlangen. Insofern kann eine staatsähnliche Bindung an das Gleichbehandlungsgebot (bei Vorliegen der spezifischen Konstellation) nicht geleugnet werden.[161]

IV. Der III.-Weg Beschluss

Im Mai 2019 entschied das Bundesverfassungsgericht über einen Antrag auf einstweiligen Rechtsschutz einer Partei gegen Facebook, der sich gegen das Löschen einzelner Beiträge und der Sperrung des Nutzerkontos durch Facebook richtete.[162]

1. Sachverhalt und Rechtsfrage

Im Rechtsstreit zwischen der politischen Partei Der III. Weg (i. F. DDW) und dem sozialen Netzwerk Facebook ging es um einen von der Antragstellerin DDW veröffentlichten Beitrag auf der von ihr und unter ihrem Namen betriebenen Facebook-Seite. Unmittelbar nach der Veröffentlichung teilte die Antragsgegnerin (Facebook) der Antragstellerin mit, dass der Beitrag „Hassrede" darstelle und gegen die Gemeinschaftsstandards verstoße. Die Sichtbarkeit des Beitrags sei daher eingeschränkt und das Veröffentlichen von Beiträgen für 30 Tage gesperrt.[163] Am 30. Januar 2019 erfolgte die Löschung des Nutzerkontos der Partei DDW. Daraufhin beantragte sie den Erlass einer einstweiligen Verfügung vor dem LG Frankenthal mit dem Inhalt,

> „die Antragsgegnerin unter Androhung von Ordnungsmitteln zu verpflichten, den Auftritt der Antragstellerin zu entsperren und ihr die Nutzung wieder einzuräumen sowie der Antragsgegnerin zu untersagen, den Auftritt wegen des Teilens des genannten Beitrages zu sperren, die Nutzung der Funktionen von Facebook vorzuenthalten oder den Beitrag zu löschen bzw. dessen Sichtbarkeit einzuschränken".

Sowohl das LG Frankenthal als auch das OLG Zweibrücken wiesen den Antrag auf einstweiligen Rechtsschutz bzw. die sofortige Beschwerde zurück.[164]

Das LG Frankental wies den Antrag mit der Begründung zurück, der veröffentlichte Inhalt sei rechtswidrig und Facebook sei gemäß § 1 Abs. 3 NetzDG i. V. m. § 130 StGB zur Ergreifung von Maßnahmen verpflichtet gewesen. Die

---

[160] Vgl. *Neuner*, NJW 2020, 1851 (1854).
[161] Vgl. *Michl*, JZ 2018, 910 (915).
[162] BVerfG, Beschl. v. 22.05.2019 – 1 BvQ 42/19 – Rn. 1–25.
[163] BVerfG, Beschl. v. 22.05.2019 – 1 BvQ 42/19 – Rn. 3.
[164] LG Frankenthal (Pfalz), Beschl. v. 08.03.2019 – 6 O 56/19; Pfälzisches OLG Zweibrücken, Beschl. v. 17.03.2019 – 4 W 20/19.

genannten Äußerungen gäben dem Plattformbetreiber jedenfalls Anlass zur Prüfung des § 130 StGB und Facebook sei berechtigt gewesen, diese zu löschen. Auch ein Anspruch auf Wiedereinräumung der Nutzung bestehe nicht, da Facebook nicht zur erneuten Kontrahierung verpflichtet sei und die Antragstellerin „andere soziale Netzwerke oder andere Medienträger nutzen“ könne.[165] Das OLG Zweibrücken wies die sofortige Beschwerde gegen den Beschluss des LG wegen Vorwegnahme der Hauptsache zurück:

> „Zwar sei die Antragstellerin eine politische Partei, die unter anderem für die Wahlen zum europäischen Parlament im Mai 2019 um Wählerstimmen werbe. Das allein begründe für die Antragsgegnerin als privates Unternehmen – auch bei unterstellt marktbeherrschender Stellung in Deutschland – indes keine Rechtspflicht, der Antragstellerin ein Forum zu eröffnen“.[166]

Das Bundesverfassungsgericht musste im Eilverfahren gemäß § 32 Abs. 1 BVerfGG

> „im Rahmen einer Folgenabwägung die Nachteile abwägen, die einträten, wenn eine einstweilige Anordnung erginge, die Verfassungsbeschwerde aber in der Hauptsache Erfolg hätte, gegenüber den Nachteilen, die entstünden, wenn die begehrte einstweilige Anordnung erlassen würde, der Verfassungsbeschwerde in der Hauptsache aber der Erfolg zu versagen wäre“.[167]

Bei dieser Folgenabwägung nach der Doppelhypothese sind „nicht nur das Interesse des Antragstellers“, sondern „alle in Frage kommenden Belange“ und „widerstreitenden Interessen“ zu berücksichtigen und gegeneinander abzuwägen.[168]

2. *Lösung des BVerfG*

In diesem Eilverfahren hat das Bundesverfassungsgericht die Beschlüsse des LG Frankenthal und des OLG Zweibrücken aufgehoben[169] und festgestellt, dass Facebook die Profilseite von DDW entsperren und deren aktive Nutzung wieder einräumen müsse. Die summarische Überprüfung der OLG-Entscheidung ergebe, dass eine Verletzung der Grundrechte der Antragstellerin durch das OLG Zweibrücken im Wege der mittelbaren Drittwirkung nicht ausgeschlossen werden könne.[170] Die Rechtsfragen, die sich hier stellten, seien nicht im vorläufigen Rechtsschutz zu klären und es käme folglich auf die Folgenabwägung an. In der

---

165 BVerfG, Beschl. v. 22.05.2019 – 1 BvQ 42/19 – Rn. 6.

166 BVerfG, Beschl. v. 22.05.2019 – 1 BvQ 42/19 – Rn. 8.

167 BVerfG, Beschl. v. 22.05.2019 – 1 BvQ 42/19 – Rn. 12; vgl. BVerfGE 105, 365 (371); 106, 351 (355); 108, 238 (246); 125, 385 (393); 132, 195 (232).

168 BVerfGE 12, 276, 280.

169 LG Frankenthal (Pfalz), Beschl. v. 08.03.2019 – 6 O 56/19; Pfälzisches OLG Zweibrücken, Beschl. v. 17.03.2019 – 4 W 20/19.

170 BVerfG, Beschl. v. 22.05.2019 – 1 BvQ 42/19 – Rn. 14.

Abwägung wies es auf die mittelbare Drittwirkung der Grundrechte und „eventuelle gleichheitsrechtliche Anforderungen für das Verhältnis zwischen Privaten“ hin.[171]

Im Ergebnis gab das BVerfG dem Antrag auf Entsperrung (und entsprechende Nutzungsmöglichkeit der Funktionen von ⟨www.facebook.com⟩) zwar statt, wies aber den Antrag auf Wiederherstellung der gesperrten Inhalte zurück. Es wiederholte die Kriterien, die es im Stadionverbotsbeschluss herangezogen hatte, stellte aber gleichzeitig (erneut) klar, dass bisher noch nicht geklärt sei „ob und gegebenenfalls welche rechtlichen Forderungen“ sich daraus für die Betreiber sozialer Netzwerke im Internet ergeben würden: „Die verfassungsrechtlichen Rechtsbeziehungen sind insoweit noch ungeklärt.“[172] Es komme „etwa“ auf die „Abhängigkeit vom Grad deren marktbeherrschender Stellung, der Ausrichtung der Plattform, des Grads der Angewiesenheit auf eben jene Plattform und den betroffenen Interessen der Plattformbetreiber und sonstiger Dritter“ an.[173] Im Streit zwischen Facebook und DDW sei daher zwischen dem Ausschluss von der Plattform und der Löschung der Inhalte zu unterscheiden.

Facebook habe ein Forum „zum Zweck des gegenseitigen Austausches und der Meinungsäußerung“ eröffnet, das für die Antragstellerin von besonderer Bedeutung sei, weil es „das von der Nutzerzahl her mit Abstand bedeutsamste soziale Netzwerk“ sei. Die Betreiberin sei in ihrer Privatautonomie tangiert, jedoch nur insoweit, „als ihr eine Loslösung von der ursprünglich freiwillig eingegangenen Vertragsbeziehung vorläufig verwehrt“ sei.[174] Die Abwägung müsse im Kontext der damals anstehenden Wahlen zum Europäischen Parlament zu Gunsten der Antragstellerin ausgehen, weil „gerade für die Verbreitung von politischen Programmen und Ideen der Zugang zu diesem nicht ohne weiteres austauschbaren Medium von überragender Bedeutung“ sei und weil ihr durch den Ausschluss eine „wesentliche Möglichkeit“ versagt werden würde, „ihre politischen Botschaften zu verbreiten und mit Nutzern des von der Antragsgegnerin des Ausgangsverfahrens betriebenen sozialen Netzwerks aktiv in Diskurs zu treten.“.[175] Davon allerdings unberührt bliebe das Recht der Antragsgegnerin, die Inhalte „zu prüfen und diese gegebenenfalls zu löschen“.[176] Diese Frage müsse unter Berücksichtigung der besonderen Umstände des Einzelfalls von den Zivilgerichten entschieden werden.

---

171 BVerfG, Beschl. v. 22.05.2019 – 1 BvQ 42/19 – Rn. 15.
172 BVerfG, Beschl. v. 22.05.2019 – 1 BvQ 42/19 – Rn. 15.
173 BVerfG, Beschl. v. 22.05.2019 – 1 BvQ 42/19 – Rn. 15.
174 BVerfG, Beschl. v. 22.05.2019 – 1 BvQ 42/19 – Rn. 20.
175 BVerfG, Beschl. v. 22.05.2019 – 1 BvQ 42/19 – Rn. 19.
176 BVerfG, Beschl. v. 22.05.2019 – 1 BvQ 42/19 – Rn. 21.

3. *Analyse*

Im Beschluss zum Rechtsstreit zwischen Facebook und DDW hat das Bundesverfassungsgericht die besondere Rolle privater Anbieter von Kommunikationsplattformen für die heutige Kommunikation unterstrichen und erkennen lassen, dass damit eine besondere Verantwortung einhergeht. Der im Stadionverbotsbeschluss geprägte Begriff der „sozialen Mächtigkeit" kommt hier nicht vor, genauso wenig wie die „Teilhabe am gesellschaftlichen Leben". Allerdings benutzt das Gericht wiederholt den Begriff „Forum" und bezeichnet Facebook als solches. Bemerkenswert an diesem Beschluss ist auch, dass das Gericht davon ausgeht, dass soziale Netzwerke eine Form von Öffentlichkeit herstellen und für die öffentliche Kommunikation in Wahlkampfzeiten eine gewisse Relevanz erlangt haben. Facebook stelle aufgrund seiner hohen Nutzerzahlen ein „nicht ohne weiteres austauschbaren Medium von überragender Bedeutung" für die Antragstellerin dar. Daraus ergebe sich ein schutzwürdiges Interesse am Zugang und der Nutzungsmöglichkeit der Plattform Facebook. Diesbezüglich bestätigte das Bundesverfassungsgericht in diesem Fall auch die Schlussfolgerung aus dem Stadionverbotsbeschluss, dass es für die Angewiesenheit auf eine Plattform nicht auf das Vorhandensein anderer, vergleichbarer Angebote ankommt. Vielmehr muss das individuelle Interesse am Zugang und der Nutzung einer Plattform zum Zwecke des kommunikativen Austausches und der Teilhabe am gesellschaftlichen Leben dargelegt sein. Hinsichtlich des Rechts dieser Plattform, Inhalte zu überprüfen und gegebenenfalls zu entfernen, ist das Gericht jedoch zurückhaltender. Wie weit die Ansprüche der individuellen Nutzer, die sich aus dem Kriterium der „Angewiesenheit"[177] gegenüber der Plattform ergeben könnten, bleibt ungeklärt. In diesem Fall ging das Bundesverfassungsgericht vorläufig davon aus, dass die Antragsgegnerin (Facebook) befugt war, Inhalte zu prüfen und gegebenenfalls zu entfernen.

Dass eine politische Partei keine Individualnutzerin ist, sondern gemäß Art. 21 Abs. 1 GG bei der politischen Willensbildung des Volkes mitwirkt, fand zu Gunsten der Antragstellerin Beachtung, aber es wurde nicht eruiert, ob damit nicht *auch* für sie eine besondere Verantwortung einhergehe.[178]

V. Hausverbot im Hotel

Im August 2019 wurde dem Bundesverfassungsgericht die Frage vorgelegt, ob das Gleichbehandlungsgebot auf einen Beherbergungsverhältnis ausstrahlen

177 Vgl. *Canaris*, Grundrechte und Privatrecht (erw. Fassung), S. 60.

178 Diese Frage kam u. a. nach der Sperrung vom damaligen US-Präsidenten Donald Trump durch den Diensteanbieter Twitter im Januar 2021 auf. Hierzu bspw. die Debatte auf dem JuWissBlog: *Heldt*, Trump's very own platform?; *Fertmann/Potthast*, Digitale time-outs für Trump; *Harding/Laude*, Trump und Twitter.

solle, wenn der vom Hausverbot betroffene Gast wegen seiner politischen Einstellung anders behandelt wird.

1. Sachverhalt und Rechtsfrage

Das Hausverbot des Hotels erging gegenüber einem NPD-Politiker aufgrund seiner Parteizugehörigkeit im November 2009. Vor Gericht ging es um die Frage, ob das Hausrecht hinter dem allgemeinen Persönlichkeitsrecht des Betroffenen und dem Diskriminierungsverbot zurücktreten müsse. 2012 war der BGH zum Ergebnis gekommen, dass für die Aufhebung eines Beherbergungsvertrags besonders gewichtige Sachgründe vorliegen müssten, wenn der Hotelbetreiber von seinem Hausrecht Gebrauch machen wolle.[179] Habe er sich bei Vertragsabschluss das Recht vorbehalten, ob und unter welchen Voraussetzungen er anderen den Aufenthalt in seinen Räumen gestattet, bedürfe es für ein Hausverbot keiner Rechtfertigung durch sachliche Gründe.[180]

Der BGH ist auf die grundrechtliche Dimension der Ausübung des Hausrechts als ihrerseits aus der grundrechtlichen Eigentumsgarantie fließende Befugnis gemäß Art. 14 Abs. 1 GG eingegangen. In der notwendigen Abwägung zwischen den Grundrechten des Hotelbetreibers, also der Privatautonomie (Art. 2 Abs. 1 GG), der unternehmerischen Freiheit (Art. 12 GG) und der Ausübung der Eigentumsrechte (Art. 14 GG), und den Grundrechten des Politikers, d. h. dessen Persönlichkeitsrecht (Art. 2 Abs. 1 i. V. m. 1 Abs. 1 GG) sowie dem Diskriminierungsverbot (Art. 3 Abs. 3 GG) ist der BGH zum Ergebnis gekommen, dass „ein den Vertrag vereitelndes Hausverbot der Rechtfertigung durch besonders gewichtige Sachgründe" bedürfe.[181] Diese lagen trotz der Parteizugehörigkeit des Klägers nicht vor, da „das Bestehen unterschiedlicher politischer Auffassungen der freiheitlichen – wesentlich durch das Mehrparteiensystem geprägten – demokratischen Grundordnung immanent sei". Das schließe „die Möglichkeit ein, im alltäglichen Leben […] mit einer Person zusammenzutreffen, die innerhalb einer – nicht verbotenen – politischen Partei eine hervorgehobene Funktion innehat."[182] Grundsätzlich sei der Hausrechtsinhaber frei zu entscheiden, „ob und ggf. unter welchen Voraussetzungen er anderen den Aufenthalt in seinen Räumen gestattet".[183]

2. Lösung des BVerfG

In seinem Nichtannahmebeschluss[184] wiederholte das Bundesverfassungsgericht im Wesentlichen, dass es keinen allgemeinen Grundsatz gäbe, wo-

---

179 BGH, Urt. v. 09.03.2012 – V ZR 115/11, NJW 2012, 1725.
180 BGH, NJW 2012, 1725 (1727).
181 BGH, NJW 2012, 1725 (1726, Rn. 14).
182 BGH, NJW 2012, 1725 (1726, Rn. 16).
183 BGH, NJW 2012, 1725 (1726, Rn. 24).
184 BVerfG, Beschl. v. 27.08.2019 – 1 BvR 879/12, NJW 2019, 3769.

nach private Vertragsbeziehungen jeweils den Rechtfertigungsanforderungen des Gleichbehandlungsgebots unterlägen, auch nicht im Wege der mittelbaren Drittwirkung. Zu letzterer würde es erst in spezifischen Konstellationen kommen, d. h. bei „Veranstaltungen, die aufgrund eigener Entscheidung der Veranstalter einem großen Publikum ohne Ansehen der Person geöffnet werden und der für die Betroffenen in erheblichem Umfang über die Teilnahme am gesellschaftlichen Leben entscheidet." Es sei allerdings noch nicht geklärt, „ob und gegebenenfalls in welcher Weise die verschiedenen speziellen Gleichheitsrechte des Art. 3 Abs. 3 Satz 1 GG Drittwirkung entfalten können." Jedenfalls seien die Gleichheitsrechte im Rechtsverkehr zwischen Privaten nicht unmittelbar anwendbar.[185]

3. *Analyse*

Der Nichtannahmebeschluss des Bundesverfassungsgerichts im August 2019 zum Hotelverbot eines NPD-Politikers liefert keine zusätzlichen Hinweise zur Artikulierung der im Fraport-Urteil angestoßenen Überlegungen des Gerichts. Es hat den Fall nicht zur Entscheidung angenommen, weil er keine grundsätzliche verfassungsrechtliche Bedeutung habe. Es verweist auf den Stadionverbotsbeschluss und erklärt, dass keine neuen Rechtsfragen zu klären seien. Es rügte an keiner Stelle die Grundrechtsabwägung durch den BGH – im Gegenteil: es bestätigte in seinem Beschluss die Stärkung der Privatautonomie und der Vertragsfreiheit, wenn keine spezifische Konstellation vorliegt. Unabhängig vom Ergebnis kann der Mangel an Ausführungen zur Kollision vom Hausrecht auf der einen Seite und den Grundrechten des Betroffenen auf der anderen ein wenig verwundern, wenn man bedenkt, dass zwischen dem BGH-Urteil von 2012 und diesem Beschluss des Bundesverfassungsgerichts mindestens drei Fälle entschieden wurden, in denen eine Fortentwicklung der mittelbaren Drittwirkung im Mittelpunkt stand.

Welche Auswirkungen das Vorliegen einer spezifischen Konstellation haben könnte, erläuterte das Bundesverfassungsgericht hier nicht – trotz der vorangegangenen Entscheidung zur Partei DDW bei der es auch um die politische Ausrichtung der Antragstellerin ging. In beiden Fällen war es die Zugehörigkeit zu einer Partei des rechtsextremen Spektrums, die zum Hausverbot bzw. zur Zugangsverweigerung führte. Bei Äußerungen eines Politikers wie dem NPD-Vorsitzenden auf Facebook könnte man höchstwahrscheinlich von einer spezifischen Konstellation ausgehen, doch welche konkreten Anforderungen für das Entfernen solcher Inhalte an das soziale Netzwerk zu stellen wären, bleibt ungeklärt.[186]

---

185 BVerfG, NJW 2019, 3769 (3770, Rn. 10).

186 Vgl. *Michl*, Wer darf wen „diskriminieren"?

VI. Exkurs: Das Recht auf Vergessenwerden

Die zwei Entscheidungen des Bundesverfassungsgerichts zum Recht auf Vergessenwerden stellen einen Exkurs dar, weil sie thematisch bei den Schutzgehalten des allgemeinen Persönlichkeitsrechts bzw. der informationellen Selbstbestimmung als bei den Kommunikationsfreiheiten zu verorten ist. Dennoch hat sich der Beschluss „Recht auf Vergessen I" in die Reihe der relevanten Entscheidungen einfügt, weil das Bundesverfassungsgericht auch dort auf die mittelbare Drittwirkung und dessen Intensität im Sinne des Fraport-Urteils eingegangen ist.

1. Hintergrund

Die zwei Entscheidungen des Bundesverfassungsgerichts zum Recht auf Vergessenwerden[187] gehen auf das Spannungsverhältnis zwischen dem allgemeinen Persönlichkeitsrecht und der Meinungs- bzw. der Pressefreiheit ein (auf die hier aufgrund des Umfangs nicht *in extenso* eingegangen werden kann). Dieses Spannungsverhältnis ist von einer gefestigten Rechtsprechung im Äußerungsrecht geprägt. Bei der Veröffentlichung von Abbildungen geht der Bundesgerichtshof von einem „abgestuften Schutzkonzept"[188] (früher: „relative und absolute Personen der Zeitgeschichte") im Rahmen von § 23 Abs. 1 KUG aus. Bei Textveröffentlichungen gelten grundsätzlich die gleichen Abwägungskriterien wie beim Bild, aber ihre Anwendung ist komplexer und weniger durch Maßstäbe konkretisiert.[189] Daraus ergibt sich eine Vielzahl an Fragen, auch hinsichtlich der Reichweite der Meinungsfreiheit und dem Schutz des Persönlichkeitsrechts, nicht nur analog sondern auch online.[190] Die Schranken der Meinungsfreiheit bei Tatsachenbehauptungen wurden durch die Fachgerichte und das Bundesverfassungsgericht in zahlreichen Entscheidungen konkretisiert.[191] Für eine Übersicht bei der Abwägung zwischen der Meinungsäußerungsfreiheit und dem allgemeinen Persönlichkeitsrecht sei auf *Korte* verwiesen.[192]

---

[187] BVerfG, Beschl. v. 06.11.2019 – 1 BvR 16/13 – Recht auf Vergessen I; BVerfG, Beschl. v. 06.11.2019 – 1 BvR 276/17 – Recht auf Vergessen II.

[188] BGH, Urt. v. 01.07.2008 – VI ZR 67/08.

[189] *Korte*, Praxis des Presserechts, S. 67.

[190] U. a. *Wieczorek*, Persönlichkeitsrecht und Meinungsfreiheit im Internet; *Wrase*, Zwischen Norm und sozialer Wirklichkeit, S. 413 f.; *Hillgruber*, JZ 2011, 861 (864) zur sog. „Grundrechtsvermehrung" durch das APR; *Hufen*, JuS 2017, 86.

[191] U. a. BVerfGE 120, 180 (198) – Caroline von Monaco III.

[192] *Korte*, Praxis des Presserechts, S. 83 f.

2. *Der Beschluss: Recht auf Vergessen I*

a) *Sachverhalt und Verfahren*

Die Verfassungsbeschwerde in der Sache Recht auf Vergessen I richtete sich gegen ein zivilrechtliches Urteil des Bundesgerichtshofs von 2012 zur „Zulässigkeit des Bereithaltens von zeitgeschichtlich bedeutsamen, den Täter namentlich nennenden Prozessberichten über ein Kapitalverbrechen in dem Online-Archiv einer Zeitschrift".[193] Im Online-Archiv der Zeitschrift Der Spiegel und über die Suchmaschine Google waren Zeitungsartikel aus den Jahren 1982 und 1983 über die strafrechtliche Verfolgung des Beschwerdeführers in der Vergangenheit auffindbar. Dagegen klagte der Betroffene 2010 erfolgreich vor dem LG Hamburg auf Unterlassung der Nennung seines Nachnamens.

Der BGH gab der Revision der Beklagten statt: zwar stelle „das Bereithalten der angegriffenen Meldung zum Abruf im Internet einen Eingriff in das allgemeine Persönlichkeitsrecht des Klägers" dar, aber in der Abwägung würde das „Recht der Beklagten auf Meinungs- und Medienfreiheit aus Art. 5 Abs. 1 GG, Art. 10 EMRK" überwiegen. Der BGH stellte fest, dass eine Abwägung zwischen dem allgemeinen Persönlichkeitsrecht des Klägers und der Meinungs- und Medienfreiheit der Beklagten notwendig sei:

> „Wegen der Eigenart des Persönlichkeitsrechts als eines Rahmenrechts liegt seine Reichweite nicht absolut fest, sondern muss durch eine Abwägung der widerstreitenden grundrechtlich geschützten Belange bestimmt werden, bei der die besonderen Umstände des Einzelfalls sowie die betroffenen Grundrechte und Gewährleistungen der Europäischen Menschenrechtskonvention interpretationsleitend zu berücksichtigen sind."[194]

Das Gericht könne nicht von einer absoluten Vorrangsregel für das allgemeine Persönlichkeitsrecht ausgehen. Im Ergebnis würde das Informationsinteresse der Öffentlichkeit und somit auch die Zulässigkeit der Berichterstattung unter Berücksichtigung des Einflusses einer namentlichen Nennung auf das Persönlichkeitsrecht des Betroffenen mit der Zeit abnehmen, damit sei aber keine „vollständige Immunisierung vor der ungewollten Darstellung persönlichkeitsrelevanter Geschehnisse" gemeint.[195] Folglich konnten ältere Beiträge ohne Anonymisierung im Spiegel-Online-Archiv sichtbar und über „hoch effizient arbeitende Suchmaschinen" auffindbar bleiben.[196] Gegen dieses Urteil des BGH richtete sich die Verfassungsbeschwerde wegen Verletzung des allgemeinen Persönlichkeitsrechts.

---

193 BGH, Urt. v. 13. 11. 2012 – VI ZR 330/11, GRUR 2013, 200 f.
194 BGH, GRUR 2013, 200, 201, Rn. 9.
195 BGH, GRUR 2013, 200, 201, Rn. 13.
196 BGH, GRUR 2013, 200, 202, Rn. 20.

b) Die Entscheidung

Im November 2019 hob das Bundesverfassungsgericht das Urteil auf und verwies die Sache zurück an den BGH.[197] Das Recht auf informationelle Selbstbestimmung sei zwar zunächst als Abwehrrecht gegen den Staat entwickelt worden, aber dieser Schutz könne auch erweitert werden und im Wege der mittelbaren Drittwirkung auch in Privatrechtsverhältnissen gelten.[198] Davon umfasst sei „die Gewährleistung, über der eigenen Person geltende Zuschreibungen selbst substantiell mitzuentscheiden".[199] Das Bundesverfassungsgericht ging ergänzend auf die Erweiterung des Schutzes gegenüber Privaten ein:

> „Die Wirkweise dieses Grundrechts im Zivilrecht als verfassungsrechtliche Wertentscheidung bedeutet nicht, dass seine Anforderungen deshalb in jedem Fall weniger weit reichen oder weniger anspruchsvoll sind als die unmittelbar staatsgerichtete Schutzwirkung. Je nach Umständen, insbesondere wenn private Unternehmen in eine staatsähnlich dominante Position rücken oder etwa die Bereitstellung schon der Rahmenbedingungen öffentlicher Kommunikation selbst übernehmen, kann die Grundrechtsbindung Privater einer Grundrechtsbindung des Staates im Ergebnis vielmehr nahe- oder auch gleichkommen (vgl. BVerfGE 128, 226 ⟨249 f.⟩)."[200]

Außerdem handle es sich um ein „entwicklungsoffenes" Grundrecht, so dass es auf die Entwicklungen und damit verbundene Risiken für den Persönlichkeitsschutz reagieren könne.[201] So bekomme die „Berücksichtigung der Einbindung von Informationen in die Zeit eine neue rechtliche Dimension".[202] Das Bundesverfassungsgericht stellte fest, dass der BGH zwar eine Abwägung vorgenommen habe, dass es aber zu Defiziten in der Beachtung der tatsächlichen Lage des Beschwerdeführers gekommen war. Der Rechtsfehler lag in der Gewichtung der Umstände und der schwerwiegenden Folgen der dauerhaften Verfügbarkeit von persönlichen Informationen,[203] einschließlich der „jederzeitigen Abrufbarkeit und Rekombinierbarkeit mit weiteren Daten" und der Tatsache, dass sie für Dritte stets abrufbar seien und „in Kombination mit weiteren Informationen zu Profilen oder Teilprofilen der Persönlichkeit zusammengeführt werden"[204] könnten.

3. Bedeutung für die hiesige Fragestellung

Dieser Beschluss ist für die Weiterentwicklung des Rechts der Digitalisierung von großer Bedeutung (zusammen mit dem „Recht auf Vergessen II"-

197 BVerfG, Beschl. v. 06.11.2019 – 1 BvR 16/13 – Recht auf Vergessen I.
198 BVerfG, Beschl. v. 06.11.2019 – 1 BvR 16/13 – Rn. 85.
199 BVerfG, Beschl. v. 06.11.2019 – 1 BvR 16/13 – Rn. 87.
200 BVerfG, Beschl. v. 06.11.2019 – 1 BvR 16/13 – Rn. 88.
201 BVerfG, Beschl. v. 06.11.2019 – 1 BvR 16/13 – Rn. 90.
202 BVerfG, Beschl. v. 06.11.2019 – 1 BvR 16/13 – Rn. 101.
203 BVerfG, Beschl. v. 06.11.2019 – 1 BvR 16/13 – Rn. 148.
204 BVerfG, Beschl. v. 06.11.2019 – 1 BvR 16/13 – Rn. 103.

Beschluss[205]), nicht nur, aber auch für die Artikulierung des gesetzlichen Rechtsverhältnisses zwischen Privatpersonen und juristischen Personen des Privatrechts im Internet, folglich auch für die Lehre der mittelbaren Drittwirkung. Mit diesem Beschluss ist erneut klar geworden, dass die Drittwirkungslehre immer weiter an Bedeutung gewinnt, weil sie auf exponentiell viele Fallkonstellationen im Internet anwendbar ist, bei denen es um Gefährdungspotenziale für Grundrechte geht, die zunehmend an die Situation im Internet, also auf das Verhältnis zwischen Privaten im digitalen Kontext, angepasst werden müssen. Mit dem „Recht auf Vergessen I"-Beschluss hat sich das Bundesverfassungsgericht angesichts neuer Verbreitungsmöglichkeiten im Internet weiter in Richtung einer Drittwirkung von Grundrechten positioniert, die der subjektiven Schutzwirkung gegenüber dem Staat in ihrer Intensität nahekommt.

Für das Recht auf Vergessenwerden haben sich eine Systematik und Abwägungskriterien für die Grundrechtsabwägung zwischen Meinungsfreiheit und dem allgemeinen Persönlichkeitsrecht herausgebildet und insofern hat dieser kurze Exkurs gezeigt, dass gesetzliche Rechtsverhältnisse sich eher konkretisieren lassen (eventuell sogar in Richtung eines Tatbestandsmodells), auch wenn es bei einer Reihe von Kriterien bleibt, deren Anwendung den Fachgerichten überlassen bleibt.[206] Letzteren soll dabei genug Spielraum überlassen bleiben, um im jeweiligen Einzelfall gegen die zu starke Beeinträchtigung des Rechts auf informationelle Selbstbestimmung im Internet vorzugehen.

VII. Zwischenfazit zur mittelbaren Drittwirkung

Durch die Digitalisierung hat das Gefährdungspotenzial für Freiheitsrechte im Verhältnis zwischen Individuum und private Unternehmen zugenommen.[207] Aus den letzten Entscheidungen des Bundesverfassungsgerichts ergibt sich, dass Private zum Schutz der Wertordnung der Grundrechte stärker als bisher an letztere gebunden werden könnten, insbesondere wenn sie maßgeblich Einfluss darüber ausüben, ob und wie Individuen am gesellschaftlichen Leben teilnehmen können. Die Kriterien, die sich aus den Entscheidungen seit dem Fraport-Urteil ableiten lassen, können herangezogen werden, um die Reichweite und den Intensitätsgrad der Drittwirkung bei der Abwägung in solchen Konstellationen systematischer durchzuführen. Eine solche Systematisierung muss allerdings – abgesehen von allgemeinen Maßstäben – auf die jeweiligen Schutzgehalte Rücksicht nehmen.[208] Die Analyse der Verfassungsrechtsprechung hat gezeigt, dass der Zugang zu Orten der allgemeinen Kommunikation eine herausragende Beachtung erfahren kann – eine Erkenntnis, die für eine besondere

---

205 BVerfG, Beschl. v. 06.11.2019 – 1 BvR 276/17 – Recht auf Vergessen II.

206 *Milker*, Karlsruhe im Luxemburger Gewand, aber dennoch eigenständig, VerfBlog v. 29.11.2019; *Kühling*, NJW 2020, 275 (279); *Klass*, ZUM 2020, 265 (265).

207 Vgl. *Papier*, NJW 2017, 3025 (3031).

208 *Böckenförde*, Der Staat 2003, 165 (174).

Schutzwirkung der objektiv-rechtlichen Gehalte der Meinungsfreiheit spricht. Von Lüth bis zum III.-Weg: das Bundesverfassungsgericht hat die Lehre der mittelbaren Drittwirkung immer wieder fortentwickelt, zunehmend seit dem Fraport-Urteil. Dennoch ergibt aus der bisherigen Analyse keine Systematik, die für mehr Klarheit bei der Beachtung der Grundrechte in privaten Verhältnissen gesorgt hätte.[209] Vielmehr scheint sich der Anwendungsbereich mit Hinweis auf Gegebenheiten ökonomischer Natur zu erweitern und teilweise in den Kompetenzbereich des Gesetzgebers zu erstrecken. Zudem führt es zu der Ansicht, die Drittwirkungslehre mutiere zu einer *de facto* unmittelbaren Anwendung von Grundrechten zwischen Privaten.[210] Für *Michl* handelt es sich um eine Entwicklung hin zu einer „situativ staatsgleichen Grundrechtsbindung Privater“, die seiner Einschätzung nach im Stadionverbotsbeschluss vollendet wurde.[211] Auf die Drittwirkung komme es nicht mehr an, denn „entweder man [sei] gebunden oder man [sei] es nicht“.[212] In der Tat spricht das Bundesverfassungsgericht von einer „mittelbare[n] Grundrechtsbindung“,[213] aber der Alles-oder-Nichts-Ansatz in Bezug auf die Bindung ist nicht nachvollziehbar, denn die Intensität einer Bindung kann durchaus variieren. Sie schlägt sich in den Anforderungen hinsichtlich des Grundrechtsschutzes nieder. Der Befund, hingegen, eine solche Bindung entfalte sich je nach Situation („situativ“), trifft zu und reiht sich somit in die langjährige Kritik der Drittwirkungslehre ein, sie werde immer wieder an die Bedarfe des Falles angepasst.[214]

Deutlich wurde aus der bisherigen Analyse, dass der Zugang eines individuellen Grundrechtsträgers zu Orten der allgemeinen Kommunikation dann gesichert werden soll, wenn Private einen Ort schaffen, der dem „Leitbild des öffentlichen Forums“ entspricht und sie somit eine kommunikative Funktion innerhalb der Gesellschaft übernehmen. Aus den untersuchten Entscheidungen ergibt sich, dass das Bundesverfassungsgericht die Festlegung klarer Kriterien für geeignet erachtet und den Schutz der Zugangsmöglichkeit in solchen Konstellationen befürwortet. Anders verhält es sich hingegen in Bezug auf die Gestaltungsmöglichkeit dieser privat hergestellten Orte der allgemeinen Kommunikation. In seinen letzten Entscheidungen hat es offengelassen, was sich hieraus materiell-rechtlich für das Verhältnis zwischen denjenigen, die diese Orte der allgemeinen Kommunikation schaffen und betreiben, und ihren Nutzern *in concreto* folgt.[215]

---

209 Vgl. *Maultzsch*, JZ 2012, 1040 (1040); *Neuner*, NJW 2020, 1851 (1853).

210 So *Hellgardt*, JZ 2018, 901 (910); *Michl*, JZ 2018, 910 (916).

211 *Michl*, JZ 2018, 910 (913); m. w. N. zu *Barczak*, in: Scheffczyk/Wolter (Hrsg.), Linien der Rechtsprechung des Bundesverfassungsgerichts, Bd. 4, 2017, S. 91, 113 f.

212 *Michl*, JZ 2018, 910 (913).

213 BVerfGE 128, 226 (249).

214 S. o. Kap. 1, A. III. 3.

215 BVerfGE 128, 226 (250); BVerfG, 1 BvQ 25/15 – Rn. 7; vgl. *Heidtke*, Meinungsbildung und Medienintermediäre, S. 213.

C. Die Meinungsfreiheit und ihre Ausstrahlungswirkung

Besondere Relevanz erlangt die Lehre der mittelbaren Drittwirkung, wenn grundrechtliche Schutzgehalte in privaten Rechtsverhältnissen zum Tragen kommen können,[216] bzw. ihre Wirkung zwischen Privaten streitentscheidend ist. Aus der bisherigen Rechtsprechungsanalyse ist bereits deutlich geworden, dass die Meinungsfreiheit einen besonderen Stellenwert im Hinblick auf die Lehre der mittelbaren Drittwirkung besitzt. In seinen Entscheidungen betont das Bundesverfassungsgericht stets, die Meinungsfreiheit sei ein hohes Gut und ein überaus wichtiger Teil der freiheitlich-demokratischen Grundordnung[217] („un des droits les plus précieux de l'homme" nach Art. 11 der Erklärung der Menschen- und Bürgerrechte von 1789). Die freie individuelle und öffentliche Meinungsbildung ist zugleich Prämisse und Inhalt der freiheitlich-demokratischen Grundordnung, als „die ständige geistige Auseinandersetzung, den Kampf der Meinungen, die ihr Lebenselement ist".[218] Weil dieser Kampf der Meinungen „die Grundlage jeder Freiheit überhaupt" ist, bedarf Kommunikation eines umfassenden Schutzes.[219]

I. Schutzbereich der Meinungsfreiheit

1. Der Schutzbereich

Der sachliche Schutzbereich von Art. 5 Abs. 1 Satz 1 GG ist weit gefasst: er umfasst neben der Meinungsäußerung und -verbreitung den Kommunikationsvorgang als Ganzes.[220] Damit sind sowohl die Freiheit eine Meinung zu äußern und zu verbreiten, als auch die Freiheit sich eine Meinung zu bilden und die Meinungen anderer wahrzunehmen als vorgelagerter Schritt gemeint. Weil die Schutzgehalte der Meinungs- und Informationsfreiheit das Fundament für die Wissensgesellschaft und das gesellschaftliche Zusammenleben in einer Demokratie bilden, stellt die Meinungsfreiheit ein „objektives Prinzip der Gesamtrechtsordnung" dar.[221] Dabei bedingen und stützen sich subjektiv- und objektiv rechtliche Elemente der Meinungsfreiheit.[222] Das Primärziel von Art. 5 Abs. 1 S. 1 GG ist die freie öffentliche und individuelle Meinungsbildung[223] und das Bundesverfassungsgericht erkennt sie als „Voraussetzung sowohl der

216 *Classen*, AöR 122 (1997), 65 (89).
217 BVerfGE, st. Rspr., u.a: 5, 85 (205); 7, 198 (208); 12, 113 (125).
218 BVerfGE 7, 198 (208); m. w. N. zu BVerfGE 5, 85 (205).
219 BVerfGE 57, 295 (319) – 3. Rundfunkentscheidung (FRAG/Saarländisches Rundfunkgesetz); *Kloepfer*, in: Isensee/Kirchhof, HdBStR Bd. III § 42, Rn. 44.
220 BVerfGE 57, 295 (319); *Schemmer*, in: Epping/Hillgruber, GG Art. 5, Rn. 9.
221 BVerfGE 7, 198 (204).
222 BVerfGE 57, 295 (320).
223 *Schulz u. a.*, ZUM 2001, 621 (624).

Persönlichkeitsentwicklung als auch der demokratischen Ordnung“ an.[224] Das Bundesverfassungsgericht betont auch, dass der Prozess der politischen Meinungsbildung in einen „umfassenden, vielfach verflochtenen Kommunikationsprozess eingebettet“ ist.[225] Die Meinungsbildungsfreiheit bildet die Grundlage für jeden weiteren Schritt im Prozess der Wahrnehmung von Kommunikationsfreiheiten und lässt sich nicht strikt von der Meinungsäußerungsfreiheit und der Informationsfreiheit trennen.[226]

Von der Meinungsäußerungsfreiheit sind Werturteile und wahre Tatsachenbehauptungen geschützt, unabhängig von ihrem Inhalt und ihrem Wert.[227] Persönlich darf jedermann dieses Grundrecht ausüben und es bildet mit der Informationsfreiheit des Rezipienten aus Art. 5 Abs. 1 S. 1 Alt. 2 GG sogenannte Zwillingsgrundrechte, die sowohl den Kommunikator als auch den Rezipienten umfassend schützen sollen.[228]

2. Schutzdimensionen des Art. 5 Abs. 1 S. 1 GG

a) Subjektiv-rechtliche Schutzgehalte

Die genaue Erfassung der Schutzdimensionen des Art. 5 Abs. 1 S. 1 GG ist nicht nur für das Verständnis der verfassungsrechtlichen Dogmatik des Grundrechtsschutzes von Bedeutung, sondern ebenso für die Anwendung möglicher Kontrollmaßstäbe durch die Fachgerichte. Die subjektiv- und objektiv-rechtlichen Gehalte der Kommunikationsfreiheiten bedingen sich gegenseitig.[229] Das Bundesverfassungsgericht betont, dass erstens die Bedeutung der exakten Abgrenzung des sachlichen Schutzbereichs und zweitens die verfassungsrechtlich einwandfreie Qualifikation einer Äußerung als Voraussetzung für eine rechtsrichtige Abwägung der Meinungsfreiheit mit kollidierenden Rechtsgütern eine verfassungsgerichtliche Kontrolle rechtfertigt. Letztere umfasst die fachgerichtlichen Entscheidungen, in deren Rahmen Feststellung und Würdigung des Tatbestands sowie die Auslegung und Anwendung einfachen Rechts erfolgt.[230]

Der Begriff der Meinung in Art. 5 Abs. 1 S. 1 GG ist nach ständiger Rechtsprechung des Bundesverfassungsgerichts „grundsätzlich weit zu verstehen: Sofern eine Äußerung durch die Elemente der Stellungnahme, des Dafürhaltens oder Meinens geprägt ist, fällt sie in den Schutzbereich des Grund-

[224] BVerfGE 90, 60 (87) – 8. Rundfunkurteil.

[225] BVerfGE 101, 361 (389) – Caroline von Monaco III.

[226] Zur Abgrenzung zw. Meinungsbildungsfreiheit u. Informationsfreiheit: *Grabenwarter*, in: Maunz/Dürig, Grundgesetz-Kommentar, GG Art. 5 Abs. 1 (75).

[227] BVerfGE 33, 1 (14 f.); BVerfGE 61, 1 (7).

[228] *Stern*, in: Staatsrecht IV/1, S. 1387; *Kloepfer*, Festschrift für Klaus Stern zum 80. Geburtstag, S. 415.

[229] *Bethge*, in: Sachs, Grundgesetz, Art. 5, Rn. 18; *Kloepfer*, Festschrift für Klaus Stern zum 80. Geburtstag, S. 416.

[230] BVerfGE 43, 130 (137); 82, 43 (50); *Grabenwarter*, in: Maunz/Dürig, GG Art. 5, Rn. 53.

rechts.“[231] Für die Eröffnung des Schutzbereichs bedarf es nicht eines besonders grundlegenden oder wesentlichen Beitrags.[232] Jede Äußerung, unabhängig von ihrem Inhalt und ihrer Qualität, ist von Art. 5 Abs. 1 S. 1 GG geschützt.[233] Dabei darf nach der Rechtsprechung des Bundesverfassungsgerichts nicht pauschal zwischen relevanten und irrelevanten Bereichen unterschieden werden, da auch Unterhaltung zur Meinungsbildung gehören kann.[234] Ferner kann die Meinung die eigene oder eine fremde sein, solange es sich um eine auf irgendeine Weise wertende Aussage handelt.[235] Auch Tatsachenmitteilungen fallen in den Schutzbereich von Art. 5 Abs. 1 S. 1 GG, „weil und soweit sie Voraussetzung der Bildung von Meinungen sind“, auch wenn sie nicht vom Wortlaut umfasst sind.[236] Folglich schützt Art. 5 Abs. 1 S. 1 GG nur wahre Tatsachenmitteilungen – im Gegensatz zur Meinung, bei der es nie auf die Richtigkeit ankommen kann.[237] Die Meinungsäußerungsfreiheit umfasst auch die vorgelagerte Absicht, sich im Zuge einer geistigen Auseinandersetzung oder sonstiger sozialer Kommunikation zu äußern und andere zu überzeugen.[238]

Die Begriffe der Meinung und der Äußerung werden oftmals vermengt und es fällt schwer, das eine ohne das andere zu definieren. Da der Begriff der Meinung viele Phänomene umfasst, kann quasi jede Überzeugung als Meinung subsumiert werden, solange man jene Meinung an die Außenwelt kundtut.[239] Diese Außenwelt bedeutet nicht (nur) die Öffentlichkeit, sondern jede andere Person. Im Rahmen des Teilbereichs der Meinungsäußerungsfreiheit stellt gerade die Kundgabe das Zentrum des Schutzes dar, der Schutz der Meinungsbildung ist dem vorgelagert. Auch der Begriff der Kundgabe ist weit zu verstehen, damit ein umfassender Schutz des Sich-Äußerns und der Äußerungsverbreitung gewährleistet wird.[240] Die Aufzählung der Ausdrucksformen in Art. 5 Abs. 1 S. 1 GG „Wort, Schrift und Bild“ ist nicht abschließend, sondern nur beispielhaft. Es ist unumstritten, dass andere Ausdrucks- und Übermittlungsformen wie bspw. in digitaler Übertragungs- und Veröffentlichungsform in den sachlichen Schutzbereich der Meinungsfreiheit fallen.[241]

---

231 BVerfGE 61, 1 (8) – Wahlkampf; *Bethge,* in: Sachs, Grundgesetz, Art. 5, Rn. 25; *Müller-Franken*, in: Schmidt-Bleibtreu, GG, Art. 5, Rn. 3.

232 *Kühling*, in: Gersdorf/Paal, GG Art. 5, Rn. 25.

233 BVerfGE 30, 336 (347) – Jugendgefährdende Schriften; *Jarass*, in: Jarass/Pieroth, GG Art. 5, Rn. 5; *Grabenwarter*, in: Maunz/Dürig, GG Art. 5, Rn. 66.

234 BVerfGE 101, 361 (389).

235 *Hoffmann-Riem*, Kommunikationsfreiheiten, S. 90; *Kloepfer*, Produkthinweispflichten bei Tabakwaren als Verfassungsfrage, S. 30; *Kühling,* in: Gersdorf/Paal GG Art. 5, Rn. 25.

236 BVerfGE 61, 1 (8).

237 BVerfGE 61, 1 (8).

238 *Grimm*, NJW 1995, 1697 (1698).

239 *Grabenwarter*, in: Maunz/Dürig GG Art. 5, Rn. 80.

240 *Kühling*, in: Gersdorf/Paal GG Art. 5, Rn. 33.

241 BVerfG NJW 2012, 1205 (1206, Rn. 31); *Schemmer*, in: Epping/Hillgruber, GG Art. 5, Rn. 14.

b) Schutz des Ortes der Meinungsbildung und -äußerung

Art. 5 Abs. 1 S. 1 GG schützt die freie individuelle und öffentliche Meinungsbildung dort, wo ein Ort der „allgemeinen Kommunikation" entsteht, der der Allgemeinheit geöffnet und zugänglich ist. Dort kann ein „vielseitiges und offenes Kommunikationsgeflecht" entstehen und dessen Nutzung ist entsprechend zu schützen.[242] Unter diesen Schutz fällt der Ort nicht nur für die freie Meinungsbildung, sondern auch als Ort der Meinungsäußerung, in einem umfassenden Sinn der Informationsverbreitung.[243]

Die Leitsätze des Bundesverfassungsgerichts zum öffentlichen Forum als Versammlungsort im Rahmen von Art. 8 Abs. 1 GG lassen sich hinsichtlich der Ausübung der Meinungsäußerungsfreiheit grundsätzlich auf Art. 5 Abs. 1 S. 1 GG übertragen, denn jede Versammlung beinhaltet die Erörterung oder Kundgebung einer Meinung sowie eine Gelegenheit, sich zu dem Thema eine Meinung zu bilden. Folglich dient der Schutz des Ortes der kollektiven Meinungskundgabe bei einer Versammlung stets dem Schutz der freien Meinungsäußerung. Die Schutzgehalte beider Grundrechte sind eng verflochten, denn der Anlass der Meinungsäußerung kann eine Versammlung sein, ist es aber nicht zwangsläufig. Daher muss untersucht werden, in welchem Verhältnis die Kundgabe einer Meinung bei einer Versammlung zu Art. 5 Abs. 1 S. 1 GG steht.

c) Das Zusammenspiel von Art. 5 Abs. 1 und 8 Abs. 1 GG

Art. 8 Abs. 1 und Art. 5 Abs. 1 S. 1 GG haben unterschiedliche Schutzbereiche und kommen nebeneinander zur Anwendung – es handelt sich um einen Fall der Idealkonkurrenz.[244] Der Ort der Kundgabe fällt in den sachlichen Schutzbereich von Art. 8 Abs. 1 GG, aber wird gleichermaßen als Ort des Meinungsaustauschs und der Meinungsbildung i. S. d. Art. 5 Abs. 1 S. 1 GG geschützt. Art. 8 Abs. 1 GG schützt versammlungsspezifische Tätigkeiten, wie zum Beispiel die Art der Veranstaltung und ihre Organisation.[245] Ob die Wahl des Ortes eher in den Schutzbereich der Meinungs- oder eher in den der Versammlungsfreiheit fällt, lässt sich nicht so eindeutig feststellen, wie oft angenommen. Die Faustregel „Art. 5 Abs. 1 GG schütze den Inhalt und Art. 8 Abs. 1 GG die kollektive Art und Weise der Meinungsäußerung"[246] ist in ihrer Einfachheit nicht ganz valide. Würde man dieser Regel folgen, wäre lediglich das Merkmal „kollektiv" für den Schutzbereich entscheidend, doch dem ist so nicht. Auch

---

242 BVerfGE 128, 226 (253).

243 *Schemmer*, in: Epping/Hillgruber GG Art. 5, Rn. 9.

244 BVerfGE 82, 236 (258); *Jarass*, in: Jarass/Pieroth, GG Art. 8 Rn. 2; *Möhlen*, MMR 2013, 221 (228).

245 *Depenheuer*, in: Maunz/Dürig, GG Art. 8, Rn. 182; *Müller-Franken*, in: Schmidt-Bleibtreu, GG Art. 8, Rn. 63.

246 *Bauer*, in: Dreier, GG Art. 8, Rn. 125.

Art. 5 Abs. 1 S. 1 GG schützt *kollektive* Meinungsäußerungen ohne Versammlung, also wenn keine örtliche Zusammenkunft mehrerer Personen, die durch einen gemeinsamen Zweck oder Willen innerlich verbunden sind, vorliegt.[247] Da der Ort und die Zeit der Äußerung von Art. 5 Abs. 1 S. 1 GG geschützt werden, aber Art. 8 Abs. 1 GG „das Zusammenkommen zum Zwecke einer gemeinschaftlichen, auf die Teilhabe an der öffentlichen Meinungsbildung gerichteten Erörterung oder Kundgebung erfasst",[248] kann die Abgrenzung schwerfallen. Das Bundesverfassungsgericht bezog in seiner Brokdorf-Entscheidung zu der Frage, inwieweit neben Art. 8 GG auch Art. 5 GG heranzuziehen sei, ausdrücklich keine inhaltliche Position.[249] In der Praxis wird die Wahl des Ortes im Rahmen einer Versammlung wohl eher in den Schutzbereich des Art. 8 Abs. 1 GG fallen, wenn die Wahl des Ortes dem Zweck der Versammlung dient – auch wenn dies bereits Teil des Ausdrucks einer Meinung ist.[250]

Fest steht, dass beide Schutzbereiche eng miteinander verknüpft sind, wobei der Schutz von öffentlicher Kommunikation im Kern nach der hier vertretenen Ansicht bei Art. 5 Abs. 1 S. 1 GG liegt. Für die Eröffnung des sachlichen Schutzbereichs von Art. 8 Abs. 1 GG reicht der generelle Wille zur Teilhabe, es bedarf keiner individuellen, eigenen Äußerung. Er bietet jedoch die Grundlage für eine Kundgabe oder Erörterung und hat daher eine ergänzende Funktion.[251] Daraus kann man ableiten, dass der Schutz aus Art. 8 Abs. 1 GG dem Schutz von Art. 5 Abs. 1 S. 1 GG dient, denn die Versammlung i. S. d. Art. 8 Abs. 1 GG ist immer der Schauplatz einer Meinungskundgabe. Auf der Ebene der Rechtfertigung des Eingriffs kann sich der Vorrang von Art. 5 Abs. 1 S. 1 ergeben: Da eine Meinungskundgabe über eine zeitlich und örtlich begrenzte Versammlung hinaus anhält, müssen Maßnahmen, die sich gegen die Meinungskundgabe richten, den Anforderungen des Art. 5 Abs. 2 GG entsprechen.[252]

Das Bundesverfassungsgericht setzte sich (u. a.) im Rahmen des Fraport-Urteils mit der Wahl des Ortes auseinander, weil die Beschwerdeführerin und die anderen Demonstranten die Versammlung in einem Flughafengebäude durchführen wollten.[253] Die Versammlungsfreiheit garantiert die Durchführung einer gemeinschaftlichen, auf die Teilhabe an der öffentlichen Meinungsbildung gerichteten Erörterung oder Kundgebung[254] dort, wo ein allgemeiner öffentlicher Verkehr eröffnet ist. Dies erfolgt grundsätzlich im öffentlichen Straßenraum, dessen Funktion es ist, als Stätte des Meinungs- und Informationstausches zu dienen. Jenseits dieser üblichen Orte im öffentlichen Raum gibt es auch Orte der

---

247 *Depenheuer*, in: Maunz/Dürig, GG Art. 8, Rn. 44, 182; Hervorhebung d. Verf.
248 BVerfGE 111, 147 (154); *Schneider*, in: Epping/Hillgruber, GG Art. 8, Rn. 38.
249 BVerfGE 69, 315 (343).
250 Vgl. die oben analysierten Entscheidungen des BVerfG: Fraport und Nibelungen.
251 *Stern*, in: Staatsrecht IV/1, 1490.
252 *Depenheuer*, in: Maunz/Dürig, Grundgesetz-Kommentar, GG Art. 8 Rn. 182.
253 BVerfGE 128, 226 (252–254).
254 Vgl. BVerfGE 104, 92 (104); 111, 147 (154).

Kommunikation, die privaten Akteuren gehören. Daher hat sich das Bundesverfassungsgericht auf das Leitbild des öffentlichen Forums gestützt, um den Schutzbereich auf solche Orte auszuweiten, an denen „in ähnlicher Weise ein öffentlicher Verkehr eröffnet ist und Orte der allgemeinen Kommunikation entstehen".[255]

Damit hängt auch die Wahl eines Ortes zusammen, an dem der Sich-Äußernde sich die größte Verbreitung oder stärkste Wirkung seiner Meinungskundgabe verspricht.[256] Nicht garantiert ist (bisher) der Zugang zu privaten Orten, zu denen man keinen Zutrittsanspruch hätte,[257] auch wenn die Wirkung der Meinungsäußerung dort gegebenenfalls stärker wäre. Wie aus den oben analysierten Entscheidungen des Bundesverfassungsgerichts hervorgeht, kann sich diese Bewertung bei solchen Orten ändern, die der öffentlichen Kommunikation dienen und allgemein zugänglich sind.

II. Status positivus und Drittwirkung der Meinungsfreiheit

Die subjektiv-rechtlichen Gehalte von Art. 5 Abs. 1 S. 1 GG lassen bereits erkennen, dass der Schutzbereich der Meinungsfreiheit weit auszulegen ist. Der Schutz geht über die Funktion des Grundrechts als Abwehrrecht hinaus und enthält neben den subjektiv-rechtlichen auch objektiv-rechtliche Gehalte. In der verfassungsgerichtlichen Praxis hat sich die Unterscheidung zwischen objektiven und subjektiven Gehalten zum Vorteil eines umfassenden Grundrechtsschutzes durchgesetzt. Wie bereits dargelegt handelt es sich hierbei um eine verfassungsrechtliche Entwicklung, die im Wesentlichen auf das Lüth-Urteil zurückzuführen ist.[258] In seinem Kalkar-Beschluss fasste das Bundesverfassungsgericht die den Zusammenhang der subjektiven Rechte mit den objektivrechtlichen Gehalten innerhalb des Schutzgehalts folgendermaßen zusammen:

> „Nach ständiger Rechtsprechung des Bundesverfassungsgerichts enthalten die grundrechtlichen Verbürgungen *nicht lediglich subjektive* Abwehrrechte des Einzelnen gegen die öffentliche Gewalt, sondern stellen *zugleich objektivrechtliche* Wertentscheidungen der Verfassung dar, die für alle Bereiche der Rechtsordnung gelten und Richtlinien für Gesetzgebung, Verwaltung und Rechtsprechung geben."[259]

Gerade weil Art. 5 Abs. 1 S. 1 GG einen weiten und umfassenden Schutz der Meinungsfreiheit vorsieht, stellt sich die Frage nach der Abgrenzung zwischen *status negativus* und dem *status positivus* (1.), der Definition der objektiv-recht-

---

[255] BVerfGE 128, 226 (252).

[256] BVerfGE 93, 266 (289); *Bethge*, in: Sachs, GG Art. 5, Rn. 26a; *Kingreen*, in: Pieroth/Schlink, Grundrechte, Rn. 621.

[257] BVerfGE 128, 226 (251).

[258] Zum historischen Hintergrund: *Jarass*, AöR 110 (1985), 363 (372–374).

[259] BVerfGE 49, 89 (141 f.) (mit Verweis auf frühere Rechtsprechung), Hervorhebung d. Verf.

lichen Gehalte von Art. 5 Abs. 1 S. 1 GG (2.) und deren sektorale Bedeutung, wie bspw. im Miet- und Arbeitsrecht (3.).

1. Objektiv-rechtliche Gehalte: Abgrenzung vom status negativus

Allgemein lässt sich die objektiv-rechtliche Funktion der Grundrechte wie folgt zusammenfassen: sie sind „nicht nur subjektive Freiheits- als Abwehrrechte, sondern objektive Wertentscheidungen, Wertmaßstäbe, Grundsatznormen oder Prinzipien."[260] Objektiv-rechtliche Gehalte werden in der Regel als *status positivus* der Grundrechte durch die Abgrenzung vom *status negativus,* also der abwehrrechtlichen Funktion, definiert. Über die Verwendung von Begriffen, die die Funktion der Grundrechte jenseits ihrer Abwehrfunktion beschreiben, kann gestritten werden, doch in der Regel werden die Begriffe der *Wertentscheidung* und des *objektiv-rechtlichen Gehalt* als Synonyme gebraucht und verstanden. *Stern* definiert die Grundbedeutung der objektiv-rechtlichen Gehalte in vier Kategorien wie folgt: die Ausstrahlungswirkung auf die gesamte Rechtsordnung, die Schutzgehalte für grundrechtliche gesicherte Rechtsgüter, die Organisations- und Verfahrensgehalte, und die subjektiv-rechtlichen Bedeutungen objektiv-rechtlicher Gehalte.[261] In dieser Kategorisierung definiert er die Drittwirkung als „verfassungskonforme Auslegung des Privatrechts".[262] Man erkennt, wie eng der Zusammenhang zwischen den Grundrechten als objektive Werte und ihrer individuellen Schutzwirkung ist.

Im Schutzbereich eines Grundrechts kommen sowohl der Anwendungsbereich als auch der Gewährleistungsinhalt zusammen.[263] Im Wesentlichen sind es jene objektiv-rechtlichen Gehalte, die bei der Prüfung einer Urteilsverfassungsbeschwerde zur Auslegung und Anwendung des Privatrechts beachtet werden sollen,[264] wenn die Grundrechte als Gewährleistungsinhalte innerhalb einer zivilrechtlichen Generalklausel wirken. Ob sie dogmatisch als Kompensation oder funktionales Äquivalent der Abwehrrechte einzuordnen sind, kann dahinstehen, denn im Kern sind sie als Ergänzung und zur Stärkung des Grundrechtsschutzes zu verstehen.[265] Sie reichen über den subjektiv-individuellen Schutzbereich hinaus und sind daher auf Fragen anwendbar, die nicht nur den einzelnen Grundrechtsträger betreffen, sondern das „Zusammenleben in der Gesellschaft und die Wirkungsweise einer Demokratie".[266] Der *status positivus* der Grundrechte stellt eine Prämisse für ihre mittelbare Drittwirkung dar.

---

260 *Kingreen/Poscher*, in: Pieroth/Schlink, Grundrechte, Rn. 100.
261 *Stern*, Das Staatsrecht der Bundesrepublik Deutschland Bd. III/1, S. 922.
262 *Stern*, Das Staatsrecht der Bundesrepublik Deutschland Bd. III/1, S. 928.
263 *Böckenförde*, Der Staat 2003, 165 (174).
264 *Kingreen/Poscher*, in: Pieroth/Schlink, Grundrechte, Rn. 105.
265 *Depenheuer*, in: Maunz/Dürig, GG Art. 8, Rn. 112; *Gostomzyk*, JuS 2004, 949 (949).
266 *Hoffmann-Riem*, Der Staat 2003, 193 (213).

2. *Objektiv-rechtliche Gehalte der Meinungsfreiheit*

In Bezug auf die Meinungsfreiheit sind Rechtsprechung und Literatur zu den objektiv-rechtlichen Gehalten von Art. 5 Abs. 1 S. 1 GG sehr umfangreich und können daher nicht *in extenso* erläutert werden. Die wesentlichen Aspekte für die Frage der Anwendung der mittelbaren Drittwirkung in der Rechtsprechung werden im Folgenden erörtert.

a) Terminologie

Es besteht weder Einigkeit über den Begriff der Wertenscheidung noch über den des objektiv-rechtlichen Gehalts.[267] In seiner Analyse der Bundesverfassungsgerichtsrechtsprechung stellte *Jarass* fest, dass bei den Freiheiten des Art. 5 Abs. 1 S. 1 GG der Begriff „Wertentscheidung" weniger häufig benutzt wird, als die der „objektiven Werteordnung" und des „objektiven Prinzips".[268] Daraus schlussfolgerte er, dass das Bundesverfassungsgericht die objektiv-rechtlichen Gehalte zwar nicht wahllos benenne, es in der Anwendung aber nicht auf die Terminologie ankomme, obwohl über den Begriff der Werte oder Werteordnung gestritten werde.

b) Inhalt

Bereits im Lüth-Urteil führte das Bundesverfassungsgericht aus, dass die „subjektiv- und objektiv-rechtlichen Elemente (der Meinungsfreiheit) einander bedingen und stützen."[269] Darauf baut das Gericht den Status der Meinungsfreiheit als „objektives Prinzip der Rechtsordnung" und somit die vorrangige Stellung bei der Auslegung einschlägiger Gesetze unter Berücksichtigung dieser Rechtsprechung.[270] Zwar gibt es auch abweichende Meinungen hierzu, doch im Kern geht es um jene Funktionen von Art. 5 Abs. 1 S. 1 GG, die über das Abwehrrecht hinausgehen und zusätzlich freiheitssichernd wirken.[271]

Die Meinungsfreiheit gilt als Musterfall für mehrdimensionale Schutzgehalte, sogar als „Paradebeispiel für die Entwicklung der heute multifunktional verstandenen Grundrechtswirkungen".[272] Die Ausstrahlungs-, Dritt- oder Horizontalwirkung der Meinungsfreiheit bezeichnet laut *Stern* „die Einwirkung des Grundrechts auf Bestand und Umfang von Rechtspositionen, die sich aus

---

[267] *Jarass*, AöR 110 (1985), 363 (366); *Müller/Christensen*, Grundlegung für die Arbeitsmethoden der Rechtspraxis, S. 82.

[268] BVerfGE 7, 198 (205); 57, 295 (318); 66, 116 (135); *Jarass*, AöR 110 (1985), 363 (370).

[269] BVerfGE 7, 198 (204 f.); 57, 296 (319 f.).

[270] *Stern*, in: Staatsrecht IV/1, 1430.

[271] *Hoffmann-Riem*, Der Staat 2004, 203 (226 f.) als Erwiderung auf: *Kahl*, Der Staat 2004, 167.

[272] *Stern*, in: Staatsrecht IV/1, S. 1419.

der Privatrechtsordnung ergeben einschließlich der Einwirkung auf die Privatrechtsnormen selbst."[273]

Laut *Ipsen* entfaltet die Meinungsfreiheit keine Drittwirkung: „In Privatrechtsverhältnissen stellt sich deshalb nicht die Frage nach der Meinungsfreiheit, sondern die nach ihren rechtlichen Begrenzungen."[274] Art. 5 Abs. 1 GG sei zwar eine „wertentscheidende Grundsatznorm", die Ausstrahlungswirkung habe aber keine Drittwirkung. Dieser Ansicht ist insoweit nicht zu folgen, als die Meinungsfreiheit gegenüber Privaten durchaus gelten kann und es *durch sie* zu einer Rechteeinschränkung eines anderen kommt, also sich eher die Frage der „rechtlichen Begrenzung" der Grundrechte *anderer* stellt. *Hoffmann-Riem* überlässt es den Gerichten zu beurteilen, ob die Spielräume unter Berücksichtigung des Wertgehalts von Art. 5 Abs. 1 S. 1 GG ausgefüllt werden sollen. Für ihn besteht „auch dort, wo Normen keinen spezifischen Kommunikationsbezug haben, sich aber auf die Freiheitlichkeit der Kommunikation auswirken", die Pflicht, die Ausstrahlungswirkung von Art. 5 Abs. 1 GG zu beachten.[275]

Ein institutioneller Gehalt der Meinungsfreiheit und Leistungsansprüche werden in Bezug auf die Zurverfügungstellung von Foren oder sonstige finanzielle Leistungen generell abgelehnt. Das stellte u. a. das Bundesverwaltungsgericht in Bezug auf die Ablehnung „von Mitteln, die ihm (dem Empfänger von Hilfe zum Lebensunterhalt) für die Ausübung des Grundrechts notwendig erscheinen" klar.[276] Die mittelbare Drittwirkung darf im „Wie" der Grundrechtsausstrahlung also zu keinem Ergebnis führen, auf dessen Grundlage der Grundrechtsträger von Art. 5 Abs. 1 S. 1 GG finanzielle Mittel erhalten würde, um seine Meinung kundzutun. Es bleibt ihm frei, den Ort seiner Meinungsäußerung auszusuchen, aber das Sich-dorthin-begeben obliegt seiner eigenen (finanziellen) Verantwortung.

Im Prinzip sind die objektiv-rechtlichen Gehalte der Meinungsfreiheit und ihre (Ausstrahlungs-) Wirkung unbestritten. Dennoch werden einzelne Aspekte von Rechtsprechung und Literatur weiterhin diskutiert und ausgestaltet; darunter fällt auch die Frage des Gewährleistungssystems, also inwieweit die Verfassung eine Rahmenordnung darstellt oder sie ein für die Rechtsordnung umfassendes System der Freiheitsgewährleistungen darstellen soll.[277] Für die vorliegende Arbeit ist hervorzuheben, dass der Schutz der Meinungsäußerungsfreiheit prinzipiell weit ist, und sowohl *status negativus* als auch *status positivus* zum Tragen kommen. Aus der Unterscheidung ergeben sich vor allem Fragen des Zusammenspiels dieser Funktionen, wie sie sich ergänzen.

---

273 *Stern*, in: Staatsrecht IV/1, S. 1431.
274 *Ipsen*, Grundrechte, 424.
275 *Hoffmann-Riem*, Kommunikationsfreiheiten, S. 100.
276 BVerwG, Urt. v. 13.09.1985 – 5 C 113.83, Rn. 17.
277 *Böckenförde*, Der Staat 2003, 165 (186).

c) Lehre der Schutzpflichten (Abgrenzung)

Teilweise werden die objektiv-rechtlichen Gehalte mit der Lehre der Schutzpflichten vermengt, obwohl jene nur einen Teilbereich des *status positivus* ausmachen.[278] Die Schutz- oder Gewährleistungspflichten des Gesetzgebers folgen grundsätzlich aus den objektiv-rechtlichen Gehalten der Grundrechte, also einer Pflicht zu positiven Schutzmaßnahmen unter Beachtung des Untermaßverbots.[279] Dabei ist eine „gewisse Parallele zur mittelbaren Drittwirkung“ zu erkennen,[280] weil das Untermaßverbot auch die Gewährleistung von Grundrechten zwischen Privaten berühren kann. Dennoch sind die Schutzpflichten und die mittelbare Drittwirkung voneinander zu trennen, denn die Schutzpflichten betreffen die verfassungsrechtliche Pflicht des Gesetzgebers tätig zu werden. Sie können zwar durch ein Urteil, also in der Rechtsanwendung festgestellt werden, aber sind nicht dadurch bedingt, wohingegen die mittelbare Drittwirkung auf der Rechtsfolgenseite, also aufgrund der Rechtsanwendung wirkt und keine Pflicht zum gesetzgeberischen Handeln beinhaltet.[281]

Ein jüngeres Grundrechteverständnis hat zu einer Lehre der Schutzpflichten geführt, die die objektiv-rechtlichen Grundrechtsgehalte auf der Grundlage von Art. 1 Abs. 1 S. 2 GG auf eine Garantenrolle des Staates ausweitet.[282] Dabei wird der Grundrechtsschutz zu einem programmatischen Gewährleistungsauftrag für den Gesetzgeber, die Kommunikationsfreiheiten so zu schützen, dass sie „real für alle nutzbar“ ist.[283] Jenseits der Tatsache, dass ein Exkurs zur Lehre der Schutzpflichten zu weit führen würde,[284] kann einer derartigen Ausweitung der Ausstrahlungswirkung bis hin zu einer gesetzlichen Pflicht, private Plattformen zur Meinungsentfaltung und -kundgabe bereitzustellen,[285] in diesem Ausmaß nicht zugestimmt werden. Ein solcher Eingriff in die Grundrechte der Diensteanbieter erscheint auf Anhieb unverhältnismäßig. Dennoch kann die

---

[278] *Poscher*, Grundrechte als Abwehrrechte, S. 267.

[279] *Dietlein*, Die Lehre von den grundrechtlichen Schutzpflichten, S. 32, 51; *Hennig*, Die Rechtsprechung des Bundesverfassungsgerichts auf dem Prüfstand, S. 179 f.

[280] *Jarass*, AöR 110 (1985), 363 (379).

[281] *Jarass*, AöR 110 (1985), 363 (378); *Langner*, Die Problematik der Geltung der Grundrechte zwischen Privaten, S. 236; *Gornik*, Die Bindung der Betreiber öffentlicher Räume an die Kommunikationsgrundrechte, S. 176.

[282] *Hoffmann-Riem*, in: AK-GG, Art. 5 Abs. 1, Rn. 41; *Schulze-Fielitz*, in: Dreier, GG, Art. 5 I, II, Rn. 218.

[283] *Hoffmann-Riem*, in: AK-GG, Art. 5 Abs. 1, Rn. 40.

[284] Es wäre denkbar, die Fragestellung dieser Arbeit auch aus Perspektive der Schutzpflichtenlehre zu betrachten, doch wäre es (wie gesagt) eine andere Untersuchung. In diesem Zusammenhang kann auch die Lehre des engen Gewährleistungsgehalts erwähnt werden, die bei der Diskussion auch regelmäßig vorkommt. Auf sie wird hier nicht näher eingegangen, weil sie keinen Lösungsansatz für die Fragestellung bietet, wenn man sie als Nachfolgerin des Schutzbereichsbegriffs versteht. Krit. *Kahl*, Der Staat 2004, 167 (194–196).

[285] So bspw. *Schmidt-Jortzig*, in: HdBStR Bd. VII, § 162, Rn. 11; vgl. hierzu *Stern*, in: Staatsrecht IV/1, S. 1430.

Perspektive der Schutzpflichtenlehre auf die Herausforderungen der digitalen Kommunikation im Grundrechtsgefüge einen anderen Blick auf das Problem der Gewährleistung von Kommunikationsgrundrechten bieten.[286]

3. *Mittelbare Drittwirkung der Meinungsfreiheit im Mietrecht und Arbeitsrecht*

Im Urteil des Bundesverfassungsgerichts wurde die Äußerung von *Lüth* als Beitrag zur öffentlichen politischen Debatte in der Gesellschaft von der Meinungsfreiheit geschützt, obwohl der Boykottaufruf grundsätzlich ein unerlaubtes Verhalten gemäß § 826 BGB a. F. darstellte.[287] Diese Kollision zwischen der Meinungsfreiheit und anderen Rechten, die gewerbliche oder wirtschaftliche Interessen schützen, gibt es auch im Mietrecht und Arbeitsrecht. Dort hat die Rechtsprechung einen besonderen Schutz des Rechts auf freie Informationsbeschaffung (bzw. auf freie Wahl der Informationsquelle durch den Besitzer einer Wohnung) oder der Meinungsäußerungsfreiheit bei illegalen oder unsittlichen Geschäftspraktiken des Arbeitgebers anerkannt. Damit gilt allerdings kein absoluter Vorrang von Art. 5 Abs. 1 GG: sowohl Vermieter können den Umgang mit dem Mietobjekt als auch der Arbeitgeber die Vertraulichkeit der im Arbeitsumfeld erlangten Informationen bestimmen. Die i. F. vorgestellten Fälle sind Beispiele, bei denen die Drittwirkung der Meinungsäußerungsfreiheit in privatrechtlichen Verhältnissen veranschaulicht und präzisiert wird.

a) Meinungsäußerungen im Mietrecht

Ein häufig genanntes Beispiel für die mittelbare Drittwirkung ist der Parabolantennen-Fall,[288] bei dem es um die Informationsfreiheit eines Mieters türkischer Herkunft ging. Er wollte – um das TV-Programm aus der Türkei empfangen zu können – eine Parabolantenne anbringen, was ihm sein Vermieter untersagte. Bei der Auslegung des „vertragsgemäßen Gebrauch[s] der Wohnung" gemäß § 535 Abs. 1 Satz 1 BGB überwog im Ergebnis die Informationsfreiheit des Mieters aus Art. 5 Abs. 1 S. 1 GG die Eigentumsfreiheit und das Hausrecht des Vermieters. Neben dieser prominenten Konstellation zur Informationsfreiheit des Mieters gibt es auch Fälle im Mietrecht, in denen die Meinungsäußerungsfreiheit beachtet werden muss. Meistens ging es darum, dass der Mieter die Mietsache zum Zwecke der Meinungsäußerung nutzt – bspw. durch Plakatierung der Hauswände. Zieht der Vermieter gegen dieses Verhalten vor Gericht, muss das Fachgericht die Generalklausel des „vertragsgemäßen

---

[286] *Schulze-Fielitz*, in: Dreier, GG, Art. 5 I, II, Rn. 222; *Hoffmann-Riem*, AK-GG, Art. 5 Abs. 1, Rn. 102.

[287] Krit. *Wielsch*, AcP 213 (2013), 718 (757).

[288] BVerfGE 90, 27 (39).

Gebrauch" unter anderem im Lichte der sich gegenüberstehenden Grundrechte auslegen. Hierbei kommt Art. 5 Abs. 1 S. 1 GG durch die mittelbare Drittwirkung zu tragen.

So verlief bspw. ein Fall, bei dem es um Äußerungen eines Mieters gegenüber potenziellen Käufern des Mietshauses in Berlin-Schöneberg ging. Der Berliner Verfassungsgerichtshof musste darüber entscheiden, ob die Vorinstanz der ordentlichen Gerichtsbarkeit den Grundrechtsschutz des Mieters bei der Kündigung aus wichtigem Grund gemäß § 543 Abs. 1 BGB ausreichend gewürdigt hatte, also ob das Verhalten des Mieters, das Anlass für die Kündigung war, grundrechtlich geschützt sei.[289] Der Mieter hatte während der Besichtigung durch Kaufinteressenten Zettel aus dem Fenster geworfen, die seinen Unmut über den eventuellen Verkauf des Miethauses („Feindliche Übernahme durch M. & W.") zum Ausdruck bringen sollten. Der Eigentümer (und Vermieter) sah darin einen außerordentlichen Kündigungsgrund, doch das LG Berlin wies die Klage in der Berufung ab. Der Verfassungshof Berlin kam anschließend zu dem Ergebnis, dass das LG Berlin die wertausfüllungsfähige und -bedürftige Generalklausel „wichtiger Grund" [zur Kündigung] ausreichend erkannt und beachtet hatte. Auch bei der Prüfung von § 543 BGB habe das Landgericht erkannt, dass die Grundrechte beider Parteien gegeneinander abzuwägen seien. Sowohl die Abwägung als auch das Abwägungsergebnis seien nicht zu beanstanden.[290] Der Prüfungsrahmen für den BerlVerfGH war folgender: Gerichte müssten

> „bei der Auslegung der mietrechtlichen Kündigungstatbestände die durch die Eigentumsgarantie gezogenen Grenzen wahren und die im Gesetz aufgrund verfassungsmäßiger Grundlagen zum Ausdruck kommende Interessenabwägung in einer Weise nachvollziehen, die den beiderseitigen Eigentumsschutz beachtet und unverhältnismäßige Eigentumsbeschränkungen vermeidet."[291]

Damit bezog der BerlVerfGH keine weitergehende Position als das Bundesverfassungsgericht: die Meinungsäußerungsfreiheit hat keinen grundsätzlichen Vorrang vor der Eigentumsgarantie.

Landgerichte, die sich mit ähnlichen Sachverhalten beschäftigten, haben mit der Zeit Kriterien für die Abwägung in solchen Fällen etabliert. Nach allgemeiner Auffassung müssen Gerichte prüfen, ob die Meinungsäußerungen noch vom Nutzungszweck der Miete gedeckt ist und dabei in erster Linie, ob der vertragswidrige Gebrauch objektiv vorliegt.[292] Sie stellten u. a. darauf ab, ob die Meinungsäußerung des Mieters dem Vermieter zurechenbar war,[293] ob er durch die

[289] BerlVerfGH, Beschl. v. 22.01.2008 – 70/06.
[290] BerlVerfGH, Beschl. v. 22.01.2008 – AZ 70/06.
[291] BerlVerfGH, Beschl. v. 22.01.2008 – AZ 70/06.
[292] *Bieber*, in: MüKo BGB § 541, Rn. 5.
[293] LG Darmstadt, Urt. v. 01.10.1982 – S 161/82.

Meinungsäußerung in seiner Ehre verletzt[294] oder diffamiert wurde,[295] ob die Meinungsäußerung mit politischem Inhalt sich gegen eine bestimmte Personengruppe richtete oder sich bei objektiv wertender Betrachtung störend auf den Hausfrieden auswirkte.[296] Bei der Abwägung kann dieser letzte Aspekt, also ob die Meinungsäußerung den sozialen Frieden innerhalb der Hausgemeinschaft stört, ausschlaggebend sein (wichtiger Grund i. S. d. § 569 Abs. 2 BGB),[297] aber im Ergebnis müssen die Zivilgerichte immer im Einfall abwägen, ob die Meinungsfreiheit einen Rechtfertigungsgrund für ein rechtswidriges und schuldhaftes Verhalten gegenüber dem Vermieter darstellt.

b) Meinungsäußerungen im Arbeitsrecht

Eine Kasuistik in Bezug auf die Meinungsfreiheit hat sich auch im Arbeitsrecht gebildet. Wie anfangs zum Begriff der *unmittelbaren* Drittwirkung beschrieben, hat die Frage nach dem Schutz des Grundrechts aus Art. 5 Abs. 1 S. 1 GG innerhalb eines Arbeitsverhältnisses eine lange Tradition.[298] Bei Abmahnungen bzw. Kündigungen aus wichtigem Grund sowie Versetzungen oder sonstigen Maßnahmen aufgrund einer Äußerung des Arbeitnehmers muss sorgfältig geprüft werden, ob die Meinungsfreiheit nicht überwiegt. Es liegt auf der Hand, dass das Verhalten des Arbeitnehmers einen wichtigen Grund zur Auflösung oder grundlegenden Änderung des Arbeitsverhältnisses darstellen kann. Die Äußerung des Arbeitnehmers muss eine Vertragspflichtverletzung darstellen[299] und jene muss sich auch zukünftig noch belastend auf das Arbeitsverhältnis auswirken.[300] Äußerungen, die in den Schutzbereich von Art. 5 Abs. 1 S. 1 GG fallen und grundsätzlich durch die Pflicht zur gegenseitigen Rücksichtnahme aus § 241 Abs. 2 BGB eingeschränkt werden können, stellen eine Vertragspflichtverletzung dar, wenn sie die Persönlichkeitsrechte des Arbeitgebers oder seiner Repräsentanten oder den Betriebsfrieden verletzt.[301] Kritik an den allgemeinen wirtschaftlichen und sozialen Verhältnissen oder am Arbeitgeber selbst ist jedoch zu dulden, selbst wenn sie polemisch oder überspitzt formuliert ist.[302]

Dabei wird zwischen privaten und öffentlichen Arbeitgebern unterschieden, insbesondere bei Beamten, die von Treuepflichten gegenüber ihrem Dienstherrn betroffen sind. Erhöhte Rücksichtnahmepflichten können sich dennoch auch bei privaten Arbeitgebern aus der Stellung des Arbeitnehmers im Unternehmen er-

294 LG Berlin, Urt. v. 28.08.2003 – 67 S 110/03.
295 LG Berlin, Urt. v. 12.02.2002 – 53 S 293/2001.
296 LG Hamburg, Urt. v. 26.03.1985 – 16 S 215/84.
297 BVerfGE 7, 230 – Meinungsäußerungsfreiheit und sozialer Frieden einer Hausgemeinschaft; krit. *Canaris*, Grundrechte und Privatrecht (erw. Fassung), S. 55.
298 S. Kap. 1, A. I.
299 *Howald*, ArbRAktuell 2013, 195, 196.
300 BAG, Urt. v. 12.01.2006 – 2 AZR 21/05.
301 *Hoffmann-Riem*, in: AK-GG, Art. 5 Abs. 1, Rn. 82–83.
302 BAG, Urt. v. 12.01.2006 – 2 AZR 21/05, m. w. N.

geben. Durch die Anwendung des sogenannten Prognoseprinzips – im Sinne einer Erforderlichkeitsprüfung der Maßnahme für das zukünftige Arbeitsverhältnis – werden die Rechte des Arbeitgebers zusätzlich geschützt.[303] Die Gerichte stehen demzufolge vor der komplexen Aufgabe, bei der Abwägung unter Berücksichtigung aller relevanten Umstände nicht nur die vorliegenden Tatsachen, sondern auch eine zukunftsgerichtete Prognose auszusprechen.

aa) Im digitalen Kontext

Durch das Internet entstehen neue Konstellationen, auf die Gerichte reagieren müssen. Zum einen äußern sich Arbeitnehmer im Internet in neuartigen Kommunikationsräumen, deren Einordnung in öffentlich oder privat nicht abschließend geklärt ist.[304] Zum anderen bietet das Internet neue Möglichkeiten für Informanten, besondere Missstände an ihrem Arbeitsplatz aufzudecken (sog. Whistleblower). Bei Äußerungen über den Arbeitgeber im Internet, bzw. auf sozialen Netzwerken, gelten grundsätzlich die gleichen Maßstäbe wie im analogen Kontext. Es können aber weitere Aspekte hinzukommen, wie der Empfängerkreis bei Netzwerken im beruflichen Kontext (bspw. durch Dienste wie Xing oder LinkedIn), der Grad der Öffentlichkeit je nach Sichtbarkeitseinstellungen (öffentlich, nur für Freunde sichtbar usw.) oder die Folgen der Äußerung (wird die Äußerung geteilt, gelangt sie an eine breitere Öffentlichkeit?).[305]

bb) Whistleblowing

Das Whistleblowing stellt eine Ausnahme wirksamer Vertraulichkeitsklauseln dar, die im Arbeitsvertrag bereits zum Zeitpunkt des Vertragsschlusses festlegen, was der Arbeitnehmer sagen darf oder nicht, wenn das gesellschaftliche Interesse überwiegt. Verstößt der Arbeitnehmer gegen eine solche Vereinbarung, kann es zu unterschiedlichen Konsequenzen kommen, sowohl zur Auflösung des Vertragsverhältnisses als auch zu Vertragsstrafen oder Haftungsforderungen. Auch hier können sich die Auswirkungen potenzieren, wenn der Whistleblower Informationen im Internet offenlegt, weil er in der Regel einen breiteren Rezipientenkreis erreichen kann als ohne mediale Unterstützung. Ein Verzicht des Arbeitnehmers auf die Weitergabe bestimmter Informationen findet seine Grenzen in den allgemeinen Grundsätzen des Bürgerlichen Rechts, also den Generalklauseln und ihrer Gesamtwertung.[306] In der Abwägung zwischen der Meinungsfreiheit des Arbeitnehmers und den Arbeitgeberinteressen kommt das Interesse der Öffentlichkeit an einer Aufdeckung hinzu.[307] So führt

303 *Henssler*, in: MüKo BGB § 626, Rn. 109.

304 S. u. Kap. 3 und 4.

305 *Fuhlrott/Oltmanns*, NZA 2016, 785.

306 *Kissel*, NZA 1988, 145 (149); *Canaris*, AcP 184 (1984), 201 (209).

307 *Deiseroth/Derleder*, ZRP 2008, 248 (251).

der BGH aus: „Das [Ergebnis des Vorrangs des Interesses der Allgemeinheit an freier Kritik] gilt jedenfalls dann, wenn es um die Aufdeckung von gewichtigen Missständen geht, durch die die Öffentlichkeit betroffen ist und denen durch betriebsinternes Vorstelligwerden nicht erfolgreich begegnet werden kann“.[308] Entsprechend sollte der Whistleblower durch seine Offenlegung keine zivilrechtlichen Nachteile erleiden, wenn er bei der Aussage seiner „staatsbürgerlichen Pflicht“ nachkommt.[309]

Dem Aufdeckungsinteresse kann aber entgegenstehen, dass die Verbreitung der Äußerung gravierende Folgen für den Arbeitgeber haben könnte, wenn das Aufdecken von potenziellen Missständen sein Geschäft gefährdet. Deswegen wollte der EU-Gesetzgeber die Verbreitung von Geschäftsgeheimnissen mit der EU-Richtlinie 2016/943 über den Schutz vertraulichen Know-hows und vertraulicher Geschäftsinformationen[310] verhindern. Diese verbietet den rechtswidrigen Erwerb und die Nutzung oder Offenlegung eines Geschäftsgeheimnisses ohne Zustimmung des Inhabers, wobei unter Berücksichtigung des Rechts der freien Meinungsäußerung und der Informationsfreiheit eine sogenannte „Whistleblower“-Ausnahme in Art. 5 der Richtlinie eingefügt wurde. Gemäß dieser Ausnahmetatbestände soll ein Antrag wegen Verstoß gegen die Verbote in der Richtlinie abgelehnt werden, wenn der „angebliche Erwerb oder die angebliche Nutzung oder Offenlegung des Geschäftsgeheimnisses“ zur Ausübung der Freiheiten aus Art. 11 GrCH, zur Aufdeckung „Aufdeckung eines beruflichen oder sonstigen Fehlverhaltens oder einer illegalen Tätigkeit“ oder zur rechtmäßigen Erfüllung anderer Pflichten.

Gleichzeitig bedürfen Geschäftsgeheimnisse ebenso eines besonderen Schutzes – nicht nur in Form des bereits erschaffenen „intellektuellen Kapitals“ von Unternehmen, sondern auch als zukünftige Investition in Innovation.[311] Um diese zwei schützenswerten Positionen in Einklang zu bringen, kann der Arbeitsrichter weder die eine noch die andere absolut vorrangig behandeln, sondern muss bei der Gewichtung der Umstände beachten, dass sowohl die Veröffentlichung von internen Missständen durch den Arbeitnehmer als auch die Kündigung durch den Arbeitgeber die *ultima ratio* darstellen sollte.[312]

308 BGH, Urt. v. 20.01.1981 – VI ZR 162/79, NJW 1981, 1089 (1090); vgl. EGMR, Guja v. Moldova, Urt. v. 12.02.2008 – 14277/04, Rn. 74.

309 BVerfG, Beschl. v. 02.07.2001 – 1 BvR 2049/00, NZA 2001, 888 (889).

310 Abrufbar unter https://eur-lex.europa.eu/legal-content/DE/TXT/?uri=CELEX:32016L0943 zuletzt aufgerufen am 30.08.2022.

311 Siehe hierzu u. a. die Erwägungsgründe zur EU-Richtlinie 2016/943.

312 Vgl. BAG, Urt. v. 03.07.2003 – 2 AZR 235/02, NZA 2004, 427 (430).

c) Zwischenfazit

Wie *Bethge* bereits zum Thema Grundrechtskollisionen in privaten Rechtsverhältnissen feststellte: „Der *tour d'horizon* ließe sich beliebig fortsetzen."[313] Die Drittwirkung der Meinungsfreiheit beschäftigt sowohl die Literatur als auch die Rechtsprechung, doch losgelöst von sektoralen Zugängen lässt sie sich nicht vollständig erfassen. Das liegt einerseits an dem teilweise undeutlichen systematischen Ansatz des Bundesverfassungsgerichts, andererseits handelt es sich dabei um die eigentliche Schlüsselfrage: ob sich die Drittwirkung der Meinungsfreiheit im Sinne eines Tatbestandsmodells systematisieren lässt. Da die Meinungsbildungs- und Meinungsäußerungsfreiheit ein besonders hohes und schützenswertes Gut darstellt und kaum eine Konstellation des gesellschaftlichen Lebens – in Bezug sowohl auf das Individuum innerhalb eines sozialen Gefüges als auch das Kollektiv – *überhaupt nicht* in den Anwendungsbereich von Art. 5 Abs. 1 S. 1 GG fällt, ist es schwierig, Kriterien für eine systematische Anwendung der mittelbaren Drittwirkung von Art. 5 Abs. 1 S. 1 GG auf einer Makroebene zu definieren.

III. Einfallsnormen für die Meinungsfreiheit im Zivilrecht

Aus den vorangegangenen Erläuterungen ergibt sich, dass die Meinungsfreiheit zumindest dann durch die Fachgerichte zu beachten ist, wenn die dem Urteil zugrundeliegende Norm eine zivilrechtliche Generalklausel enthält[314] und es in der Sache einen Bezug zur Meinungsfreiheit gibt. Den Begriff der Generalklausel gilt es jetzt zu definieren und einzugrenzen. Im nächsten Abschnitt nimmt die Arbeit eine summarische Auswertung der Bundesverfassungsgerichtsrechtsprechung im Hinblick auf die Drittwirkung der Meinungsfreiheit vor.

1. Generalklauseln

Grundsätzlich werden Generalklauseln als „weitgefasste, besonders allgemein formulierte Normen" definiert,[315] die wertausfüllungsfähig und -bedürftig sein können. Im Öffentlichen Recht versteht man darunter allgemein eher Auffangtatbestände wie die allgemeine polizeirechtliche Befugnisnorm, bei denen weniger die Wertungsbedürftigkeit als die Funktion als Auffangtatbestand gegenüber spezielleren Eingriffstatbeständen ausschlaggebend ist.[316] Die Wertungsbedürftigkeit kann auch insofern relevant sein, als eine zu große Offenheit der Norm tiefergehende Eingriffe wegen des Bestimmtheitsgebots nicht rechtfertigen kann. Ermächtigungsvorschriften für Handlungen der Verwaltung müssen die-

---

[313] *Bethge*, Zur Problematik von Grundrechtskollisionen, S. 291.
[314] BVerfGE 7, 198 (206); 73, 261 (269).
[315] *Reimer*, Juristische Methodenlehre, Rn. 264; *Rux*, Taschen-Definitionen, S. 12.
[316] *Reimer*, Juristische Methodenlehre, Rn. 264.

ser verfassungsrechtlichen Anforderungen aus Art. 20 Abs. 3 GG genügen. Geht es um das Rechtsverhältnis zwischen Privaten, so sind Generalklauseln im Zivilrecht solche, die in der Rechtsanwendung ein Werturteil abverlangen.[317]

Generalklauseln lassen sich vor allem anhand ihrer Funktion als Einbruchsstelle für die objektive-rechtlichen Gehalte der Meinungsfreiheit in das Zivilrecht einordnen, aber gleichzeitig kommt ihnen diese Funktion nicht exklusiv zu.[318] Um Generalklauseln zu definieren kommt man daher selten um eine Enumeration der §§ 138, 242, 307, 826 BGB umher – wenn sie nicht (überspitzt) als „sehr allgemeine und weite und daher inhaltsarme bewertende Begriffe“[319] oder „Reihe von Leerformeln“[320] beschrieben werden. Zur Auslegung eines ausfüllungsbedürftigen Wertungsmaßstab auf der Ebene des Tatbestands oder der Rechtsfolge kann der Rechtsanwender auf andere Normen zurückgreifen, um sie zu konkretisieren,[321] wie bspw. Regelbeispiele, bestimmtere Normen und Prüfungsmaßstäbe.

2. *Kollision von Grundrechtsbestimmungen*

Bei der Auslegung einer solchen Generalklausel kann es zu einer Grundrechtskollision kommen, also ein Fall bei dem „die Inanspruchnahme von Grundrechten durch mehrere Grundrechtsberechtigte zu Spannungen, Konflikten und Kollisionen führt.“[322] Die vom Bundesverfassungsgericht geforderte Güterabwägung kann das Fachgericht vor Herausforderungen stellen, weil hierbei nicht nur Argumentationsvorgänge, sondern auch die sozialen Verhältnisse beachtet werden müssen.[323] Mit anderen Worten obliegt dem Gericht nicht nur, die Geltung der Grundrechte zu erkennen und zu beachten, sondern die Abwägung im Einzelfall durchzuführen, denn die in der Generalklausel enthaltenen Rechtsgüter sind gegenüber der Meinungsfreiheit nicht *per se* minder schutzwürdig[324] und können auch grundrechtlich schutzwürdig sein.

Bei einer Urteilverfassungsbeschwerde entscheidet das Bundesverfassungsgericht, ob das Fachgericht die Ausstrahlungswirkung der Grundrechte erkannt und ausreichend beachtet hat.[325] Folglich muss das Fachgericht bei einer Meinungsäußerung in einem privatrechtlichen Vertragsverhältnisses einen angemessenen Ausgleich zwischen der Meinungsfreiheit und anderen Rechts-

---

[317] *Larenz*, Methodenlehre der Rechtswissenschaft, S. 288; *Kramer*, Juristische Methodenlehre, S. 72; *Honsell/Mayer-Maly*, Rechtswissenschaft, S. 91.
[318] *Canaris*, AcP 184 (1984), 201 (222).
[319] *Puppe*, Kleine Schule des juristischen Denkens, S. 104.
[320] *Braun*, Einführung in die Rechtswissenschaft, S. 93.
[321] *Larenz*, Methodenlehre der Rechtswissenschaft, S. 223.
[322] *Stern*, Das Staatsrecht der Bundesrepublik Deutschland Bd. III/1, S. 928.
[323] *Müller/Christensen*, in: Grundlegung für die Arbeitsmethoden der Rechtspraxis, S. 82.
[324] BVerfGE 7, 198 (210).
[325] BVerfGE 30, 173 (197).

gütern erreichen.[326] Wie diese Abwägung innerhalb einer Generalklausel mit einer grundrechtlich geschützten Gegenposition praktisch umgesetzt werden soll, wird vom Bundesverfassungsgericht nicht vorgegeben.[327] Mit anderen Worten können die Maßstäbe, die für die abwehrrechtliche Funktion von Art. 5 Abs. 1 S. 1 GG gelten, hinsichtlich der Rechtfertigung des Eingriffs nicht ohne Weiteres herangezogen werden.

3. Die Herstellung praktischer Konkordanz

a) Der Grundsatz

Nach ständiger Rechtsprechung des Bundesverfassungsgerichts sind Grundrechtskollisionen nach dem Grundsatz der Herstellung praktischer Konkordanz zu lösen. Dieser Grundsatz fordert, „dass nicht eine der widerstreitenden Rechtspositionen bevorzugt und maximal behauptet wird, sondern alle einen möglichst schonenden Ausgleich erfahren."[328] Damit übernahm das Bundesverfassungsgericht einen von *Konrad Hesse* nicht ursprünglich angestoßenen[329] aber maßgeblich entwickelten Grundsatz:[330] „Es kommt darauf an, die Maßstäbe beim Vollzug des Rechts, in der Rechtswirklichkeit in praktische Konkordanz zu bringen, ‚concordantia disconcordatium' zu betreiben." Wie praktische Konkordanz herzustellen sei, führte *Hesse* später aus: „Wo Kollisionen entstehen, darf nicht in vorschneller ‚Güterabwägung' oder gar abstrakter ‚Wertabwägung' eines auf Kosten des anderen realisiert werden. Vielmehr stellt das Prinzip der Einheit der Verfassung die Aufgabe einer Optimierung: beiden Gütern müssen Grenzen gezogen werden, damit beide zu optimaler Wirksamkeit gelangen können. Die Grenzziehungen müssen daher im jeweiligen konkreten Falle verhältnismäßig sein; sie dürfen nicht weiter gehen als notwendig, um die Konkordanz beider Rechtsgüter herzustellen."[331] Das Prinzip der Verfassungseinheit stelle laut *Hesse* die Gerichte vor die Aufgabe, beide Güter zu begrenzen, damit beide zu optimaler Wirksamkeit gelangen können, und dieses Interpretationsziel könne nur im Einzelfall und nicht abstrakt gelöst werden.[332]

---

[326] Vgl. *Lübbe-Wolff*, Die Grundrechte als Eingriffsabwehrrechte, S. 168.

[327] *Vogel/Christensen*, in: Müller/Mastronardi, „Abwägung", S. 88 (130).

[328] BVerfGE 28, 243 (261); 41, 29 (51); 52, 223 (247); 77, 240 (253); 81, 278 (292); 83, 130 (143); 93, 1 (21); 97, 391 (401).

[329] Der Grundsatz stammt ursprünglich vom Schweizer Rechtswissenschaftler *Bäumlin* und wurde von *Hesse* weiterentwickelt: *Bäumlin*, Staat, Recht und Geschichte, S. 30.

[330] *Hesse*, JZ 1963, 485, 486.

[331] *Hesse*, Grundzüge des Verfassungsrechts der Bundesrepublik Deutschland, S. 28.

[332] *Hesse*, Grundzüge des Verfassungsrechts der Bundesrepublik Deutschland, S. 28; krit. *Maultzsch*, JZ 2012, 1040 (1045–1046).

b) Operationalisierung

Der Grundsatz der Herstellung praktischer Konkordanz kommt insbesondere dann zur Anwendung, wenn beide Grundrechte vorbehaltslos gewährleistet werden, aber er kann grundsätzlich auch bei Grundrechten mit Vorbehalt angewandt werden.[333] Fraglich ist, ob die Meinungsfreiheit bei der Herstellung praktischer Konkordanz dennoch eine Privilegierung erfährt. Man kann aus der Rechtsprechung des Bundesverfassungsgerichts eine „Funktionalisierung des Grundrechts der freien Meinungsäußerung" ableiten,[334] wodurch eine doppelte Würdigung der Meinungsfreiheit (auf individueller und kollektiver Ebene) stattfindet. Dennoch wirkt die Meinungsfreiheit auch bei dieser Privilegierung nicht vorbehaltslos: auch wenn bei der Abwägung der höhere Rang (gegenüber der Meinungsäußerung zu privaten Zwecken) zu beachten ist,[335] unterliegt sie einem qualifizierten Gesetzvorbehalt. Dies gilt sowohl bei Eingriffen durch die öffentliche Gewalt als auch bei vertraglichen oder faktischen Einschränkungen durch private Dritte.[336]

c) Evolution

Alexy schloss sich dem Grundsatz der Herstellung praktischer Konkordanz an[337] und vertiefte ihn mit seiner Theorie der Unterscheidung zwischen Rechten und Prinzipien. *Fischer-Lescano* schätzte demgegenüber den Grundsatz als überholt ein und schlägt stattdessen eine Rückgabe solcher Kollisionsfälle „in den politischen Deliberationsprozess" vor.[338] Diese Lösung erscheint für konkret vor Gericht gebrachte Fälle allerdings nicht zielführend, bzw. bedeutet eine Verlagerung von der Judikative zur Legislativen.

Schladebach, der die oben bereits erwähnte Kritik von *Bethge* (u. a.) zitiert und umfänglich auf *Fischer-Lescanos* Einwände eingeht, hält dagegen: man komme um die Figur der Herstellung praktischer Konkordanz nicht umher.[339] Sein präferierter Lösungsweg ist, die Gewichtsformel von *Alexy* in für die Herstellung praktischer Konkordanz zu implementieren, d. h. innerhalb der Verhältnismäßigkeit i. e. S. (bzw. der Angemessenheitsprüfung) das Optimierungsgebot von *Alexy* einzufügen,[340] um die Entscheidungsrationalität des an-

[333] BVerfGE 83, 130 (143) – Josefine Mutzenbacher.

[334] *Kloepfer*, in: Isensee/Kirchhof, HdBStR Bd. III § 42, Rn. 48.

[335] BVerfGE 7, 198 (212).

[336] *Kloepfer*, in: Isensee/Kirchhof, HdBStR Bd. III § 42, Rn. 49.

[337] *Alexy*, Theorie der Grundrechte, S. 152; *Alexy*, Verfassungsrecht und einfaches Recht, S. 7 ff.

[338] U. a. bei der Kopftuchentscheidung, BVerfGE 108, 282; *Fischer-Lescano*, KJ 2008, 166 (176).

[339] *Schladebach*, Der Staat 2014, 263 (276).

[340] *Schladebach*, Der Staat 2014, 263 (272), m. w. N. zu: *Grabitz*, AöR 98 (1973), 568 (576); *Jakobs*, Der Grundsatz der Verhältnismäßigkeit, S. 99.

spruchsvollen Abwägungsvorgangs zu erhöhen. Dies hätte laut *Schladebach* den zusätzlichen Vorteil, dass *Alexys* Prinzipienlehre ein Optimierungsgebot für Grundrechte vorsieht und sie somit zum gleichen Ergebnis wie *Hesses* Lehre der praktischen Konkordanz käme.[341] Unbestritten ist insofern bei allen der Gedanke der Grundrechtsoptimierung, wenn sich zwei kollidierende Verfassungsgüter gegenüberstehen.

Im Lichte der vorangegangenen Analyse der jüngeren Verfassungsrechtsprechung bedeutet dies auch, dass eine solche Grundrechtsoptimierung graduell erfolgen kann – auch wenn die Abwägung das Gleichbehandlungsgebot (wie im Stadionverbotsbeschluss) betrifft.[342]

4. Wechselwirkung i. S. d. Art. 5 Abs. 1–2 GG

Bei der verfassungskonformen Auslegung einer Generalklausel hat das Fachgericht die grundrechtlichen Wertgehalte zu beachten, damit diese sich entfalten können.[343] Zu diesem Zweck greift es grundsätzlich auf die Angemessenheitsprüfung und die Wechselwirkungslehre zurück. Um der Angemessenheitsprüfung standzuhalten, müssen „die Grundrechtsbeeinträchtigung auf der einen und die Grundrechtsbegünstigung auf der anderen Seite miteinander verglichen und ‚ins Verhältnis' gesetzt werden."[344] Der besonderen Stellung von Art. 5 Abs. 1 S. 1 GG wird durch das Institut der Wechselwirkung Rechnung getragen, indem die Meinungsfreiheit zwar der grundsätzlichen Schrankensystematik des Grundgesetzes unterliegt, aber durch die zusätzliche Ausprägung des Verhältnismäßigkeitsgrundsatzes[345] einen besonderen Schutz genießt, wie das Bundesverfassungsgericht im Lüth-Urteil entschied:

> „[...] es findet vielmehr eine Wechselwirkung in dem Sinne statt, dass die ‚allgemeinen Gesetze' zwar dem Wortlaut nach dem Grundrecht Schranken setzen, ihrerseits aber aus der Erkenntnis der wertsetzenden Bedeutung dieses Grundrechts im freiheitlichen demokratischen Staat ausgelegt und so in ihrer das Grundrecht begrenzenden Wirkung selbst wieder eingeschränkt werden müssen."[346]

Die Wechselwirkungslehre soll gewährleisten, dass der Kern des Gewährleistungsinhalts intakt bleibt – trotz der Einschränkbarkeit durch allgemeine Gesetze gemäß Art. 5 Abs. 2 GG. Die Kontrolle gemäß der Wechselwirkungslehre ist erforderlich, um den gesamten Prozess der freien Meinungsbildung zu schützen, also um nicht nur die Äußerung, sondern ebenso ihre Verbreitung in

---

341 *Schladebach*, Der Staat 2014, 263 (273).
342 *Kulick*, Horizontalwirkung im Vergleich, S. 426–427.
343 *Guckelberger*, JuS 2003, 1151 (1156).
344 *Hillgruber*, in: HStR IX 2011, § 201, Rn. 77.
345 *Jestaedt*, in: Merten/Papier, HGR, Bd. IV, § 102 Rn. 73.
346 St. Rspr. seit BVerfGE 7, 198 (209); vgl. *Ruffert*, Vorrang der Verfassung und Eigenständigkeit des Privatrechts, S. 516.

Form und Substanz („geistige Wirkung auf die Umwelt“[347]) zu schützen. Zwischen Privaten muss die Wechselwirkungslehre dann beachtet werden, wenn es bei der Auslegung und Anwendung einer zivilrechtlichen Generalklausel um die Ausstrahlungswirkung der Meinungsfreiheit geht. Grundsätzlich muss die Wechselwirkung nicht nur bei der Auslegung des meinungsbeschränkenden Gesetzes beachtet werden, sondern auch auf der Stufe der Normanwendung.[348]

5. Keine absolute Privilegierung von Art. 5 Abs. 1 S. 1 GG

Da bei der Auslegung einer Norm auf die verfassungskonforme Auslegung und bei der Normanwendung auf den Einzelfall abgestellt wird,[349] muss zwischen Normauslegung und -anwendung unterschieden werden. So kann das auszulegende Gesetz durch die verfassungskonforme Auslegung so transformiert werden, dass es die Ausstrahlungswirkung der Meinungsfreiheit beinhaltet und in der Form auf die Normanwendung übertragen werden könnte. Auf der Stufe der Normanwendung hingegen wird es – bei der hier untersuchten Konstellation der Urteilsverfassungsbeschwerde – darauf ankommen, ob das Fachgericht im Einzelfall die Meinungsfreiheit ausreichend erkannt und beachtet hat. Folglich stellt sich die Frage, ob es bei dieser Konkretisierung des Norminhalts (im Rahmen der Anwendung) eine Vorrangsregel im Sinne der Wechselwirkungslehre geben kann.

a) Verfassungsgerichtliche Position

Im Lüth-Urteil äußerte sich das Bundesverfassungsgericht hinsichtlich einer solchen Vorrangsregel wie folgt:

> „Der Schutz des privaten Rechtsguts kann und muss um so mehr zurücktreten, je mehr es sich nicht um eine unmittelbar gegen dieses Rechtsgut gerichtete Äußerung im privaten […], sondern um einen Beitrag zum geistigen Meinungskampf in einer die Öffentlichkeit wesentlich berührenden Frage durch einen dazu Legitimierten handelt; hier spricht die Vermutung für die Zulässigkeit der freien Rede.“[350]

Diese Aussage des Bundesverfassungsgerichts „für die Zulässigkeit der freien Rede“ könnte auf der Normauslegungsebene als Vermutungsregel zugunsten von Art. 5 Abs. 1 S. 1 GG gewertet werden, wenn es sich um „einen Beitrag zum geistigen Meinungskampf in einer die Öffentlichkeit wesentlich berührenden Frage“ handelt. Allerdings setzt diese Regel auf der Normanwendungsebene an und ist daher als Vorgabe bei der Anwendung auf den Einzelfall zu verstehen, statt einer generellen *in dubio pro libertate*-Regel für die Meinungs-

---

[347] *Schemmer*, in: Epping/Hillgruber, GG Art. 5 Rn. 4.
[348] *Jestaedt*, in: Merten/Papier, HGR, Bd. IV, § 102 Rn. 71.
[349] *Jestaedt*, in: Merten/Papier, HGR, Bd. IV, § 102 Rn. 73.
[350] BVerfGE 7, 198 (212).

freiheit.[351] Obgleich es um den Schutz der Meinungsfreiheit geht, kann Art. 5 Abs. 1 S. 1 GG keinen absoluten Vorrang beanspruchen.[352]

Grundsätzlich wäre eine solche Vermutungsregel zugunsten von Art. 5 Abs. 1 S. 1 GG der Grundrechtsdogmatik nicht fremd: die Privilegierung der Meinungsfreiheit wäre mit der Spezialität von Freiheitsrechten gegenüber der allgemeinen Handlungsfreiheit von Art. 2 Abs. 1 GG zu begründen. Letztere beruht auf der ständigen Rechtsprechung des Bundesverfassungsgerichts einerseits und auf der Dogmatik der sachlichen Freiheitsgarantien der Freiheitsrechte andererseits.[353] Allein vermag dies allerdings keine pauschale Prioritätsvermutung in der Rechtsanwendung zu begründen und in der Literatur findet man auch keine theoretischen Begründungen einer solchen Vermutungsregel.

b) Ablehnung eines „in dubio pro libertate"-Prinzips

In seinem Aufsatz „In dubio pro libertate" befasste sich *Schneider* mit dem Verhältnis zwischen den Vermutungen *in dubio pro libertate* und *in dubio pro autoritate legislatoris*, also mit der Frage, ob es eine Rechtmäßigkeitsvermutung für die Legislative oder für die Handlungen des Individuums im öffentlichen Recht gibt, somit eine Entscheidungsregel im Falle des *non liquet*.[354] Er beantwortete darin jedoch nicht die Frage, inwieweit diese Vermutungsregel „den richterlichen Grundrechtschutz mit dem Prinzip der richterlichen Güterabwägung verbindet", sondern ließ sie zum Abschluss ausdrücklich offen.[355]

Hesse lehnt eine Ausgangsvermutung zugunsten der Freiheit zu Recht strikt ab, weil sie die „Gefahr birgt, die Einheit der Verfassung preiszugeben".[356] *Müller-Franken* drückt seine Kritik konkreter aus:

> „Bei dem Konflikt zwischen zwei Privaten kann auch nicht eine ‚Vermutung für die freie Rede' oder der Satz in ‚dubio pro libertate' aufgebaut werden, da eine dreiseitige Beziehung zu beurteilen ist. [...] Hier kann es keine ‚Vorrangregel' der Meinungsfreiheit vor anderen Freiheiten geben, da immer mehrere Freiheiten gegeneinander auszugleichen und einander zuzuordnen sind."[357]

Zusammengefasst mag der Vorrang der Meinungsfreiheit angesichts der Bedeutung von Art. 5 Abs. 1 S. 1 GG für die Demokratie zwar ein Desiderat darstellen und auch begründbar scheinen, doch i. E. ist der Grundsatz *in dubio pro*

---

351 Vgl. *Vesting*, AöR 122 (1997), 337 (350).

352 BVerfGE 90, 241 (247–248) – Auschwitzlüge.

353 *Müller/Christensen*, in: Grundlegung für die Arbeitsmethoden der Rechtspraxis, 50 (79).

354 *Schneider*, in: Caemmerer/Friesenhahn/Lange, Hundert Jahre Deutsches Rechtsleben, 290.

355 *Schneider*, in: Caemmerer/Friesenhahn/Lange, Hundert Jahre Deutsches Rechtsleben, 290.

356 *Hesse*, Grundzüge des Verfassungsrechts der Bundesrepublik Deutschland, S. 28.

357 *Müller-Franken*, Meinungsfreiheit im freiheitlichen Staat, S. 57.

libertate bei kollidierenden Freiheitsrechten nicht anwendbar, denn es stehen sich zwei Grundrechte gegenüber, von denen keines auf Anhieb vorzugswürdig ist.[358] Auf eine generelle Anwendung des Grundsatzes *in dubio pro libertate* können Fachgerichte demzufolge nicht zurückgreifen und somit bleibt es bei dem Grundsatz der Gesamtanschauung des Einzelfalles mit dem Ziel eines möglichst hohen Grundrechtschutzes.

6. Zwischenfazit: Von der Kollision zum Ausgleich

Im Rechtsstreit zwischen zwei Privatpersonen ist ein Ausgleich zwischen beiden widerstreitenden Interessen zu suchen, wobei im Ergebnis eine Rechtsposition den Interessen des anderen weichen muss.[359] Im Hinblick auf das Übermaßverbot obliegt es dem Fachgericht, den „Gedanken des nach beiden Seiten hin schonendsten Ausgleichs" zu beachten.[360] Dabei muss das Gesetz angewandt, aber nicht auf Verfassungskonformität überprüft werden, wenngleich die kollidierenden Positionen „in ihrer Wechselwirkung erfasst und so begrenzt werden, dass sie für alle Beteiligten möglichst weitgehend wirksam werden."[361] Das Zivilgericht ist einerseits an die Verfassung gebunden, doch andererseits ist sein grundsätzlicher Bindungsmaßstab das Gesetz (Art. 97 Abs. 1 GG), nicht die Grundrechte.[362]

Bis hierhin sind keine weiteren Vorgaben als die allgemeinen Abwägungsgrundsätze sichtbar geworden, d. h. der Abwägung zwischen den jeweiligen Vor- und Nachteilen, die die Verwirklichung der konfligierenden Grundrechtspositionen im Einzelfall mit sich bringen.[363] Das sogenannte Abgrenzungsmodell, welches – im Unterschied zur Abwägung – ein „engeres Verständnis der Schutzbereiche der Grundrechte" vertritt,[364] stellt eine alternative Herangehensweise dar. Durch den weniger umfassenden Ansatz auf der Schutzbereichsebene könne man die Schutzgehalte besser „konturieren" und die „überbordende Grundrechtskollisionen vermeiden."[365] In der Umsetzung müssten hierfür die Rechtssphären bzw. die Rechtspositionen abgegrenzt werden *können* und die Fälle konkurrierender Grundrechte in Kategorien aufgeteilt werden, um bloße Einzelfallabwägungen zu vermeiden.[366]

---

[358] *Rüfner,* in: Isensee/Kirchhof, HdStR Bd. IX § 197, Rn. 108; *Hochhuth*, NJW 2007, 192, 194.

[359] *Rüfner,* in: Isensee/Kirchhof, HdStR Bd. IX § 197, Rn. 104.

[360] *Lerche*, Übermaß und Verfassungsrecht, S. 153.

[361] *Merten/Papier*, Grundrechte in Deutschland: Allgemeine Lehren I, S. 1349.

[362] *Stern,* in: Isensee/Kirchhof, HdStR Bd. IX § 185, Rn. 112.

[363] BVerfGE 115, 205 (233 f.); *Herdegen,* in: Maunz/Dürig, GG Art. 1 Abs. 3, Rn. 65.

[364] *Maultzsch*, JZ 2012, 1040 (1046).

[365] *Maultzsch*, JZ 2012, 1040 (1047).

[366] *Hoffmann-Riem*, Der Staat 2004, 203 (210); *Maultzsch*, JZ 2012, 1040 (1047).

IV. Keine materiell-verfassungsrechtlichen Vorgaben des BVerfG

Aus den bisher untersuchten Entscheidungen des Bundesverfassungsgerichts konnten bislang keine materiell-verfassungsrechtlichen Vorgaben für die Abwägung zwischen der Meinungsfreiheit und anderen Grundrechten oder Schutzgütern, also zwischen den Grundrechtspositionen zwei privater Parteien identifiziert werden (im Sinne einer verfassungsrechtlichen „Anleitung" für die Fachgerichte) – abgesehen von sektoralen Ansätzen wie im Äußerungsrecht.

Zu diesem Ergebnis kam *Poscher* im Rahmen seiner Untersuchung der mittelbaren Drittwirkung ebenfalls. Er identifizierte 2003 drei Entscheidungen des Bundesverfassungsgerichts, die sich ausdrücklich mit „dem Problem der Drittwirkung" befassten,[367] wobei er dabei nicht auf die Abwägungsvorgaben des Bundesverfassungsgerichts bei der Prüfung der zivilrechtlichen Entscheidungen abzielte, sondern auf die Positionierung des Bundesverfassungsgerichts gegen die *unmittelbare* Drittwirkung. Laut *Poscher* geht es in den Entscheidungen zu Art. 5 Abs. 1 S. 1 Alt. 1 GG und der Drittwirkungslehre um die Anwendung des Verhältnismäßigkeitsgrundsatzes im Lichte des Ideals der deliberativen Demokratie. Er fasste die von ihm untersuchten Entscheidungen wie folgt zusammen:

> „In den Entscheidungen, in denen das Gericht nach der Verhältnismäßigkeit der Meinungsäußerung eines Grundrechtsträgers fragt, orientieren sich die Verhältnismäßigkeitserwägungen letztlich immer an dem Bild des Meinungskampfes und dem Zweck seiner möglichst geistigen, vielfältigen und offenen Gestaltung."[368]

1. Notwendigkeit einer eigenen Auswertung

Auf dem bisherigen Forschungsstand aufbauend wird hier ein weiterer Versuch unternommen, die Rechtsprechung des Bundesverfassungsgerichts nach bestimmten Kriterien zu durchleuchten, um zu ermitteln, ob sich den Entscheidungen eine Art „Abwägungsmuster" entnehmen lässt. Bei dieser Vorgehensweise kann ermittelt werden, welche Fehler der Fachgerichte im Hinblick auf die verfassungskonforme Auslegung der zivilrechtlichen Generalklauseln das Bundesverfassungsgericht bisher zum Anlass genommen hat, eine Grundrechtsverletzung festzustellen, ohne ihnen hierbei das Ergebnis der erforderlichen Abwägung vorzugeben.[369] Daraus könnte eventuell eine Systematisierung der Abwägung zum Zwecke des angemessenen Ausgleichs zwischen der Meinungsfreiheit und der Privatautonomie bzw. anderen grundrechtlich geschützten Rechtspositionen resultieren. Damit könnte man auch eine Aussage darüber

---

[367] *Poscher*, Grundrechte als Abwehrrechte, S. 277.
[368] *Poscher*, Grundrechte als Abwehrrechte, S. 284.
[369] BVerfGE 93, 266 (293).

treffen, ob sich in der bisherigen Rechtsprechung eine Begründung für ein sogenanntes Tatbestandsmodell finden lässt.

2. *Methode*

a) *Auf der Internet-Seite des Bundesverfassungsgerichts*

Für die Erhebung wurde die Auflistung aller Entscheidungen, die auf der Webseite des Bundesverfassungsgerichts veröffentlicht sind, als Grundlage herangezogen.[370] Das Bundesverfassungsgericht veröffentlicht auf seiner Internetseite alle „wesentlichen Entscheidungen ab 1998“. Die auf der Internetseite unter der oben angegebenen Adresse veröffentlichten Texte sind anonymisiert, aber ungekürzt.[371] Diese Online-Datenbank wurde nach dem Suchbegriff „Meinungsfreiheit“ unter der Verfahrensart „BvR“ (Verfassungsbeschwerde) durchsucht, um Entscheidungen zur mittelbaren Drittwirkung der Meinungsfreiheit zu finden. Das Suchergebnis umfasste 231 Entscheidungen, nach Datum sortiert (nicht Relevanz), sowohl von der amtlichen Sammlung als auch außerhalb. Nach dieser Vorauswahl durch die Suchfunktion der Webseite wurden die Entscheidungen nach folgenden Kriterien händisch sortiert und ausgesucht:

- Das Verfahren wurde *zur Entscheidung angenommen* und war *erfolgreich*. Das bedeutet, dass das Bundesverfassungsgericht die Entscheidung des Fachgerichts inhaltlich gerügt hat und einen Abwägungsfehler erkannt hat.
- Im Verfahren ging es *nicht um Äußerungsdelikte,* da die Arbeit zum einen die Ausstrahlungswirkung in privaten Schuldverhältnissen untersucht und es zum anderen um die Maßstäbe bei nicht-strafbaren Inhalte gehen soll.
- Es wurden Entscheidungen *aus dem Presserecht ausgeschlossen*, da es in dem Feld eine gefestigte Rechtsprechung und relativ klare Maßstäbe für die Fachgerichte gibt (sektoraler Ansatz). Auch Entscheidungen *aus dem Bereich des Äußerungsrechts wurden ausgeschlossen*, wenn es um die Deutung bzw. die *inhaltliche Bewertung der Äußerung* (als Werturteil oder Tatsachenbehauptung, mehrdeutige Äußerungen, Schmähkritik) ging oder keine Abwägung vorgenommen wurde.
- Es wurden nur Entscheidungen in der Auswahl belassen, bei denen das Bundesverfassungsgericht seine Entscheidung auf die mittelbare Drittwirkung der Grundrechte gestützt hat, also wo die gerügte Entscheidung *nicht aus dem Verwaltungsrecht* kam.

[370] Abrufbar unter https://www.bundesverfassungsgericht.de/SiteGlobals/Forms/Suche/Entscheidungensuche_Formular.html?language_=de zuletzt aufgerufen am 30.08.2022.

[371] Hinweise des BVerfG, abrufbar unter https://www.bundesverfassungsgericht.de/DE/Entscheidungen/Entscheidungen/Entscheidungen.html zuletzt aufgerufen am 30.08.2022.

Nach dieser Sortierung blieben von den 231 ursprünglichen Entscheidungen vierzehn übrig,[372] wobei manche bei inhaltlicher Nachprüfung nur bedingt den Kriterien entsprachen (bspw. geht es bei 1 BvR 699/06 – Fraport auch um die mittelbare Drittwirkung der Meinungsfreiheit, obwohl das Gericht vorher festgestellt hatte, dass die Fraport AG unmittelbar an die Grundrechte gebunden sei). Dass im Ergebnis unter zehn Prozent der 231 Entscheidungen übrigblieben, lag vor allem daran, dass sehr viele aus dem Strafrecht stammten. Um den Fokus stringent auf die Ausstrahlungswirkung der Grundrechte zwischen zwei privaten Parteien zu richten, wurden letztere jedoch von der Auswertung ausgeschlossen.

b) In der Juris-Datenbank

Laut der Hinweise der BVerfG-Webseite sind dort alle „wesentlichen Entscheidungen ab 1998" aufgelistet. Für den Zeitraum vor 1998 ist eine Erhebung nach den oben genannten Kriterien daher schwieriger, weil sie nicht anhand der Datenbank der BVerfG-Webseite erfolgen kann und die Ergebnisse somit eventuell nicht ähnlich belastbar sind. Anhand der Datenbank *Juris.de* wurde eine zweite Erhebung für den Zeitraum 1951 bis 1998 durchgeführt.[373] Die Entscheidungen wurden dort im Suchbereich „Rechtsprechung", ebenfalls mit dem Suchbegriff „Meinungsfreiheit" und der Gerichtsbarkeit „Bundesverfassungsgericht" gefiltert und sortiert. Daraus ergab sich eine Trefferliste von 221 Entscheidungen, nach Datum sortiert. Auch diese Liste wurde nach den oben genannten Kriterien händisch gefiltert; mit einem Ergebnis von acht Entscheidungen.[374] Auch hier mussten Entscheidungen aus der ersten Trefferliste entfernt werden, weil sie aus der Strafgerichtsbarkeit stammten (und den o. g. Kriterien nicht entsprachen).

3. Ergebnis

Aus der entstandenen Liste wurden jene Textpassagen in den Entscheidungen analysiert, in denen das BVerfG die Abwägungsfehler der ordentlichen Gerichte unmissverständlich benannt und aufgrund dieser Abwägungsfehler seine Entscheidung begründet hat. Dabei wurden folgende Fehlerkategorien identifiziert (Reihenfolge ohne Bedeutung): Verhältnismäßigkeitsdefizit; Vermutung zugunsten von Art. 5 Abs. 1 S. 1 GG falsch beurteilt (bei „einer die Öffentlichkeit

---

[372] 1 BvR 699/06; 1 BvR 1745/06; 2 BvR 2279/07; 1 BvR 2650/05; 1 BvR 1625/06; 1 BvR 1783/05; 1 BvR 984/02; 1 BvR 2/01; 1 BvR 952/90; 1 BvR 1762/95; 1 BvR 390/95; 1 BvR 1685/92; 1 BvR 1531/90; 1 BvR 400/51.

[373] Hinweis von juris.de zu den Recherchemöglichkeiten in der Juris-Rechtsprechungsdatenbank: „Die Datenbank juris-Rechtsprechung enthält die Rechtsprechung des Bundesverfassungsgerichts […] seit Bestehen der Gerichte."

[374] 1 BvR 1353/89; 1 BvR 547/89; 1 BvR 1088/88; 2 BvR 1576/92; 1 BvR 434/87; 2 BvR 291/94; 2 BvR 1882/92; 2 BvR 1439/95.

wesentlich berührende Frage“); Eröffnung des Schutzbereichs von Art. 5 Abs. 1 S. 1 GG nicht erkannt; falsche Gewichtung innerhalb der Abwägung.

Die meisten Entscheidungen wurden gerügt, weil die vorherige Instanz nicht erkannt hatte, dass der (sachliche) Schutzbereich von Art. 5 Abs. 1 S. 1 GG eröffnet war. Fast dieselbe Zahl an Entscheidungen wies den Fehler auf, dass die Vermutung zugunsten von Art. 5 Abs. 1 S. 1 GG bei „einer die Öffentlichkeit wesentlich berührende Frage“ falsch beurteilt wurde, d. h. dass die Vermutung für die Meinungsfreiheit (s. o. zum Grundsatz *in dubio pro libertate*) zu Recht oder zu Unrecht herangezogen wurde. Diese beiden Fehlerarten lassen sich in die zwei Kategorien der Mephisto-Formel einordnen,[375] denn sie betreffen zum einen das Nichterkennen der Grundrechtsbindung und zum anderen die unrichtige Bewertung der Grundrechtsbindung. Jedoch lassen sich aus den analysierten Entscheidungen keine konkreteren Vorgaben zur sachgerechten Lösung von Interessenkonflikten zwischen rechtlich gleichgeordneten Rechtssubjekten in Bezug auf die Meinungsfreiheit entnehmen.

2005 stellte das Bundesverfassungsgericht im Rahmen seines Autolackierer-Beschlusses fest: „Das Bundesverfassungsgericht hat die für eine Beurteilung der Verfassungsbeschwerde maßgeblichen Fragen zur Reichweite von Art. 5 Abs. 1 Satz 1 GG bereits entschieden.“[376] Dieser Aussage muss insofern widersprochen werden, als sich sowohl in den Entscheidungen der darauffolgenden Jahre, als auch in der Entwicklung der Kommunikationswege in unserer zunehmend digitalisierten Gesellschaft gezeigt hat, dass über die Reichweite von Art. 5 Abs. 1 S. 1 GG zwischen Privaten möglicherweise noch nicht abschließend entschieden wurde. Die in diesem Satz vom Bundesverfassungsgericht genannten Entscheidungen (BVerfGE 43, 130 – Flugblatt; 85, 1 – Bayer-Aktionäre; 86, 122 – Schülerzeitung; 94, 1 – DGHS; 97, 125 – Caroline von Monaco I) überschneiden sich nicht vollständig mit der oben analysierten Trefferliste. Doch lassen sich auch diese Entscheidungen mit folgendem Satz aus dem Bayer-Aktionäre-Beschluss zusammenfassen:

> „Das führt im Rahmen der auslegungsfähigen Tatbestandsmerkmale der einfachrechtlichen Vorschriften regelmäßig zu einer fallbezogenen Abwägung zwischen der Bedeutung der Meinungsfreiheit und dem Rang des durch die Meinungsäußerung beeinträchtigten Rechtsguts, das das einfache Recht schützen will. Das Ergebnis dieser Abwägung lässt sich wegen ihres Fallbezugs nicht generell und abstrakt vorwegnehmen.“[377]

4. *Zwischenergebnis*

Ziel dieses Abschnitts war, in bisherigen Entscheidungen des Bundesverfassungsgerichts ein eventuell bisher noch nicht erkanntes Muster zu identifizie-

---

[375] S. o. Kap. 1, A. II. 3. b) und BVerfGE 30, 173 (197).

[376] BVerfG, Beschl. v. 01.12.2005 – 1 BvR 2/01 – Rn. 18.

[377] BVerfGE 85, 1 (16).

ren, anhand dessen Fachgerichte besser mit bisher unbekannten oder noch nicht entschiedenen Konstellationen in Bezug auf Art. 5 Abs. 1 GG umgehen könnten. Entscheidungen die wertausfüllungsfähig und -bedürftige Generalklauseln und die Ausstrahlungswirkung der Meinungsfreiheit betreffen, könnten sich möglicherweise an abstrakt festgelegten Abwägungskriterien orientieren.

Aus der Auswertung der o. g. Entscheidungen lassen sich weder Kriterien noch Vorrangsregeln ableiten. Das jeweilige kollidierende Grundrecht ist keineswegs immer der Meinungsfreiheit unterlegen, sondern es soll immer eine Abwägung im Einzelfall stattfinden, weil keine Hierarchie den Vorrang der Meinungsfreiheit formalisiert.[378] Es kommt scheinbar auch nicht auf die vertragliche Bindung innerhalb eines Schuldverhältnisses an: Das Bundesverfassungsgericht hat in den untersuchten Entscheidungen nicht zwischen dem Vertragsrecht und den vertragsfreien Beziehungen bei der Ausstrahlungswirkung von Art. 5 Abs. 1 S. 1 GG differenziert.

Bisher ließen sich aus den Entscheidungen keine dogmatischen Grenzen erkennen, die die Zivilgerichte in ihrer Abwägungsaufgabe zwischen Art. 5 Abs. 1 S. 1 GG und anderen Rechtsgütern bestimmen würde oder – im Rahmen der Verfassungsbeschwerde – das Bundesverfassungsgericht beschränken würden.[379] Durch die vorliegende Rechtsprechungsanalyse gelangt man zu der Erkenntnis, dass das Bundesverfassungsgericht nur bei „einer die Öffentlichkeit wesentlich berührende[n] Frage“ von der Vermutung zugunsten von Art. 5 Abs. 1 S. 1 GG als relative Vorrangsregel ausgeht. Abgesehen davon beschränkt es sich auf die bereits erwähnten Leitsätze, die einerseits den Zivilgerichten viel Spielraum bei der Abwägung innerhalb der Generalklauseln geben und andererseits auch dem Zweck dienen, sich selbst keiner starren ständigen Rechtsprechung zu unterwerfen.[380] Insofern steht das individuelle Verfahren, der Einzelfall und somit die Erforderlichkeit eines weiten Auslegungsspielraums innerhalb der Generalklauseln im Mittelpunkt, auch wenn damit zweifelsfrei eine bestimmte Ungewissheit einhergeht.[381]

---

[378] A. A. *Müller*, Die Positivität der Grundrechte, S. 60.

[379] Krit. *Müller*, Die Positivität der Grundrechte, S. 91.

[380] BVerfGE 30, 173 (199); vgl. *Oeter*, AöR 119 (1994), 529 (539–541); *Grimm*, NJW 1995, 1697 (1697).

[381] Vgl. krit. und weiterhin aktuell *Schumann*, Bundesverfassungsgericht, Grundgesetz und Zivilprozeß, S. 48: die Fachgerichte würden „in Grundrechtsfragen nur noch vorläufig“ entscheiden.

V. Fazit zur Drittwirkungslehre und Art. 5 Abs. 1 S. 1 GG

1. Bestandsanalyse

Einerseits ebbt die Kritik an der Ergebnisoffenheit der Drittwirkungslehre in Bezug auf die Meinungsfreiheit nicht ab:[382] Laut *Müller* stützt das Bundesverfassungsgericht seine Argumentation eher auf die Begleitumstände des jeweiligen Falles statt „typische Kollisionslagen unter Erarbeitung des Geltungsgehalts und der sachbestimmten Begrenzungen des Grundrechts" zu erörtern.[383] Diese Kritik belegte *Müller* mit Beispielen aus der Verfassungsrechtsprechung, wo es eine durch Abwägung zu lösende Kollision zwischen der Meinungsfreiheit des Mieters und dem Eigentumsgrundrecht des Vermieters gab.[384] Dennoch fasst sie den unkonkreten Charakter der Normkonkretisierung bei der Güterabwägung zusammen: dass die Abwägung mehr darauf gerichtet sein könnte, „ihre Voraussetzungen nach Möglichkeit zu rationalisieren" und ein „Mindestmaß an Normklarheit und Rechtssicherheit" erarbeitet werden könnte.[385] Auch *Bethge* äußerte klare Skepsis und beschrieb die mittelbare Grundrechtsgeltung als einen Auftritt in „zahllosen Abstufungen", weiter „in einer beinahe stufenlosen Skala, von (im Ergebnis) weitgehender Annäherung an die volle Grundrechtsbindung [...] bis zu unteren Grenze, wo die mittelbare Grundrechtsbindung sich praktisch kaum mehr auswirkt [...]."[386] Auf diese Kritik einer mangelnden Systematisierung folgt auch der Vorwurf, dass den Fachgerichten damit eine erforderliche Anleitung verwehrt bliebe: „Weder die methodische Figur der ‚Abwägung' noch ihre rechtstheoretische Grundlage im Ansatz der Einheit der Rechtsordnung sind der Komplexität der praktischen Arbeit der Gerichte gewachsen."[387]

Andererseits wurde die Lehre der mittelbaren Drittwirkung als Instrument der Rechtsanwendung konzipiert, um das Wertesystem des Grundgesetzes in private Rechtsverhältnisse einfließen zu lassen. Die Komplexität besteht in der mehrdimensionalen Beziehung zwischen Grundrechtsträger, Grundrechtsstörer, der gleichzeitig auch Grundrechtsträger ist, und dem Staat. Dieses mehrseitige Rechtsverhältnis, auch „Rechts-Dreieck" genannt,[388] zeigt die duale Rolle des Staates auf, der vom potentiellen Verletzenden zum Grundrechtsschützer wird.[389]

---

382 Vgl. *Ruffert*, Vorrang der Verfassung und Eigenständigkeit des Privatrechts, S. 514 f.

383 *Müller*, Normstruktur und Normativität, S. 210.

384 Es gilt zu beachten, dass diese Kritik aus dem Jahr 1966 stammt und so nicht ohne Weiteres für die heutige Zeit übernommen werden kann.

385 *Müller*, Normstruktur und Normativität, S. 213–214; *Müller*, Die Positivität der Grundrechte, S. 25–27; *Ruffert*, Vorrang der Verfassung und Eigenständigkeit des Privatrechts, S. 517–518.

386 *Bethge*, Zur Problematik von Grundrechtskollisionen, S. 392.

387 *Müller/Christensen*, in: Grundlegung für die Arbeitsmethoden der Rechtspraxis, S. 82.

388 *Isensee*, Das Grundrecht auf Sicherheit, S. 34.

389 *Stern*, Das Staatsrecht der Bundesrepublik Deutschland Bd. 3/1, S. 946.

Betrachtet man die Rechtsprechung zur Rundfunkordnung, kommt man zum Schluss, dass das Bundesverfassungsgericht das Rundfunksystem insoweit mitgestaltet hat, als es dem Gesetzgeber klare Anforderungen auf den Weg gibt.[390] Bei der Meinungsfreiheit konnte eine solche Klarheit nicht festgestellt werden. Fraglich ist, ob sie überhaupt geschaffen werden kann und sollte, denn damit wahrt das Bundesverfassungsgericht im Dialog mit den Fachgerichten die Offenheit über das Wertesystem in der Gesellschaft.[391] Am Beispiel des Äußerungsrechts wird erkennbar, dass es weder einen absoluten Schutz der Ehre, noch einen absoluten Vorrang der Meinungsfreiheit gibt – auch wenn die Vermutung zugunsten jener Äußerung, die sich auf eine die Öffentlichkeit wesentlich berührende Frage bezieht, die Abwägung eher in Richtung Vorrang der Meinungsfreiheit manövriert. Verletzt man durch eine Äußerung die Ehre eines anderen und bezieht diese sich gleichzeitig auf eine die Öffentlichkeit wesentlich berührende Frage, so genießt weder das eine noch das andere der kollidierenden Rechtsgüter den absoluten Vorrang, sondern die Anforderungen an die Entscheidungsbegründung sind erhöht.[392] Es kann demnach nur Teilregeln im Sinne eines sektoralen Ansatzes geben, keine allgemeine, pauschale Regel und somit auch keine uneingeschränkte Berechenbarkeit der Verfassungsrechtsprechung.[393]

2. *Das Tatbestandsmodell: Pro und Contra*

Folgende Überlegung würde zugunsten einer Systematisierung der Drittwirkungslehre für typische Kollisionssituationen sprechen (sog. Tatbestandsmodell): durch die Analyse der Rechtsprechung und die teleologische Betrachtung der objektiv-rechtlichen Grundrechtsgehalte wird klar, dass die Wirkung der Grundrechte zwischen Privaten nicht erst bei der Anwendung durch das Fachgericht beginnt, sondern in der Gestaltung des Rechtsverhältnisses.[394] Rechtsbindend wird sie erst mittelbar durch die Gerichte festgestellt, doch die Parteien eines Vertrags berufen sich in der Regel bereits im Vorfeld auf ihre Meinungsfreiheit oder Privatautonomie. Das Wertesystem der Grundrechte kommt durch Generalklauseln innerhalb des zivilrechtlichen Normenkatalogs zum Tragen. Grundlegende Entscheidungen im Verfassungsrecht sind ein wichtiger Bestandteil der Rechtsentwicklung, denn dadurch können neue Ab-

---

390 Vgl. BVerfGE 73, 118; 97, 228 (255 f.); *Kloepfer*, in: Isensee/Kirchhof, HdBStR Bd. III § 42, Rn. 65; *Schulz*, AfP 2013, 464 (467); *von Coelln*, in: Uhle, Information und Einflussnahme: Gefährdungen der Offenheit des demokratischen Willensbildungsprozesses, S. 11 (21 f.).

391 *Hufen*, in: Schuppert/Bumke, Bundesverfassungsgericht und gesellschaftlicher Grundkonsens, S. 61, 73–74.

392 *Grimm*, NJW 1995, 1697 (1704).

393 Jedenfalls nicht so wie sie von manchen erwartet wird (s. o.); s. a. *Masing*, in: Bäuerle/Wallrabenstein/Bryde, Demokratie-Perspektiven, S. 409 (423).

394 Vgl. *Hoffmann-Riem*, in: AK-GG, Art. 5 Abs. 1, Rn. 100.

wägungskriterien entstehen, die einen direkten Einfluss auf Vertragsgestaltung haben können – unabhängig von der Möglichkeit neuer Regulierung durch den Gesetzgeber.

Gegen das Tatbestandsmodell spricht allerdings, dass die bisherige Abwägungsdogmatik des Bundesverfassungsgerichts ermöglicht, das Gleichgewicht zwischen der Meinungsfreiheit als „objektives Prinzip der Gesamtrechtsordnung“[395] und der Unabhängigkeit der Zivilgerichte vom spezifischen Verfassungsrecht bzw. der Eigenständigkeit des Zivilrechts zu halten. Letztere kann aber nur gewährleistet sein, wenn nicht jeder Abwägungsschritt vorbestimmt ist.[396] Z. T. wird daher vertreten, dass die Ausstrahlungswirkung der Grundrechte nicht so weit gehen darf, dass das Verhältnis der Bürger untereinander anhand des Verhältnismäßigkeitsgebots bestimmt wird, weil dies mit der abwehrrechtlichen Bestimmung der Grundrechte kollidieren würde.[397]

Auf der gegenüberliegenden Seite ist eine kategorische Ablehnung einer stärkeren Ausstrahlungswirkung der Meinungsfreiheit in bestimmte privatrechtliche Verhältnisse allerdings unhaltbar. Damit würde man nicht nur die im Fraport-Urteil aufgestellten Leitsätze des Bundesverfassungsgerichts ignorieren,[398] sondern auch die materielle Privatisierung durch Globalisierung und Digitalisierung. Private Akteure können *de facto* in einem vergleichbaren Überordnungsverhältnis zu Nutzern stehen wie staatliche Institutionen zu Bürgern.[399] Das Feststellen eines solchen Verhältnisses mit der Folge, dass die Verpflichteten einer „intensiveren“ Drittwirkung anhand von allgemeinen Kriterien bestimmt werden können, spricht für eine teilweise Anwendbarkeit des Tatbestandsmodells. Dies entspräche auch dem Kern des Stadionverbotsbeschlusses: die Frage des Zugangs ist keine individuelle, sondern eine objektivierbare und übertragbare – wohingegen die Bewertung von Äußerungen sich dieser Logik in der Regel entzieht.

Im Ergebnis bleibt es Aufgabe der Fachgerichte, im Einzelfall zu prüfen, ob Kommunikationsfreiheiten zwischen Privaten über den gesetzlichen Rahmen hinaus überhaupt und wenn ja, ausreichend beachtet werden. Durch die Emergenz Internet-basierter Dienste haben sich neue Öffentlichkeitsformen gebildet, die fast ausschließlich von Privaten betrieben werden.[400] Daher ist es entscheidend, die Machtasymmetrien zwischen diesen großen Informationsintermediären und ihren Nutzern angesichts des Wandels der Öffentlichkeit zu untersuchen[401] – mit *Ladeurs* Worten: „das größte Problem, mit dem sich jeder

---

395 BVerfGE 57, 295 (320); vgl. BVerfGE 7, 198 (204).

396 So i. E. *Ruffert*, Vorrang der Verfassung und Eigenständigkeit des Privatrechts, S. 550.

397 *Poscher*, Grundrechte als Abwehrrechte, S. 262.

398 BVerfGE 128, 226 (248–249).

399 *Schaefer*, Der Staat 2012, 251 (259); *Masing*, in: Bäuerle/Wallrabenstein/Bryde, Demokratie-Perspektiven, S. 409 (413 f.); *Papier*, NJW 2017, 3025 (3030).

400 S. u. Kap. 3.

401 *Ladeur*, AfP 1993, 531 (536); *Enders*, JZ 2011, 577 (578); *Ruffert*, Vorrang der Verfas-

Ansatz zur Definition rechtlicher Grenzen der Meinungsfreiheit konfrontiert sieht".[402]

D. Bewertung und Zwischenergebnis

I. Bewertung

In der jüngeren Rechtsprechung des Bundesverfassungsgerichts lassen sich Anhaltspunkte dafür finden, dass die mittelbare Drittwirkung der Grundrechte eine höhere Intensität in Sachen Grundrechtsbindung Privater bedeuten kann. Auch die Voraussetzungen für eine modifizierte Drittwirkungslehre wurden seit dem Fraport-Urteil vom Bundesverfassungsgericht skizziert und können hier weiterentwickelt sowie konzeptualisiert werden. Darüber hinaus bedarf es angesichts des Strukturwandels der Öffentlichkeit durch die Digitalisierung einer Konkretisierung der verfassungsrechtlichen Maßstäbe in Bezug auf Öffentlichkeit(en) in der digitalen Gesellschaft. Die Rechtsprechung des Bundesverfassungsgerichts lässt teilweise offen, in welchen Konstellationen es der mittelbaren Drittwirkung der Meinungsfreiheit zwischen den Betreibern von privaten Öffentlichkeiten bedarf, um einen erhöhten Schutz der Meinungsfreiheit jenseits gesetzlicher Schranken zu begründen.[403] Folglich wird sich die Arbeit auf die Frage konzentrieren, ob diejenigen, die diese privaten Öffentlichkeiten betreiben und allgemein zugänglich anbieten, ihre eigenen Regeln hinsichtlich der Zulässigkeit der Kommunikationsformen über die Grenzen der Meinungsfreiheit hinaus anwenden dürfen oder ob jene eine unangemessene Benachteiligung ihrer Nutzer darstellt.

II. Voraussetzungen für eine intensivere Drittwirkung

Im Lichte des Wandels der Verfassungsrechtsprechung sowie der vom Bundesverfassungsgericht skizzierten Schutzlücken und noch zu beantwortenden verfassungsrechtlichen Fragen bietet es sich an, das Konzept einer „intensiveren" Drittwirkung einzuführen. Aus den bisherigen Ergebnissen ergeben sich folgende Voraussetzungen für diese „intensivere" Drittwirkung:

Im ersten Schritt muss festgestellt werden, wer die Verpflichteten einer intensiveren Drittwirkung wären. I. S. d. Fraport-Urteil können es solche privaten Akteure sein, die Rahmenbedingungen für öffentliche Kommunikation schaf-

---

sung und Eigenständigkeit des Privatrechts, S. 518; *Schliesky u. a.*, Schutzpflichten und Drittwirkung im Internet, S. 124; *Schaefer*, Der Staat 2012, 251 (270); *Gornik*, Die Bindung der Betreiber öffentlicher Räume an die Kommunikationsgrundrechte, S. 404; *Payandeh*, JR 2011, 421 (424).

[402] *Ladeur*, AfP 1993, 531 (532).

[403] Vgl. *Heidtke*, Meinungsbildung und Medienintermediäre, S. 213.

fen, weil sie für den Publikumsverkehr geöffnet sind und dem verfassungsrechtlichen Leitbild eines öffentlichen Forums entsprechen. Das Bundesverfassungsgericht geht davon aus, dass Private „öffentliche Kommunikationsräume" betreiben und entsprechend in besonderem Maße den Kommunikationsfreiheiten verpflichtet sein können, insbesondere dann, wenn diese für die Teilhabe am gesellschaftlichen Leben relevant sind (gem. dem Stadionverbot-Beschluss).

Im zweiten Schritt muss die Frage beantwortet werden, ob eine intensivere Drittwirkung der Meinungsfreiheit individuelle Grundrechtsträger vor einer Zugangs- oder Nutzungssperre schützen würde. Das unterstellte Ziel des Einzelnen ist die aktive Teilnahme am kommunikativen Geschehen, z. Bsp. ein Anliegen in die Öffentlichkeit zu tragen und hierüber die Kommunikation anstoßen zu können. Dafür ist es erforderlich, dass die Möglichkeit zur Nutzung zum Zweck des gegenseitigen Austausches und der Meinungsäußerung nicht verschlossen ist. Wann diese Zugangsmöglichkeit gegeben sein muss, richtet sich (u. a.) nach den Kriterien aus dem III. Weg-Beschluss: „in Abhängigkeit vom Grad deren marktbeherrschender Stellung, der Ausrichtung der Plattform, des Grads der Angewiesenheit auf eben jene Plattform und den betroffenen Interessen der Plattformbetreiber und sonstiger Dritter".[404] Sind diese Voraussetzungen erfüllt, käme man zum dritten Schritt, d. h. der Frage nach der Reichweite der intensiveren Drittwirkung der Meinungsfreiheit.

Je nachdem wie intensiv die Drittwirkung zwischen Privaten wirkt, könnten die Verpflichtete (i. S. d. ersten Schritts) laut Bundesverfassungsgericht „unbeschadet ihrer eigenen Grundrechte ähnlich oder auch genauso weit durch die Grundrechte in Pflicht genommen werden".[405] Für die Frage des Schutzumfangs für Äußerungsinhalte muss folglich erörtert werden, woran festgemacht werden kann, ab wann bestimmte Vereinbarungen zwischen Privaten eine unangemessene Benachteiligung im Hinblick auf die Meinungsfreiheit einer Vertragspartei darstellen könnte. Dabei müssen bei der Abwägung alle relevanten Grundrechte beachtet werden, insbesondere ob ein schutzwürdiges Interesse des Verpflichteten an einer gewissen Ausrichtung des öffentliche Kommunikationsraums, den er geöffnet hat, besteht.

Entlang dieser drei Schritte kann festgestellt werden, wer und wie von einer intensiveren Drittwirkung der Meinungsfreiheit betroffen sein könnte. Daraus ergeben sich folgende Definitionsdesiderate auf theoretischer Ebene: zunächst wird das Verhältnis zwischen der Drittwirkungslehre und dem Leitbild des öffentlichen Forums im Wege des Rechtsvergleichs mit dem U. S. Verfassungsrecht näher beleuchtet (Kap. 2), unter anderem weil das Bundesverfassungs-

---

404 BVerfG, Beschl. v. 22.05.2019 – 1 BvQ 42/19 – Rn. 15; s. a. *Siehr*, Das Recht am öffentlichen Raum, S. 683, die als Forschungsdesiderat die Entwicklung „spezifischer Kriterien für eine gesteigerte Sozialpflichtigkeit" identifiziert. Auch mit dem Hinweis auf die Verknüpfung von Öffentlichkeit mit „daraus erwachsenden Bindungen".

405 BVerfGE 128, 22 (248).

gericht für das Leitbild des öffentlichen Forums auf die US-Doktrin des *public forums* verweist und den Vergleich mit der Rechtsprechung des US Supreme Court möglicherweise als Autoritätsressource heranzieht.[406] Um die Frage nach dem Verständnis des Leitbilds des öffentlichen Forums und der Begründung für den besonderen Schutz solcher Orte der allgemeinen Kommunikation, wird auf Öffentlichkeitstheorien aus den Sozialwissenschaften zurückgegriffen. Dieser interdisziplinäre Exkurs ist auch erforderlich, um das Kriterium der Angewiesenheit für die Teilnahme am kommunikativen Geschehen innerhalb der Gesellschaft zu konkretisieren (Kap. 3). Darauf aufbauend wird erörtert, ob und wie diese theoretischen Ansätze im Internet in Bezug auf Intermediäre zur Anwendung kommen könnten (Kap. 4), um zwischen den kollidierenden Grundrechten abwägen zu können. Zuletzt werden die erarbeiteten Kriterien auf die Inhaltemoderation sozialer Netzwerke angewandt, um die Plausibilität der hier herausgearbeiteten Abwägungskriterien zu überprüfen (Kap. 5).

[406] Zur normativen Autorität von Rechtsvergleichung: *Martini*, Vergleichende Verfassungsrechtsprechung, S. 571 f.

Kapitel 2

Die mittelbare Drittwirkung im Rechtsvergleich

A. Einleitung: Die USA als Vergleichsland

I. Rückblick

Seit langem beschäftigen sich Verfassungsrechtler mit der Frage, ob und wie die Grenzen der Meinungsfreiheit in Deutschland und den USA zu vergleichen sind.[1] Quintessenz davon ist der fundamentale Unterschied zwischen dem deutschen Grundrechtsschutz mit Schranken und dem US-amerikanischen Ideal des „market place of ideas“, in dem der Ideenwettbewerb zum Zwecke der Wahrheitsfindung absolute Priorität genießt und der Staat vorrangig als Bedrohung für die freie Meinungsbildung wahrgenommen wird.[2] Auch die kombinierte Betrachtung von Meinungsfreiheit und Drittwirkung von Grundrechten ist in der rechtsvergleichenden Forschung kein Novum: Die von *Thomas Giegerich* 1992 veröffentlichte Monographie „Privatwirkung der Grundrechte in den USA“ hat einen wesentlichen Beitrag zum Verständnis der *state action doctrine* geleistet.[3] Dort hat *Giegerich* die SCotUS-Rechtsprechung und die Hintergründe der *state action doctrine* umfassend untersucht. In den USA hat sich *Mark Tushnet* nicht nur intensiv mit der Methodik beschäftigt (hierzu sogleich), sondern auch mit der horizontalen Wirkung von Grundrechten und somit auch mit der Lehre der mittelbaren Drittwirkung aus Deutschland.[4]

Daran anschließend soll das vorliegende Kapitel anhand eines funktionalen Rechtsvergleichs einen ergänzenden und aktuellen Beitrag angesichts technischer und gesellschaftlicher Entwicklungen leisten. Zunächst werden die inhaltlichen Anknüpfungspunkte (II.) und Schwerpunkte (III.) vorgestellt, die die Grundlage für den rechtsvergleichenden Ansatz bilden. Im Anschluss wird auf die Methode des Rechtsvergleichs und die konkrete Umsetzung in dieser Arbeit eingegangen. Nach der Einleitung folgt der Rechtsvergleich zwischen der

---

1 S. u. a. *Tushnet*, The Yale Law Journal 1999, 1225 (1274 f.); *Rosenfeld*, Cardozo L. Rev. 2002, 1523 (1548 f.); *Möller*, Der grundrechtliche Schutzbereich der Meinungsfreiheit in Deutschland, England und den USA; *Grimm*, NJW 1995, 1697 (1701 f.); *Brugger*, Tul. Eur. & Civ. LF 2002, 1 (20 f.); *Haupt*, BU Int'l LJ 2005, 299 (300 f.) m. w. N. *Kischel*, Rechtsvergleichung, S. 211.

2 *Schauer*, Free speech, S. 17, 19–22; *Emerson*, Yale L. J. 1962, 877 (882).

3 *Giegerich*, Privatwirkung der Grundrechte in den USA, passim.

4 *Tushnet*, International Journal of Constitutional Law 2003, 79.

Lehre der mittelbaren Drittwirkung und der *state action doctrine* (B.) sowie eine Einordnung aktueller Entwicklungen in Bezug auf die hiesige Forschungsfrage (C.).

II. Anknüpfungspunkte

1. Globalisierung, Digitalisierung und Privatisierung

Unter Globalisierung versteht man eine „Vernetzung über Grenzen hinweg, als Austausch (von Gütern, Kapital, Wissen und Ideen, etc.), der zu Konflikten führt und Zusammenarbeit erfordert"[5] und durch die Digitalisierung verstärkt wird. Der Begriff „Globalisierung" bezeichnet einen dynamischen Prozess, durch den und über den eine globale Wahrnehmung entstehen kann, u. a. durch einen verstärkten Zugang zu Informationen, der durch den technologischen Fortschritt ermöglicht wird.[6] Dieser Prozess ist heutzutage nicht abgeschlossen, folglich auch nicht die damit einhergehenden politischen Fragen von Machtstrukturen und möglichen regulatorischen Optionen.[7] Die Offenheit dieses multidimensionalen Prozesses wirkt sich auch auf die Rechtswissenschaften aus: es entstehen nicht-staatliche Normen und neue Normsetzungs- und Entscheidungsinstitutionen,[8] insbesondere weil das Verfassungsrecht grundsätzlich ein nationales Konstrukt ist, wohingegen mit der Globalisierung der „Bedeutungsverlust staatlicher Grenzen, die Entterritorialisierung von Problemen und rechtlichen Zugriffsmöglichkeiten" einhergehen.[9] Hinzukommt der Aspekt der materiellen Privatisierung der Orte des gesellschaftlichen Austauschs: Im Internet ist zu beobachten, dass Informationsintermediäre den Zugang zu Informationen und eine Vernetzung jenseits nationaler Grenzen ermöglichen. Betreiber sind mehrheitlich private Unternehmen, deren Rechtsverhältnis mit ihren Nutzern privatrechtlicher Natur ist – trotz der Wahrnehmung, das Internet sei ein offener und frei zugänglicher Raum, aus Nutzerperspektive eine Arena der Öffentlichkeit.

2. Grundrechtseinschränkungen zwischen Privaten

Die folgenden Beispiele veranschaulichen die Diskrepanz zwischen der Wahrnehmung des öffentlichen Raums als Ort der Kommunikation und den privaten Rechtsverhältnissen. Die „Occupy Wall Street"-Bewegung traf sich 2011 im

[5] *Stollt/Meinert*, Was ist Globalisierung?

[6] *Castells*, The ANNALS of the American Academy of Political and Social Science 2008, 78 (81).

[7] Vgl. *Albert u. a.*, in: Albert/Deitelhoff/Zimmermann, Ordnung und Regieren in der Weltgesellschaft, S. 381 (395).

[8] *Duve*, in: Grimm/Kemmerer/Möllers, Rechtswege: kontextsensible Rechtswissenschaft vor der transnationalen Herausforderung, S. 167 (173).

[9] *Ruffert*, Die Globalisierung als Herausforderung an das Öffentliche Recht, S. 18.

New Yorker Zuccotti Park, ein kleiner Park in Privateigentum, der allerdings allgemein zugänglich ist. Dort versammelten sich Menschen, die nach der Finanzkrise gegen die Banken vor der New Yorker Börse (Wall Street) protestieren wollten.[10] Sie fanden auf sozialen Netzwerken zusammen und nutzten sie, um ihre kollektive Meinung eigenständig zu verbreiten („We are the 99%"), da sie sich in traditionellen Massenmedien nicht vertreten fühlten.[11] Bei diesem Sachverhalt stellten sich zwei Fragen: War die Eigentümergesellschaft des Parks ausnahmsweise verpflichtet, die Versammlung und die Äußerungen der Demonstranten zu dulden, obwohl sie grundsätzlich von ihrem Hausrecht Gebrauch machen durfte?[12] Ließe sich das Ergebnis auf Orte der sozialen Interaktion im Internet übertragen, die integraler Teil der Bewegung waren? „Occupy Wall Street" war kein Einzelfall, auch andere Protestbewegungen haben sich mithilfe von sozialen Netzwerken zusammengefunden.[13] So bildete sich die „Black Lives Matter"-Bewegung rund um den gleichnamigen Hashtag (#blacklivesmatter), nachdem im Sommer 2013 der afroamerikanische Jugendliche Trayvon Martin erschossen und der Täter freigesprochen wurde.[14] Diese Bewegung hat im Frühjahr 2020 nach dem Tod des Afroamerikaners George Floyd wieder an Fahrt gewonnen und weltweit Proteste ausgelöst.[15] Die Vernetzung und der Protest fanden erneut auch auf sozialen Netzwerken statt, unter anderem durch ein sogenanntes „Black-Out" mithilfe schwarzer Bilder.[16]

Soziale Bewegungen waren auch in der Vergangenheit auf Kommunikationstechnologien angewiesen, um Aufmerksamkeit zu bekommen,[17] doch das Wirkungspotenzial hat sich durch soziale Netzwerke um ein Vielfaches potenziert. Fraglich ist, ob Versammlungen und Bewegungen heutzutage überhaupt von ihrem Auftritt in sozialen Netzwerken in der Betrachtung getrennt werden können.[18] Wenn sich diese Trennung in der kommunikativen Wirkung nicht mehr durchführen lässt, ohne den Schutz von Grundrechten substanziell einzuschränken, stellt sich die Frage nach den Maßstäben für einen Ausschluss aus sozialen Netzwerken und deren Anwendung – auch in den USA. Bspw. steht

---

[10] *Kraushaar*, Die Occupy-Bewegung; *Rudofsky*, N. Y. U. Ann. Surv. Am. L. 2017, 741 (791); *Tower*, Journal of Law and Policy 2014, (433–435).

[11] *DeLuca u. a.*, Communication, Culture & Critique 2012, 483 (501).

[12] Siehe Rechtsprechung zum Lincoln Center Plaza: *Hotel & Rest. Employees Union v. New York Dep't of Parks* US Court of Appeals for the Second Circuit – 311 F.3d 534 (2d Cir. 2002).

[13] *De Choudhury u. a.*, Proc Int AAAI Conf Weblogs Soc Media 2016, 92.

[14] *Wolff*, Black Lives Matter.

[15] *Andrews*, Tinder, TikTok and more; *Maqbool*, Black Lives Matter: From social media post to global movement.

[16] *Ho*, A social media „blackout" enthralled Instagram. But did it do anything?

[17] *Stephen*, How Black Lives Matter Uses Social Media to Fight the Power.

[18] *Wolff*, Black Lives Matter; *Stephen*, How Black Lives Matter Uses Social Media to Fight the Power; *Santoro*, More Than Just A Hashtag: The Influence of Social Media on the Societal Change of the Black Lives Matter Movement.

Facebook seit einigen Jahren in der Kritik, Inhalte willkürlich zu löschen.[19] Donald J. Trump rief in seinem Wahlkampf für die US-Präsidentschaftswahlen kurz nach den Attentaten in Paris 2015 zu einer (wörtlich) „Abschaltung aller Muslime“ („shutdown of Muslims“) in einem Facebook-Post auf.[20] Trumps Facebook-Post wurde nicht gelöscht, obwohl Facebook das „Ausschließen von Gruppen“ in seinen Gemeinschaftsstandards ausdrücklich untersagte.[21] Das Gegenteil erfuhren Aktivisten der o. g. „Black Lives Matter“-Bewegung: Sie warfen Facebook vor, ihre Inhalte regelmäßig zu entfernen und ihre Profile zu sperren, obwohl sie nicht gegen die Gemeinschaftsstandards verstoßen hatten. Die Einschränkungen seien meistens erst dann aufgehoben worden, als in der Öffentlichkeit darüber berichtet wurde. Bspw. teilte die Nutzerin Leslie Mac den Satz „White folks. When racism happens in public – YOUR SILENCE IS VIOLENCE.“ und wurde infolgedessen von Facebook ausgeschlossen.[22]

Auch der Micro-Blogging-Dienst Twitter hat Inhalte mit Verweis auf die Bedeutung von Politikern für die öffentliche Debatte nicht gelöscht. Während seiner Präsidentschaft hat Donald J. Trump wiederholt gegen Twitters Inhaltestandards verstoßen, aber erst im Mai 2020 wurde ein Tweet von Trump zum ersten Mal von Twitter als „möglicherweise unwahr“ markiert.[23] Nach dem Sturm auf das Kapitol in Washington D. C. am 6. Januar 2021 wurde dem damaligen Noch-Präsidenten Trump vorgeworfen, er habe über soziale Medien (vorrangig über den Dienst Twitter) seine Anhänger dazu angestiftet. In der Folge wurde sein Konto auf Twitter und Facebook gesperrt, teilweise erst vorübergehend, dann auf unbestimmte Zeit.[24] Einerseits werfen solche Kontosperrungen die Frage auf, ob der US-Präsident von privaten Akteuren derart eingeschränkt werden darf, andererseits wird besonders deutlich, dass es Klarheit ob der privaten Regeln über unerwünschte Inhalte bedarf. An diesen Beispielen zeigt sich, wie soziale Netzwerke sowohl eine kommunikative Infrastruktur für Protestbewegungen bieten können[25] als auch durch Inhaltemoderation Einfluss auf die öffentliche Debatte ausüben können.

---

[19] Hierzu s. u. Kap. 4. und statt vieler: *York*, Silicon Values.

[20] *Taylor*, Trump Calls For „Total And Complete Shutdown Of Muslims Entering“ U. S.

[21] *Kessler*, Donald Trump Can Post Hate Speech To Facebook, But You Can't.

[22] *Angwin/Grassegger*, Facebook's Secret Censorship Rules Protect White Men But Not Black Children.

[23] *Kelly*, Twitter labels Trump tweets as „potentially misleading“ for the first time.

[24] Twitter: Permanent suspension of @realDonaldTrump, 08.01.2021 abrufbar unter https://blog.twitter.com/en_us/topics/company/2020/suspension.html zuletzt aufgerufen am 30.08.2022; Facebook: Our Response to the Violence in Washington, 06.01.2021 abrufbar unter https://about.fb.com/news/2021/01/responding-to-the-violence-in-washington-dc/ zuletzt aufgerufen am 30.08.2022.

[25] *Tufekci/Wilson*, Journal of Communication 2012, 363 (375); *Valenzuela u. a.*, Journal of Communication 2012, 299 (308).

III. Schwerpunkte des Rechtsvergleichs

Die in diesem Kapitel aufgeworfenen Fragen sind davon gekennzeichnet, dass private Rechtsverhältnisse mit dem Verhältnis zwischen öffentlichen und privaten Akteuren verglichen werden. Es würde demzufolge nicht ausreichen, die mittelbare Drittwirkung und die *state action doctrine* isoliert zu vergleichen, ohne den Kontext und die Implikationen heranzuziehen. In Anlehnung an das erste Kapitel zum deutschen Verfassungsrecht und der Rechtsprechung des Bundesverfassungsgerichts beschränkt sich dieses Kapitel folglich nicht auf ein Nebeneinanderstellen der beiden Konzepte (1.), sondern beleuchtet den Vergleich aus der Perspektive der Meinungsfreiheit (2.) und der Nutzung des öffentlichen Raums zu kommunikativen Zwecken (3.) sowie unter Berücksichtigung der aktuellen Debatte in den USA hinsichtlich der Rolle sozialer Netzwerke (4.). In den folgenden vier Punkten werden die thematischen Schwerpunkte dieses Kapitels zunächst einleitend vorgestellt.

1. Vergleichbarkeit von state action doctrine und mittelbarer Drittwirkung

Der SCotUS differenziert zwischen öffentlichem und privatem Handeln bei der Anwendung der Grundfreiheiten. Die *state action doctrine* steht für eine strikte Begrenzung der Grundrechtsbindung auf die öffentliche Gewalt. Eine Ausstrahlungswirkung wie bei der mittelbaren Drittwirkung ist nicht vorgesehen. Allerdings ist in der *state action doctrine* mitsamt ihrer Ausnahmen ein Äquivalent zur mittelbaren Drittwirkung erkennbar.[26] Zudem wird in der US-Rechtswissenschaft eine vergleichbare Diskussion bezüglich des Umgangs mit privaten Kommunikationsplattformen geführt, einschließlich einer möglichen Ausweitung der Schutzgehalte der Meinungsfreiheit auf private Betreiber.[27]

Die Frage, der hier nachgegangen werden muss, ist: was ist die *fabula docet* der *state action doctrine*? In der SCotUS-Rechtsprechung wird sie als Zurechnungsfrage behandelt.[28] Teile der Literatur sehen darin zudem eine (quasi-rhetorische) Vorfrage, die von Gerichten nur dann gestellt wird, wenn sie bejaht werden soll und somit in der Regel von einer Grundrechtsverletzung ausgegangen wird.[29]

2. Fokus auf die Meinungsfreiheit und das First Amendment

So wie Art. 5 Abs. 1 S. 1 GG für die Drittwirkungslehre spielt auch das *First Amendment*[30] für die *state action doctrine* eine wichtige Rolle. Eine der wich-

[26] S. u. Kap. 2., B.

[27] S. u. Kap. 2., C.

[28] Ausf. *Giegerich*, Privatwirkung der Grundrechte in den USA, S. 454.

[29] *Giegerich*, Privatwirkung der Grundrechte in den USA, S. 456.

[30] Der erste Verfassungszusatz der US-Verfassung: First Amendment: Congress shall make no law respecting an establishment of religion, or prohibiting the free exercise thereof;

tigsten Entscheidungen, in denen der SCotUS die Bindung Privater bejahte, war der Fall Marsh v. Alabama, in dem es um das Recht auf freie Meinungsäußerung ging und im Rahmen dessen das Gericht die *public function*-Ausnahme entwickelte. Die zweite Ausnahme der *state action doctrine* beruht auf der Nähe eines nicht-staatlichen Akteurs zur öffentlichen Gewalt (*public entanglement exception*). Demnach wird derjenige Private als *state actor* eingeordnet, der im Kern öffentlich-rechtliche Aufgaben erfüllt.[31]

Teilweise fordern Wissenschaftler in den USA ein Überdenken der *state action doctrine*, um eine verfassungsrechtliche Bindung sozialer Netzwerke zu begründen, denn ihr Einfluss auf die Kommunikation wird auch in den USA kritisch beäugt.[32] Voraussetzung für ein Umdenken der *state action doctrine* in Bezug auf die Meinungsfreiheit wäre, das Verhältnis der Doktrin zum Begriff des *public forum* zu analysieren. Die *public forum doctrine* ist eigentlich nur auf Orte anwendbar, die im Eigentum des Staates sind oder von ihm betrieben werden,[33] und daher nicht auf nicht-staatliche Akteure. Doch wie weit ist die *public function*-Ausnahme von der *public forum doctrine* entfernt, wenn es um Kommunikationsräume geht? Kann ein solcher Ort unter die *public function* Ausnahme fallen und kein *public forum* sein?

Innerhalb der Wissenschaft herrscht Uneinigkeit, wie mit sozialen Netzwerken umzugehen ist: „A strong case could be made that Facebook should be considered a state actor since it has encroached on a traditional governmental function of protecting public spaces."[34] Dagegen: „What's more, all this online speech is no longer public in any traditional sense. [...] Today's phantom public sphere has been fragmented and submerged into billions of individual capillaries."[35] Oder: „Scholars [...] have been willing to go further than the Court in arguing for extending the public forum doctrine to all or some online spaces."[36]

---

or abridging the freedom of speech, or of the press; or the right of the people peaceably to assemble, and to petition the Government for a redress of grievances.

[31] *Stone u. a.*, Constitutional law, S. 1536; *Chemerinsky*, Constitutional law, S. 529.

[32] *Schulz/Dankert*, Die Macht der Informationsintermediäre, S. 24, 27; *Jackson*, New Mexico Law Review 2014, 121 (132).

[33] Definition des Cornell Legal Information Institute, abrufbar unter https://www.law.cornell.edu/wex/forums zuletzt aufgerufen am 30.08.2022; *Nunziato*, Virtual freedom, S. 72–73.

[34] Übersetzung d. Verf.: „Man könnte stark dafür argumentieren, dass Facebook als staatlicher Akteur betrachtet werden sollte, da es in eine traditionelle staatliche Funktion des Schutzes öffentlicher Räume eingedrungen ist." *Rudofsky*, N. Y. U. Ann. Surv. Am. L. 2017, 741 (777).

[35] Übersetzung d. Verf.: „Hinzu kommt, dass all diese Online-Reden nicht mehr im traditionellen Sinne öffentlich sind. [...] Die heutige Phantom-Öffentlichkeit ist fragmentiert und in Milliarden von einzelnen Leitungen aufgeteilt worden." *Tufekci*, It's the (Democracy-Poisoning) Golden Age of Free Speech.

[36] Übersetzung d. Verf.: „Wissenschaftler [...] sind gewillt, weiter zu gehen als das Gericht, wenn es darum geht, die Doktrin des öffentlichen Forums auf alle oder einige Online-Räume auszuweiten." *Jackson*, New Mexico Law Review 2014, 121 (150).

Könnten soziale Netzwerke unter die *public function* der *state action doctrine* fallen und wenn ja, wäre es mit der vom BVerfG entwickelten Grundrechtsbindung Privater, die dem Staat in seiner Funktion gleichkommen, vergleichbar?[37] Wäre möglicherweise auch eine engere Auslegung der *public function exception* anwendbar und mit der Funktionsnachfolge des Bundesverfassungsgerichts vergleichbar? Dessen Bezugnahme auf den SCotUS zeigt jedenfalls, dass die Fragen nah beieinander liegen und einer gründlichen Untersuchung bedürfen.

IV. Methode: Rechtsvergleich

1. Vorab: Der Rechtsvergleich im Verfassungsrecht

Zusätzlich zu den klassischen Auslegungsmethoden von *Savigny* zählt die Rechtsvergleichung als „fünfte" Auslegungsmethode.[38] *Rabel* verstand den Rechtsvergleich als Königsdisziplin, die „Krönung der gesamten Rechtswissenschaft".[39] Um eine eigene Definition, ein eigenes System oder eine eigene Erklärung zu entwickeln, bedürfe es immer des Blicks auf „das andere".[40] *Wieser* beschreibt die Verfassungsrechtsvergleichung als „eine die nationale Introvertiertheit aufbrechende, wohltuende Distanz zum eigenen Recht".[41] In der Tat liegen die Vorteile des Rechtsvergleichs auf der Hand, können doch Rechtsordnungen gegenseitig von der Analyse ihrer Strukturen und Systemen schöpfen. Der Rechtsvergleich kann ein Mittel gegen Dogmatismus, Stereotypen und Ethnozentrismus sein und den Blick für andere Modelle öffnen.[42] Besonders wichtig ist dabei die Beobachtung, wo sich Normen verorten lassen und worauf Referenzen zu einer ausländischen Verfassung beruhen. Letztere können historisch – im Sinne einer Anbindung an den vorher bestehenden Text oder an ein bereits erprobtes System – bedingt sein.[43] Trotz der Zuordnung entweder zum kontinental-europäischen Rechtskreis oder zum *Common Law System* kann der Schutz der per Verfassung garantierten Rechte unterschiedlich artikuliert werden.[44]

---

[37] BVerfGE 128, 226 (249).

[38] *Häberle*, JZ 1989, 913 (916); *Möller*, Der grundrechtliche Schutzbereich der Meinungsfreiheit in Deutschland, England und den USA, S. 80; *Starck*, JZ 1997, 1021 (1024).

[39] *Rabel*, Aufgabe und Notwendigkeit der Rechtsvergleichung, S. 3.

[40] *Curran*, Am. J. Comp. L. 1998, 43 (47).

[41] *Wieser*, Vergleichendes Verfassungsrecht, S. 29; vgl. *Kaiser*, ZaöRV 24 (1964), 391 (399); *Starck*, Juristenzeitung 1997, 1021 (1023).

[42] *Kischel*, Rechtsvergleichung, S. 214–215; *Starck*, JZ 1997, 1021 (1023); *Möller*, Der grundrechtliche Schutzbereich der Meinungsfreiheit in Deutschland, England und den USA, S. 82.

[43] *Curran*, Am. J. Comp. L. 1998, 657 (660).

[44] So gehören bspw. das deutsche und das französische Recht beide dem römisch-germanischen Rechtskreis an, aber in Deutschland kann jedermann gemäß § 90 BVerfGG eine Ver-

Der Vergleich im Verfassungsrecht birgt dementsprechend gewisse Besonderheiten, da Verfassungen oder Grundgesetze je nach Rechtskreis als Rechtsquelle unterschiedlich eingeordnet werden.[45] Auch die vorliegende Untersuchung kommt – aufgrund des Schwerpunkts der Grundrechtsdogmatik – ohne einen Vergleich nicht aus. Trotz der Unterschiede in der Grundrechtsdogmatik, insbesondere beim Schutzumfang, zwischen dem *First Amendment* und Art. 5 Abs. 1 S. 1 GG lassen sich anhand der Ergebnisse eventuell neue Lösungsansätze für eine aktualisierte Drittwirkungslehre erarbeiten.[46]

2. *Methoden des Rechtsvergleichs*

Folgende Methoden des Rechtsvergleichs zählen zu den üblicherweise herangezogenen: funktionaler, struktureller, analytischer, kontextualisierter, historischer Vergleich und der des „gemeinsamen Kerns".[47] Bei der Wahl der Methode trifft man in der Literatur auf Meinungsverschiedenheiten bezüglich ihrer jeweiligen Sachdienlichkeit und Einschlägigkeit. Die ausführliche Schilderung der jeweiligen Vor- und Nachteile würde den Rahmen dieser Arbeit sprengen.[48]

Im vergleichenden Verfassungsrecht wird teilweise eine formelle Herangehensweise bevorzugt, d. h. eine Gegenüberstellung von dem Recht, das in der Normenhierarchie als höchstes identifiziert wird, und weiteren Rechtsnormen, um das Objekt des Vergleichs zu identifizieren.[49] Jedoch geht damit eine Beschränkung auf diejenigen Rechtsnormen einher, die formal als *lex superior* und dementsprechend als potentielles *tertium comparationis* eingeordnet werden, aber trotz dessen möglicherweise nicht ausreichend auf die Charakteristika des jeweiligen Rechtssystems oder auf die innerhalb des Vergleichs angestrebte inhaltliche Exploration eingehen.[50] Ferner gilt bei der Betrachtung eines verfassungsrechtlichen Problems, dass die dem ausgesuchten Problem zugrunde liegende soziale Frage im Mittelpunkt stehen muss, und dementsprechend auch die Rechtswirklichkeit einer Norm, nicht nur ihr Wortlaut.[51] Für die im Verfassungsrecht behandelten Fragen mit Bezug zur öffentlichen Gewalt und zu sozialen Strukturen bietet sich daher grundsätzlich eine höhere Abstraktionsebe-

---

fassungsbeschwerde zum Bundesverfassungsgericht erheben, wohingegen es in Frankreich gemäß Art. 61–1 der französischen Verfassung keinen unmittelbaren Rechtsbehelf vor dem *Conseil Constitutionnel* gibt, sondern eine *question prioritaire de constitutionnalité* vor dem jeweiligen Fachgericht.

[45] *Häberle*, JZ 1989, 913 (918–919).

[46] *Tushnet*, Yale L. J. 1999, 1225 (1239).

[47] *Hoecke*, Law and Method 2015, 1 (8 f.).

[48] S. Überblick bei *Constantinesco*, Die rechtsvergleichende Methode, S. 60 f.

[49] *Bignami*, Osgoode Hall Law Journal 2016, 442.

[50] *Bignami*, Osgoode Hall Law Journal 2016, 442 (445).

[51] *Kübler*, JZ 1977, 113 (118); *Haase*, JA 2005, 232 (235); *Mössner*, AöR 99 (1974), 193 (198).

ne als für einfache Gesetze an,[52] stets unter der Beachtung der sie begleitenden Institutionen und Praxis. Von der klassischen, formellen Methode wird daher seit geraumer Zeit Abstand genommen, um Ergebnisse zu erzielen, die näher an den Problemen der Realität sind, d. h. deren Lösungsvorschläge möglichst Anwendung finden.

Rechtsvergleichsmethoden stehen nicht immer in einem Exklusivitätsverhältnis, sondern lassen sich der Fragestellung entsprechend durchaus kombinieren, wobei methodische Mindestanforderungen einzuhalten sind.[53] Für *Tushnet* ist die Meinungsfreiheit ein Paradebeispiel der Notwendigkeit, vergleichende Methoden komplementär anzuwenden, denn ein funktionaler Vergleich würde außer Acht lassen, dass die Einschränkbarkeit von Grundrechten allgemein, und der Meinungsfreiheit insbesondere, bspw. durch Strafgesetze wie der Pönalisierung der Holocaustleugnung, der kulturellen Identität eines Staates entspricht.[54] Die kontextuelle Methode hingegen zieht das nationale Verständnis der Verfassung heran, um das jeweilige Bekenntnis zur Meinungsfreiheit einzuordnen. So kommt *Tushnet* zu dem Ergebnis, dass zwei demokratische Staaten unterschiedliche Formen der Meinungsfreiheit garantieren („The German example shows that a democratic nation can be committed to a version of democracy that is different from the one to which Post claims that the United States is committed.“),[55] ohne dass er dem jeweils anderen Staat einen Demokratiedefizit bescheinigt. Dieser Aspekt ist insbesondere dann relevant, wenn rechtliche Standards durch einen privaten Anbieter grenzüberschreitend modifiziert werden.

3. *Funktionaler Vergleich*

Der funktionale Rechtsvergleich birgt zwar das Risiko, institutionelle Besonderheiten der jeweiligen zu vergleichenden Systeme zu übersehen, aber gilt als bevorzugte Methode um die o. g. Berührungspunkte zwischen dem deutschen und dem US-amerikanischen Verfassungsrecht zu untersuchen.[56] Diese für die Rechtsvergleichung im Privatrecht von *Rabel* begründete und danach von *Zweigert* und *Kötz* etablierte Methode[57] ist auch außerhalb des Zivilrechts zur gängigsten Vergleichsmethode geworden, trotz der Kritik, die man ihr aus der Perspektive der kontextuellen Methode entgegen bringt.[58]

---

[52] *Bignami*, Osgoode Hall Law Journal 2016, 442 (471).

[53] *Sommermann,* in: Merten/Papier, HGR I, § 16, 80.

[54] *Tushnet*, Yale L. J. 1999, 1225 (1274 f.).

[55] *Tushnet*, Yale L. J. 1999, 1225 (1280).

[56] *Tushnet*, Yale L. J. 1999, 1225 (1238); *Bignami*, Osgoode Hall Law Journal 2016, 442 (464); *Starck*, JZ 1997, 1021 (1028); *Michaels*, in: Reimann/Zimmermann, The Oxford Handbook of Comparative Law, S. 339 (368, 381); *Kischel*, Rechtsvergleichung, S. 93; *Hoecke*, Law and Method 2015, 1 (9).

[57] *Rabel*, Aufgabe und Notwendigkeit der Rechtsvergleichung, S. 22–23; *Zweigert/Kötz*, Einführung in die Rechtsvergleichung, S. 33 f.

[58] *Kischel*, Rechtsvergleichung, S. 95 f.

Die funktionale Methode beruht auf folgendem Grundsatz: „Unvergleichbares kann man nicht sinnvoll vergleichen, und vergleichbar ist im Recht nur, was dieselbe Aufgabe, dieselbe Funktion erfüllt.“[59] Die Ausgangsfrage ist demnach die eines zu lösenden Problems, deren mögliche Antwort in unterschiedlichen Rechtsordnungen verglichen werden kann.[60] D. h. der funktionale Rechtsvergleich hat keine abstrakte Norm zum Inhalt, sondern einen sozialen Konflikt und deswegen muss nach dieser Methode das identifizierte Problem losgelöst von den jeweiligen Fachtermini formuliert werden können. Würde man beim Vergleich nur auf abstrakte Normen abstellen, begäbe man sich in die Gefahr, auf Bezeichnungen zu vertrauen, mit denen unter Umständen keine Funktionsverwandtschaft der im Vergleich untersuchten Normen einhergeht. Daher muss das dem Vergleich zugrundeliegende Problem frei von „Systembegriffen des eigenen Rechts formuliert werden“, also in einer neutralen Sprache.[61] Auf der Grundlage eines konkreten Problems lässt sich durch den Vergleich erkennen, ob die Antworten darauf innerhalb unterschiedlicher Rechtsordnungen eher ähnlich oder eher unterschiedlich sind und aus welchen Gründen. Es werden Vergleichsgruppen gebildet, deren Elemente verglichen werden können, weil sie *a priori* die gleiche Aufgabe erfüllen. Ob die im ausländischen Recht gefundenen Lösungen möglicherweise in das eigene Recht implementierbar wären, wird damit nicht automatisch beantwortet.

Im zweiten Schritt der funktionalen Methode gilt es, Ähnlichkeiten und Unterschiede zwischen den ausgesuchten Rechtsordnungen zu erkennen.[62] Die Differenzierung zwischen der Darstellung des funktionalen Äquivalents und die Erklärung eines Unterschiedes ist nicht immer eindeutig. *Kischel* bevorzugt daher eine je-desto-Formel: „Je mehr es um einen Konzept- statt einen Problemvergleich geht, je juristisch-technisch der Punkt und je näher er nach den Einteilungs- und Darstellungsgepflogenheiten der betroffenen Rechtsordnung an das konkret untersuchte Rechtsinstitut heranrückt, desto eher gehört er bereits zu Darstellung.“[63] Zuletzt werden die Erkenntnisse aus dem zweiten Schritt analysiert, sowie Zusammenhang und dafür eignet es sich den Kontext heranziehen, von dem man anfangs abgesehen hat.[64]

Michaels hat mehrere „Funktionen der Funktion“ identifiziert, die den Rechtsvergleich von einem pragmatisch geprägten Ansatz zu einem theoreti-

[59] *Zweigert/Kötz*, Einführung in die Rechtsvergleichung, S. 33.

[60] *Wieser*, Vergleichendes Verfassungsrecht, S. 20.

[61] *Starck*, JZ 1997, 1021 (1026 f.); *Wieser*, Vergleichendes Verfassungsrecht, S. 23; *Brand*, JuS 2003, 1082 (1086).

[62] *Kamba*, International and Comparative Law Quarterly 1974, 485 (511–512).

[63] *Kischel*, Rechtsvergleichung, S. 205.

[64] *Brand*, JuS 2003, 1082 (1087); vgl. *Häberle*, JZ 1989, 913 (918), zur Übertragung in den „eigenen“ Kontext.

schen Modell ändern könnten.[65] Die Vergleichbarkeit zu erkennen, indem funktionale Äquivalente identifiziert werden, ist im funktionalen Vergleich *per se* enthalten und erfüllt nach der hier vertretenen Auffassung keine darüber hinausgehende funktionale Aufgabe, wohingegen sich die Überschneidungen und Divergenzen in den Ergebnissen nach ihrem Telos hinterfragen lassen, weswegen die epistemologische Funktion des funktionalen Vergleichs vorzugswürdig erscheint. Es geht darum, Ähnlichkeiten und Unterschiede nicht nur zu identifizieren und zu beschreiben, sondern auch einzusetzen, um ein grundlegendes Verständnis über Gesellschaften und ihre Rechtssysteme zu erlangen.[66] Für *Tushnet* ist das Resultat des verfassungsrechtlichen Vergleichs, dass verfassungsrechtliche Bestimmungen lediglich die konstitutionelle Kultur wiederspiegeln („all we will be able to say is that our constitutional arrangements similarly express our constitutional culture")[67], wohingegen *Häberle* es für das Alleinstellungsmerkmal des Vergleichs als Auslegungsmethode hält.[68]

Das Ergebnis sollte also idealerweise zu einem besseren Verständnis des eingangs aufgezeigten Problems führen. So lassen sich Lösungen ohne eine gewisse „Übersetzung" nicht von einer Rechtsordnung in die andere übertragen, können aber gegenseitig hilfreiche Elemente beisteuern.

B. Funktionales Äquivalent: Die *state action doctrine*

Der funktionale Vergleich beginnt mit einer neutralen Beschreibung des Problems ohne juristische Fachtermini, hier also: inwieweit wirkt die Freiheit der Meinungsbildung und -äußerung in einer gelebten Demokratie auch zwischen Privaten?[69] Nach der erläuterten Methode könnte die *state action doctrine* ein funktionales Äquivalent zur Lehre der mittelbaren Drittwirkung darstellen.

---

[65] *Michaels*, in: Reimann/Zimmermann, The Oxford Handbook of Comparative Law, S. 339 (362–363).

[66] *Legrand*, MLR 1995, 262 (272); *Michaels*, in: Reimann/Zimmermann, The Oxford Handbook of Comparative Law, S. 339 (364–366); *Platsas*, Electronic Journal of Comparative Law 2008, 1 (16); *Ellis*, Eur. J. Int. Law 2011, 949 (963).

[67] *Tushnet*, The Yale Law Journal 1999, 1225 (1308).

[68] *Häberle*, JZ 1989, 913 (916); *Sommermann*, in: Merten/Papier, HGR I, § 16, Rn. 66; *Häberle*, Rechtsvergleichung im Kraftfeld des Verfassungsstaates, S. 793: „Die spätere Textgestalt in einen Verfassungsstaat ist erst das schließliche Ergebnis von früheren Entwicklungs-, ja Reifeprozessen im anderen, dessen Verfassungsurkunde älter ist."

[69] Wenn in diesem Abschnitt von Grundrechten die Rede ist, so sind damit nicht ausschließlich die Grundrechte im deutschen GG gemeint, sondern Grundrechte als „verfassungsmäßig gewährleistetes, unantastbares Recht eines Bürgers, einer Bürgerin gegenüber dem Staat" also auch Grundfreiheiten oder ins Englische übersetzt: fundamental rights, freedoms, basic rights oder liberties. Unabhängig von einer nationalen Rechtsordnung geht es um jene Rechte des Bürgers, die in der Regel als Abwehrrechte gegen den Staat verstanden und wahrgenommen werden.

Zur Vertiefung dieser Arbeitshypothese folgt eine ausführlichere Beschreibung und Einordnung der *state action doctrine* (I.). Dafür werden die Rechtsprechung des SCotUS sowie Stimmen aus der Literatur herangezogen. Der Fokus liegt zunächst auf der Funktion der *state action doctrine* als Instrument der Rechtsanwendung, um die mögliche Ausstrahlungswirkung des *First Amendments* des *Bill of Rights* zwischen privaten Parteien zu bestimmen (II.). Daran schließt der Vergleich i. e. S. an (III.): dort werden die Gemeinsamkeiten (2.) und die Unterschiede (3.) herausgearbeitet, um im dritten Schritt die möglichen Gründe, Sinn und Zweck der Überschneidungen und Divergenzen zu erläutern (4.). Schließlich soll der Vergleich nicht für sich stehen bleiben, sondern als Grundlage für weitere Überlegungen bezüglich der Ausstrahlungswirkung der Meinungsfreiheit im Internet dienen (C.).

I. Definition und Entwicklung der state action doctrine

Das *Common Law* System der USA beruht auf Entscheidungen der obersten Gerichte, insbesondere des SCotUS, der mit seinen Grundsatzentscheidungen („*landmark cases*") nach eigener Darstellung die „Geschichte der Vereinigten Staaten gestaltet".[70] Auch die hier untersuchte *state action doctrine* entstammt der Rechtsprechung, weshalb zuerst ein Überblick über die wichtigen Urteile des SCotUS erforderlich ist, bevor im Anschluss auf die Literatur eingegangen wird.

1. Historischer Kontext

Der historische Kontext darf für den Verfassungsrechtsvergleich nicht außer Acht gelassen werden. So wie der verfassungsgebende Konvent in Herrenchiemsee nach dem zweiten Weltkrieg für die Entwicklung der Drittwirkungslehre von Bedeutung war, spielt im US-Verfassungsrecht die Unabhängigkeitsgeschichte eine große Rolle. Die 1638 von den Puritanern gegründete zweite Kolonie beruhte hauptsächlich auf der Verwirklichung ihres Glaubens. Daraus leitet man u. a. den hohen Stellenwert der individuellen Freiheit in der Verfassungslehre der Vereinigten Staaten ab: der Staat wurde gegründet, um die Religionsfreiheit zu verwirklichen, d. h. „die freie Betätigung ihrer eigenen religiösen Überzeugung".[71]

[70] Website des SCotUS, abrufbar unter https://www.uscourts.gov/about-federal-courts/educational-resources/supreme-court-landmarks zuletzt aufgerufen am 30.08.2022.

[71] *Jellinek*, Die Erklärung der Menschen- und Bürgerrechte, S. 49.

a) Naturrecht in der US-amerikanischen Tradition

aa) Naturrecht in der Unabhängigkeitsbewegung

Das Konzept der Naturrechte als unabdingbare Rechte des Individuums beruht auf der Grundlage des Glaubens; so formulierten es die Kolonisten Anfang des 17. Jahrhunderts: „for by natural birth all men are equally and alike born to like propriety, liberty and freedom; and as we are delivered of God by the land of nature into this world, every one with a natural innate freedom, and propriety, even so are we to live, every one equally and alike to enjoy his birthright and propriety.“[72] In der Grundrechteerklärung von Virginia vom 12. Juni 1776 stand die Religionsfreiheit nicht mehr an allererster Stelle, doch der Wortlaut verdeutlicht, dass sich der Konvent von Virginia weiterhin in der Tradition der Kolonisten sahen (Sec. 16: „That religion, or the Duty which we owe to our divine and omnipotent Creator, [...] And that it is the mutual Duty of all, to practice Christian Forbearance“).[73] Die Grundrechteerklärung von Virginia gilt als Vorgängerin der Unabhängigkeitserklärung der Vereinigten Staaten und daher als Indiz für den Werte- und Ordnungsrahmen, auf den sich die Gründerväter stützen. Das religiöse Fundament der US-Verfassung und ihre naturrechtliche Tradition sind stets mitzudenken (anders als in der Präambel des Grundgesetzes[74], welches sich in der „Verantwortung vor den Menschen“ positioniert).

bb) Lockes Natural Law Theory

Die *natural law theory* des britischen Philosophen *John Locke* legte den Grundstein für das US-Verständnis des Individuums und seiner nicht durch den Staat einschränkbaren Grundrechte.[75] Laut *Locke* ist jeder Mensch Träger natürlicher Rechte, die gottgegeben und abdingbar sind.[76] Da diese (Grund-)Rechte auf Gott zurückgehen, stellen sie das Individuum über den Staat, weshalb die Staatsmacht stets durch den Volkswillen legitimiert sein muss.[77] Das Naturrecht beinhaltet laut *Locke* die drei Grundrechte auf Leben, individuelle Freiheit und Eigentum (*life, liberty and property*) sowie grundlegende moralische Pflichten[78] (im Englischen wird an dieser Stelle präziser zwischen natural *rights* und natural *law* unterschieden). Damit bedarf es keines positiven Rechts (durch den

---

72 *Clarke*, The Clarke Papers, S. LXII Preface, with reference to Edwards' Gangraena.

73 *Mason*, The Virginia Declaration of Rights.

74 *Herdegen*, in: Maunz/Dürig, Grundgesetz-Kommentar, Präambel, Rn. 41.

75 Die Philosophie des Naturrechts stammt wohlbemerkt nicht von *Locke*, sondern geht auf die Antike zurück, doch *Lockes* Schriften haben die Gründungsväter der USA und Autoren der US-Verfassungstexte maßgeblich beeinflusst.

76 *Locke u. a.*, Two treatises of government, S. 100 f.

77 *Waldron*, God, Locke, and Equality, S. 22.

78 *Hayden*, The philosophy of human rights, S. 71; *Kainz*, in: Sweet, Philosophical theory and the Universal Declaration of Human Rights, 19 (19).

Staat) um Träger von Grundrechten zu sein, vielmehr sind sie allen Menschen angeboren und unabdingbar.

Thomas Jefferson, der die US-Unabhängigkeitserklärung vom 4. Juli 1776 formulierte, entwarf sie vermutlich auf der Grundlage von *Mason*s Grundrechteerklärung von Virginia und der Argumente von *John Locke*, um die Unabhängigkeit vom Vereinigten Königreich anhand des Naturrechts zu legitimieren. Dessen Philosophie der Naturrechte, welche jedem Individuum von Geburt an zustehen, hebt das Individuum somit durch Gottes Willen über den Staat. Dieser Logik zufolge musste die Unabhängigkeit als religiöse „Frucht der Reformation und ihrer Kämpfe“[79] verstanden werden und nicht als Ergebnis einer Rebellion gegen die britische Krone.[80]

cc) Naturrecht und Verfassung

Das Prinzip des Naturrechts fasste *Clinton* wie folgt zusammen: „[…] natural law is not a product of speculative, abstract reason; rather, much like the common law, it is the result of practical reason applied to human experience.“[81] Historisch ging es vor allem um Eigentumsrechte und Religionsfreiheit.[82] Durch *John Stuart Mill*, der als Vordenker des modernen Verfassungsrechts in den USA gilt (insbesondere wegen seiner Theorien zum *First Amendment* und der Neutralitätspflicht des Staates), wurden die Gedanken von *Locke* (und des Naturrechts i. w. S.) in eine Form gebracht, die nicht nur von Philosophen und Theoretikern, sondern auch von Gerichten angewandt werden kann.[83] So dienen Gesetze dem Zweck, Freiheiten, die gottgegeben sind, zu konkretisieren, bzw. die Macht des Staates, solche Freiheiten einzuschränken, wiederum einzugrenzen. Ab dem 19. Jahrhundert wurde die Unterscheidung zwischen Privatem und Öffentlichen als solche relevanter[84] und beherrschte als Dichotomie den Diskurs in der Rechtstheorie ab dem Anfang des 20. Jahrhunderts, mit der Grundsatzentscheidung des SCotUS zur Vertragsfreiheit als von der Verfassung geschütztes Recht.[85] Im Kern ging es um die Frage, ob Privatrecht von der öffentlichen Gewalt trennbar sei – eine Frage, die bis heute umstritten ist, wie sich bei der *state action doctrine* zeigt.

---

79 *Jellinek*, Die Erklärung der Menschen- und Bürgerrechte, S. 57.
80 *Jellinek*, Die Erklärung der Menschen- und Bürgerrechte, S. 57.
81 *Clinton*, God and Man in the Law, S. 146.
82 *Horwitz*, U. Pa. L. Rev. 1982, 1423 (1423); *Clinton*, God and Man in the Law, S. 159.
83 *Clinton*, God and Man in the Law, S. 163.
84 *Horwitz*, U. Pa. L. Rev. 1982, 1423 (1425).
85 Lochner v. New York, 198 U. S. 45 (1905).

b) Der Bill of Rights *(1789)*

Der Wortlaut der US-Verfassung von 1789 enthielt zunächst keine Grundfreiheiten, doch der Text war stark von seinen Vorgängererklärungen geprägt und somit auch vom Naturrecht, also dem Konzept der individuellen Freiheiten. Allerdings sind natürliche Rechte mit den Grundfreiheiten nicht unmittelbar gleichzusetzen. In der politischen und juristischen Philosophie wird darüber gestritten, ob Grundrechts- oder Menschenrechtserklärungen eine Beschreibung der natürlichen Rechte sind oder ob sie durch die Erklärungen positiv entstehen. So bedürfe es gemäß dem Naturrecht keiner Verankerung von Grundfreiheiten in der Verfassung, da sie grundsätzlich dem Menschen angeboren sind. Wie streng sich die verfassungsgebende Versammlung an *Lockes* oder *Hobbes* Theorien der Übertragung von Naturrecht auf den Staat hielten,[86] kann für die hiesige Fragestellung dahinstehen. Einen gangbaren Kompromiss zwischen den Positionen des Naturrechts und der positiven Ausgestaltung von Individualfreiheiten findet man in der Formel von *Simmons*: „the two approaches may not be logically consistent but mutually supportive".[87]

Jedenfalls gilt der *Bill of Rights* gilt heute neben der Unabhängigkeitserklärung als wichtigste Erklärung für die US-Verfassung und ausgesprochen identitätsstiftend. Vor der Verabschiedung wurde allerdings heftig um die einzelnen Änderungen gestritten, manche Bundesstaaten forderten sogar eine Änderung des föderalen Staatsaufbau. *James Madison*, Urheber des *Bill of Rights*, bestand neben *George Washington* darauf, einen Grundrechtskatalog hinzuzufügen, ohne den jungen Staat vollkommen neu zu strukturieren.[88]

Im *Bill of Rights* von 1791 wurden die zehn ersten Verfassungsänderungen (*ten first amendments*) erklärt, die einen Katalog von Grundfreiheiten enthalten. Sie verbieten dem Kongress, Gesetze zu verabschieden, die die Grundfreiheiten der Bürger beschneiden würden. Die Kontrolle dessen obliegt den Gerichten, die folglich den Gesetzgeber stark einschränken können und deren zentrale Rolle dem *Common Law System* immanent ist. Die Formulierung des *Bill of Rights* zeigt, wie stark der Freiheitsgedanke in den USA davon geprägt ist, dass das Individuum im Sinne seiner natürlichen und unabdingbaren Rechte frei ist – unabhängig vom Staat. Vor diesem historischen und rechtstheoretischen Hintergrund zeichnet sich die Bedeutung der *state action doctrine* besonders ab.

---

[86] *Jellinek*, Die Erklärung der Menschen- und Bürgerrechte, S. 59–60; *Hayden*, The philosophy of human rights, S. 71.

[87] *Simmons*, in: Cruft/Liao/Renzo, Philosophical foundations of human rights, S. 138 (146). Übersetzung d. Verf.: „die beiden Ansätze sind zwar nicht logisch konsistent, aber sie unterstützen sich gegenseitig".

[88] *Labunski*, James Madison, S. 198.

2. *Die Lehre der* state action doctrine

Die *state action doctrine* könnte ein funktionales Äquivalent darstellen, weil sie ebenfalls ein Instrument der Rechtsprechung ist. Von der Hypothese ausgehend, dass sie als Lehre ebenfalls dazu dient, die Ausstrahlungswirkung von Grundrechten zwischen Privaten zu bestimmen[89] und nicht kodifiziert ist, bildet sie das funktionale Pendant zur mittelbaren Drittwirkung, obwohl sie auf den Abwehrcharakter abstellt („coercive power of the state") und nicht auf objektivrechtliche Gehalte, die in die Rechtsordnung einwirken könnten.

a) Aus der Rechtsprechung des US-Supreme Courts

Den Grundstein für die *state action doctrine* legte die *Civil Rights Act* Rechtsprechung. In diesem Urteil definierte der SCotUS den Begriff der *state action* nicht positiv, sondern negativ, mit dem folgenden Satz: „The wrongful act of an individual, unsupported by any (state) authority, is simply a private wrong, or a crime of that individual; (...)"[90] In dem Fall stritten die Parteien um die Gesetzgebungskompetenz der Staaten oder des Bundes in Sachen des *Civil Rights Act*, ein föderales Gesetz zum Schutz von Bürgerrechten im Kontext der Rassendiskriminierung, also zur Durchsetzung des Diskriminierungsverbots gemäß dem 14. Amendment.[91] Das Gesetz sollte einen diskriminierungsfreien Zugang zu allen Einrichtungen des öffentlichen Lebens gewährleisten. Das Gericht entschied zulasten der Gesetzgebungskompetenz des Kongresses und hob das Gesetz auf. Dafür stütze es sich auf das soeben zitierte Argument, rassistische Diskriminierung stelle ein privates Fehlverhalten dar, das der Gesetzgeber nicht korrigieren könne. Zwei Grundüberlegungen des SCotUS sind hierbei zum besseren Verständnis zu beachten: erstens ging es um den Schutz der Privatautonomie über den Grundsatz der Vertragsfreiheit hinaus und zweitens um den Schutz der Autonomie der Bundesstaaten im Sinne des Föderalismus.[92]

Das Urteil ist unter anderem auch wegen der *dissenting opinion* (Sondervotum) von Justice *Harlan* bekannt.[93] Er allein stimmte gegen die Mehrheit seiner Richterkollegen und begründete seine Position damit, dass die Dienste, zu denen die Kläger Zugang verlangten, dem öffentlichen Leben zuzuordnen seien. So seien private Eisenbahnbetriebe öffentlichen Autobahnen gleichzustellen und Gastwirtschaften ein quasi öffentlicher Betrieb.[94] Justice *Harlans* Versuch, der afroamerikanischen Bevölkerung, Zugang zu wichtigen Orten des

---

89 Vgl. *Beeferman*, Images of the citizen and the state, S. 78.

90 United States v. Stanley, United States v. Ryan, United States v. Nichols, United States v. Singleton, and Robinson v. Memphis & Charleston Railroad, 109 U. S. 3 (1883).

91 ‚The Civil Rights Cases' United States v. Stanley, 109 U. S. 3 (1883).

92 *Chemerinsky*, Constitutional law, S. 524–525.

93 *Tushnet*, I dissent, S. 45 f.

94 Man bedenke hierbei die geographische Weite der USA und dass 1883 an vielen Orten nur eine einzige Gastwirtschaft überhaupt vorhanden war.

Alltags zu ermöglichen, scheiterte. Dies hatte zur Folge, dass die Rassendiskriminierung, insbesondere in den Südstaaten, bis zum *Civil Rights Act* von 1964 anhielt, trotz der grundsätzlich anerkannten Abschaffung der Sklaverei.[95] Damit einher gingen die sogenannten *Jim Crow Laws*, die die Rassentrennung in den Südstaaten bis 1965 legalisierten.[96] Bis heute wurde das Präjudiz aus dem *Civil Rights Act*-Urteil nicht aufgehoben und der SCotUS stütze sich im Jahr 2000 erneut auf das Argument aus dieser Entscheidung, um die fehlende Gesetzgebungskompetenz des Kongress bezüglich des *Violence Against Women Act* zu rügen.[97] Dennoch stellte das Gericht in diesem Fall klar, dass man die *state action doctrine* nicht auf den Föderalismus und Subsidiaritätsgrundsatz beschränken könne.[98]

b) Ausnahme: Die public function exception

Nach ständiger Rechtsprechung des SCotUS gibt es zwei Kategorien von Ausnahmen zur *state action doctrine*: die *public function exception* und die *public nexus* oder *public entanglement exception*.[99] Beide Ausnahmen entstammen Fällen in denen das Gericht die *state action doctrine* weiterentwickelte und entsprechend überschneiden sich die Entscheidungen und die Literatur zur Lehre und ihren Ausnahmen. Für diese Arbeit ist vor allem die *public function exception* von Interesse, weil sie auf Situationen anwendbar ist, in denen Privatrechtsverhältnisse mit dem Verhältnis Staat-Bürger verglichen werden.

Die andere Ausnahme, die *public entanglement* bzw. *nexus exception*, wird angewandt, wenn eine private Partei eine vertragliche Bindung mit dem Staat eingeht und die Verschränkung beider nicht wegzudenken ist oder eine private Partei zur Ausführung einer öffentlich-rechtlichen Aufgabe beliehen ist. Der Vollständigkeit halber sei noch erwähnt, dass im Folgenden weder Fälle der Untätigkeit des Staates (*pure inaction of the state*[100]) noch die Theorie staatlicher Neutralität (*establishment clause*[101]) in die Analyse eingeflossen sind, weil sie Fragen der Gewährleistungs- und Schutzpflichten des Staates betreffen, die nicht Bestandteil der Arbeit sind.

c) Anwendungsbereiche der public function exception

Die *public function exception* gilt für drei wichtige Anwendungsbereiche: die Verwaltung privater Grundstücke, die Kontrolle von Wahlen, und das Betreiben

---

95 *Blackmon*, Slavery by another name, S. 93.
96 S. hierzu *Fremon*, The Jim Crow laws and racism in American history.
97 United States v. Morrison, 529 U. S. 598 (2000).
98 *Stone u. a.*, Constitutional law, S. 1534.
99 *Stone u. a.*, Constitutional law, S. 1536; *Chemerinsky*, Constitutional law, S. 529.
100 *Buchanan*, Hous. L. Rev. 1997, 665 (733 f.).
101 *Katz*, U. Chi. L. Rev. 1952, 426 (passim).

oder Verwalten von Schulen.[102] Die erste und dritte Kategorien lassen sich im Hinblick auf die Frage, ob sie ein *public forum* darstellen können, kombinieren und sind besonders im digitalen Kontext analogiefähig. Zwei Entscheidungen des SCotUS sind für die Entstehung dieser Lehre von herausragender Bedeutung: Marsh v. Alabama (1946) und Jackson v. Metropolitan Co. (1974).

aa) Marsh v. Alabama (1946)

In Marsh v. Alabama legte der SCotUS den Grundstein für die *public function exception*, eine Ausnahme zu der wie oben beschrieben ansonsten rigorosen Trennung zwischen dem Staat und privaten Akteuren, und somit für die Wirkung von Grundfreiheiten. Einem Zeugen Jehovas wurde von der privaten Eigentümerin einer Stadt in Alabama verboten, Informationsmaterial zu verteilen. Der SCotUS entschied, dass die Anklage wegen Hausfriedensbruch verfassungswidrig sei, denn das Verteilen von Informationsmaterialen sei in jeder anderen Stadt erlaubt und da die private Eigentümerin dieser Stadt an die Stelle des Staates getreten sei, indem sie eine öffentliche Funktion ausfülle, sei sie an die Grundfreiheiten jener gebunden, die sich dort aufhielten. Weiter führte das Gericht aus, dass umso mehr ein Privateigentümer sein Grundstück für den öffentlichen Verkehr öffne, desto mehr seien seine Rechte durch die gesetzlichen und konstitutionellen Rechte Dritter (hier die Anwohner und Besucher der Stadt) begrenzt. Der SCotUS erkannte, dass die materielle Privatisierung von ganzen Städten ansonsten mit einem großen Defizit in Bereich der Grundfreiheiten der Einwohner einhergehen würde.[103] Darüber hinaus solle der Staat die in der Verfassung verankerten Verbote nicht umgehen können, indem er öffentliche Liegenschaften im traditionell öffentlichen Raum an Private verkauft[104] (ein Argument, welches dem deutschen Verfassungsrecht als der „keine Flucht ins Privatrecht"-Grundsatz bekannt ist[105]).

bb) Jackson v. Metro. Edison Co. (1974)

In Jackson v. Metro. Edison Co. lehnte der SCotUS die Anwendung der *public function exception* ab, obwohl der Fall große Ähnlichkeiten mit Marsh v. Alabama aufwies.[106] Beklagt war ein privates Unternehmen, welches ein staatlich garantiertes Monopol für die Elektrizitätsversorgung besaß und als Teil der öffentlichen Infrastruktur (*public convenience*) bei der Kommission für Versorgungsbetriebe im Bundesstaat Pennsylvania registriert war. Der SCotUS ent-

---

[102] *Chemerinsky*, Constitutional law, S. 532.

[103] Marsh v. State of Alabama, 326 U. S. 501 (1946).

[104] *Rowe*, Geo. L. J. 1980, 745 (757).

[105] Der Grundsatz „keine Flucht ins Privatrecht" kennt auf Anhieb kein unmittelbares Äquivalent im U. S. Recht; vgl. *Chemerinsky*, Constitutional law, S. 539 f.

[106] Jackson v. Metropolitan Edison Company 419 U. S. 345 (1974).

schied, es handle sich nicht um einen *state actor*, weil das Unternehmen eine Aufgabe – die Stromversorgung – ausführe, die zwar traditionell dem Staat zugewiesen sei, aber kein exklusives Vorrecht des Staates darstelle („exclusive prerogative"). Gemäß dieser Entscheidung wird eine private Partei nur dann zum *state actor*, soweit sie Handlungen ausführt, die traditionell exklusiv der öffentlichen Gewalt vorbehalten sind („state action is present in the exercise by a private entity of powers traditionally *exclusively* reserved to the State.").[107] Die Beklagte war demzufolge befugt, den Stromversorgungsvertrag zu beenden, ohne eine Anhörung durchzuführen oder andere Verfahrensgrundsätze zu beachten, obwohl den Kunden aufgrund der Monopolstellung dieses einzigen Anbieters keine Alternative zur Verfügung stand.

cc) Zwischenfazit

Der Unterschied zwischen diesen beiden Entscheidungen ist symptomatisch für die Rechtsprechung des SCotUS in Bezug auf die *state action doctrine*, die oftmals als unbeständig beschrieben wird.[108] Eine entsprechende Anwendung des Grundsatzes der *public function doctrine* würde dazu führen, dass viele Privatunternehmen als *state actors* eingeordnet würden, soweit sie genuin staatliche Aufgaben übernähmen (also eine handlungsbezogene Einordnung) – aber nach Marsh v. Alabama hat der SCotUS die *state action doctrine* nie wieder so weit ausgelegt. Im Gegenteil: die sehr weite Auslegung der *public function* wurde in nachfolgenden Entscheidungen eher eingeschränkt.[109] Diese Zurückhaltung ist angesichts des hohen Stellenwerts der Privatautonomie in der U. S. Verfassung nachvollziehbar.[110]

d) Abweichende Entscheidungen

Zwei weitere Fälle sind für das Verständnis der Entwicklung der *state action doctrine* fundamental: Terry v. Adams (zur Garantie der Wahlfreiheit) und Evans v. Newton (bezüglich des öffentlichen Zugangs zu privaten Parks). Zwar handelt es sich um wichtige Entscheidungen, aber gleichzeitig sind es wieder Ausnahmeentscheidungen, da der SCotUS in beiden Fällen von seiner üblichen Rechtsprechung abgewichen ist. In Terry v. Adams (aa) hat das Gericht die Überlegenheit privater Akteure weitegehend mit der Macht der öffentlichen Gewalt gleichgestellt und in Evans v. Newton (bb) für die Definition des öffentlichen Raums das Merkmal „öffentlich zugänglich" herangezogen.

---

[107] Jackson v. Metropolitan Edison Company 419 U. S. 345, 352 (1974).

[108] *Brown*, Miss. L. Rev. 2008, 561 (578); *Mathews*, U. o. Ill. L. Rev. 2017, 655 (679).

[109] *Stone u. a.*, Constitutional law, S. 1574; *Nowak/Rotunda*, Constitutional law, S. 428.

[110] *Farber u. a.*, Cases and materials on constitutional law, S. 252.

aa) Terry v. Adams (1953)

In Terry v. Adams stellte sich die Frage, ob der Zugang zu einem Verein, der wie eine politische Partei agierte, auf Grundlage der Wahlfreiheit für jedermann garantiert sein müsse.[111] Beklagt war ein politischer Verein in Texas, die *Jaybird Democratic Association*, der nur weiße Mitglieder zuließ bzw. auf der Grundlage der Hautfarbe den Zugang verweigerte. Der Verein behielt sich dieses Recht vor, da er der Ansicht war, als juristische Person des Privatrechts nicht an das 15. Amendment gebunden zu sein. Gemäß dem 15. Amendment darf der Staat kein Gesetz erlassen, das die Wahlfreiheit einschränken würde. Die Kläger klagten gegen die Satzung des Vereins, weil der Verein Vorwahlen abhielt, bei denen die Kandidaten der demokratischen Partei für Texas gewählt wurden. Durch die besagte Regelung in der Satzung konnten nur weiße Kandidaten ihr passives Wahlrecht für den Bundesstaat Texas wahrnehmen. Die Vorwahlen des Jaybird-Vereins fanden noch vor den Vorwahlen der demokratischen Partei statt und bildeten demzufolge ein Nadelöhr für jeden Kandidaten. Der Vorstandsvorsitzende räumte in der mündlichen Verhandlung vor dem SCotUS ein, dass der Verein zu dem Zweck gegründet wurde, nicht-weiße Kandidaten auszuschließen.

Aufgrund dessen ordnete der SCotUS den Verein als *state actor* ein und demzufolge war er an die Wahlfreiheit gebunden. Der Verein handle wie der Staat, weil er faktisch über den Zugang zu Wahllisten entschied und das passive Wahlrecht einschränke, dementsprechend müsse er an die Wahlfreiheit aller Bürger gebunden sein, somit an das verfassungsrechtliche Verbot, die Wahlfreiheit auf irgendeine Art und Weise zu unterbinden oder einzuschränken (Wortlaut des 15. Amendments).[112] Der politische Druck dieser Klage stattzugeben war, in Folge einer Serie von Klagen gegen politischen Rassismus in Texas, verhältnismäßig hoch, denn der systematische Ausschluss von nicht-weißen Bürgern von Wahllisten war offensichtlich.[113]

bb) Evans v. Newton (1966)

In Evans v. Newton entschied der SCotUS, dass ein Park in Privateigentum als Teil des öffentlichen Raums für jedermann zugänglich sein muss.[114] Dieses Urteil war ein weiterer Meilenstein für den Zugang zu öffentlich zugänglichen Orten, auch wenn ein Grundstück in Privateigentum war. Auch hier ging es um Rassentrennung und die Verletzung des Diskriminierungsverbots des 14.

[111] Terry et al. v. Adams et al., 345 U. S. 461 (1953).

[112] Dieser Gedankengang und seine Schlussfolgerung mögen sich auf der gleichen Argumentationslinie wie Marsh v. Alabama befinden, aber auch dieser Fall ist eine Ausnahme zur ansonsten restriktiven Rechtsprechung des SCotUS.

[113] *Farber u. a.*, Cases and materials on constitutional law, S. 254.

[114] E. S. Evans et al. Petitioners, v. Charles E. Newton et al., 382 U. S. 296 (1966).

Amendment („Equal Protection Clause"). Die privaten Eigentümer eines Parks in der Stadt Macon, Georgia, der von der Stadt verwaltet und in Stand gehalten wurde, verklagten diese, weil sie die Rassentrennung nicht „einhielt" und auch nicht-weißen Bürgern den Zugang „erlaubte", obwohl der Park ursprünglich nur Weißen vorbehalten war.[115] Der SCotUS wies die Klage mit der Begründung ab, dass der öffentliche Charakter des Parks keine andere Wahl ließe, als ihn als öffentliche Einrichtung einzuordnen. An erster Stelle stand für das Gericht die Nutzung des Parks zum Zwecke der Erholung für die Allgemeinheit und somit der Daseinsvorsorge („A park, on the other hand, is more like a fire department or police department that traditionally serves the community. Mass recreation through the use of parks is plainly in the public domain [...]."[116]). Um dieses Argument zu unterstreichen, stellte das Gericht explizit die Verbindung zu Marsh v. Alabama und Terry v. Adams her.

3. State action doctrine *und* public function exception *in der Literatur*

Die Meinungen in der Literatur zu den Lehren der *state action* und *public function exception* gehen bis heute auseinander, insbesondere wenn es um ihre konkrete Anwendung geht.[117] In einem Punkt sind sich jedoch die meisten Verfassungsrechtler einig: die Rechtsprechung des SCotUS diesbezüglich sei unbeständig und uneinheitlich.[118] *Black* beschrieb die *state action doctrine* wie folgt: „The doctrine-in-chief is a slogan from 1883. The sub-doctrines are nothing but discordant suggestions. The whole thing has the flavor of a torchless search for a way out of a damp echoing cave."[119] – insgesamt ein „konzeptionelles Desaster".[120] *Tushnet* nannte sie „eine der meist verzwickten Angelegenheiten in der U. S. Verfassungsrechtsprechung".[121] Bis heute lässt sich in der wissenschaftlichen Debatte kein ernsthafter Widerspruch zu diesen kritischen Ansichten finden.

Von dieser Gemeinsamkeit der Skepsis abgesehen, teilt sich die verfassungsrechtliche Literatur bisher in zwei Kategorien: diejenigen, die (weiterhin) keine

---

[115] Die Kommune war aufgrund einer erbrechtlichen Verfügung Verwalterin des Parks und somit zweifelsohne an das 14. Amendment gebunden. Die Eigentümer klagten deswegen auf eine Enthebung der Kommune aus dem Vorstand aufgrund des Testaments, welches die Nutzung des Parks ausdrücklich nur Weißen erlaubte.

[116] Evans v. Newton, 382 U. S. 296, 302.

[117] *Tushnet*, Int. J. Comp. L. 2003, 79 (93–94).

[118] *Farber u. a.*, Cases and materials on constitutional law, S. 251; *Brown*, Miss. L. Rev. 2008, (578, 581); *Mathews*, U. o. Ill. L. Rev. 2017, 655 (679); *Fee*, N. C. L. Rev. 2004, 569 (585); *Phillips*, St. Louis U. L. J. 1984, 683 (718 f.); *Kay*, Const. Comment. 1993, 329 (5).

[119] Übersetzung d. Verf.: „Die Hauptlehre ist eine Botschaft von 1883. Die Unterdoktrinen sind nichts anderes als unharmonische Vorschläge. Das Ganze hat den Geschmack einer fackellosen Suche nach einem Ausweg aus einer feuchten, widerhallenden Höhle."

[120] *Black Jr*, Harv. L. Rev 1967, 69 (95).

[121] *Tushnet*, Int. J. Const. L. 2003, 79 (80), frei übersetzt.

staatliche Funktionsnachfolge durch Private wollen und jene, die auch Private in der Pflicht sehen, verfassungsrechtliche Grundfreiheiten zu beachten. Eine Einzelfalllösung durch eine Abwägung zwischen kollidierenden Grundrechten wird unter Verweis auf Rechtsunsicherheit und dem Vorrang des *First Amendment* in der Regel abgelehnt.[122] Zwar wird der *state action doctrine* eine Funktion bei der Auslegung zuerkannt,[123] aber keine, die zu einer Abwägung führen soll, wenn die streitgegenständliche Handlung nicht eindeutig entweder dem Staat oder einem materiell privaten Rechtsverhältnis zugeordnet werden könnte. Es fällt entsprechend schwer, diejenigen Fälle einzuordnen, bei denen der Staat nicht unmittelbar der Veranlasser oder Auslöser der Handlung ist, weswegen an der Dichotomie festgehalten und eine Einzelfalllösung durch Abwägung fast ausnahmslos verworfen wird.[124] Diese ablehnende Einstellung beruht vor allem auf dem Argument der damit einhergehenden Rechtssicherheit für Private: Um eine Verunsicherung der privaten Akteure und eine ökonomische Drohkulisse zu vermeiden, wird an der strikten Trennung zwischen Privaten und dem Staat festgehalten.[125]

Aus diesem Grund wird teilweise die Anwendung der *formal approach* bevorzugt, die eine unübersichtliche Verschränkung des Öffentlichen und des Privaten vermeiden soll.[126] Die Vertreter der *formal approach* argumentieren, dass Fachgerichte nicht der Frage nachgehen sollten, ob eine private Handlung als öffentlich bewertet werden soll, sondern welche Rolle die öffentliche Gewalt gespielt hat und ob ihr Handeln oder Unterlassen für den Schaden ursächlich war.[127] Zu diesem Ergebnis kommt auch *Sunstein*, der allerdings eine ausgesprochen weite Definition der *state action* vertritt („state action is always present"): er sieht in jeder legislativen Aktivität oder jedem legislativen Unterlassen eine Handlung des Staates und dementsprechend eine Form der *state action*. Wenn sich also die Frage stellt, ob die Handlung eines Privaten als *state action* gewertet werden soll, versteht er dies als Indiz, dass das Gesetz dieses private Handeln ermöglicht hat. Die Frage sei also, ob der Gesetzgeber verfassungsgemäß gehandelt habe – nicht ob man den Vertrag oder das private Rechtsverhältnis an verfassungsrechtlichen Maßstäben messen sollte.[128]

---

[122] Krit. *Phillips*, St. Louis U. L. J. 1984, 683 (735); *Fee*, N. C. L. Rev. 2004, 569 (602).

[123] Vgl. Moose Lodge No. 107 v. Irvis, 407 U. S. 163 (1972); Jackson v. Metropolitan Edison Company 419 U. S. 345 (1974); Flagg Brothers, Inc. v. Brooks, 436 U. S. 149 (1978); *Rowe*, Geo. L. J. 1980, 745 (747); *Brown*, Miss. L. Rev. 2008, (580).

[124] *Rowe*, Geo. L. J. 1980, 745 (767–769); *Tushnet*, Chi. J. Int'l L. 2002, 435 (453); *Mathews*, U. o. Ill. L. Rev. 2017, 655 (678–679); a. A. *Alstyne/Karst*, Stan. L. Rev. 1961, 3 (passim, 234 f.); a. A. *Huhn*, Hofstra L. Rev. 2006, 1379 (1394).

[125] *Kay*, Const. Comment. 1993, 329 (341); *Phillips*, St. Louis U. L. J. 1984, 683 (724).

[126] *Phillips*, St. Louis U. L. J. 1984, 683 (742); *Fee*, N. C. L. Rev. 2004, 569 (602).

[127] *Tushnet*, Chi. J. Int'l L. 2002, 435 (446); *Fee*, N. C. L. Rev. 2004, 569 (574); *Chemerinsky*, Constitutional law, S. 524–525 m. w. N.

[128] *Sunstein*, Chi. J. Int'l L. 2002, 465 (466).

4. Ausblick: Entwicklung der state action doctrine*?*

In der Rechtsprechung des SCotUS lässt sich kein Hinweis dafür finden, dass das Gericht dazu neigen könnte, die *public function exception* zu erweitern.[129] Bisher hält der SCotUS an seiner Formulierung aus Jackson v. Metro. Edison fest, dass ein Privater erst dann als *state actor* gilt, wenn die Tätigkeit dem Staat traditionell und exklusiv zugeordnet war. Es reicht der Rechtsprechung nach also nicht, dass private Akteure öffentliche Aufgaben übernehmen oder sie eine Monopolstellung besitzen, die der Macht des Staates ähnlich ist. Die *public function exception* greift nur, wenn ein Privater eine Tätigkeit ausübt, die vorher eine ausschließlich staatliche Aufgabe war. Durch diese restriktive und nichtfunktionale Auslegung kommen die *public function* Ausnahmen immer weniger zur Anwendung, weil heutige Leistungen oder Dienste womöglich noch nie vom Staat ausgeführt wurden.[130] Diese Entwicklung macht sich auch bei der Meinungsfreiheit bemerkbar, denn dort überschneiden sich die *state action doctrine* und die *public forum doctrine*, weil ein Ort nur dann ein *public forum* sein kann, wenn auch *state action* erkennbar ist, d. h. wenn die Ausnahmen der *state action doctrine* nicht greifen, kann ein privater Raum kein *public forum* sein. Im folgenden Abschnitt wird daher die Relevanz der *state action doctrine* im Kontext der Meinungsfreiheit genauer erklärt.

II. Die state action doctrine *im Kontext der Meinungsfreiheit*

1. Einleitung

Für die *state action doctrine* hat das *First Amendment* einen außerordentlich wichtigen Stellenwert. Diese Verknüpfung erklärt sich zunächst aus dem Wunsch nach Religionsfreiheit der US-Gründungsväter.[131] So beinhaltet die positive Glaubensfreiheit die Freiheit der öffentlichen Bekennung und Ausübung, welche wiederum durch die Freiheit der Meinungsäußerung bedingt ist. Gerade die Kundgabe des Glaubens und der Meinung in der Öffentlichkeit sollte geschützt werden: Die Grundrechteerklärung von Virginia enthielt bereits einen Artikel zur Pressefreiheit (sec. 12 „That the freedom of the press is one of the great bulwarks of liberty, and can never be restrained but by despotic governments.“[132]), was darauf hindeutet, dass staatliche Einschränkungen von Beginn an als nicht mit der individuellen Freiheit vereinbar verstanden wurde.[133]

---

[129] *Stone u. a.*, Constitutional law, S. 1578; *Ides u. a.*, Constitutional law, S. 18.

[130] Vgl. *Barak-Erez*, Syracuse L. Rev. 1994, 1169 (1191).

[131] S. o. Kap. 2, B. II. 1.; *Jellinek*, Die Erklärung der Menschen- und Bürgerrechte, S. 61 f.

[132] *Mason*, The Virginia Declaration of Rights.

[133] *Campbell*, Yale L. J. 2017, 246 (268).

2. *Der Schutz des* First Amendment

Das *First Amendment* war von Beginn an wichtig, aber es hat seinen außergewöhnlich hohen Stellenwert im US-Verfassungsrecht erst im 20. Jahrhundert, u. a. durch einige der o. g. Grundsatzentscheidungen des SCotUS, erlangt.[134] Der Meinungsfreiheit wurde anfangs nicht ein derart absoluter Schutz zugesprochen, wie es heute üblich ist. Die Erweiterung des Schutzbereichs der *Free Speech Clause* auf fast alle Formen von Äußerungen, einschließlich niederschwelliger Äußerungen und Daten, ist ein Teilaspekt des komplexen Gefüges, welches im Folgenden beleuchtet wird.[135]

a) *Wortlaut der* Free Speech Clause *des* First Amendment

Der Wortlaut des *First Amendment* lautet: „Congress shall make no law […] abridging the freedom of speech, or of the press […].“[136] *Freedom of speech* ist das Recht, jede Meinung in der Öffentlichkeit ohne Zensur oder Einschränkung durch die Regierung zu äußern.[137] Die negative Formulierung im Wortlaut ist für das Verständnis und die Ausgestaltung der Meinungsfreiheit in den USA ausschlaggebend, denn der Schutzbereich kann ohne das Element der Abwehr einer staatlichen Intervention nicht definiert werden.[138] Entsprechend ergibt sich der Schutzbereich nicht ausschließlich aus dem Wortlaut, sondern ebenso aus der Auslegung grundrechtssensibler Eingriffe.

Die Definition von *speech* ist weit zu verstehen: grundsätzlich wird darunter jede Äußerung oder Handlung subsumiert, die expressiver Art ist.[139] Die Form der Äußerung hat keinerlei Auswirkungen auf den gewährleisteten Schutz.[140] Auch expressive Verhaltensweisen nicht verbaler Natur (sog. *expressive conduct*) sind vom *First Amendment* geschützt, selbst wenn es damit faktisch nicht gelingt, einen expressiven Zweck zu erfüllen.[141] Da die Abgrenzung zwischen verbalen Meinungsäußerungen und expressivem Verhalten mitunter nicht klar erfolgen kann,[142] gilt für expressives Verhalten im Wesentlichen der gleiche Schutz wie für verbale Äußerungen.

---

[134] *Post*, Democracy, Expertise, and Academic Freedom, S. 5; *Grimm*, NJW 1995, 1697 (1701); *Wu*, Knight First Amendment Institute at Columbia University 2017, (2).

[135] Im Folgenden geht es beim *First Amendment* immer um die *Free Speech Clause*, also die Meinungsfreiheit, nicht um die anderen Grundfreiheiten, die im First Amendment enthalten sind. Im US-Verfassungsrecht versteht man unter *First Amendment* in der Regel die Meinungsfreiheit, wenn nicht anders spezifiziert und dieses Verständnis wird hier übernommen.

[136] Übersetzung d. Verf.: „Es ist dem Kongress verboten, Gesetze zu verabschieden, die die Meinungsfreiheit oder die Freiheit der Presse einschränken.“

[137] The American Heritage Dictionary of the English Language.

[138] United States v. Stevens, S. Ct. 1577, 1585 (2010).

[139] Texas v. Johnson, 491 U. S. 397 (1989).

[140] Brown v. Louisiana, 383 U. S. 141, 142 (1966).

[141] Hurley v. Irish-American Gay, Lesbian and Bisexual Group, 515 U. S. 557 (1995).

[142] Joseph Burstyn, Inc. V. Wilson, 434 U. S. 495 (1952); *Rubenfeld*, Stan. L. Rev. 2000, 767.

Des Weiteren kann auch ein Verhalten, das der Ausübung der Meinungsfreiheit dient (sog. *speech-facilititating conduct*), durch das *First Amendment* geschützt sein (wörtlich übersetzt: „Verhalten, welches Äußerungen fördert"). Zwar wird solches Verhalten nicht als Meinungs*äußerung* eingeordnet, aber es ist mittelbar durch den Schutz des Redners geschützt.[143] Das bedeutet, dass *speech-facilititating conduct* dann geschützt wird, wenn die Äußerung, die durch das Verhalten gefördert oder unterstützt wird, vom Schutzbereich des *First Amendment* umfasst ist. Grundsätzlich unterliegt staatliche Regulierung bezüglich nicht-expressivem Verhalten nicht der strengen Prüfung (*strict scrutiny*) des SCotUS (auf einen Verstoß gegen das *First Amendment* hin). Für eine Verletzung des *First Amendment* muss zunächst festgestellt werden, ob ein Gesetz eine einschränkende Wirkung hat. Bspw. kann sich eine Steuer auf Druckerschwärze auf die Äußerungsmöglichkeiten der Presse *unmittelbar* auswirken, wohingegen Arbeitsrecht auch auf Angestellte von Medienunternehmen anwendbar ist und daher *mittelbar* eine einschränkende Wirkung haben kann. Ein Verstoß gegen das *First Amendment* kann bei *speech-facilitating conduct* daher nur festgestellt werden, wenn ein Gesetz Äußerungen, bzw. expressives Verhalten, aussondert („free speech concerns when those laws single out speech").[144]

b) Das First Amendment *als Abwehrrecht*

Der Schutzbereich des *First Amendment* wird vorrangig durch seinen Charakter als Abwehrrecht definiert, sowie durch die drei Zwecke, denen das *First Amendment* gemäß der ständigen Rechtsprechung des SCotUS und der allgemeinen Auffassung der Literatur dienen soll. Die Meinungsfreiheit soll an erster Stelle der Wissenserweiterung und Wahrheitsfindung dienen, zweitens der Selbstverwirklichung des Einzelnen und drittens der Unterstützung des kommunikativen Prozess in einem demokratischen Staat.[145] Zusammengefasst nennen die Theoretiker des *First Amendment* die Wahrheit, die Autonomie und die Demokratie als Schutzzwecke („the arguments of truth, autonomy and democracy").[146] Das Zusammenspiel dieser normativen Vorgaben, die die teleologische Grundlage des *First Amendment* bilden, führt zu einer komplexen Priorisierung und Ausbalancierung untereinander. Auf der Grundlage dieser Ziele begründet der SCotUS beispielweise, dass Äußerungen von öffentlichem Interesse bevorzugt behandelt werden können,[147] einhergehend mit den Zwecken der Wahrheit und der Demokratie, folglich Hand-in-Hand mit dem Konzept des Meinungsmarkts.

---

143 *Campbell*, Stan. L. Rev. 2016, 1 (65).

144 *Campbell*, Stan. L. Rev. 2016, 1 (15).

145 *Emerson*, Yale L. J. 1962, 877 (878).

146 *Emerson*, The system of freedom of expression, S. 6; *Mill*, On liberty; *Meiklejohn*, Political Freedom; *Greenawalt*, Colum. L. Rev. 1989, 119.

147 New York Times Co. v. Sullivan, 376 U. S. 254, 269–270 (1964).

Der Rechtsprechung obliegt die Verantwortung, eine „informierte und gebildete öffentliche Meinung in Bezug auf Angelegenheiten von öffentlichem Interesse“ zu sichern.[148] Daraus lesen Theoretiker den Vorrang des Demokratiezwecks der Meinungsfreiheit, zum Nachteil von individueller Autonomie,[149] doch zu dieser Hierarchie gab es und besteht noch immer Uneinigkeit.[150] Der Verfasser des *Bill of Rights*, *James Madison*, formulierte die Bedeutsamkeit einer freien öffentlichen Meinungsbildung für die Demokratie folgenderweise: „Public opinion sets bounds to every government, and is the real sovereign in every free one.“[151] Um den Schutz dessen zu garantieren, bleibt es dem Gesetzgeber verwehrt regulierend in den Schutzbereich des *First Amendment* einzugreifen.

Manche Bundesstaaten in den USA machen von der Möglichkeit Gebrauch, vom *Bill of Rights* abzuweichen und einen anderen Wortlaut für den Schutz der Meinungsfreiheit zu nutzen. Beispielweise ist die Meinungsfreiheit in Art. 2 (a) der Verfassung des Staates Kalifornien im ersten Satz positiv formuliert und das Abwehrrecht ist erst im zweiten Satz enthalten: „Every person may freely speak, write and publish his or her sentiments on all subjects, being responsible for the abuse of this right. A law may not restrain or abridge liberty of speech or press.“ Der positiv formulierte Wortlaut hat zur Folge, dass die Meinungsfreiheit durch diesen Wortlaut als positives Recht etabliert wird, unabhängig von einer staatlichen Einschränkung[152] – ähnlich den objektiv-rechtlichen Gehalten aus Art. 5 Abs. 1 S. 1 GG.

3. *Abgestufter Schutz*

Der Schutzbereich des *First Amendment* umfasst alle Äußerungen, die nicht einer Ausnahmekategorie zugeordnet werden können, wobei Äußerungen politischer Art oder Beiträge von besonderer Relevanz für die Öffentlichkeit den höchsten Schutz genießen (*core political speech*).[153] Von diesem grundsätzlich sehr umfassenden Schutz gibt es Ausnahmen, d. h. Meinungen, die weniger oder nicht vor regulatorischen Eingriffen durch den Gesetzgeber geschützt sind. Nicht-geschützte Äußerungen werden bestimmten Kategorien zugeordnet, wobei selbst dann immer gilt, dass es dem Staat verboten ist, Äußerungen und expressives Verhalten aufgrund ihres Inhalts einzuschränken (*content-based regulation*).[154]

---

148 Thornhill v. Alabama, 310 U. S. 88, 104 (1940); freie Übersetzung d. Verf.

149 *Post*, U. Colo. L. Rev. 1993, 1109; *Post*, Democracy, Expertise, and Academic Freedom, S. 10; *Emerson*, Yale L. J. 1962, 877 (878, 883).

150 *Post*, U. Colo. L. Rev. 1993, 1109; *Chemerinsky*, UCLA L. Rev. 1998, 1635 (1641); *Balkin*, NYU L. Rev. 2004, 1 (3).

151 *Madison*, in: Rutland/Mason, The Papers of James Madison (6 April 1791–16 March 1793).

152 Zur „affirmative conception of free speech“ vgl. *Nunziato*, Virtual Freedom, S. 33–34.

153 Buckley v. Valeo, 424 U. S. 1 (1976).

154 R. A. V., Petitioner v. City of St. Paul, Minnesota, 505 U. S. 377 (1990).

Weniger Schutz genießt sog. *commercial speech*, also Äußerungen, die eine kommerzielle Interaktion beabsichtigen (Werbung).[155] Für solche Äußerungen ist es dem Gesetzgeber erlaubt, regulierend einzugreifen, solange die einschränkende Regulierung den *four-part-test* des SCotUS besteht.[156] Dafür muss die Äußerung folgende Bedingungen erfüllen:

> „Damit die kommerzielle Äußerung unter diese Klausel fällt, muss sie zumindest rechtmäßige Tätigkeiten betreffen und darf nicht irreführend sein. Als nächstes fragen wir, ob das geltend gemachte staatliche Interesse erheblich ist. Wenn beide Untersuchungen positive Ergebnisse liefern, müssen wir feststellen, ob die Verordnung das geltend gemachte staatliche Interesse direkt fördert und ob sie nicht weitreichender ist, als es für die Erfüllung dieses Interesses notwendig ist."[157]

Wenn alle Voraussetzungen erfüllt sind, ist Werberegulierung verfassungskonform.

Die *commercial speech*-Lehre ist allerdings umstritten – sogar innerhalb des SCotUS aufgrund der Unterscheidung zwischen *commercial* und *non-commercial*, für deren Rechtfertigung manche Richter keine Grundlage sehen.[158]

4. Die Grenzen des Schutzbereichs

a) Keine materiellen Schranken

Grundsätzlich ist es dem US-Gesetzgeber nicht gestattet, die Meinungsfreiheit per Gesetz einzuschränken, wenn das Gesetz auf den Inhalt der Äußerung bezogen ist (*content-based regulation*), da es typischerweise eine Verletzung des *First Amendment* darstellt.[159] Es gibt jedoch Kategorien von nicht-geschützten Äußerungstypen, die vom SCotUS entwickelt und restriktiv gehandhabt werden.[160] Diese Ausnahmen, also solche Äußerungen, die nicht in den *scope of protection* fallen, sind keine Schranken (i. S. d. GG), da ein solcher Gesetzesvorbehalt dem Wortlaut widersprechen würde, sondern lassen sich eher wie einzelne, wenige Schutzlücken beschreiben. Die Kategorien nicht-geschützter Äußerungen sind folgende: Aufforderung zur Gewalt, Obszönität, Kinderpornographie, Provokationen, die zu einer gewaltsamen

---

[155] Central Hudson Gas & Elec. v. Public Servc. Comm'n of NY, 447 U. S. 557, 562 (1980).

[156] Central Hudson Gas & Electric Co. v. PSC, 447 U. S. 557 (1980).

[157] Central Hudson Gas & Elec. Corp. v. PSC, 447 U. S. 557, 566 (1980): „For commercial speech to come within that provision, it at least must concern lawful activity and not be misleading. Next, we ask whether the asserted governmental interest is substantial. If both inquiries yield positive answers, we must determine whether the regulation directly advances the governmental interest asserted, and whether it is not more extensive than is necessary to serve that interest." (Übersetzung d. Verf.).

[158] Liquormart, Inc. v. Rhode Island, 517 U. S. 484 (1996).

[159] *Ides u. a.*, Constitutional law, S. 354.

[160] Police Dept. of Chicago v. Mosley, 408 U. S. 92 (1972).

Auseinandersetzung führen können, Beleidigungsdelikte und Verletzung von Urheberrechten.

Nicht- oder weniger geschützte Äußerungen[161] sind dem *First Amendment* demzufolge nicht vollkommen fremd, aber der SCotUS legt den Schutz des *First Amendment* sehr weit aus, wie man am Beispiel der Aufforderung zur Gewalt erkennen kann. Eigentlich handelt es sich um eine Kategorie, die nicht vom Schutzbereich umfasst ist, aber ihre Voraussetzungen werden sehr restriktiv ausgelegt. Bis heute kann eine Aufforderung zur Gewalt („advocacy of unlawful conduct") erst dann verboten werden, wenn folgende drei Voraussetzungen kumulativ erfüllt sind: der *clear and present danger test*,[162] der *imminent danger test*[163] und der *imminent lawless action test*[164]. Es muss ein kausaler Zusammenhang zwischen der Äußerung und derjenigen Gewaltausübung nachgewiesen werden, die klar und unmittelbar bevorstand, d. h. deren Zeitpunkt konkret in der unmittelbar nahen Zukunft lag.

Das Vorliegen des Merkmals der Unmittelbarkeit wird nach dem in der Grundsatzentscheidung Brandenburg v. Ohio entwickelten Maßstab ermittelt. Dafür müssen zwei Voraussetzungen kumulativ erfüllt sein: Die Äußerung zielt darauf ab, zu einer unmittelbar bevorstehenden strafbaren Handlung anzustiften und sie wird wahrscheinlich dazu anstiften oder eine solche Handlung erzeugen.[165] Damit ist eine Aufforderung zur Gewalt, deren Auswirkung nicht konkret genug erkennbar ist, vom *First Amendment* geschützt. Der Zeitpunkt der Gewaltausübung muss hinreichend konkret feststehen und in unmittelbar naher Zukunft liegen. Diese restriktive Auslegung ist problematisch, weil die Kausalität und der enge zeitliche Zusammenhang oftmals nicht bejaht werden können[166] – bspw. auch bei Gewaltaufrufen durch die Verbreitung von Videomaterial im Internet.

Die Tatsache, dass der SCotUS nur sehr wenige Ausnahmen zulässt, prägt das Verständnis der Meinungsfreiheit und die Perspektive auf eventuelle Einschränkungen in den USA. Dass der Gesetzgeber die Meinungsfreiheit nicht einschränken kann, wird nicht nur als rechtlicher, sondern auch kultureller Unterschied zu bspw. Deutschland in der vergleichenden Literatur besprochen.[167] Die Ausnahmen des *First Amendment* und ihre mögliche Äquivalenz zu den Grundrechtsschranken i. S. d. Art. 5 Abs. 2 GG sind insoweit für die vorliegende Untersuchung relevant als sie zeigen, dass das *First Amendment* ausschließlich über seine Abwehrfunktion definiert wird.

---

161 *Chemerinsky*, Constitutional law, S. 1017–1162.

162 Schenck v. United States, 249 US 47 (1919).

163 Whitney v. California 274 US 357, 372 (1927).

164 Brandenburg v. Ohio, 395 U. S. 444 (1969).

165 Legal Information Institute, Cornell Law School, Brandenburg Test.

166 *Heldt*, NJOZ 2017, 1458 (1461).

167 *Tushnet*, in: Reimann/Zimmermann, The Oxford Handbook of Comparative Law, 1274 f.; *Rosenfeld*, Cardozo L. Rev. 2002, 1523 (1557 f.); *Haupt*, BU Int'l LJ 2005, 299 (300 f.).

Auch wenn es nur sehr wenige inhaltliche Ausnahmen gibt: der Schutz des *First Amendment* ist gegenüber inhalts*un*abhängiger Regulierung nicht absolut. Für den öffentlichen Raum sind inhaltsneutrale Beschränkungen unter bestimmten Voraussetzungen zulässig.[168] Gemeint sind Regulierungen bezüglich der Zeit, des Orts und der Art und Weise („time, space, manner") für bestimmte Orte des öffentlichen Raums, die sich nach der *public forum doctrine* richten.

b) Der unbegrenzte Markt der Meinungen?

Ziel des *First Amendment* ist es, die öffentliche Meinungsbildung als Kernvoraussetzung der Demokratie zu schützen.[169] Zentral ist daher das im Gefüge der Grundfreiheiten tief verwurzelte Konzept des freien Meinungsmarkts,[170] der dem Zweck der Wahrheitssuche dienen soll. Bis heute baut das Konzept auf folgender Aussage von Justice *Holmes* auf: „The best test of truth is the power of the thought to get itself accepted in the competition of the market." und seinem Plädoyer für einen „freien Ideenhandel/-Austausch" in der Entscheidung Abrams v. United States.[171] Als Abwehrmechanismus gegen eine Gefährdung der Meinungsfreiheit hat der SCotUS den Grundsatz „more speech, not enforced silence" von Justice *Brandeis* beibehalten[172] und ausgebaut. Wie auf anderen Märkten soll der Wettbewerb unter Meinungsmachern und unter Meinungsströmungen dazu führen, dass die Wahrheitssuche und die Demokratie eine staatliche Intervention nicht benötigen, sondern eher vor dem Staat geschützt werden und dass der kollektive Wille der privaten Akteure auf diesem Markt ausreichend stark ist, um die Werte der Verfassung zu wahren.[173] In New York Times Co. v. Sullivan beschrieb SCotUS das Erfordnis eines robusten Meinungsmarkts wie folgt: „debate on public issues should be uninhibited, robust, and wide-open, and that it may well include vehement, caustic, and sometimes unpleasantly sharp attacks on government and public officials."[174]

Das Streben nach Wahrheit durch den Austausch von Meinungen wird dementsprechend höher gewichtet als der Schutz vor bestimmten Meinungen.[175] Damit wird der sehr umfassende Schutzbereich des *First Amendments* gerechtfertigt und die Rechtsprechung argumentiert weiterhin mit dem *marketplace*

---

168 Hague v. Committee for Industrial Organization, 307 U. S. 496 (1939).

169 *Post*, Democracy, Expertise, and Academic Freedom, S. 15.

170 *Grimm*, NJW 1995, 1697 (1702); *Oppitz*, Theorien der Meinungsfreiheit, S. 195 f.

171 Abrams et al. v. United States, 250 U. S. 616 (1919).

172 Whitney v. People of State of California, 274 U. S. 357 (1927).

173 *Blasi*, The Supreme Court Review 2004, 1 (42); *Chemerinsky*, UCLA L. Rev. 1998, 1635 (1641).

174 376 U. S. 254 (1964), Übersetzung d. Verf. „Die Debatte über öffentliche Themen sollte ungehemmt, robust und weit offen geführt werden und sie kann durchaus heftige, ätzende und manchmal unangenehm scharfe Angriffe auf Regierungs- und Staatsbeamte beinhalten."

175 *Meiklejohn*, Sup. Ct. Rev. 1961, 245 (255–256); *Post*, Va. L. Rev. 2011, 477 (487).

of ideas, obwohl man durchaus die Frage stellen kann, ob dieses Modell noch funktioniert[176] und wie weit der Markt der Meinungen reichen darf.[177]

c) Der Schutz digitaler Inhalte

Ob ein Gesetz bestimmte Meinungsäußerungen offensichtlich einschränkt oder nicht, ist bei traditionellen Formen der Meinungsäußerung anhand der Umstände in der Regel erkennbar.[178] Im digitalen Zeitalter kann diese Unterscheidung hingegen weniger eindeutig sein, denn durch die Digitalisierung entstehen neue Ausdrucksformen und eventuell auch neue Schutzberechtigte; Daten können bspw. ebenfalls als Äußerungen geschützt werden. Würde eine extensive Interpretation des Schutzbereichs den Marktgedanken „überstrapazieren", wenn jede Handlung im digitalen Umfeld als Meinungsäußerung gewertet wird, weil Daten generiert werden?[179] Kann der Meinungsmarkt ab einem gewissen Grad gesättigt sein?[180]

Der Wandel durch die Digitalisierung hat sich auf die Interpretation des bereits weitreichenden Schutzbereichs des *First Amendment* ausgewirkt.[181] *Volokh* erkannte früh, dass der vereinfachte und günstigere Zugang zu Verbreitungsmöglichkeiten durch neue Informationstechnologien, also zu einer breiteren Öffentlichkeit, dazu führen könnte, dass viel mehr Menschen jene Möglichkeiten nutzen würden.[182] Diese neue Form der Massenkommunikation nannte er „cheap speech", weil der Zugang für Jedermann sehr niedrigschwellig ist. Er erkannte aber auch die Risiken dieser Entwicklung und beschrieb sie für damalige Verhältnisse (1995) erstaunlich klar: sowohl der verstärkende Effekt für extreme oder nicht-vertrauenswürdige Meinungen, die von traditionellen Medien als herkömmliche Gatekeeper bis dato nicht wiedergegeben wurden,[183] als auch die schädlichen Auswirkungen für unser demokratisches System von Wahlkampagnen, die auf eine Wählergruppe zugeschnitten werden.[184] Die Herausforderung für den Einzelnen angesichts der flächendeckenden Verfügbarkeit von Kommunikationsmedien und von Öffentlichkeit ist weniger sich äußern zu können, sondern gehört zu werden.[185]

---

[176] *Clinton*, God and Man in the Law, S. 169; *Wu*, Knight First Amendment Institute at Columbia University 2017, (6).

[177] *Schauer*, in: Bollinger/Stone, Eternally Vigilant: Free Speech in the Modern Era, S. 174 (175); *Schauer*, Wm. & Mary L. Rev. 2014, 1613 (1615–1616).

[178] *Campbell*, Stan. L. Rev. 2016, 1 (48).

[179] *Bambauer*, Stan. L. Rev. 2014, 57 (63).

[180] *Volokh*, Yale L. J. 1995, 1805 (1815); *Ciolli*, U. Miami L. R. 2008, 137 (160 f.); *Kerr*, Comm. L. & Pol'y 2019, 477 (497).

[181] *Yemini*, Free Speech for All, S. 231 f.

[182] *Volokh*, Yale L. J. 1995, 1805 (1807, 1833).

[183] *Volokh*, Yale L. J. 1995, 1805 (1837–1838).

[184] *Volokh*, Yale L. J. 1995, 1805 (1843).

[185] *Wu*, Knight First Amendment Institute at Columbia University 2017, (7).

Diese Frage der Schutzwürdigkeit stellt sich auch bei (Roh-)Daten. Einerseits ist es vertretbar, Daten als Äußerungen zu behandeln, bzw. nicht dem Schutz des *First Amendment* zu entziehen.[186] Andererseits könnte die Auslegung des Schutzbereichs für jede Form der Information zu weit führen,[187] und ungewollte Folgen haben. Zum Beispiel könnte die staatliche Regulierung von Kommunikationstechnologien als Einschränkung der Meinungsfreiheit gewertet und verfassungsrechtlich verboten werden.[188]

5. *Ort der Meinungsäußerung: Die* public forum doctrine

Die weite Auslegung des Schutzbereichs des *First Amendment* umfasst theoretisch auch den Schutz des Ortes, an dem sich der Kommunikator befindet. Die *public forum doctrine* ist insofern ein weiterer „Baustein" in der Dogmatik des *First Amendment* und für die Frage von Kommunikation im öffentlichen Raum sehr relevant.[189] Sie wurde vom SCotUS entwickelt, um die Meinungsfreiheit an solchen Orten zu garantieren, die „unvordenklich für den Gebrauch durch die Öffentlichkeit treuhänderisch gehalten wurden und schon immer für Versammlungszwecke, für die Kommunikation zwischen den Bürgern und für die Diskussion öffentlicher Fragen verwendet wurden".[190] Diese Orte sollen am stärksten vor Eingriffen des Gesetzgebers geschützt werden.

a) Definition der Doktrin und Anwendungsbereich

Der SCotUS hat drei *public fora* Kategorien definiert, die sich auf den Schutz der Meinungs- und Versammlungsfreiheit auswirken.[191] In seiner Entscheidung Perry Educ. Ass'n v. Perry Educators' Ass'n hat das Gericht Grundsätze entwickelt, um die Nutzung von öffentlichem Eigentum für expressive Zwecke einzuschränken, wenn es sich nicht um ein *traditional* oder *designated public forum* handelt.[192] Ein *traditional public forum* ist ein öffentlicher Raum, der üblicherweise dem „freien Austausch von Ideen" gewidmet ist.[193] Diese Kategorie umfasst öffentliche Parks, Gehwege und Bereiche, die traditionell der Nutzung für politische Reden und Deliberation gewidmet waren.[194] Der Staat darf den inhaltsbezogenen Ausschluss von Bürgern vom *traditional public forum*

---

186 *Bambauer*, Stan. L. Rev. 2014, 57 (118–120); *Yemini*, Free Speech for All, S. 240–245.

187 *Richards*, Wm. & Mary L. Rev. 2015, 1501 (1526).

188 *Wu*, U. Pa. L. Rev. 2012, 1495 (1504).

189 Mit *public forum* oder *public fora* sind in diesem Text solche gemeint, die der gleichnamigen Lehre entsprechen, also als Fachbegriff zu verstehen sind.

190 Hague v. Committee for Industrial Organization, 307 U. S. 496, 515 (1939), Übersetzung d. Verf.

191 Perry Educ. Ass'n v. Perry Educators' Ass'n, 460 U. S. 37 (1983).

192 Perry Educ. Ass'n v. Perry Educators' Ass'n, 460 U. S. 37 (1983), Übersetzung d. Verf.: traditionelles oder ausgewiesenes öffentliches Forum.

193 Cornelius v. NAACP Legal Defense & Educ. Fund., 473 U. S. 788, 800–802 (1985).

194 *Clark/Ansay*, Introduction to the law of the United States, S. 84.

nur dann regulieren, wenn dies notwendig ist, um einem zwingenden Staatsinteresse zu dienen, und nur soweit erforderlich.[195] Möglich sind auch inhaltsneutrale Regeln in Bezug auf Zeit, Raum und Art der Raumnutzung („time, space, manner"), wie z. B. Öffnungszeiten oder andere angemessene Einschränkungen bei der Nutzung von öffentlichem Raum („content neutral regulation of protected speech").[196] Ein Gesetz gilt als *content neutral* im *First Amendment* Kontext, wenn es in keiner Weise vom Gegenstand oder Thema des Redebeitrags, dem zum Ausdruck gebrachten Standpunkt oder der Identität des Sprechers abhängt.[197]

Gleiches gilt für die zweite Kategorie, das sog. *designated public forum.* Beide Fora genießen das gleiche Schutzniveau, aber das *designated public forum* wird erst zu einem *public forum* und bietet dementsprechend erst Schutz für expressive Aktivitäten, wenn der Staat positiv darüber entscheidet. Mithin bedarf es einer Widmung durch die öffentliche Gewalt und jene kann befristet sein oder aufgelöst werden. Beispiele für ein *designated public forum* wären ein Seminarraum einer öffentlichen Universität oder ein Stadttheater sein.

Die dritte Kategorie sind *limited public fora* (begrenzte öffentliche Foren), eine Unterkategorie des *designated public forum*. Hier darf der Staat das Forum unter personen- oder themenbezogenen Bedingungen bereitstellen, aber diese Einschränkung darf nicht für andere diskriminierend wirken und muss im Hinblick auf den Zweck des Forums angemessen sein.[198] Die personen- oder themenbezogene Einschränkung ist i. d. R. inhaltlich nicht strikt neutral, sollte aber die Redner nicht aufgrund ihrer Meinung einschränken. Daher wird jede Regelung für die Nutzung des *limited public forum*, die über die Zeit-Raum-Regelung hinausgeht, einer moderateren richterlichen Kontrolle unterliegen als in den anderen o. g. Foren. Äußerungen, die in den Schutzbereich des First Amendment fallen, sind also in allen Typen von *public fora* geschützt, allerdings gilt das absolute Verbot des *First Amendment* für den Gesetzgeber nur in den *traditional* und *designated public fora,* und nur relativ in den *limited public fora.*

b) Außerhalb des Anwendungsbereichs

Damit ein Ort als *public forum* eingeordnet werden kann, muss er verschiedenen Anforderungen entsprechen: der Ort muss im Eigentum des Staates sein und traditionell dem freien Gedankenaustausch gewidmet sein („traditional") oder vom Staat zu diesem Zweck eingerichtet worden sein („designated"). Sind diese Voraussetzungen nicht kumulativ erfüllt, entfaltet das *First Amendment*

---

195 Carey v. Brown, 447 U. S. 455, 461 (1980).

196 United States Postal Service v. Council of Greenburgh, 453 U. S. 114, 132 (1981); *Clark/Ansay*, Introduction to the law of the United States, S. 88; *Farber u. a.*, Cases and materials on constitutional law, S. 805.

197 *Ides u. a.*, Constitutional law, S. 414.

198 Good News Club v. Milford Central School, 533 U. S. 98, 99 (2001).

keinen Schutz für den Zugang (zu öffentlichen Orten allgemein),[199] denn nicht alle öffentlichen Räume sind öffentliche *Foren*. Folglich steht es im Ermessen des Staats, ob ein Ort ein *public forum* im Sinne der Lehre ist, und dementsprechend ob und wie das Recht auf freie Meinungsäußerung ausgeübt werden kann.[200] Dies wurde in Entscheidungen des SCotUS über öffentliche Einrichtungen wie Gefängnisse oder militärische Einrichtungen bestätigt.[201]

Viele Orte des öffentlichen Lebens sind keine öffentlichen Foren im Sinne der *state action doctrine*. So urteilte der SCotUS, dass Shopping Malls (große Einkaufszentren mit einer Vielzahl an Läden und frei zugänglichen Zwischenräumen) nicht als *public forum* im Sinne der Lehre (s. u.) zu subsumieren seien, obwohl sie frei zugänglich sind (s. Evans v. Newton).[202] Ähnliches gilt für die Campi privater Universitäten, wo es den Bildungseinrichtungen erlaubt ist, die Meinungsfreiheit der Studierenden und Beschäftigten zu beschränken und von ihrem Hausrecht Gebrauch zu machen, weil sie keine *state actors* sind. Obwohl ihre öffentlich zugänglichen Gebäude als öffentlicher Raum wahrgenommen werden und sie in der Regel mit einem offenen Credo und liberalen Curricula werben,[203] bleibt es privaten Universitäten überlassen, wie eng sie die Grenzen der Meinungsfreiheit fassen.

Öffentliche Schulen und Universitäten unterliegen diesbezüglich dem sog. Tinker-Test, nach der SCotUS-Grundsatzentscheidung Tinker v. Des Moines.[204] Demnach darf eine Bildungseinrichtung die Meinungsäußerungsfreiheit der Schüler oder Studierenden einschränken, wenn die Äußerung geeignet ist, eine „erhebliche Störung" zu verursachen („substantial disruption"). Jene Formel wird bis heute von Gerichten angewandt, wenn betroffene Schüler oder Studierende sich bspw. gegen Maßnahmen der Schule oder Universität äußern. Aus Entscheidungen des SCotUS geht demgegenüber hervor, dass Bildungseinrichtungen einen Ort des Meinungsaustauschs darstellen und demnach auch kritische oder sogar „verabscheuenswürdige" Äußerungen zulassen müssten.[205] Die *Free Speech* Bewegung in Berkeley, Kalifornien konnte 1964 durchsetzen, dass Studierende und Mitarbeiter auf dem Campus ihre Meinung zu privaten und politischen Angelegenheiten äußern dürfen.[206] Ein Bericht der Nichtregierungsorganisation FIRE ergab 2007 allerdings, dass 75 % der öffentlichen Universitäten Richtlinien hätten, die „die Meinungsfreiheit klar und deutlich

---

199 United States Postal Serv. v. Council of Greenburgh Civic Assn's, 453 U. S. 114 (1981).

200 *Lidsky*, B. U. L. Rev. 2011, 1975 (2012).

201 Adderley v. Florida, 385 U. S. 39, at 41 (1966) (Douglas, W. O., dissenting); Greer v. Spock, 424 U. S. 828, at 838 (1976).

202 Lloyd Corporation Ltd., v. Donald M. Tanner et al., 407 U. S. 551; *Chemerinsky*, Constitutional law, S. 535, 1187.

203 *Sarabyn*, J. L. & Educ. 2010, 145 (147).

204 Tinker v. Des Moines Independent Community School District, 393 U. S. 503 (1969).

205 Boos v. Barry, 485 U. S. 312 (1988).

206 *Chemerinsky/Gillman*, Free speech on campus, S. 126.

einschränken" und im Hinblick auf die inhaltsbezogenen Regeln oft strenger als die von privaten Universitäten seien.[207] Die Frage der Meinungsfreiheit auf Campi zeigt, wie eng die Lehre der *state action doctrine* mit der Meinungsfreiheit und ihrem Konzept des *public forums* verknüpft ist.[208]

c) Die einschränkende Wirkung der Lehre

Daraus kann man schlussfolgern, dass die *public forum doctrine* eine einschränkende Wirkung auf die Meinungsfreiheit haben *kann*,[209] denn sie zielt grundsätzlich darauf ab, Orte für die Ausübung der Meinungsfreiheit zu garantieren, aber schränkt die Träger der Grundfreiheit bei der Wahl des Ortes *de facto* ein. Das liegt am Regel-Ausnahme-Verhältnis: in der Regel sind öffentliche Orte in staatlichem Eigentum *non-public fora*, wohingegen *traditional* oder *designated public forum* die Ausnahme darstellen, weil sie einer Widmung bedürfen. Wenn außerdem auf das traditionelle Erscheinungsbild abgestellt wird und es nur eine begrenzte Anzahl von Orten gibt, die traditionelle oder designierte Foren sind, dann hat die Lehre in ihrer bisherigen Form einen restriktiven Einfluss auf die Meinungsfreiheit und kann diese zunehmend einschränken.[210] Würden die Voraussetzungen für ein *traditional public forum* bspw. im Hinblick auf die Widmung weniger eng ausgelegt, könnte man diese restriktive Wirkung reduzieren.

Heutzutage stellen traditionelle und designierte Foren nicht die überwiegende Kategorie öffentlicher Foren dar, insbesondere wenn man die zunehmende materielle Privatisierung des öffentlichen Raumes bedenkt.[211] Es liegt also an der Anwendung durch die Gerichte, ob geschützte *public fora* weiterhin entstehen. Mithin sollte die Doktrin den gesellschaftlichen Entwicklungen entsprechend ausgelegt und angewandt werden, damit es weiterhin *public fora* im Sinne der Doktrin gibt, die den Schutz des *First Amendment* genießen.

d) Public forum *und* state action doctrine

Die verschiedenen Doktrinen lassen sich nun zu einem Bild verbinden: erstens sind private Akteure nicht an das *First Amendment* gebunden und zweitens werden öffentlich zugängliche Orte nur unter bestimmten Voraussetzungen als *public forum* eingeordnet, so dass es privaten Eigentümern überlassen bleibt, in

---

[207] FIRE, Spotlight on Speech Codes 2007, S. 5.

[208] Vgl. *Chemerinsky/Gillman*, Free speech on campus, S. 139 f.; *Chemerinsky*, UCLA L. Rev. 1998, 1635 (1641); *Byrne*, Geo. L. J. 1990, 399 passim; *Hyde-Keller*, Robert C. Post on why speech at universities must be regulated.

[209] Mit Meinungsäußerungen sind im Folgenden unter dem *First Amendment* geschützte und nicht-kommerzielle Äußerungen gemeint.

[210] *Ides u. a.*, Constitutional law, S. 426; vgl. auch *Siehr*, Das Recht am öffentlichen Raum, S. 681.

[211] *Fee*, N. C. L. Rev. 2004, 569 (609); s. a. *Siehr*, Das Recht am öffentlichen Raum, S. 342 f.

wieweit sie die Nutzung für kommunikative Zwecke zulassen, es sei denn, der private Eigentümer wird als *state actor* eingeordnet.

Tatsächlich ist diese Interferenz der beiden Lehren für das obige Argument der restriktiven Wirkung entscheidend: Die *public forum doctrine* kann eine noch restriktivere Wirkung auf die Meinungsfreiheit haben – aufgrund des Umstands, dass sie nicht auf private Parteien angewandt wird, obwohl der öffentliche Raum zunehmend privatisiert wird.[212] Für diese Entwicklung gibt es Untersuchungen über privatisierte Städte (die „company town“, wie im Fall von Marsh v. Alabama), Parzellen von öffentlichem Raum innerhalb von Privateigentum in Großstädten (z. B. die Zoning Resolutions in New York City[213]) und die Zunahme privater Einkaufszentren statt öffentlicher Straßen.[214] Das gesellschaftliche Leben findet nicht mehr nur in traditionellen öffentlichen Räumen wie Straßen, Gehwegen und Parks statt.[215]

Private Eigentümer können über ihr Eigentum verfügen (unter Beachtung des Gesetzes) und Dritte von einer unbefugten Nutzung ausschließen.[216] Ist ein Ort grundsätzlich allgemein zugänglich (z. B. wegen einer gewerblichen Tätigkeit), so gewährt diese Zugangserlaubnis kein Anspruch auf eine Nutzung, die über die Intention des privaten Eigentümers hinausgehen würde, bspw. für kommunikative Zwecke. Einkaufszentren sind ein passendes Beispiel für einen Ort, der für die Allgemeinheit zugänglich ist, aber dessen gesamte Fläche i. d. R. in Privateigentum ist, weswegen der Schutz des *First Amendment* für Äußerungen nicht greift. In Lloyd Corp v. Tanner entschied der SCotUS, dass Einkaufszentren kein *public forum* darstellen und dass Demonstranten folglich keinen Anspruch darauf hätten, sich dort auf ihre Meinungsfreiheit zu berufen.[217] Trotz der Ähnlichkeit mit anderen Orten des gesellschaftlichen Lebens gäbe es „keine unbegrenzte Einladung an die Öffentlichkeit, das Center für alle möglichen Zwecke zu nutzen“.[218] Dass sie für die Allgemeinheit zugänglich sind, geht für private Grundstücke mit keiner Verpflichtung einher, die Kundgabe von Meinungsäußerungen zuzulassen.[219]

Ähnliches gilt für andere Orte, die als Teil des öffentlichen Raums wahrgenommen werden aber nicht als *public forum* einzuordnen sind. Im Fall ISKON v. Lee gegen die New York City Port Authority, die die drei Flughäfen der Stadt betreibt, entschied der SCotUS, die Port Authority falle nicht unter

---

212 *Sorkin*, Variations on a Theme Park; *Bodnar*, Urban Studies 2015, 2090.

213 *Tower*, Journal of Law and Policy 2014.

214 Lloyd Corporation Ltd., v. Donald M. Tanner et al., 407 U. S. 551 (1972).

215 *Fee*, N. C. L. Rev. 2004, 569 (609); *Tower*, Journal of Law and Policy 2014, (476).

216 Eigentümer werden unter der „Takings Clause of the Fifth Amendment“ vor einer Enteignung ohne angemessene Entschädigung geschützt.

217 Lloyd Corp v. Tanner, 407 U. S. 551 (1972); so auch in Hudgens v. N. L. R. B., 424 U. S. 507 (1976).

218 Lloyd Corp v. Tanner, 407 U. S. 551, at 565 (1972).

219 *Radin*, Stanford Law Review 1982, 957 (1008–1010).

die *public forum doctrine*, weil es sich um ein privates Unternehmen handle.[220] Die Gesellschaftsform war ausschlaggebend, um den öffentlichen Charakter des Ortes auszuschließen. Das BVerfG hat diesen Fall in seinem Fraport-Urteil zitiert und sich für die Begründung der Ausstrahlungswirkung von Art. 5 Abs. 1 S. 1 GG auf die hier enthaltene Definition des *public forum* berufen. Der SCotUS kam allerdings zum genau entgegengesetzten Ergebnis: „These precedents foreclose the conclusion that airport terminals are public fora."

e) Ausnahme: Kalifornien

Anders als auf föderaler Ebene kann der kalifornische Gesetzgeber eine Pflicht zur Grundrechtsbindung Privater an die Meinungsfreiheit einführen. Dieser vom *First Amendement* abweichende Schutz bestätigte der SCotUS in seiner Pruneyard-Entscheidung: da die Meinungsfreiheit in der kalifornischen Verfassung positiv formuliert ist (im Gegensatz zur negativen Formulierung im *First Amendment*), sei der Gesetzgeber befugt einzugreifen: „A state can prohibit the private owner of a shopping center from using state trespass law to exclude peaceful expressive activity in the open areas of the shopping center."[221]

In der vorherigen Instanz zur Pruneyard-Entscheidung hatte der Kalifornische Supreme Court keine Stellung dazu bezogen, ob Private in Fragen der Ausübung der Meinungsfreiheit wie der Staat zu behandeln seien, also ob Orte in Privateigentum als *public forum* auch der strenge Kontrolle des *First Amendment* unterlägen.[222] Allerdings hat das Gericht sie in späteren Entscheidungen ausdrücklich *nicht* mit staatlichen *public fora* gleichgestellt und andere Bundesstaaten mit einem ähnlichem Wortlaut der Meinungsfreiheit auch nicht – weshalb es im Ergebnis nicht zu einer horizontalen Wirkung des *First Amendment* kommt.[223] Somit ist auch bei einem positiv formulierten Wortlaut des Rechts auf Meinungsfreiheit davon auszugehen, dass die horizontale Wirkung zwischen Privaten nicht so absolut wirkt wie zwischen Staat und Bürgern.

6. Zwischenfazit

Die *public forum doctrine* wird oft als eine Doktrin wahrgenommen, die die Ausübung der Meinungsfreiheit schützt.[224] Auf den zweiten Blick wird allerdings deutlich, dass sie vorrangig festlegt, wo genau der Schutz für die Mei-

---

220 International Society for Krishna Consciousness, Inc. (ISKON) and Brian Rumbaugh, Petitioners, v. Walter Lee, 505 U. S. 672, 680–681 (1992).

221 Pruneyard Shopping Center v. Robins, 447 U. S. 74 (1980); Übersetzung d. Verf. „Ein Bundesstaat kann dem privaten Eigentümer eines Einkaufszentrums verbieten, das staatliche Hausfriedensbruchgesetz anzuwenden, um friedliche Ausdrucksaktivitäten in den offenen Bereichen des Einkaufszentrums auszuschließen."

222 Robins v. Pruneyard Shopping Center, 592 P.2d 341 (Cal. 1979).

223 *Mulligan*, Cornell JL & Pub. Pol'y 2003, 533 (559).

224 Vgl. hierzu auch *Siehr*, Das Recht am öffentlichen Raum, S. 611–613.

nungsfreiheit gilt und das teilweise zum Nachteil der Meinungsfreiheit, weil sowohl Privateigentümer als auch die öffentliche Gewalt infolgedessen entweder nicht oder nur begrenzt verpflichtet sind, Meinungsäußerungen zuzulassen bzw. zu schützen. Die strikte Trennung von öffentlichen und privaten Räumen beruht zwar auf dem Grundsatz, den Einfluss des Staates so weit wie möglich zu begrenzen – zum Schutz der Bürger *vor* der öffentlichen Gewalt. Diese Trennung sich kann jedoch nachteilig auf den Grundsatz, die Ausübung der Meinungsfreiheit so viel und soweit es geht zu schützen, auswirken.[225]

Fraglich ist demzufolge, ob die entwickelten Doktrinen rund um das *First Amendment* weiterhin dem ursprünglichen Sinn und Zweck dienen.[226] Die Schutzausrichtung der negativen Formulierung im Wortlaut („Congress shall pass no law"), um die Bürger vor (staatlichen) Eingriffen im Meinungsmarkt zu schützen, ist weiterhin valide, allerdings geht die potenzielle Bedrohung nicht mehr nur von der öffentlichen Gewalt aus, sondern kann von privaten Akteuren ausgehen. Deswegen sollen nicht nur staatliche Eingriffe auf das Minimum beschränkt werden, sondern auch das Verhindern von Abschreckungseffekten („chilling effects") durch die Handlungen Privater ist ein ernstzunehmendes Anliegen.[227] Diese Eventualität einer gegebenenfalls nicht-begrenzten Macht privater Akteure widerspricht der Grundannahme, dass die größte Gefahr für das Individuum vom Staat ausginge, und stößt demzufolge auf Widerstand.[228] Die hier skizzierten Probleme werden zwar erkannt und von einigen benannt, aber viele lehnen es ab, das traditionelle argumentative Gerüst aufzugeben.[229]

III. Ergebnis des funktionalen Rechtsvergleich

1. Funktionales Äquivalent

Aus den Erläuterungen zur *state action doctrine* wird deutlich, dass sie ein funktionales Äquivalent zur Lehre der mittelbaren Drittwirkung darstellt. Nichtsdestotrotz sind die beiden Lehren wegen grundlegender Unterschiede nicht in das jeweils andere Rechtssystem übertragbar. Viele der Gemeinsamkeiten (2.) und Unterschiede (3.) zwischen der *state action doctrine* und der mittelbaren Drittwirkung von Grundrechten, sowie deren Ursachen (4.) wurden in diesem Kapitel bereits angesprochen, weil sie sich von den Erklärungen nicht vollständig trennen lassen. Im Folgenden werden die wichtigsten Punkte zusammengetragen.

---

225 *Sunstein*, U. Chi. L. Rev. 1992, 255 (277); *Fee*, N. C. L. Rev. 2004, 569 (609).
226 *Wu*, Knight First Amendment Institute at Columbia University 2017.
227 *Magarian*, Geo. Wash. L. Rev. 2004, 101 (124).
228 St. Rspr. Lochner v. People of the State of New York, 198 U. S. 45, 53 f. (1905).
229 *Stone*, Reflections on Whether the First Amendment Is Obsolete, Knight First Amendment Institute: Emerging Threats Series.

2. *Gemeinsamkeiten der* state action doctrine *und der mittelbaren Drittwirkung*

Die Lehren der *state action doctrine* und der mittelbaren Drittwirkung bilden im gegenseitigen Verhältnis funktionale Äquivalente. Beide Lehren wurden von den jeweiligen Verfassungsgerichten erarbeitet und über mehrere Jahrzehnte weiterentwickelt.[230] Sie werden weiterhin angewandt und diskutiert – beide haben nicht an Aktualität verloren und sind gegenüber Rechtsentwicklungen offen, d. h. theoretisch könnten sie an gesellschaftliche Entwicklungen angepasst werden. Beide Lehren führen im Ergebnis dazu, dass Grundrechte zur Anwendung zwischen Privatparteien kommen. Die Wahrnehmung beider Lehren in der Literatur ist – trotz der unterschiedlichen Rechtssysteme und unterschiedlichen Anwendung im verfassungsrechtlichen System – ähnlich: die herrschende Meinung in beiden Ländern bezeichnet sie jeweils als unbeständig und als *ad hoc*-Rechtspraxis des jeweiligen Verfassungsgerichts. Diese Gemeinsamkeit zwischen dem SCotUS und dem Bundesverfassungsgericht beinhaltet allerdings auch, dass es auf den Einzelfall ankommt: es ist keine Spruchpraxis erkennbar, die für mehr Rechtssicherheit bei der Anwendung der Lehre sorgen würde.

Eine weitere, funktionale Gemeinsamkeit ist, dass diese Lehren dann zur Anwendung kommen, wenn eine Form der Überlegenheit einer Partei zwischen zwei grundsätzlich gleichberechtigten Privaten festgestellt wird.[231] Diese Ähnlichkeit ist ganz besonders bei der Meinungsfreiheit zu erkennen, der beide Verfassungsgerichte eine fundamentale Rolle für die Demokratie zusprechen. In der Praxis kann diese These des Ausgleichs von Machtungleichgewichten in den USA nicht nur bestätigt, sondern gleichzeitig widerlegt werden. Einerseits hat der SCotUS den Schutz zwischen Privaten bei keiner anderen Grundfreiheit so weit wie im Fall von Marsh v. Alabama interpretiert, andererseits erkennt er öffentlich zugängliche Orte nicht als schutzwürdig unter dem *First Amendment* an, weil sie in Privateigentum stehen.[232]

3. *Unterschiede*

Beide Lehren sind – abgesehen von ihrer faktischen Rechtsfolgenwirkung – in vielen Aspekten unterschiedlich, wobei die Unterschiede nicht zwangsläufig auf die Lehren selbst zurückzuführen sind, sondern eher auf die verschie-

230 Auch wenn der SCotUS Teil des Instanzenzugs ist und nicht ausschließlich Verfassungsgericht.

231 BVerfGE 89, 214 (232); Terry et al. v. Adams et al., 345 U. S. 461 (1953).

232 Wiederum unterscheiden sich der SCotUS und das Bundesverfassungsgericht in dieser Hinsicht, weil letzteres anhand der Drittwirkungslehre den Anwendungsbereich von Grundrechten in manchen Bereichen des gesellschaftlichen Lebens erweitert und somit den tatsächlichen Lebenswirklichkeiten der Grundrechtsträger anpasst.

denen Rechtssysteme und die Systematik des Grundrechtsschutzes (soweit sich das voneinander trennen lässt). In den USA wirkt die Meinungsfreiheit nur als Abwehrrecht, wohingegen die mittelbare Drittwirkung in Deutschland aus dem *status positivus* abzuleiten ist. Deswegen wird die *state action doctrine* damit begründet, dass der Private ausnahmsweise an die Stelle des Staates tritt, was für die Anwendung der mittelbaren Drittwirkung (in Deutschland) nicht erforderlich ist. In seiner Rechtsprechung zur *state action doctrine* hat sich der SCotUS nicht eindeutig dazu geäußert, wie die Lehre anzuwenden ist. Ihre Anwendung als Frage der Zurechnung ist jedenfalls binär: entweder wird der Private als *state actor* behandelt und ist somit wie der Staat also *unmittelbar* an die Grundfreiheiten und andere Verfassungsgrundsätze gebunden oder nicht. In Deutschland kann man die Anwendung dagegen als graduell bezeichnen.

Bezüglich der Frage, ob und wie die Meinungsfreiheit zwischen zwei privaten Parteien ihre Wirkung entfaltet, muss nach der *state action doctrine* in zwei Schritten vorgegangen werden.[233] Es muss eine staatliche Handlung vorliegen, d. h. die einschränkende Handlung muss einem *state actor* zugeordnet werden. Nur wenn diese Zurechnungsvoraussetzung erfüllt ist, prüft der SCotUS, ob ein Recht aus dem *Bill of Rights* verletzt sein könnte. Stimmen in der Literatur unterstellen deshalb dem SCotUS, die *state action* nur dann zu bejahen, wenn die Verletzung von Grundfreiheiten im zweiten Schritt bejaht wird.[234] Jedenfalls ist der SCotUS bei der Anwendung der *state action doctrine* einschließlich ihrer Ausnahmen zurückhaltend, was zur Folge hat, dass die Theorie, wonach bei Bejahung der Zurechnung auch die Rechteverletzung vorliegen würde, zutreffen mag. Ob dieser Zusammenhang auf einer bewussten aber nicht ausgesprochenen Entscheidungspraxis des Gerichts beruht, ist nicht bekannt.

Auf der Ebene des „Wie" der Ausstrahlungswirkung findet die *state action doctrine* (dogmatisch) keine Anwendung. Grund dafür ist, dass im US-System grundsätzlich von Abwägungen abgesehen wird – unabhängig der Instanz.[235] Demzufolge kann der SCotUS das Urteil einer unteren Instanz wegen eines Rechtsfehlers aufheben, der das „ob" betrifft, also was im deutschen System das Erkennungsdefizit i. S. d. Mephisto-Formel wäre, aber nicht wegen einer Fehleinschätzung als Abwägungsfehler.[236] Der Fall Evans v. Newton veranschaulicht bspw., dass der SCotUS den öffentlich zugänglichen Charakter eines Ortes nicht durch die Einwirkung des Diskriminierungsverbots in den privatrecht-

---

[233] *Beeferman*, Images of the citizen and the state, S. 460; *Fee*, N. C. L. Rev. 2004, 569 (578).

[234] *Giegerich*, Privatwirkung der Grundrechte in den USA, S. 456; *Brown*, Miss. L. Rev. 2008, (561); *Fee*, N. C. L. Rev. 2004, 569 (573).

[235] *Chemerinsky*, UCLA L. Rev. 1998, 1635 (1640).

[236] Vgl. Mephisto-Formel, BVerfGE 30, 173, 188; *Grimm*, NJW 1995, 1697 (1702).

lichen Vertrag begründete,[237] sondern indem er sich auf vergangene Entscheidungen bezog (die er allerdings in anderen Verfahren nicht hinzuzog).

4. *Gründe für Überschneidungen und Divergenzen*

Rechtsvergleiche dienen dem Zweck, anhand funktionaler Äquivalente die Antworten verschiedener Rechtsordnungen auf ein Problem zu vergleichen. Man kann der Methode darüber hinaus unterschiedliche Funktionen zuschreiben, welche die Ergebnisse des Vergleichs theorisieren und die Methode aus dem Selbstzweck (lediglich) zu vergleichen erheben.[238] Aus dem hier durchgeführten Rechtsvergleich kann man schließen, dass die *state action doctrine* (einschließlich ihrer *public function* Ausnahme) der mittelbaren Drittwirkung am nächsten kommt. Dies spiegelt sich auch im Kontext der Meinungsfreiheit wieder (s. o.), da sie in beiden Ländern einen hohen Stellenwert im verfassungsrechtlichen Gefüge hat und daher im Mittelpunkt mehrerer Grundsatzentscheidungen zur Ausstrahlungswirkung steht. Auch ist die Doktrin der *state action* für den Schutzumfang der Meinungsfreiheit höchst einschlägig, da der Schutzbereich des *First Amendment* zwar weiter ist, aber nur in bestimmten öffentlichen Orten absolut gilt. Die Grenzen der Meinungsfreiheit werden demzufolge an vielen Orten des gesellschaftlichen Lebens nicht durch den Gesetzgeber bestimmt, sondern durch nicht-staatliche Akteure. Hierbei könnte die Ausstrahlungswirkung von Grundrechten ein Korrektiv darstellen, wenn es Werte in das erweiterte Rechtssystem einfließen lässt, um einer vermeintlichen Werteneutralität des Privatrechts entgegen zu wirken.

Bringt man die Ergebnisse des Vergleichs mit den Ausführungen zum Naturrecht in Verbindung, wird deutlich, dass die Ideen und Prinzipien (im nicht-juristischen Sinne), auf denen das Staatsverständnis der USA aufgebaut wurde, heute noch eine entscheidende Rolle spielen. Die Gestaltung der Grundfreiheiten als absolute Abwehrrechte vor der Staatsmacht und nicht als positive Rechte beruht auf der Unterscheidung von der Funktion des *Bill of Rights* („freedom that protect from the coercive power of the state“) und der unabdingbaren individuellen Freiheit („liberty“), die im Sinne des Naturrechts gottgegeben ist und keiner staatlichen Handlung bedarf. Folglich wird im US-Verfassungsrecht der Staat strikt von der Gesamtheit der ihn konstituierenden Menschen, bzw. von der Gesellschaft getrennt.

Laut *Tushnet* lässt sich die Ausstrahlungswirkung von Grundrechten in einem Rechtsystem daran messen, wie weit der Staat sich sozial-demokratischen Werten verpflichtet, insbesondere wie weit er sich in der Pflicht als Sozialstaat sieht. So entstehen seines Erachtens stärkere Teilhaberechte und ein grundrechtliches

---

[237] Evans vs. Newton, 382 U. S. 296, 302 (1966).

[238] *Michaels*, in: Reimann/Zimmermann, The Oxford Handbook of Comparative Law, S. 339 (363); *Platsas*, Electronic Journal of Comparative Law 2008, 1 (2).

Schutzkonzept, das eine horizontale Wirkung dieser Rechte nicht ausschließen kann. Lehnt ein Staat es hingegen ab, diese Rolle des Sozialstaates anzunehmen oder ist sie im Staatsverständnis weder vorhanden noch gewollt, so kommt es weniger oder gar nicht zu einer Wirkung der Grundrechte über die als Abwehrrechte hinaus.[239] *Tushnets* Theorie erinnert an die Kritik des Naturrechts durch Verfechter des Egalitarismus, weil das Naturrecht als System keine Werte beinhalte und somit auch keine Gerechtigkeit gewährleiste.[240]

Letztendlich beruhen das *First Amendment* und Art. 5 Abs. 1 S. 1 GG auf sehr unterschiedlichen Verfassungsdogmatiken, doch die strikte Trennung – im US-Kontext – zwischen staatlichem und nicht-staatlichem Handeln sowie die sehr begrenzte Ausstrahlungswirkung der Meinungsfreiheit in Privatrechtsverhältnisse (zurückhaltende Anwendung der Ausnahmen) hat zur Folge, dass die Meinungsfreiheit durch Private eingeschränkt werden kann. Letzteres ist bspw. bei der Inhaltemoderation von Hassrede auf sozialen Netzwerken der Fall: Private Akteure können Regeln für die von ihnen betrieben digitalen Kommunikationsräume bestimmen, die materiell mit den Schranken von Art. 5 Abs. 2 GG vergleichbar wären, aber die der US-Gesetzgeber nicht verabschieden könnte – selbst wenn es sich um inzivile bzw. von der Gesellschaft nicht akzeptierte Meinungsäußerungen handelt.[241] Zum Schutz vor den möglicherweise restriktiven Nutzungsbedingungen sozialer Netzwerke wäre es allerdings nicht zielführend, Private wie staatliche Akteure zu behandeln, denn dann unterlägen auch sie dem Verbot des *First Amendment*, was zur Folge hätte, dass sie nicht gegen unerwünschte Äußerungen auf der Grundlage von inhaltsbezogenen Regeln vorgehen könnten.

C. Intermediäre als neue Akteure in der *Free Speech* Infrastruktur

Das erste Ergebnis dieses Rechtsvergleichs (i. e. S.) ist, dass die *state action doctrine* keinen adäquaten Lösungsansatz bietet, weil Private äußerst selten die Voraussetzungen der *state action doctrine* erfüllen, sodass das *First Amendment* zwischen Privaten dementsprechend nur in raren Konfigurationen schützend wirkt.[242] Dennoch ist eine Neuausrichtung der öffentlichen Debatte zu erkennen, die sich an einer gesellschaftlichen und politischen Notwendigkeit festmachen lässt.[243]

---

239 *Tushnet*, Int. J. Const. L. 2003, 79 (88 f.).

240 *Luhmann*, Das Recht der Gesellschaft, S. 219; *Heussen*, ZRP 2017, 212 (213).

241 *Drake/Kiley*, Americans say the nation's political debate has grown more toxic and ‚heated' rhetoric could lead to violence; *Poushter*, 40% of Millennials OK with limiting speech offensive to minorities.

242 Vgl. *Maultzsch*, JZ 2012, 1040 (1049), wonach sich in den USA das Abgrenzungsmodell durchgesetzt hat.

243 *Pasquale*, Theoretical Inquiries in Law 2016, 487 (512).

Daher werden im diesem Abschnitt die jüngsten Entwicklungen der Rechtsprechung des SCotUS und einzelner Fachgerichte am Beispiel von digitalen Informationsintermediären erläutert.[244] Um terminologische Klarheit zu gewährleisten, bietet es sich an, sie „new fora" (I.) und „new actors" (II.) zu nennen (in Abgrenzung zu *public fora* und *state actors* i. S. d. Doktrin). Die erläuterten Fälle werden zeigen, dass Gerichte sich zunehmend mit der Frage der Reichweite der Meinungsfreiheit im Internet beschäftigen und die Notwendigkeit erkannt haben, verfassungsrechtliche Lehren für den digitalen Bereich fortzuentwickeln (zumindest auf Ebene der Fachgerichte). Aktuelle Entscheidungen, die diese Fragen beinhalten, zeigen die Grenzen der bisherigen Dogmatik auf und bilden möglicherweise die Grundlage für eine Rechtsentwicklung, die u. a. das Abwägen zwischen Grundfreiheiten beinhalten könnte.[245]

I. New fora

1. Stand der Rechtsprechung des SCotUS

Bisher hat der SCotUS zwar die Relevanz des Internets anerkannt (insbesondere die Rolle sozialer Netzwerke), aber sich nicht zu ihrer verfassungsrechtlichen Einordnung, bspw. als *public fora* i. S. d. Doktrin positioniert. Offen bleibt auch, ob es zukünftig bei dem im Analogen herangezogenen Vergleich des Machtverhältnisses Staat-Bürger bleiben kann. Die abwehrrechtliche Funktion der Grundrechte ist es, vor einem Machtmissbrauch durch den Staat zu schützen. In ähnlicher Weise kann diese Schutzwirkung bei einer Ausstrahlung in private Rechtsverhältnisse zur Anwendung kommen, aber bedarf eines zusätzlichen Übertragungsschrittes.

a) Reno v. ACLU (1997)

1997 stellte der SCotUS in seiner Grundsatzentscheidung Reno v. ACLU fest, das Internet sei ein Ort des demokratischen Meinungsaustausches („the vast democratic forums of the Internet")[246] und dass der Staat in Bezug auf Kommunikation im Internet genauso an das *First Amendment* gebunden sei wie in der analogen Welt.[247] In diesem Urteil ging es allerdings nicht um Kommunikationsräume privater Anbieter, sondern darum, ob ein Gesetz „zur Wahrung von Sitte und Anstand in der Kommunikation" (Communications Decency Act,

---

244 Zur Definition und den Erscheinungsformen s. u. Kap. 4.; NB: An dieser Stelle der Arbeit bedarf es noch keiner klaren Differenzierung zwischen den Diensten, weil die hier untersuchte Rechtsprechung auch nicht unterscheidet.

245 *Chemerinsky*, Constitutional Law, S. 524; *DiResta*, Free Speech in the Age of Algorithmic Megaphones.

246 Reno v. ACLU, 521 U. S. 844, 868 (1997).

247 Reno v. ACLU, 521 U. S. 844, 869–870, 870 (1997); *Ides u. a.*, Constitutional law, S. 398.

1996) mit dem *First Amendment* vereinbar sei, soweit es in die Meinungsäußerungsfreiheit eingriff und die verabschiedeten Normen gegen das Bestimmtheitsverbot des *Fifth Amendments* verstießen. Obszöne Äußerungen werden vom *First Amendment* nicht geschützt (eine der wenigen Ausnahmen),[248] weshalb der Gesetzgeber grundsätzlich regulieren darf.[249]

Der SCotUS entschied, dass die von der ACLU angegriffenen Normen verfassungswidrig seien (mit Ausnahme von Obszönitäten oder Kinderpornographie), weil sie die Meinungsfreiheit einschränkten und im Wesentlichen unverhältnismäßig seien. Justice *Stevens* schloss die Urteilsgründe mit folgendem Satz ab:

> „Einhergehend mit der Verfassungstradition und in Ermangelung gegenteiliger Beweise gehen wir davon aus, dass die staatliche Regulierung des Inhalts der Rede den freien Gedankenaustausch eher stört als ihn fördert. Das Interesse an der Förderung der Meinungsfreiheit in einer demokratischen Gesellschaft überwiegt jeden theoretischen, aber unbewiesenen Nutzen der Zensur."[250]

Das Internet wurde somit als wichtiger Ort für die Wahrnehmung von *First Amendment*-Rechten anerkannt, aber es wurde nicht genauer auf die Differenzierung zwischen staatlichen und nicht-staatlichen Akteuren im Internet eingegangen.

b) United States v. Am. Library Ass'n (2003)

In einem anderen Fall entschied der SCotUS, ein Internetzugang sei nicht als *public forum* einzuordnen.[251] Es ging um die Bedingungen für staatliche Subventionen zum Ausbau von Internetzugängen in öffentlichen Bibliotheken. Das strittige Gesetz (auf Bundesebene) stellte die Vergabe solcher finanziellen Hilfen unter die Bedingung, dass Software zum Schutz vor obszönen und pornographischen Inhalten auf den öffentlichen Computern der Bibliotheken installiert wurde (Children's Internet Protection Act). Damit griff der Gesetzgeber regulierend und inhaltsbezogen in die *First Amendment*-Rechte der Nutzer ein, weil er das Sperren bestimmter Inhalte zur Bedingung für Subventionen machte. Obwohl es sich um Internetzugänge an öffentlichen Computern in öffentlichen Bibliotheken handelte, wurden sie nicht als *designated public forum* eingestuft. Folglich liege kein verbotener Eingriff in das *First Amendment* vor und das Gesetz blieb in Kraft. Die Rolle der Bibliotheken bei der Auswahl von Inhalten sei unabhängig des Mediums die gleiche. Sie würden obszöne oder pornographische Inhalte sowohl bei Büchern als auch bei jedem anderen, in einer

---

[248] S. o. Kap. 2, B. II. 4.
[249] Ginsberg v. New York, 390 U. S. 629 (1968).
[250] Reno v. ACLU, 521 U. S. 844, 888 (1997), Übersetzung der Verf.
[251] United States et al. v. Am. Library Ass'n, et al., 539 U. S. 194 (2003).

öffentlichen Bibliothek verfügbaren Medium nicht erlauben.[252] Infolgedessen mussten Bibliotheken die Software installieren und zum Schutz der Jugend den Zugang zu bestimmten Inhalten sperren.

c) *Packingham v. North Carolina (2017)*

In Packingham v. North Carolina erkannte der SCotUS die wichtige Rolle des Internets, insbesondere der sozialen Netzwerke, als Kommunikationsort für Bürger und für die Teilhabe am gesellschaftlichen Leben an.[253] Das Gericht beschrieb soziale Netzwerke wie folgt: „the most important places (in a spatial sense) for the exchange of views".[254] Es ging sogar weiter und bezeichnete das Internet als genauso wichtig wie öffentliche Straßen und Parks, also wie die von der Verfassung meistgeschützten *traditional public fora.* Soziale Netzwerke wurden somit als Orte für gesellschaftliches Zusammenkommen anerkannt („essential venues for public gatherings"), aber nur insoweit als dass der Gesetzgeber nicht per Gesetz darüber entscheiden dürfe, wer Zugang zu ihnen erhält.[255] Es ging weiterhin um den abwehrrechtlichen Charakter des *First Amendment* gegenüber dem Staat, der nicht intervenieren dürfe. Soziale Netzwerke, die das Gericht in diesem Fall beschreibt und auch namentlich benennt, sind als Private hingegen nicht davon betroffen; ihnen bleibt das Recht vorbehalten, über die Inhalte ihrer Nutzer zu entscheiden.[256]

Die Packingham-Entscheidung ließ also die Frage unbeantwortet, ob die *public form doctrine* erweitert werden könne, um gewisse soziale Netzwerke ganz oder teilweise zu umfassen.[257] Allgemein zeugt die Entscheidung von der zurückhaltenden Haltung des SCotUS: indem er das Internet im Packingham-Urteil als monolithisches System beschrieben und die digitalen Kommunikationsdienste verallgemeinert hat, zeichnete der SCotUS ein vereinfachtes Bild des Internets, welches sich nicht wirklich von dem Reno v. ACLU-Urteil von 1997 unterscheidet.[258] Die zurückhaltende Haltung des SCotUS wurde kritisiert, weil sie den Eindruck erweckte, das Gericht würde es nicht für notwendig erachten, die Netzwerkstrukturen, den Einfluss nicht-staatlicher Akteure als Betreiber zentraler Kommunikationsinfrastruktur und die Unterschiede zwischen der Vielzahl an Plattformen und Diensten herauszuarbeiten.[259] Bisher war es ausreichend, die Raumanalogie für das Leitbild des öffentlichen Forum auf das In-

---

[252] United States et al. v. Am. Library Ass'n, 539 U. S. 194, 205 (2003): „exercise of judgment in selecting the material [the library] provides to its patrons."

[253] Packingham v. North Carolina, 582 U. S. ___ (2017).

[254] Packingham v. North Carolina, 137 S. Ct. 1730, 1735 (2017).

[255] Vgl. *Butler*, Eur. Data Prot. L. Rev. 2017, 555 (556–557).

[256] Vgl. *Pasquale*, Theoretical Inquiries in Law 2016, 487 (493).

[257] *Yemini*, Lewis & Clark L. Rev. 2019, 79 (1178).

[258] *Yemini*, Lewis & Clark L. Rev. 2019, 79 (1178).

[259] Krit. *Citron/Richards*, Wash. U. L. Rev. 2017, 1353 (360).

ternet anzuwenden („town square"), in dem sich Bürger treffen und austauschen können[260] – dadurch sind jedoch Fragen bezüglich der Adressaten eines Freiheitsschutzes in der digitalen Gesellschaft offen geblieben.

2. *Auf Ebene der Fachgerichtsbarkeit*

Auf Ebene der Fachgerichte, insbesondere der District Courts (Landgerichte), wurden auch Fälle entschieden, bei denen es auf die Frage der Anwendbarkeit der *public forum doctrine* innerhalb sozialer Netzwerke ankam. Drei Entscheidungen sind hervorzuheben, wobei sie nicht alle den gleichen Weg einschlagen, aber sich alle dazu äußern, ob ein soziales Netzwerk eine Form des *public forum* darstellt.

Diese Entscheidungen der Fachgerichte passen methodisch zwar nicht in die hier durchgeführte Analyse von Verfassungsrechtsprechung, bieten aber wichtige Anhaltspunkte für zukünftige Rechtsprechung.[261] Zudem entspricht es dem Ansatz des funktionalen Vergleichs, sich nicht auf formale Äquivalente zu beschränken. Würde man sich strikt auf die Entscheidungen des SCotUS beschränken, würden zum einen die jüngsten Entwicklungen nicht ausreichend beleuchtet werden und zum anderen wäre eine solche Beschränkung (insb. bei einer Arbeit zu den Gestaltungsmöglichkeiten der Rechtsprechung) nicht zielführend, denn auch die verfassungsrichterliche Rechtsfindung hat ihren Ursprung in Entscheidungen der Fachgerichte.[262] Wenn letztere – als rechtsprechende Gewalt – sich erstmalig mit einer Rechtsfrage befassen, kann das Urteil eine Kasuistik schaffen, die eventuell für die späteren Urteile des SCotUS wegweisend sein kann.[263]

a) *Prager University v. Google (2018)*

Im Fall Prager University v. Google hatte der Kläger sich darauf berufen, dass YouTube ein *state actor* unter der *public function* Ausnahme sei und daher ein *public forum* darstelle. Demzufolge dürfe YouTube keine inhaltsbezogenen Regeln erlassen und anwenden, die zum Nachteil der Meinungsfreiheit des Klägers seien. Außerdem würde sich YouTube selbst als öffentliches Forum darstellen.

Der US District Court for the Northern District of California (San Jose Division) wies die Klage ab, weil es keinen Unterschied zu der Rechtsprechung nach Lloyd v. Tanner sah, d. h. YouTube als juristische Person des Privatrechts

---

[260] Vgl. *Berger*, N. Y. U. L. Rev. 1991, 633 (656).

[261] Bspw. im Fall Davison v. Randall appellierte das Berufungsgericht ausdrücklich an den SCotUS, sich in dieser Frage zu positionieren und für mehr Klarheit zu sorgen, s. u.

[262] *Albers/Schönberger*, in: Höfling, Grundsatzfragen der Rechtsetzung und Rechtsfindung, S. 257 (265, 269).

[263] Vgl. *Schauer*, Stan. L. Rev. 1987, 571.

dürfe nicht als *state actor* behandelt werden.[264] Ähnlich hatte 2017 ein District Court in New Jersey eine Klage wegen der Löschung politischer Aussagen gegen Facebook abgewiesen.[265] Die US-Verfassung sei nur auf staatliche Akteure anzuwenden, nicht Privatparteien.[266] Im Fall PragerU v. Google erteilte das Gericht dem Kläger eine Absage bezüglich der Anwendbarkeit der Marsh v. Alabama- und der Packingham-Rechtsprechung auf den vorgelegten Fall. Es verwies darauf, dass es in der Packingham-Entscheidung nicht um das Recht sozialer Netzwerke ginge, den Zugang zu und die Nutzung ihrer Dienste zu bestimmen, sondern um das Abwehren regulatorischer Eingriffe. Dies sei mit dem Sachverhalt in PragerU v. Google nicht zu verwechseln. Des Weiteren erachtete es den Vorwurf der Falschdarstellung in Bezug auf das Auftreten YouTubes (also das Anbieten eines Forums zur Meinungsäußerung) als nicht erwiesen. YouTube benutze vage Formulierungen und Floskeln wie „[we] help you grow" oder „discover what works best for you", die nicht mehr als „marktschreierisches Anpreisen" („puffery") seien, also erlaubt.[267] Außerdem stellte das Gericht ausdrücklich die Frage, ob YouTube das funktionale Äquivalent eines *public forums*, von einem *state actor* betrieben, sei.[268]

Das Urteil wurde im Revisionsverfahren bestätigt[269] und hat erneut gezeigt, dass die Anwendung der *state action doctrine* im digitalen Bereich eine komplexe Angelegenheit ist, wie der Ninth Circuit klarstellte: „YouTube mag ein paradigmatischer öffentlicher Ort im Internet sein, aber er wird ‚nicht allein dadurch in einen staatlichen Akteur verwandelt', dass YouTube ‚ein Forum für die Rede bietet'". Das Gericht argumentierte gegen die Anwendung der *public forum doctrine*: „Dass YouTube nicht im Besitz, gepachtet oder anderweitig von der Regierung kontrolliert wird, untergräbt die Theorie des öffentlichen Forums von PragerU" und stellte fest: „Der Versuch von PragerU, YouTube das Etikett des ‚öffentlichen Forums' aufzudrängen, indem er behauptet, YouTube habe sich selbst zu einem öffentlichen Forum erklärt, scheitert ebenfalls". Damit schlossen die Gerichte eine Verknüpfung der Selbstdarstellung der Plattformen (i. S. v. „Ausrichtung") mit der Einordnung als *public forum* aus.

---

[264] Prager University v. YouTube LLC & Google LLC, No. 17 Civ. 96064, N. D.Cal., S. 16.

[265] Schulman v. Facebook.com, 2017 U. S. Dist. LEXIS 183110 (D. N. J. 2017).

[266] The U. S. Constitution „only applies to governmental actors – and does not apply to private parties."

[267] Prager University v. YouTube LLC & Google LLC, No. 17 Civ. 96064, N. D.Cal., S. 23–24.

[268] „Whether YouTube has become the functional equivalent of a ‚public forum' run by a ‚state actor' requiring legal intervention over a constitutional violation." U. S. District Court Judge Lucy Koh, in Prager University v. YouTube LLC & Google LLC, No. 17 Civ. 96064, N. D.Cal.

[269] PragerU v. Google LLC & YouTube LLC, No. 18–15712, 9th Cir. (Febr 20th, 2020), abrufbar unter https://cdn.ca9.uscourts.gov/datastore/opinions/2020/02/26/18-15712.pdf zuletzt aufgerufen am 30.08.2022.

b) Knight First Amendment Institute v. Donald J. Trump (2018)

Im Fall Knight First Amendment Institute at Columbia University et al. v. Donald J. Trump et al. hat der US District Court of the Southern District of New York den Twitter-Feed von Donald Trump als *public forum* im Sinne der Lehre bezeichnet.[270] In diesem Fall sollte das Gericht entscheiden,

> „ob ein Amtsträger im Einklang mit dem First Amendment eine Person als Reaktion auf die politischen Ansichten, die diese Person geäußert hat, von ihrem Twitter-Konto ‚blockieren' darf und ob das Ergebnis anders sein könnte, weil dieser Amtsträger der Präsident der Vereinigten Staaten ist".

Das Gericht prüfte, „ob die *public forum doctrine* auf mehrere Teile des @realDonaldTrump-Kontos und nicht auf das Twitter-Konto als Ganzes angemessen angewendet werden kann" und kam zum Ergebnis, dass die vom Präsidenten gesendeten Tweets nicht als *traditional public forum* (wegen mangelnder historischer Verankerung), aber als *designated public forum* zu bewerten, weil sein Twitter-Profil die Voraussetzungen für ein *governmental forum* erfülle. Dafür stützte sich das Gericht auf Indizien wie die Beschreibung des Kontos (das @realDonaldTrump-Konto war auf „Donald J. Trump, ‚45. Präsident der Vereinigten Staaten von Amerika, Washington, D. C." registriert) und auf die tatsächliche und willentliche Verwendung zur Kommunikation von Richtlinien und Ernennungen über dieses Nutzerprofil.[271] Das Gericht fasste seine Entscheidung wie folgt zusammen: „In sum, we conclude that the blocking of the individual plaintiffs as a result of the political views they have expressed is impermissible under the First Amendment."[272]

Diese Entscheidung sollte im Hinblick auf die *public forum doctrine* nicht überinterpretiert werden, denn die Einordnung des US Präsidenten als staatlicher Akteur und demzufolge an das Verbot des *First Amendment* gebunden, ist nicht überraschend.[273] Das Urteil ist aufgrund der Konstellation von Bedeutung, dass ein staatlicher Akteur einen privaten Kommunikationsdienst (Twitter) für Informationen von öffentlichem Interesse nutzt, statt sich gegenüber der Presse zu äußern. Der Zugang zu Informationen dieser Art darf nicht verhindert werden, wenn sie Presseagenturen, Rundfunkanstalten oder anderen der

---

[270] Knight First Amendment Institute at Columbia Uni. et al. v. Donald J. Trump et al., No. 17 Civ. 5205, S. D. N. Y. (23.05.2018), abrufbar unter https://lawprofessors.typepad.com/files/2018.05.23-order-on-motions-for-summary-judgment.pdf S. 2, zuletzt aufgerufen am 30.08.2022; die Entscheidung wurde von der zweiten Instanz am 09.07.2019 bestätigt: Knight First Amendment Institute, et al v. Donald J. Trump, et al, United States Court of Appeals For the Second Circuit, No. 18 Civ. 1691.

[271] Knight First Amendment Institute v. Donald J. Trump (2018), S. 60–61.

[272] Knight First Amendment Institute v. Donald J. Trump (2018), S. 67–68; Übersetzung d. Verf.: „Zusammenfassend kommen wir zu dem Schluss, dass die Sperrung der einzelnen Kläger aufgrund der von ihnen geäußerten politischen Ansichten gemäß dem Ersten Verfassungszusatz unzulässig ist."

[273] Vgl. *Yemini*, Lewis & Clark L. Rev. 2019, 79 (32).

Öffentlichkeit zugänglichen Medien zugespielt werden. Öffentliche Twitter-Profile können grundsätzlich von allen Internetnutzenden eingesehen werden, es sei denn man wird aktiv vom demjenigen blockiert, dessen Profil man sehen möchte. Im US-Kontext hat das Urteil dennoch Brisanz, weil es zeigt, dass es nicht reicht, den privatrechtlichen Rahmen als „Schutzschild“ zu nutzen, um das *First Amendment* zu umgehen.

Am 5. April 2021 hat der SCotUS das Urteil des Second Circuit wegen des Wechsels in der Präsidialverwaltung von Trump zu Biden aufgehoben und zurückverwiesen.[274] Dennoch unterstrich *Justice Thomas* in seinem Sondervotum (*Concurring Opinion)* die problematische Machtkonzentration bei Social-Media-Plattformen.[275] Er bildete die Analogie zu Netzbetreibern, die – insbesondere bei digitalen Plattformen, die einen dominanten Marktanteil haben – deutlich erkennbar sei und woraus sich ein nicht zu unterschätzende Einfluss über die öffentliche Kommunikation ergebe.[276]

c) Davison v. Randall (2019)

Der Ansicht der ersten Instanz im Fall Knight Institute v. Trump schloss sich auch das Berufungsgericht für den Fourth Circuit in Davison v. Randall an.[277] In diesem Fall legte die Kreisvorsitzende des Loudoun County (Virginia), Randall, Berufung gegen eine erstinstanzliche Entscheidung ein und argumentierte, dass das Bezirksgericht zu Unrecht zu dem Schluss gekommen sei, dass sie die Rechte eines ihrer Wähler, Brian Davison, verletzt habe, als sie Davison von der von ihr verwalteten „Vorsitzende Phyllis J. Randall“ Facebook-Seite ausschloss.

Das Gericht entschied, dass eine Facebook-Seite ein *public forum* darstellen könne, wenn das Verhalten derjenigen, die sie eingerichtet hat und betreibt, zu dem Eindruck führt, es handle sich um eine „staatliche“ Facebook-Seite, welche die Bürger dazu ermutigt sich – ohne Beschränkungen – zu Themen öffentlichen Interesses zu äußern.[278] Außerdem sei die Wahl eines privaten Kommunikationsdienstes (hier Facebook) mit der (analogen) Situation vergleichbar, bei der eine kommunale Veranstaltung an einem Ort stattfinden würde, zu der nur Teile der Öffentlichkeit Zugang bekämen.[279] Eine solche Ungleichbehand-

---

[274] Joseph R. Biden, Jr., President of the United States, et al. v. Knight First Amendment Institute at Columbia University, et al., 593 U. S. ____ (2021).

[275] 593 U. S. ____ (2021), S. 3: „unbridled control […] in the hands of a private party“; Übersetzung d. Verf.: „ungezügelte Kontrolle […] in den Händen einer privaten Partei“.

[276] 593 U. S. ____ (2021), S. 7: „The analogy to common carriers is even clearer for digital platforms that have dominant market share.“; S. 8: „this concentration gives some digital platforms enormous control over speech“; Übersetzung d. Verf.: „diese Konzentration gibt einigen digitalen Plattformen enorme Kontrolle über das Gesagte.“

[277] Davison v. Randall, No. 17–2002, 4th Cir. (Jan 7th 2019), abrufbar unter http://www.ca4.uscourts.gov/Opinions/172002.P.pdf zuletzt aufgerufen am 30.08.2022.

[278] Davison v. Randall, No. 17–2002, 4th Cir. (Jan 7th 2019), S. 22, 32 und 43.

[279] Davison v. Randall, No. 17–2002, 4th Cir. (Jan 7th 2019), S. 41.

lung von zwei sehr vergleichbaren Lebenssituation dürfe nicht entstehen, weswegen die Facebook-Seite einer Politikerin nicht anders zu behandeln sei als ein öffentlicher Auftritt woanders.

Durch diese Auslegung entfaltet sich eine Schutzwirkung für diejenigen Nutzer, die mit dem Social-Media-Account eines staatlichen Akteurs interagieren, dass sie nicht blockiert (oder „stummgeschaltet") werden. Würde das Gericht den Bezug zur öffentlichen Gewalt und damit zu einer staatlichen Intervention nicht herstellen, würde sich der Schutz des *First Amendment* allerdings nicht entfalten.

Justice Milano-Keenan fügte dem Urteil ein *Concurring Opinion* hinzu: Zum einen bezweifelte sie, dass jeder Bedienstete im öffentlichen Dienst ein solches *designated public forum* auf sozialen Netzwerken öffne, denn dafür bedürfe es besonderer Befugnisse.[280] Um die Frage zu beantworten, könne man die zweite Ausnahme der *state action doctrine* heranziehen: der Nexus mit dem Staat. Zum anderen ging sie auf das Urteil Packingham v. North Carolina ein und appellierte an den SCotUS. Er solle klarstellen, wie mit solchen Fällen umzugehen sei, bei denen Nutzer als Betreiber solcher Facebook-Seiten der öffentlichen Gewalt zuzuordnen sind und deswegen gegen das *First Amendment* verstoßen würden, wenn sie Nutzerkommentare auf ihrer Seite moderieren, an Facebook melden und eventuell eine Löschung bewirken würden. Sie kam zu dem Schluss, dass es innerhalb eines sozialen Netzwerks zu unterschiedlichen Eingriffsmodellen kommen könnte, wodurch staatliche Akteure das Verbot des *First Amendment* mittelbar umgehen könnten.[281] Für solche Fälle seien die Fachgerichte mit der Packingham-Rechtsprechung nicht ausreichend gewappnet („cases necessarily will arise requiring courts to consider the nuances of social media and their various roles in hosting public forums established by government officials or entities").[282]

II. New actors

Aus diesen drei Entscheidungen zur Anwendbarkeit der *public forum doctrine* auf private Kommunikationsräume im Internet ergibt sich, dass die Rechtspre-

---

[280] Davison v. Randall, Concurring Opinion, S. 44.

[281] „Thus, while a government official, who under color of law has opened a public forum on a social media platform like Facebook, could not ban a user's comment containing hate speech, that official could report the hate speech to Facebook. And Facebook personnel could ban the user's comment, arguably circumventing First Amendment protections."; Übersetzung der Verf.: „Während ein Regierungsbeamter, der rechtmäßig ein öffentliches Forum auf einer Social-Media-Plattform wie Facebook eröffnet hat, einen Nutzerkommentar, der Hassreden enthält, nicht verbieten dürfte, könnte dieser Beamte die Hassrede an Facebook melden. Facebook-Mitarbeiter könnten den Kommentar des Nutzers verbieten und damit den Schutz des First Amendment wohl umgehen."

[282] Davison v. Randall, Concurring Opinion, p. 46; vgl. *Lidsky*, B. U. L. Rev. 2011, 1975 (1977 f.).

chung es bisher ablehnt, Intermediäre als *state actors* einzuordnen und dass es womöglich einer Kombination der *public forum* und *state action* Doktrinen bedarf. In der Literatur finden sich Argumente für und gegen eine mögliche Anwendung des *First Amendment* auf die privaten Betreiber von sozialen Netzwerken.[283]

1. *Mehr Verantwortung für digitale Diensteanbieter*

Grundsätzlich wird gefordert, dass soziale Netzwerke mehr Verantwortung für die bei ihnen veröffentlichten Inhalte übernehmen sollten. Ein solcher Richtungswechsel könnte allerdings einem Anerkenntnis gleichkommen, dass sie mehr Einfluss auf die öffentliche Kommunikation im Netz ausüben als ihnen ursprünglich zugeschrieben wurde.[284] Weil soziale Netzwerke nicht wie staatliche Akteure behandelt werden, wird die Meinungsfreiheit der Nutzer im Internet weniger geschützt, weil das *First Amendment* nur vor staatlichen Eingriffen schützt.[285] Man könnte die *state action doctrine* anpassen, zum Beispiel wegen des öffentlichen Interesses an der Kommunikationsinfrastruktur, die sie anbieten.[286]

Nach ihrer Analyse der Selbstregulierung sozialer Netzwerke kommt auch *Klonick* zu dem Ergebnis, sie seien der privaten Stadt in Marsh v. Alabama nicht ähnlich genug, um die *public function exception* auf sie anzuwenden.[287] Man könne sie aber auch gesetzlich nicht weiter verpflichten, weil Plattformen ihre eigenen *First Amendment*-Rechte entgegenhalten.[288] Das gilt vor allem im Bereich der Haftung für nutzergenerierte Inhalte, wo sie sich auf Section 230 des Communications Decency Act (1996) berufen können, wonach sie nicht für nutzgenerierte Inhalte haften.[289]

2. *Nicht als* state actors

Die herrschende Meinung lehnt es ab, soziale Netzwerke als *state actors* einzuordnen,[290] weil sich eine Abkehr der bisherigen Rechtsprechung nachteilig

---

283 Abl. *Huhn*, Hofstra L. Rev. 2006, 1379 (1395); *Rosen*, Fordham L. Rev. 2011, 1525 (1525); *Klonick*, Harv. L. Rev 2018, 1598 (1658).

284 *Pasquale*, Theoretical Inquiries in Law 2016, 487 (512); *Rudofsky*, N. Y. U. Ann. Surv. Am. L. 2017, 741 (777).

285 *Langvardt*, Geo. L. J. 2018, 1353 (1386).

286 *Langvardt*, Geo. L. J. 2018, 1353 (1368).

287 *Klonick*, Harv. L. Rev 2018, 1598 (1658).

288 *Keller*, Who Do You Sue?, S. 13.

289 47 U. S. Code § 230: Protection for private blocking and screening of offensive material, Cornell Legal Information Institute, abrufbar unter https://www.law.cornell.edu/uscode/text/47/230 zuletzt aufgerufen am 30.08.2022; die Haftungserleichterung soll Intermediäre vor einer unverhältnismäßigen Störerhaftung schützen, weil sie nicht wie Verleger oder Redakteure in Erscheinung treten; beruhend auf Smith v. California, 361 U. S. 147 (1959).

290 U. a. *Huhn*, Hofstra Law Review 2006, 1379 (1457).

auf den Schutz der Meinungsfreiheit auswirken könnte. Würde man große soziale Netzwerke als *state actors* behandeln, hätte dies womöglich zum Ergebnis, dass sie sich rechtswidrig verhalten: sie könnten sich als staatliche Akteure nicht gegen das Verbot des *First Amendment* hinwegsetzen, denn sie würden denselben Grenzen wie der Staat unterliegen. Derzeit wird statt einer judikativen Lösung über die Novellierung des Haftungsregime unter Sec. 230 CDA – also eine legislative Herangehensweise – debattiert.

III. Ausblick

Prinzipiell könnten beide Lehren (mittelbare Drittwirkung und *state action doctrine*) in ihren jeweiligen Rechtssystemen Auswege und Antworten auf gesellschaftliche Veränderungen liefern und zur Fortentwicklung des Rechts beitragen. Beide Lehren enthalten Elemente für eine Ausstrahlungswirkung der Grundrechte, doch die Verfassungsgerichte folgen unterschiedlichen Ansätzen – das zeigt insbesondere die Analyse der letzten zwei Jahrzehnte. Die *state action doctrine* entfaltet in ihrer tatsächlichen Anwendung durch den SCotUS jedoch eine eher einschränkende Wirkung, weil sie in ihrer Dogmatik (einschließlich der *public forum doctrine*) bisher keine Eingangsstellen für private Orte der Öffentlichkeit geboten hat. Der SCotUS hat sich an das Leitmotiv des *containment* (Zurückhaltung) gehalten,[291] wohingegen das BVerfG die Ausstrahlungswirkung regelmäßig erweitert hat. Entsprechend ergeben sich unterschiedliche Lösungsansätze für die Fragestellung.

1. Lösungsansätze für die USA

Das Internet und die damit verbundenen Möglichkeiten der Kommunikation innerhalb privater Plattformen erfordern ein Umdenken in Bezug auf Strukturen und Kategorien für den Schutz der Meinungsfreiheit. Das Beibehalten der bisherigen Doktrin würde die Grundfreiheiten (einschließlich der Werte, die sie schützen sollen) zunehmend unterlaufen. Es bleibt abzuwarten, wie sich der SCotUS in diesen Fragen zukünftig positionieren wird.[292] Darüber hinaus bieten sich andere, parallele Lösungswege im Kartell-[293] und im Rundfunk-

---

[291] Ausf. *Mathews*, U. o. Ill. L. Rev. 2017, 655 (658, 679).

[292] Man kann in der Concurring Opinion von Justice *Thomas* in 593 U. S. ____ (2021) durchaus Indizien dafür sehen, dass das Problem innerhalb des SCotUS erkannt wurde und möglicherweise divergierende Ansichten vertreten werden.

[293] Derzeit läuft bspw. ein kartellrechtliches Verfahren gegen Facebook: FTC Sues Facebook for Illegal Monopolization, Meldung v. 09.12.2020, abrufbar unter https://www.ftc.gov/news-events/press-releases/2020/12/ftc-sues-facebook-illegal-monopolization zuletzt aufgerufen 30.08.2022.

recht[294] an, die nicht unter das Regulierungsverbot des *First Amendments* fallen.[295]

Auf verfassungsrechtlicher Ebene bietet sich eine judikative Lösung in Form einer neuen, zusätzlichen Kategorie der *public forum doctrine* an. Eine solche neue Kategorie könnte das Recht der Plattformen, Inhalte zu moderieren, mit der Meinungsfreiheit ihrer Nutzer kombinieren.[296] Von diesen Grundannahmen ausgehend wäre ein *social public forum* eine Kategorie, welche allgemein zugängliche digitale Dienste (d. h. keine besonderen Anforderungen an die sich registrierende Person) erfassen könnte, die dem Zweck der Kommunikation dienen und für das gesellschaftliche Leben im digitalen Zeitalter bedeutsam sind. Die Kategorie würde Orte der Kommunikation umfassen, die kein *public forum* im engeren Sinne der Doktrin sind, weil sie nicht der öffentlichen Gewalt nach der *state action doctrine* zuzuordnen sind. Sie könnte von Gerichten bei der Auslegung der Nutzungsbedingungen einer Plattform angewandt werden, wenn Nutzer gegen eine Entscheidung bezüglich von ihnen generierten Inhalte klagen. Die Definition eines solchen *social public forum* würde auf einem inklusiveren Verständnis von Öffentlichkeit beruhen, vergleichbar mit der Rechtsprechung des Bundesverfassungsgerichts, die Anhaltspunkte für das weite Verständnis von Orten der allgemeinen Kommunikation gibt.

2. *Bedeutung für das deutsche Recht*

Obwohl das Bundesverfassungsgericht sich im Fraport-Urteil explizit auf die *public forum doctrine* des SCotUS bezogen hat, hat dieser Abschnitt gezeigt, dass sie nicht dem Verständnis von Öffentlichkeit im deutschen Verfassungsrecht entspricht. Indem das Bundesverfassungsgericht sich regelmäßig auf ein umfassenderes Verständnis der Öffentlichkeit bezieht und damit ein „kommunikatives Forum“[297] eingeführt hat, dessen Nutzung zu kommunikativen Zwecken nicht nur davon abhängt, ob dieser Ort dem Staat gehört, hat es einen vom SCotUS abweichenden Weg eingeschlagen.

Obwohl beim Vergleichsergebnis die Unterschiede zwischen der *state action doctrine* und der mittelbaren Drittwirkung die Gemeinsamkeiten überwogen haben, können die Erkenntnisse hinsichtlich der *state action doctrine* für das deutsche Verfassungsrecht fruchtbar gemacht werden. Aus dem Vergleich ergibt sich, dass die Anerkennung der zentralen Bedeutung von sozialen Netzwerken für die öffentliche Kommunikation in der Regel nicht mit der Anwendung von Maßstäben für die öffentliche Gewalt einhergeht. Die US-Rechtsprechung hat zwar anerkannt, dass soziale Netzwerke eine wichtige Rolle für die öffentliche

[294] *Sunstein*, #Republic, S. 208; *Post*, Va. L. Rev. 2011, 477 (487); *Wu*, Is the First Amendment Obsolete?, Knight First Amendment Institute: Emerging Threats Series, 24–26.
[295] *Pasquale*, Theoretical Inquiries in Law 2016, 487 (505).
[296] Ausf. *Heldt*, Mitchell Hamline L. Rev. 2020, 997.
[297] *Schaefer*, Der Staat 2012, 251 (273).

Kommunikation spielen, aber sie nicht alternativlos sind und deswegen nicht als *state actors* behandelt werden sollten. Für die Rückbindung dieses Ergebnisses an die Drittwirkungslehre sollte eventuell stärker zwischen der angenommenen Alternativlosigkeit und der tatsächlichen Bedeutung solcher Dienste für die Herstellung von Öffentlichkeit in der digitalen Gesellschaft differenziert werden.

Daher sollte bedacht werden, dass die Drittwirkung der Meinungsfreiheit eventuell intensivere Formen annehmen kann, aber Grundrechte in der Regel vornehmlich als Abwehrrechte zwischen Staat und Bürgern wirken. Das bedeutet, dass soziale Netzwerke durchaus Verpflichtete einer intensiveren Drittwirkung sein können, aber gleichzeitig in der Abwägung auch der Schutz ihrer Interessen beachtet werden sollte, weil sie sich auf ihre Grundrechte berufen können. Darunter könnte auch eine gewisse Ausrichtungsfreiheit der Intermediäre fallen, das „öffentliche Forum", welches sie eröffnen, nach ihren Vorstellungen zu gestalten.[298]

[298] Dazu nachfolgend Kap. 4 C. III.

Kapitel 3

Meinungsfreiheit als Teilnahme am kommunikativen Geschehen – Erkenntnisgewinn durch Interdisziplinarität

A. Einleitung: Das Leitbild des öffentlichen Forums

„Freie Meinungsbildung vollzieht sich in einem Prozeß der Kommunikation. Sie setzt auf der einen Seite die Freiheit voraus, Meinungen zu äußern und zu verbreiten, auf der anderen Seite die Freiheit, geäußerte Meinungen zur Kenntnis zu nehmen, sich zu informieren."[1]

Im Unterschied zu den USA ist der Schutz aus Art. 5 Abs. 1 S. 1 GG nicht absolut; die Schranken aus Art. 5 Abs. 2 GG bestimmen die Anforderungen an die gesetzlichen Grenzen des Rechts auf Meinungsfreiheit. Somit konkretisieren sie allgemeine normative Schranken des öffentlichen Diskurses, indem sie auf Verfassungsebene festlegen, dass es „zur Verhinderung der Selbstabschaffung" einer streitbaren Demokratie[2] mitunter erforderlich ist, die Meinungsfreiheit einzuschränken. Das verfassungsrechtliche Leitbild der streitbaren Demokratie baut auf dem Ideal einer deliberativen Demokratie auf und schützt den Kommunikationsprozess als Ganzes. Das Recht reagiert dabei auf öffentlichkeitstheoretische Überlegungen. Anhand von sozialwissenschaftlichen Erkenntnissen lassen sich folglich Antworten auf die Frage finden, in welchen Konstellationen „die besondere Bedeutung […] des Grundrechts auf freie Meinungsäußerung"[3] sich zwischen Privaten auswirkt; auch auf die Frage inwiefern Private Öffentlichkeit im Internet herstellen und mit welchen Folgen für die objektiv-rechtlichen Gehalte von Art. 5 Abs. 1 S. 1 GG, wenn sie ein „Ort der allgemeinen Kommunikation" darstellen. Das folgende Kapitel geht auf die öffentlichkeitstheoretischen Argumente ein, die notwendig sind, um den „Grad der Angewiesenheit" des Individuums gegenüber privaten Akteuren für die „Teilnahme am kommunikativen Geschehen" zu konkretisieren.[4] Dafür gibt es dafür einen summarischen Überblick der einschlägigen Öffentlichkeitstheorien (B.) und widmet sich im Anschluss ihrer Übertragung auf digitale Konstellationen (C.). Dafür geht es auch auf empirische Forschung über die Bedeutung von sozialen Netzwerken für die Meinungsbildung ein (C. III.).

---

[1] BVerfGE 57, 295 (319) – FRAG-Urteil.

[2] *Kloepfer*, in: Isensee/Kirchhof, HdBStR Bd. III § 42, Rn. 46.

[3] BVerfGE 7, 198 (230).

[4] BVerfG, Beschl. v. 22.05.2019 – 1 BvQ 42/19 – Rn. 15.

B. Öffentlichkeitstheorien

I. *Öffentlichkeit als (normativ-unabhängiges) Konzept*

Öffentlichkeit wird allgemein als der „als Gesamtheit gesehene Bereich von Menschen, in dem etwas allgemein bekannt geworden und allen zugänglich ist“ verstanden.[5] Die Etymologie des Worts „Öffentlichkeit“ ist mit der Vorstellung des öffentlichen Raums und dessen Synonymen *Agora* und *Forum* eng verknüpft. Die *Agora* in der griechischen Antike war der Ort, an dem über die *Res Publica* debattiert und entschieden wurde, und diese Bedeutung wird dem Wort sinnbildhaft bis heute beigemessen.[6] Der Begriff *Forum* stammt aus dem Lateinischen und bedeutet ursprünglich einen „mit einem Bretterzaun umgebener Platz“, der in altrömischen Städten als Ort der Rechtspflege, der Volksversammlung oder ähnliches diente.[7] Auch im heutigen Sprachgebrauch wird das Wort „Öffentlichkeit“ für einen Ort der öffentlichen Diskussion oder der Aussprache unter vielen Beteiligten benutzt. Dabei kann es zu einer unpräzisen Gleichstellung mit dem „öffentlichen Raum“ kommen, obwohl die Öffentlichkeit nicht zwangsläufig mit dem Ort korreliert an dem sie zustande kommt.[8] Es sind Begriffe wie „öffentlicher Raum“, „öffentlicher Diskurs“, „Kommunikationsforum“ usw. die den Diskurs über die Öffentlichkeit prägen, ohne stets sinngleiche Synonyme zu sein. Das Wort *Forum* steht zugleich für diesen Ort und dient als Metapher für das Konzept der Öffentlichkeit.[9] Als „Freiraum zwischen Staat und Gesellschaft“ beschreibt *Eder* die Öffentlichkeit, das was „weder eine politische Institution noch eine soziale Institution, sondern eine (ihrerseits institutionalisierbare) Beobachtungsinstanz und Thematisierungsinstanz politischer und sozialer Institutionen“ darstellt.[10]

Die Projektion gesellschaftlicher Ideale auf den Begriff der Öffentlichkeit wird in der Sozialwissenschaft als Narrativ oder Diskurs der Öffentlichkeit beschrieben. *Knaut* verwendet den Begriff des „Imaginativs“ der Öffentlichkeit als konzeptuelle Herangehensweise. Sie definiert Imaginative als „kulturell gebundene Wissensordnungen, die in Diskursen (re-)produziert werden und die eine übergreifende Narrativstruktur bereitstellen, die wiederum mit Erfahrungswissen und für das Imaginativ typischen Argumentationsstrukturen und Sym-

---

[5] Siehe hierzu die Definitionen von Öffentlichkeit im Duden, unter https://www.duden.de/rechtschreibung/Oeffentlichkeit zuletzt aufgerufen am 30.08.2022.

[6] *Gerhards*, in: Jarren/Sarnicelli/Saxer, Politische Kommunikation in der demokratischen Gesellschaft, S. 268 (268).

[7] Definition im Duden, abrufbar unter https://www.duden.de/rechtschreibung/Forum zuletzt aufgerufen am 30.08.2022.

[8] *Habermas u. a.*, New German Critique 1974, 49 (49).

[9] *Mundo*, kommunikation @ gesellschaft 2008, 1 (8).

[10] *Eder*, in: Jachtenfuchs/Kohler-Koch, Europäische Integration, S. 85 (85).

boliken behaftet ist."[11] Die Kategorie des Imaginativs dient als Oberbegriff für solches Wissen, das eine theoretische Grundlage hat, aber jenseits davon in die Gesellschaft weitergetragen wird und dort weiter mitschwingt.[12] Das Imaginativ beschreibt also das Phänomen einer gesellschaftlichen Reflektion über einen Begriff, der unter Umständen in dieser Reflektion anders als seine wissenschaftliche Definition eingesetzt wird. Eine solche Debatte sollte in der Öffentlichkeit stattfinden, gleichzeitig wird genau um deren Definition gerungen.

Diese deskriptiven Definitionen der Öffentlichkeit lassen sich nur schwierig von ihrer normativen Bedeutung trennen, dennoch prägt gerade das Bild der Öffentlichkeit als Raum für Diskussionen aller Bürger und Akteure den Begriff.[13] Dadurch wird eine Definition als *Forum* perpetuiert, d. h. als *Ort* der öffentlichen Kommunikation.

II. Eine normative Definition der Öffentlichkeit

Um zu begreifen, welche Bedingungen erfüllt sein müssen, damit Öffentlichkeit im Internet hergestellt wird, bedarf es der Erkenntnis, welche normative Erwartungen mit der Öffentlichkeit verbunden sind und wie diese auf Öffentlichkeiten im Internet übertragen werden können. Grundlage hierfür ist das Verständnis darüber, wie Öffentlichkeit durch Private auf verschiedenen Ebenen hergestellt wird. Es ist daher erforderlich, das Entstehen von Öffentlichkeit und die dem Entstehen zugrundeliegenden theoretischen Modelle zu analysieren, um dessen Bedeutung für das Recht der digitalen Gesellschaft zu erläutern.

1. Das Leitbild der Öffentlichkeit in der Verfassung

Das Bundesverfassungsgericht vertritt ein deliberatives Demokratieverständnis[14] und stellt entsprechend auf eine damit einhergehende umfassende Gewährleistung von Kommunikationsfreiheiten ab.[15] Entsprechend können die Diskurstheorie von *Habermas* und das Konzept der deliberativen Öffentlichkeit als verwandte Theorie für das Leitbild der Verfassung relevante Öffentlichkeitsmodelle herangezogen werden.[16]

---

[11] *Knaut*, in: Gaudinger/Jarzebski/Yildiz, Politische Narrative, S. 93 (98–99).

[12] *Knaut*, in: Gaudinger/Jarzebski/Yildiz, Politische Narrative, S. 93 (101).

[13] Vgl. *Knaut*, in: Gaudinger/Jarzebski/Yildiz, Politische Narrative, S. 93 (103, 106) Hervorhebung d. Verf.; *Wimmer*, in: Quandt/Scheufele, Ebenen der Kommunikation, S. 163 (165).

[14] *Meinel*, KJ 2004, 413 (419); *Kloepfer*, in: Isensee/Kirchhof, HdBStR Bd. III § 42, Rn. 53; *Niederberger*, in: Franzius/Mayer/Neyer, Grenzen der europäischen Integration, S. 211 (216–217).

[15] BVerfGE 5, 85 (196–199); 7, 198 (208); 57, 295 (319–320); 61, 1 (13); 90, 241 (247–248); 90, 60 (87); 101, 361 (389); 128, 226 (252–253); st. Rspr.

[16] *Habermas*, Faktizität und Geltung, S. 151 ff., 187 ff., 351 ff., 399 ff.

Das Diskursmodell bildet die Grundlage einer Vielzahl von soziologischen Öffentlichkeitsanalysen.[17] Auch wenn die deliberative Demokratie als ein nicht-erreichbares Ideal kritisch hinterfragt wird,[18] kommt sie dem Leitbild der Öffentlichkeit in der verfassungsrechtlichen Dogmatik nahe und entspricht auch dem Schutz der freien Meinungsbildung in der verfassungsrechtlichen Rechtsprechung. Erneut kann an dieser Stelle auf das Lüth-Urteil verwiesen werden. Dort stellte das Bundesverfassungsgericht fest, dass „die ständige geistige Auseinandersetzung" und der „Kampf der Meinungen, der ihr Lebenselement ist" für die freiheitlich-demokratische Staatsordnung „schlechthin konstituierend" sei. Es sei „in gewissem Sinn die Grundlage *jeder* Freiheit überhaupt".[19] In diesem Kontext definierte das Bundesverfassungsgericht die Meinungsfreiheit als „objektives Prinzip der Gesamtrechtsordnung".[20] Alle in Art. 5 Abs. 1 GG verankerten Garantien dienen „der Gewährleistung freier individueller und öffentlicher Meinungsbildung" und dies umfasse „jede Vermittlung von Information und Meinung umfassenden Sinne".[21] Dabei legte sich das Bundesverfassungsgericht weder auf eine bestimmte Art von Äußerungsinhalten noch auf bestimmte mediale Verbreitungswege fest, die für den Prozess der politischen Meinungsbildung möglicherweise schutzwürdiger wären. Die Meinungsbildung finde in einem „umfassenden, vielfach verflochtenen Kommunikationsprozeß"[22] und an allen „Orten der allgemeinen Kommunikation" statt, in denen „ein vielseitiges und offenes Kommunikationsgeflecht" entstünde.[23] Es stellt also weder auf bestimmte Rahmenbedingungen, noch auf besondere Konstellationen ab, sondern versteht die Entstehung von Öffentlichkeit und den Schutz öffentlicher Kommunikation davon losgelöst. Entsprechend einleuchtend ist die Erkenntnis von *Siehr*, dass *Habermas'* normatives Öffentlichkeitsmodell einen „missing link" zwischen dem öffentlichen Raum und der Kommunikationsverfassung bildet.[24]

2. Diskurstheorie und deliberative Demokratie

Obwohl der Begriff der Öffentlichkeit in den Kommunikationswissenschaften und der Medienforschung eine besondere Rolle spielt, herrscht weder

---

[17] *Pfetsch u. a.*, Publizistik 2018, 477 (483).

[18] Krit. bspw. *Peters*, weil *Habermas'* Theorie auf einem „fiktiven demokratischen Ideal eines allseits kompetenten Staatsbürgers" aufbaut (*Peters*, in: Neidhardt, Öffentlichkeit, öffentliche Meinung, soziale Bewegungen, S. 42 (62). Ähnl. *Neves*, weil *Habermas* von einem „in der Alltagspraxis der Lebenswelt konstruierten Konsens ausgeht." (*Neves*, Zwischen Themis und Leviathan, S. 104).

[19] BVerfGE 7, 198 (208); Hervorhebung d. Verf.

[20] BVerfGE 57, 295 (320).

[21] BVerfGE 57, 295 (319).

[22] BVerfGE 101, 361 (389) – Caroline von Monaco II.

[23] BVerfGE 128, 226 (252–253).

[24] *Siehr*, Das Recht am öffentlichen Raum, S. 179–183.

ein einheitliches Begriffsverständnis, noch ein einheitliches Öffentlichkeitsmodell. Vielmehr unterscheidet man üblicherweise zwischen drei Modellen: das *Habermas*'sche Diskursmodell, das Spiegelmodell von Öffentlichkeit nach *Luhmann* und das intermediäre Öffentlichkeitsmodell von *Gerhards und Neidhardt*.[25] Laut der *Habermas*'schen Definition eines „normativen, basisdemokratisch orientierten Idealmodell von Öffentlichkeit"[26] handelt es sich dabei um „einen kommunikativen Bereich, in dem alle Bürger mit Argumenten öffentliche Belange diskutieren, an deren Ende eine vernünftige öffentliche Meinung steht, die die Grundlage politischer Entscheidungen bildet."[27] Gemäß seiner Diskurstheorie besteht das kommunikative Handeln aus Sprechakten, die verständigungsorientiert sind und aus propositionalen und performativen Bestandteilen bestehen.[28] Somit entstehe ein Diskurs als eine durch Argumente gekennzeichnete ideale Form der Kommunikation.[29] Die Öffentlichkeit bedeute nicht nur ein Diskursraum im Kontext der Meinungsbildung, sondern diene als funktionale Bedingung für die öffentliche Meinungsbildung und den demokratischen Aushandlungsprozess innerhalb der Gesellschaft.[30] Insofern beinhalte der grundrechtliche Gewährleistungsinhalt auf freie Meinungs- und Willensbildung das Ausüben der „politischen Autonomie"[31] des Individuums innerhalb des demokratischen Systems. Die politisch fungierende Öffentlichkeit vermittle die Gesellschaft mit dem Staat und beinhalte somit konkurrierend eine „Grundrechtsnormierung im soziologischen Sinn" und eine „verfassungsverwirklichende Funktion".[32] Die deliberative Öffentlichkeit dient der gleichberechtigten politischen Willensbildung, weil alle Themen und Meinungen darin vorkommen können, d. h. die Diskursformen können zwar auf die Durchsetzung der Interessen unterschiedlicher Akteure abzielen,[33] gleichzeitig soll der Zugang zur Öffentlichkeit grundsätzlich für alle offen und herrschaftsfrei sein.[34]

---

25 *Gliese*, Blogger Relations als Teilbereich der Medienarbeit Unternehmenskommunikation mit neuen Öffentlichkeiten, S. 33.

26 *Gerhards*, in: Jarren/Sarnicelli/Saxer, Politische Kommunikation in der demokratischen Gesellschaft: ein Handbuch mit Lexikonteil, S. 268 (268); *Theis-Berglmair*, in: Fröhlich/Szyszka/Bentele, Handbuch der Public Relations, S. 399 (399).

27 *Gerhards*, in: Jarren/Sarnicelli/Saxer, Politische Kommunikation in der demokratischen Gesellschaft: ein Handbuch mit Lexikonteil, S. 268 (268).

28 *Habermas*, Vorstudien und Ergänzungen zur Theorie des kommunikativen Handelns.

29 *Habermas*, Strukturwandel der Öffentlichkeit (1990), S. 38 f.

30 *Habermas*, Strukturwandel der Öffentlichkeit (1962), S. 103–104; *Saar*, Leviathan 2019, 274 (277); *Meinel*, KJ 2004, 413 (420).

31 *Habermas*, Faktizität und Geltung, S. 156.

32 *Habermas*, Strukturwandel der Öffentlichkeit (1990), S. 336.

33 *Neidhardt*, in: Neidhardt, Öffentlichkeit, öffentliche Meinung, soziale Bewegungen, S. 7 (17–20); *Neves*, Zwischen Themis und Leviathan, S. 97.

34 *Habermas*, Strukturwandel der Öffentlichkeit (1962), S. 52, 104.

3. Öffentlichkeitsebenen

Der Öffentlichkeit liegt stets ein Austausch zugrunde (den sie gleichzeitig vermittelt), dessen Reichweite über das ausschließlich Private hinausgeht und auf unterschiedlichen Ebenen stattfinden kann.[35] Im normativen, basisdemokratischen Modell von *Habermas* dient die Öffentlichkeit dem Zweck, öffentliche Belange zu diskutieren und eine öffentliche Meinung zu eruieren, die im Anschluss in den politischen Kreislauf gespeist wird.[36] Unter öffentlicher Kommunikation versteht man also die „Kommunikationsprozesse und -strukturen, die öffentlich stattfinden und häufig – aber nicht zwingend – durch Massenmedien vermittelt sind."[37] Massenkommunikation hingegen ist eine „Form öffentlicher, indirekter und einseitiger Kommunikation", die sich „technischer Verbreitungsmittel" bedient und „an ein disperses Publikum" wendet.[38]

Im klassischen Drei-Ebenen-Modell von *Gerhards* und *Neidhardt* wird zwischen drei Öffentlichkeitsebenen unterschieden: die Interaktions- oder einfache Öffentlichkeit, die themenbezogene oder mittlere Öffentlichkeit sowie die Medien- oder komplexe Öffentlichkeit.[39] Die einfache Öffentlichkeit entsteht bei persönlichen Begegnungen mit der kleinsten Form von Reichweite, es handelt um die sogenannte Begegnungsöffentlichkeit („Encounters"). Bei der mittleren Öffentlichkeit wird auch Anwesenheit *in persona* vorausgesetzt, aber aufgrund der Personenzahl muss kein persönlicher Austausch zwischen allen Beteiligten mehr stattfinden. Allerdings können sowohl das Thema der Veranstaltung als auch die Anwesenheit der Anwesenden ein verbindendes Element darstellen. Dieses persönliche Verbindung gibt es innerhalb der von Massenmedien hergestellten Öffentlichkeit (komplexe Öffentlichkeit) nicht, denn diese Öffentlichkeitsebene ist technisch vermittelt und wird durch spezialisierte Berufsgruppen hergestellt, in der Regel Journalisten.[40] Massenmedien erfüllen die „intermediäre Funktion der Aufnahme, Verarbeitung und Artikulation von Informationen, Meinungen und Interessen"[41] und erreichen damit viel mehr Rezipienten als in den anderen Öffentlichkeitsebenen. Gleichzeitig findet dadurch innerhalb der komplexen Öffentlichkeitsebene kein unmittelbarer Austausch statt; das Publikum ist auf das Rezipieren beschränkt. *Klaus* spricht von einer „Definitions-

---

35 *Pürer*, Publizistik- und Kommunikationswissenschaft, S. 77; *McQuail*, Media performance, S. 2–3.

36 *Gerhards*, in: Jarren/Sarnicelli/Saxer, Politische Kommunikation in der demokratischen Gesellschaft: ein Handbuch mit Lexikonteil, S. 268 (268).

37 *Bentele u. a.*, Öffentliche Kommunikation, S. 7; vgl. *Eble*, in: Fraas/Meier/Pentzold, Online-Diskurse, S. 192 (193).

38 *Pürer*, Publizistik- und Kommunikationswissenschaft, S. 77.

39 *Gerhards/Neidhardt*, Strukturen und Funktionen moderner Öffentlichkeit, S. 19–26.

40 *Gerhards/Neidhardt*, Strukturen und Funktionen moderner Öffentlichkeit, S. 24.

41 *Gerhards/Neidhardt*, Strukturen und Funktionen moderner Öffentlichkeit, S. 10; vgl. *Klaus*, in: Klaus/Drüeke, Öffentlichkeiten und gesellschaftliche Aushandlungsprozesse, S. 17 (26); Auch jüngst: *Emmer*, in: Schweiger/Beck, Handbuch Online-Kommunikation, S. 35 (37).

macht für die öffentliche Meinungsbildung" der komplexen Öffentlichkeiten.[42] Dennoch findet zwischen den drei Öffentlichkeitsebenen ein Austausch statt;[43] sie sind auf gegenseitigen Input angewiesen.

Theis-Berglmair ordnet das Drei-Ebenen-Modell eher als analytisches Konzept ein, das aber wegen seines normativen Bezugs mit den demokratietheoretischen Konzepten assimiliert werden kann.[44] Trotz ihrer Kritik an der Öffentlichkeitskonzeption von *Gerhards und Neidhardt* betont sie, dass sich die Anschlussmöglichkeiten an das Drei-Ebenen-Modell gerade in Bezug auf „Akteure bzw. Arenen der Öffentlichkeit" ergeben, die „von korporativen Akteuren jeglicher Couleur dominiert werden".[45] Folglich stellt dieses Modell einen passenden Ansatz dar, um die Relevanz unterschiedlicher Öffentlichkeitsformen zu erkennen und den Konnex zum Schutz der öffentlichen Meinungsbildung herzustellen. Je nachdem welche Möglichkeiten zum Austausch über Gemeinwohlbelange und gesellschaftliche Vorgänge sie enthalten, können Erwartungen an diejenigen, die Öffentlichkeit herstellen, formuliert und für den Fall des Strukturwandels (durch die Digitalisierung) fruchtbar gemacht werden.[46]

III. Die Akklamationsfunktion der Öffentlichkeit

Der Begriff der Öffentlichkeit prägt die Staats- und Verfassungstheorie auch abgesehen von ihrer deliberativen Bedeutung. Prominenter Theoretiker der Öffentlichkeit in der Staats- und Verfassungstheorie war *Carl Schmitt*, ein Anhänger des Nationalsozialismus und Kritiker von Liberalismus, Pluralismus und Sozialismus.[47] Er vertrat eine Auffassung der parlamentarischen Demokratie, die weder repräsentativ sein noch auf der Grundlage von Deliberation stattfinden müsse.

Laut *Schmitts* umstrittener Verfassungslehre spielt die Öffentlichkeit eine andere Rolle als die oben im Diskursmodell beschriebene. Ihm ging es vordergründig um ihre Akklamationsfunktion. Versammlungen seien geeignet, um die Macht eines Staatsoberhaupts zu legitimieren, aber nicht um einen Volkswillen auszuhandeln oder zu formulieren.[48] Die Öffentlichkeit diene nicht dem gesellschaftlichen Selbstverständigungsprozess, sondern der Akklamation des Staats-

---

[42] *Klaus*, in: Klaus/Drüeke, Öffentlichkeiten und gesellschaftliche Aushandlungsprozesse, 17 (26).

[43] *Beck*, Kommunikationswissenschaft, S. 118.

[44] *Theis-Berglmair*, in: Fröhlich/Szyszka/Bentele, Handbuch der Public Relations, 399 (401).

[45] *Theis-Berglmair*, in: Fröhlich/Szyszka/Bentele, Handbuch der Public Relations, 399 (403) mit dem Hinweis, dass auch *Habermas* diese Beobachtung gemacht hat.

[46] Vgl. *Altmeppen u. a.*, Publizistik 2019, 59 (69).

[47] *Roth*, Zeitschrift für Politik 2005, 141 (155).

[48] *Schmitt*, Verfassungslehre, S. 206.

oberhaupts, des Schutzes der Verfassung wegen.[49] Sie könne das Staatsoberhaupt anerkennen und stärken, aber eine Teilhabe des Volkes an der Wahl der Regierung war in seinem Modell nicht vorgesehen.[50] Die politische Willensbildung müsse demzufolge nicht im öffentlichen Raum geschehen, sondern es reiche, wenn das Politische in bestimmten Kreisen entschieden werde.[51] Seine Kritik an liberalen Demokratien und seine Theorie der „plebiszitär abgestützten Diktatur des Reichspräsidenten" ging mit dem Stabilisierungswunsch der Weimarer Republik einher und fügte sich wenig später in die nationalsozialistische Ideologie des Führerstaats ein.[52]

Auch die Medien spielten in seiner Verfassungslehre nicht die Rolle, die ihr in den oben beschriebenen Modellen zugewiesen wurde. In *Schmitts* Theorie bedarf es allerdings auch keiner Reflexionsfunktion, da von den Medien keine Selektions- oder Vermittlungsleistung erwartet wird, bzw. die Akklamation auch ohne sie stattfinden kann.[53] Das Übergehen einer Öffentlichkeitsebene wurde von anderen als ein Merkmal von Diktaturen und autoritären Regimen anerkannt, insbesondere bei Umgehungen der mittleren Ebenen weil damit das Intermediär zwischen einfacherer und komplexer Öffentlichkeit entfalle.[54] Dieser Hinweis auf den demokratischen Wert der Funktion von Vermittlern innerhalb der Gesellschaft ist ein wichtiges Indiz für die potenzielle Bedeutung von digitalen Informationsintermediären.

C. Öffentlichkeit und Kommunikation im Internet

Im demokratiestiftenden Sinne dient die Öffentlichkeit dem gesellschaftlichen Selbstverständnis, im Hinblick auf diese Funktion birgt der Strukturwandel durch die Digitalisierung theoretische Herausforderungen.[55] Die Öffentlichkeit hat sich durch die Digitalisierung gewandelt (I.), wodurch theoretische Grundannahmen einer Überprüfung bzw. Anpassung bedürfen (II.) und man dennoch die Bedeutung digitaler Informationsintermediäre für die Meinungsbildung differenziert hinterfragen sollte (III.).

49 *Schmitt*, Verfassungslehre, S. 246 f.

50 *Schmitt*, Verfassungslehre, S. 215–216; *Benhabib*, Hannah Arendt, S. 322.

51 *Roth*, Zeitschrift für Politik 2005, 141 (155).

52 *Roth*, Zeitschrift für Politik 2005, 141 (151).

53 *Wendelin*, Medialisierung der Öffentlichkeit, S. 283.

54 *Klaus*, in: Klaus/Drüeke, Öffentlichkeiten und gesellschaftliche Aushandlungsprozesse, 17 (27) m. w. N. zu *Gruber*, Wandel medialer Geschlechterdefinitionen und -positionierungen in Zeiten politischer Umbrüche.

55 *Hohlfeld/Strobel*, in: Springer/Raabe/Haas/Eichhorn, Medien und Journalismus im 21. Jahrhundert, S. 75 (84).

I. Der Wandel der Öffentlichkeit im Zuge der Digitalisierung

Die Öffentlichkeit, so wie sie größtenteils in der zweiten Hälfte des 20. Jahrhunderts in der Theorie beschrieben wurde, hat sich im Zuge der Digitalisierung gewandelt. Das Internet hat neue Möglichkeiten der Kommunikation und der Vernetzung mit sich gebracht, die einen grundlegenden Einfluss auf die Analyse und Einordnung von Öffentlichkeit haben (1.). Es hat ein Akteurswandel stattgefunden, der sich daran festmachen lässt, dass die Herstellung von Öffentlichkeit nicht mehr nur den „Akteuren der professionellen Medienkommunikation“ obliegt.[56] Vielmehr kann Öffentlichkeit heutzutage auch von digitalen Informationsintermediären hergestellt werden (2.).

1. Rückblick auf das Social Web

Das Wort „Internet“ bezeichnet einen „weltweiten Verbund von Computern und Computernetzwerken, in dem spezielle Dienstleistungen (wie E-Mail, World Wide Web, Telefonie) angeboten werden.“[57] Es ist eine Ansammlung unabhängiger Systeme, ein sogenanntes Netzwerk von Netzwerken, die zum größten Teil in der Hand privater Unternehmen sind, und von unzähligen Arten von Hard- und Software.[58] Demzufolge kann auch im Internet nicht die Rede von „einer“ einzigen Online-Öffentlichkeit sein, denn das Internet hat zu einer Erweiterung der bisherigen Formen von Öffentlichkeit geführt,[59] insbesondere durch die Emergenz von sozialen Medien.

Ab Mitte der 2000er Jahre erfuhr das Internet eine Öffnung in Form von Intermediären, die einen nutzerzentrierten Austausch ermöglichten, der horizontal und vertikal sich über bisherige Öffentlichkeitsebenen hinwegsetzte. Der Begriff des Web 2.0 wurde maßgeblich vom Softwareentwickler *Tim O'Reilly* geprägt und dient als Sammelbegriff für die unterschiedlichen Arten von sozialen Medien.[60] Laut *O'Reillys* Definition von 2005 ist das Web 2.0 „die Geschäftsrevolution in der Computerindustrie, hervorgerufen durch die Verlagerung ins Internet als Plattform, und ein Versuch, die Regeln für den Erfolg auf dieser neuen Plattform zu verstehen.“[61] Es umfasst Internetanwendungen und -Plattformen, deren wesentliche Merkmale Interaktivität, Dezentralität und Dynamik sind.[62] Der Wandel von der bisher einseitigen Kommunikation der massen-

---

[56] *Hohlfeld/Strobel*, in: Springer/Raabe/Haas/Eichhorn, Medien und Journalismus im 21. Jahrhundert, S. 75 (76).

[57] Definition, Duden, abrufbar unter https://www.duden.de/rechtschreibung/Internet zuletzt aufgerufen am 30.08.2022.

[58] *DeNardis*, Internet Points of Control as Global Governance, S. 4, 10.

[59] *Schmidt*, in: Fraas/Meier/Pentzold, Online-Diskurse, S. 35 (51).

[60] *Pürer*, Publizistik- und Kommunikationswissenschaft, S. 95 f.

[61] *O'Reilly*, What Is Web 2.0; *O'Reilly*, Web 2.0 Compact Definition.

[62] *Neuberger*, in: Neuberger/Nuernbergk/Rischke, Journalismus im Internet, S. 19 (30); *Hass u. a.*, Web 2.0, S. 16.

medialen Öffentlichkeit zum Web 2.0 hat das Internet zu einem Ort der öffentlichen Kommunikation über mehrere Ebenen gemacht. Diese Entwicklung des Internets stellte einen derart signifikanten Umbruch dar, dass das US-Magazin Time sein Jahrestitelblatt 2006 mit der Überschrift „You. Yes, You. You control the Information Age. Welcome to your world." der konstant zunehmenden Zahl an Internetnutzern weltweit widmete.[63]

2. *Informationsintermediäre*

Seit der Entstehung des Web 2.0 werden Informationsintermediäre genutzt, d. h. „digitale Dienste, die eine Vermittlungsrolle zwischen Nutzerinnen/Nutzern und Inhalten/Angeboten vornehmen".[64] Sie bieten eine Plattform für nutzergenerierte Inhalte und produzieren selbst keinen eigenen Content.[65] Der Begriff der Informationsintermediäre stellt somit die Oberkategorie der Dienste dar, die hier untersucht werden, soweit sie die Inhalte Dritter vermitteln. U. a. folgende Dienste werden als Informationsintermediäre verstanden: Suchmaschinen, Plattformen für nutzergenerierte Inhalte, App-Portale, Micro-Blogging-Plattformen und soziale Netzwerkdienste.[66] Diese Auflistung ist allerdings nicht abschließend und die Kategorien nicht statisch.

Folgende Überlegungen zur Herstellung von Öffentlichkeit innerhalb von Informationsintermediären beziehen sich auf soziale Netzwerke mit nutzergenerierten Inhalten (sog. Social Media Plattformen[67]). In der Kommunikationswissenschaft werden soziale Netzwerke anhand von zwei Merkmalen definiert: der Nutzer ist erstens nicht nur Rezipient von Informationen, sondern er kann auch Informationen aller Art im Internet bearbeiten und verbreiten (sogenannter „prod-user"[68]). Zweitens kann der Nutzer sich mit anderen austauschen und Kontakte pflegen und knüpfen.[69] Nach *Neubergers* Definition sind soziale Netzwerke „ein Format, also eine verfestigte, institutionalisierte Gebrauchsweise eines technischen Mediums."[70] Die Art und Weise des Gebrauchs ist allerdings nicht der einzig ausschlaggebende Faktor für ihre Relevanz für den

---

63 „You – Yes, You – Are Time Person of the Year", 25.12.2006 abrufbar unter http://content.time.com/time/magazine/article/0,9171,1570810,00.html zuletzt aufgerufen am 30.08.2022; s. a. https://en.wikipedia.org/wiki/You_(Time_Person_of_the_Year) zuletzt aufgerufen am 30.08.2022.

64 *Schulz/Dankert*, Die Macht der Informationsintermediäre, S. 17.

65 Oft wird der Oberbegriff „soziale Medien" statt Informationsintermediäre genutzt, um das Merkmal der Interaktivität deutlich zu machen.

66 *Schulz/Dankert*, Die Macht der Informationsintermediäre, S. 22.

67 Der Begriff „Plattform/en" wird hier nicht im rundfunkrechtlichen Sinne benutzt.

68 *Bruns*, Proceedings Cultural Attitudes towards Communication and Technology, 2006; *Bird*, Cultural Studies 2011, 502; *Olsson/Svensson*, Javnost – The Public 2012, 41.

69 *Schmidt*, Social Media, S. 11.

70 *Neuberger/Gehrau*, StudiVZ: Diffusion, Nutzung und Wirkung eines sozialen Netzwerks im Internet, S. 36.

individuellen Nutzer, vielmehr überträgt sich die Verflechtung von technischer Infrastruktur, Formaten, Inhalten, (ggfs.) Themen und algorithmischer Sortierung auf das konkrete Angebot und seine Kategorisierung. Folglich lassen sich Abhängigkeiten nicht klar formulieren, eben weil die Vielfalt an modularen Elementen einer klaren Einordnung im Weg stehen.[71]

3. Vielschichtigkeit und Durchlässigkeit

Soziale Netzwerke sind geprägt von Vielschichtigkeit und Durchlässigkeit: sie erweitern die Möglichkeiten der Teilnahme und bieten einen – bis *dato* so nicht vorhandenen, bzw. nur wenigen massenmedialen Gatekeepern vorbehaltenen – Zugang zu verschiedenen sozialen Gruppen.[72] Die Reichweite, die Nutzer durch soziale Netzwerke erreichen *können*, ist ein wichtiges Merkmal und trägt zur Komplexität der vorliegenden Analyse bei, denn wegen der potenziellen Reichweite kann man keine starre Aussagen über das Verharren in bestimmten Teilöffentlichkeiten treffen. Soziale Netzwerke bieten viele Möglichkeiten, sowohl für das Veröffentlichen von Inhalten als auch für das Empfangen von Informationen, die die Kommunikation innerhalb und jenseits von Öffentlichkeitsebenen vereinfachen.[73] Gerade weil öffentliche Kommunikation durch soziale Netzwerke durchlässiger und persistent wird,[74] kann man die Verschränkungen der Öffentlichkeitsebenen (oder einen eventuellen Mangel derer) besser beobachten.[75]

II. Öffentlichkeit(en) in der digitalen Gesellschaft: Ansätze in der Theorie

Durch die Online-Auftritte von Massenmedien und der zunehmenden Nutzung von Intermediären im Internet entsteht eine Verschränkung von Öffentlichkeitsebenen.[76] Fraglich ist, wie diese Teilöffentlichkeiten zueinanderstehen und – wenn eine Funktion der Öffentlichkeit die „Selbstbeobachtung der Gesellschaft" ist[77] – inwieweit das Individuum auf einzelne Diensteanbieter angewiesen ist, um daran teilzunehmen.[78] Diese Funktion kann durch private Öffentlichkeiten

---

[71] Vgl. *Eifert*, NJW 2017, 1450 (1450).

[72] *Tucker u. a.*, Journal of Democracy 2017, 46 (46); *Turner*, Ordinary people and the media, S. 89 f.

[73] *Gliese*, Blogger Relations als Teilbereich der Medienarbeit Unternehmenskommunikation mit neuen Öffentlichkeiten, S. 49.

[74] *Theis-Berglmair*, in: Zerfaß/Piwinger, Handbuch Unternehmenskommunikation, S. 145 (153).

[75] *Gliese*, Blogger Relations als Teilbereich der Medienarbeit Unternehmenskommunikation mit neuen Öffentlichkeiten, S. 49.

[76] *Eble*, in: Fraas/Meier/Pentzold, Online-Diskurse: Theorien und Methoden transmedialer Online-Diskursforschung, S. 192 (193).

[77] *Gerhards*, in: Neidhardt, Öffentlichkeit, öffentliche Meinung, soziale Bewegungen, S. 77 (97).

[78] *Wendelin*, Medialisierung der Öffentlichkeit, S. 282, 285; *Kamps* kommt diesbezüglich zum folgenden Schluss: „Im Sinne dieser Funktionszuschreibung kann ein Medium oder eine

grundsätzlich erfüllt werden, wenn die Möglichkeiten der Partizipation, der Interaktion und der Vernetzung – sowohl im Zugang als auch in der Nutzung – sich an den Prinzipien der Freiheit und der Gleichheit orientieren.[79]

1. Herausforderungen für die Öffentlichkeitstheorien

Da das Individuum nicht mehr entweder Rezipient oder Kommunikator ist, sondern quasi zeitgleich beides sein kann, ist die Anwendung von bisherigen Öffentlichkeitstheorien auf digitale Informationsintermediäre nicht trivial. Akteure der einfachen Öffentlichkeit können Zugang zu komplexeren Öffentlichkeiten erhalten und dieser Zugang geht mit einer großen Reichweite und demzufolge mit einem größeren Einflussnahmepotenzial einher.[80] Jeder kann potenziell zum Akteur der Öffentlichkeit werden,[81] darin liegt der sogenannte „demokratisierende Effekt" sozialer Netzwerke. Damit verbunden ist die Frage der Reichweite, denn eine Meinung, die analog in einem Face-to-Face-Kontext geäußert wird, kann im Internet die gleiche Reichweite erlangen wie journalistisch-redaktionelle Berichte. Diese Durchlässigkeit zwischen den Öffentlichkeitsebenen bedeutet auch, dass die Selektions- und Orientierungsfunktion, die in den bisherigen Theorien der massenmedialen Öffentlichkeit zukommt, von Intermediären nicht im selben Maße erfüllt wird – sie sind gerade nicht journalistisch-publizistisch tätig. So können im Internet „extremistische Positionen gleichberechtigt und gleichrangig neben demokratischen und demokratiebildenden Meinungsplattformen" stehen.[82] Diese Form von privat hergestellten Öffentlichkeiten sowie die Kombination unterschiedlicher Funktionen innerhalb eines Anbieters (von öffentlichen Kommentaren bis zu privaten Nachrichten) sind für die Einordnung von soziale Netzwerke in bestehende Öffentlichkeitskategorien herausfordernd.

---

mediale Infrastruktur – etwa das Internet – dann als partizipationsfördernd eingeschätzt werden, wenn es die bürgerbezogenen Komponenten stärkt […]." in: Jarren/Imhof/Blum, Zerfall der Öffentlichkeit?, S. 227 (234).

79 *Benhabib*, Hannah Arendt, S. 327; *Neuberger*, MJ 2017, 45 (55–56); *Altmeppen u. a.*, Publizistik 2019, 59 (73).

80 Bisher erfüllten massenmediale Öffentlichkeiten die oben genannten Funktionen mithilfe von ausgebildeten Journalisten. Jene gestalten weiterhin maßgeblich die mediale Landschaft, aber nicht mehr exklusiv, was bedeutet, dass auch die Definitionsmacht in der öffentlichen Debatte geteilt wird.

81 U. a. *Neuberger*, in: Journalismus online – Partizipation oder Profession?, S. 17 (33–34); *Hohlfeld/Strobel*, in: Springer/Raabe/Haas/Eichhorn, Medien und Journalismus im 21. Jahrhundert, S. 75 (76).

82 *Hohlfeld/Strobel*, in: Springer/Raabe/Haas/Eichhorn, Medien und Journalismus im 21. Jahrhundert, S. 75 (83).

2. *Theoretische Ansätze zur Einordnung von sozialen Netzwerken als Öffentlichkeit*

Jüngere Öffentlichkeitsformen werden vorrangig dadurch definiert, dass sie keine klassische massenmediale Öffentlichkeitsform darstellen[83] und sich der quasi-exklusive Zugriff der Massenmedien in Bezug auf das Agenda-Setting gewandelt hat. Insofern ändern soziale Netzwerke das bisherige Gefüge von Öffentlichkeit, stellen neue Öffentlichkeiten her und ergänzen die herkömmlichen Ebenen der Öffentlichkeit. Der jetzige Forschungsstand gibt allerdings noch keine „übergreifende Öffentlichkeitstheorie" für soziale Netzwerke her.[84]

a) Medienanalogie: Integrierte Netzöffentlichkeit

Aus der Medienperspektive und unter Berufung auf *Benkler* vertritt *Neuberger* das Konzept der „integrierten Netzöffentlichkeit".[85] In der integrierten Netzöffentlichkeit wird laut *Neuberger* „ein vielfältiger Input partizipativ bearbeitet und soweit reduziert, dass eine gemeinsame Themenagenda entsteht".[86] Soziale Netzwerke werden so zum integrierenden Element für unterschiedliche Öffentlichkeitsformen und bilden trotz der Unterschiede in der Kommunikation einen „gemeinsamen Informationsraum".[87] Die Mediatisierung der Gesellschaft beruhe auf einem Kommunikations*netzwerk,* auf verschiedenen Ebenen (bzw. Arenen) und diese interagieren, überlagern sich und bilden jene integrierte Netzöffentlichkeit.[88] Laut *Neuberger* kittet das Internet somit „Medien- und Formatbrüche, die bisher die Weiterverbreitung von Informationen behindert haben."[89] Diese integrative Perspektive auf digitale Netzöffentlichkeiten wird dem Umstand gerecht, dass soziale Netzwerke eine neue Medienumgebung darstellen[90] und ihren Nutzern die Möglichkeit geben, eine so noch nicht da gewesene Reichweite zu bekommen und sich somit an der Experten-Öffentlichkeit aktiv zu beteiligen.

---

83 *Gliese*, Blogger Relations als Teilbereich der Medienarbeit Unternehmenskommunikation mit neuen Öffentlichkeiten, S. 50.

84 *Pfetsch u. a.*, Publizistik 2018, 477 (479) „als dynamisches Phänomen mit fließenden Grenzen zu sehen ist, das althergebrachte Leitbegriffe und Unterscheidungen in Frage stellt."; vgl. *Hohlfeld/Strobel*, in: Springer/Raabe/Haas/Eichhorn, Medien und Journalismus im 21. Jahrhundert, S. 75 (86).

85 *Nuernbergk/Neuberger*, Journalismus im Internet, S. 50.

86 *Neuberger*, in: Neuberger/Nuernbergk/Rischke, Journalismus im Internet, S. 19 (49).

87 *Neuberger/Gehrau*, StudiVZ: Diffusion, Nutzung und Wirkung eines sozialen Netzwerks im Internet, S. 82.

88 *Hepp/Krotz*, in: Mediatisierte Welten, S. 7 (15); *Schmidt*, in: Fraas/Meier/Pentzold, Online-Diskurse, S. 35; *Neuberger*, in: Journalismus online – Partizipation oder Profession?, S. 17 (33 f.).

89 *Neuberger*, in: Journalismus online – Partizipation oder Profession?, S. 17 (33).

90 *Emmer*, in: Schweiger/Beck, Handbuch Online-Kommunikation, S. 35 (48).

b) Marktplatzanalogie: Persönliche Öffentlichkeit

Betrachtet man die Frage aus der Nutzerperspektive gelangt man zum Modell der persönlichen Öffentlichkeit von *Schmidt*. Er fasst den Unterschied zwischen persönlichen Öffentlichkeiten und dem bisherigen Verständnis von öffentlicher Kommunikation wie folgt zusammen: „Journalistische Medien schaffen gesellschaftliche Öffentlichkeit für Themen von breiter Relevanz, soziale Medien ermöglichen persönliche Öffentlichkeiten, in denen Menschen mit ihrem sozialen Umfeld in Kontakt bleiben können."[91] So entstehe für jeden Nutzer eine „persönliche Öffentlichkeit". Letztere unterscheidet *Schmidt* anhand von drei Kriterien von journalistisch-publizistischen Öffentlichkeiten der Massenmedien: erstens die „Themenauswahl findet aufgrund persönlicher, nicht gesellschaftlicher Relevanz statt"; zweitens das „Zielpublikum ist das eigene soziale Netzwerk, nicht die breite Masse," und drittens der Kommunikationsmodus ist entsprechend „auf Konversation ausgerichtet, nicht auf Publizistik".[92] Zur persönlichen Öffentlichkeit gehört also auch die eigene Entscheidung des Nutzers darüber, welche Reichweite seine Äußerung haben soll. Er kann die Sichtbarkeit auf seine Kontakte oder Teile seiner Kontaktliste beschränken oder die Sichtbarkeit für alle Nutzer des Netzwerks ermöglichen. Ab dann hängt es von dem Verbreitungsverhalten seines Netzwerkes und dem Algorithmus ab, wie viele Nutzer seinen Post sehen. Das Konzept der persönlichen Öffentlichkeit bildet effektiv die „interaktive Vernetzung der einfachen mit der mittleren Öffentlichkeitsebene ab".[93]

Als Bild für die persönliche Öffentlichkeit wird aus Nutzerperspektive neben dem Marktplatz die des Stammtisches herangezogen. Dieser Vergleich suggeriert, dass das Reagieren auf nutzergenerierte Inhalte innerhalb seines Netzwerks eine Interaktion außerhalb des privaten Rahmens, aber noch innerhalb des sozialen Umfelds darstellt. Ein Stammtisch kann relativ offen zugänglich sein, wenn bislang unbeteiligte Anwesende sich dem Gespräch anschließen. Grundsätzlich tauschen sich beim Stammtisch aber Personen aus, die sich kennen und ähnliche Interessen und Meinungen haben. So ähnlich verhalte es sich mit der Kommentarfunktion auf sozialen Netzwerken, anhand der Nutzer auf die Inhalte und vorangegangene Reaktionen Dritter reagieren können. Dieser Vergleich wurde auch in der Filterblasentheorie aufgegriffen: nach *Pariser*s Theorie verstärken soziale Netzwerke die Fragmentierung der Öffentlichkeit, indem Nutzer in einer algorithmischen „Blase" nur noch Informationen sehen, die ihrem Standpunkt entsprechen.[94] Die trennende soziale Wirkung einer solchen Filter-

[91] *Schmidt*, Social Media, S. 30–31.

[92] *Schmidt*, Social Media, S. 28–30.

[93] *Gliese*, Blogger Relations als Teilbereich der Medienarbeit Unternehmenskommunikation mit neuen Öffentlichkeiten, S. 50.

[94] *Pariser*, The filter bubble, S. 109 f.

blase ist empirisch nicht nachgewiesen,[95] aber die Personalisierung durch die algorithmische Empfehlung von Inhalten, die einander ähneln, kann mit einer Stammtischdiskussion ähnlich gesinnter Menschen verglichen werden.

c) Öffentlichkeit als Beziehungskonfiguration: Semiöffentlichkeit

Ein weiterer Ansatz, der ebenfalls der Nutzerperspektive zuzuordnen ist, kommt von *Klinger* mit ihrem Vorschlag, die Öffentlichkeit als Beziehungskonfiguration und soziale Netzwerke als Semiöffentlichkeiten zu verstehen.[96] Dank diesem relationalen Ansatz können laut *Klinger* unterschiedliche normative Ansprüche an die Online-Öffentlichkeiten operationalisiert werden, denn soziale Medien enthalten mehr „schwache" Bindungen als die Kommunikationsbeziehungen der analogen Welt. Schwache Bindungen entstehen dort, wo eine digitale Vernetzung unter Menschen stattfindet, die keine starke emotionale Bindung haben und dennoch durch soziale Netzwerke viele Informationen übereinander erfahren.[97] Folglich definiert sie semiöffentliche Kommunikationsbeziehungen als solche, die „die Fremde enthalten *können*: entweder als Adressaten oder aber nur als Beobachter und passive Beteiligte."[98]

Dieser Ansatz verbindet die Adressierung unterschiedlicher Netzwerke und sozialer Kontexte, sowie die Erkenntnis, dass es Nutzern nicht nur darauf ankommt, jemanden zu erreichen, sondern dass das Beobachtetwerden von Kontakten aus dem eigenen Netzwerk innerhalb sozialer Medien auch ein Kommunikations*zweck* ist. Es kann ein Interesse daran bestehen, dass andere wahrnehmen, dass der Akt der Kommunikation in diesem sozialen Netzwerk stattfindet oder mit wem ein Austausch stattfindet (oder stattfinden könnte). Die Kommunikation kann also über das private Netzwerk und über das fremde Öffentliche hinaus in einer Semiöffentlichkeit stattfinden. Dabei liegt der Fokus nicht nur auf der Kommunikationsbeziehung an sich, sondern auch woraus die Beziehung besteht.

III. Bedeutung von sozialen Netzwerken für die öffentliche Meinungsbildung

Informationsintermediären wird eine „steigende Relevanz [...] für die Nutzerinnen und Nutzer als Quellen für die Meinungsbildung" zugesprochen.[99]

---

[95] *Bruns*, Echo Chamber? What Echo Chamber? Reviewing the Evidence, S. 10; *Bechmann/Nielbo*, Digital Journalism 2018, 990; *Puschmann*, Digital Journalism 2019, 824 (839); *Emmer*, in: Schweiger/Beck, Handbuch Online-Kommunikation, S. 35 (51–52); *Bruns*, Internet Policy Review 2019.

[96] *Klinger*, Publizistik 2018, 245 (262).

[97] *Klinger*, Publizistik 2018, 245 (255).

[98] *Klinger*, Publizistik 2018, 245 (258), Herv. d. Verf.

[99] *Schulz/Dankert*, Die Macht der Informationsintermediäre, S. 8.

Gerade soziale Netzwerke sind „für die öffentliche Meinungsbildung und den Kontext der potenziell möglichen Manipulation meinungsrelevanter Inhalte […] von besonderem Interesse“.[100] Das liegt u. a. daran, dass soziale Netzwerke das Potenzial beinhalten, demokratische Prozesse zu bereichern, etwa durch „partizipative, deliberative oder kollaborative Elemente“.[101] Aufgrund dessen vermutet man, dass sie der Vermittlung öffentlicher Kommunikation dienen und eine unabdingbare Bedeutung für die öffentliche Meinungsbildung haben (1.). Dies lässt sich anhand von empirischer Forschung belegen (2.).

1. Beobachtbarkeit der Kommunikation auf sozialen Netzwerken

Wie bereits erwähnt machen soziale Netzwerke öffentliche Kommunikation auf der einfachen und mittleren Öffentlichkeitsebene sichtbarer und folglich auch messbarer. Sie erweitern die Möglichkeiten der many-to-many-Kommunikation,[102] die verstärkt Ebenen-übergreifend stattfinden kann. Daraus ergibt sich allerdings auch die Möglichkeit, dass nicht nur öffentliche, sondern auch interpersonale Kommunikation sichtbar wird – es kommt zu einer Verschränkung der Kommunikationsmodi.[103] Entsprechend sollte laut *Adolf* bei der Einordnung, ob es sich um öffentliche Kommunikation handelt, eher auf die Intention des Kommunikators und die persönliche Relevanz eines Themas abgestellt werden, statt auf das Medium oder die allgemein-gesellschaftliche Relevanz eines Themas.[104] Öffentliche Kommunikation auf sozialen Netzwerken kann man folglich auch als interpersonale-öffentliche Kommunikation bezeichnen.[105]

Auch im Bereich der Abhängigkeiten zwischen den Akteuren verschieben sich die Verhältnisse: diejenigen, die sich über soziale Medien äußern und dafür nicht auf Massenmedien und deren Anforderungen angewiesen sind, erhalten laut *Jarren* eine „direkte kommunikative Macht“.[106] Ob sie von ihrer Zielgruppe tatsächlich wahrgenommen werden, hängt von anderen Faktoren ab, aber im ersten Schritt bieten soziale Netzwerke ihnen eine hochgradig durchlässige Kommunikationsform. In der Tat sind soziale Netzwerke auf Anhieb in Bezug auf ihre Nutzung voraussetzungslos und stellen die meisten Nutzer nicht vor Herausforderungen, die besondere technische Kenntnisse erfordern. Insbesondere dadurch differenzieren sie sich von traditionellen Massenmedien. Hinzukommt, dass sie ihren Nutzern Informationen publizistischer und nicht-pu-

[100] *Schulz/Dankert*, Die Macht der Informationsintermediäre, S. 24.

[101] *Kneuer/Salzborn*, ZVglPolitWiss 2016, 1 (3); so auch *Altmeppen u. a.*, Publizistik 2019, 59 (63).

[102] *Müller u. a.*, Ein soziales Netzwerk als internes Kommunikationsmittel für die öffentliche Verwaltung, S. 17.

[103] *Adolf*, in: Hahn/Hohlfeld/Knieper, Digitale Öffentlichkeit(en), S. 51 (55).

[104] *Adolf*, in: Hahn/Hohlfeld/Knieper, Digitale Öffentlichkeit(en), S. 51 (57–58).

[105] *Schmidt*, Social Media, S. 11; *Gliese*, Blogger Relations als Teilbereich der Medienarbeit Unternehmenskommunikation mit neuen Öffentlichkeiten, S. 38.

[106] *Jarren*, Publizistik 2019, 163 (164).

blizistischer Art gebündelt zur Verfügung stellen und dieses Angebot für jeden personalisieren.[107] Je eher der Informationsbedarf unspezifisch und nicht auf eine von vornherein bestimmte Form von Inhalten beschränkt ist, desto mehr wird der Vermittlungsfunktion von Informationsintermediären Bedeutung zugemessen.[108] Daraus lässt sich eine gewisse Bedeutung für die öffentliche Meinungsbildung ableiten, die für die Frage der Drittwirkung der Meinungsfreiheit herangezogen werden sollte.

2. Empirische Befunde

Die Teilnahme an neuen Öffentlichkeitsformen im Internet ist ein weit verbreitetes Phänomen und die Nutzung von sozialen Netzwerken zu Zwecken der Meinungsbildung hat sich in den Medienalltag integriert – man kann mittlerweile von einer Habitualisierung sprechen.[109] Aufgrund der Persistenz und der Inhaltebündelung auf sozialen Netzwerken sind jene für die öffentliche Meinungsbildung ausgesprochen bedeutsam.

a) Erhebungen zur Nutzung von Intermediären

Die Zahl der Internetnutzer steigt weltweit ununterbrochen und entsprechend auch die Nutzerzahlen von Intermediären. 2018 gab es rund 3,9 Milliarden Internetnutzer weltweit und für 2021 werden rund 4,14 Milliarden prognostiziert.[110] Empirische Befunde belegen eine stets zunehmende Internetnutzung zu Zwecken der Kommunikation, sowohl für das Internet als Ganzes, für soziale Netzwerke (als Gattung von Informationsintermediären), als auch in Bezug auf einzelne Anbieter. Einerseits neigen soziale Netzwerke wegen der Netzwerkeffekte zu einer Monopolbildung,[111] andererseits konnte bereits beobachtet werden, dass sich Marktdominanz verschieben kann und der Markt nicht unbegrenzt ist, sondern durchaus neu aufgeteilt wird bzw. immer wieder neu aufgeteilt werden kann. In Deutschland gab es 2020 erste Verschiebungen bei den monatlichen Nutzern zugunsten neuerer Plattformen.[112] Darüber hinaus sind signifikante Divergenzen je nach Altersgruppen zu beobachten,[113] die zwar zu unterschiedlichen Stellenwerten innerhalb dieser Gruppen führen, aber die ge-

---

107 *Schmidt*, Die Medienlogik der Informationsintermediäre und ihre Bedeutung für Meinungsbildung.

108 *Schulz/Dankert*, Die Macht der Informationsintermediäre, S. 38, 47.

109 *Tippelt/Kupferschmitt*, Media Perspektiven, 442 (449).

110 Statistik zur Internetnutzung weltweit, Statista, abrufbar unter https://de.statista.com/themen/42/internet/ zuletzt aufgerufen am 30.08.2022.

111 S. u. Kap. 4, A. III. 1.; *Schulz/Dankert*, Die Macht der Informationsintermediäre, S. 24.

112 *Beisch/Schäfer*, Media Perspektiven 2020, 462 (473).

113 *Schmidt u. a.*, Zur Relevanz von Online-Intermediären für die Meinungsbildung, S. 15 f.; *Hasebrink u. a.*, Medien- und Kommunikationsbericht, S. 85; *Beisch/Schäfer*, Media Perspektiven 2020, 462 (473 f.); *Tippelt/Kupferschmitt*, Media Perspektiven, 442 (449–450).

samtgesellschaftlichen Bedeutung der Kommunikation auf sozialen Netzwerken nicht verringern.

Der Medienvielfaltsmonitor der Medienanstalten schreibt dem Medientyp „Online" einen Anteil von 32,9 % auf dem deutschen Meinungsmarkt zu (ansonsten bestehend aus Zeitschriften, Tageszeitungen, Radio, und Fernsehen).[114] Dies hat zunächst wenig Aussagekraft über soziale Netzwerke, sondern umfasst jegliche Art der informierenden Internetnutzung. In der Gewichtungsstudie 2020-II der Medienanstalten fällt die Tagesreichweite von Intermediären hoch aus: „Weit mehr als jeder Zweite nutzt WhatsApp und Google an einem Durchschnittstag, fast jeder Dritte YouTube. Jeweils rund jeder Fünfte nutzt Facebook und Instagram."[115] Die Tagesreichweite hat demnach seit der Covid-19-Pandemie weiter zugenommen, insbesondere die Bedeutung sozialer Netzwerke „als wichtigste Intermediäre".[116] Im Bereich der *informierenden* Onlinenutzung ist der Anteil der Informationsintermediäre jedoch geringer.[117] Zu diesem Ergebnis kamen auch *Schmidt et al.* in ihrer Studie von 2017: Intermediäre seien zwar aus dem Alltag vieler nicht wegzudenken, aber „in der Regel nicht zentraler Teil des Informationsrepertoires zu gesellschaftlich relevanten Ereignissen."[118] Sie sprechen Online-Intermediären eine hohe Relevanz für den Meinungsbildungsprozess zu: „Meinungsbildungsprozesse sind ohne Intermediäre nicht mehr denkbar […]".[119] Auch wenn sie andere Teile des Informationsrepertoires nicht ersetzen, „kommt ihnen eine Bedeutung für die Wissensvermittlung zu – und damit für die Meinungsbildung."[120]

Zusammengefasst kann die unterstützende Rolle sozialer Netzwerke auf mehreren Wirkungsstufen empirisch belegt werden, d. h. sowohl bei der „Wissens- und Informationssuche" als auch bei der „Wahrnehmung von gesellschaftlich geteilten Problemlagen, Deutungen und Meinungsverteilungen".[121]

b) Bewertung hinsichtlich der Bedeutung

Solche Erhebungen sind für die Frage, inwieweit soziale Netzwerke für die Meinungsbildung bedeutsam sind, aussagekräftig, aber für endgültige Befunde

---

[114] Abrufbar unter https://medienvielfaltsmonitor.de/ Stand 08.06.2021 zuletzt aufgerufen am 30.08.2022.

[115] *Die Medienanstalten*, Intermediäre und Meinungsbildung, S. 8; siehe auch *Frees/Koch*, Media Perspektiven 2019, 398 (410) über die besondere Position von WhatsApp.

[116] *Die Medienanstalten*, Intermediäre und Meinungsbildung, S. 14.

[117] *Die Medienanstalten*, Intermediäre und Meinungsbildung, S. 15 f.

[118] *Schmidt u. a.*, Zur Relevanz von Online-Intermediären für die Meinungsbildung, S. 6.

[119] *Schmidt u. a.*, Zur Relevanz von Online-Intermediären für die Meinungsbildung, S. 7.

[120] *Schmidt u. a.*, Zur Relevanz von Online-Intermediären für die Meinungsbildung, S. 11.

[121] *Schmidt u. a.*, Zur Relevanz von Online-Intermediären für die Meinungsbildung, S. 96; so auch: *Hasebrink u. a.*, Medien- und Kommunikationsbericht, S. 84, 226; siehe auch *Emmer u. a.*, Weizenbaum Report 2021, S. 8.

einer „Qualitätszunahme zentraler demokratischer Prinzipien“[122] noch offen.[123] Insofern erscheint es als tragfähig, soziale Netzwerke für nicht alternativlos zu befinden, aber sie durchaus als einen festen Bestandteil der öffentlichen Kommunikation der heutigen Gesellschaft zu bewerten, sowohl für Rezipienten als auch für Kommunikatoren. Sie erfüllen eine vermittelnde Funktion auf mehreren Ebenen und sind gerade aufgrund der Kombination von nicht-publizistischen und publizistischen Angeboten sowie für öffentliche-interpersonale Kommunikation von zentraler Bedeutung für die öffentliche Meinungsbildung. Insofern kann von einer graduellen Angewiesenheit von Internetnutzern auf das Angebot ausgegangen werden.

D. Zwischenergebnis aus theoretischer Perspektive

Das Recht greift auf soziale Phänomene und öffentlichkeitstheoretische Überlegungen zurück, wenn es um das Verständnis von Meinungsfreiheit geht und die Einbettung objektiv-rechtlicher Gehalte in gesellschaftliche Konzepte. Insofern ist das Leitbild der Öffentlichkeit in der Verfassung vom Ideal einer deliberativen Demokratie geprägt und dem Erfordernis, den öffentlichen Diskurs möglichst offen und partizipativ zu gestalten. Durch das Internet und die Entstehung neuer Kommunikationsplattformen haben die Zugangsmöglichkeiten am öffentlichen Diskurs teilzunehmen einerseits zugenommen, andererseits fordern sie bisherige Modelle des gesellschaftlichen Austauschs heraus und damit auch die rechtlichen Rahmenbedingungen der deliberativen Öffentlichkeit.[124]

Innerhalb digitaler Kommunikationsräume kann Öffentlichkeit hergestellt und der Austausch innerhalb des Netzwerks als öffentliche Kommunikation eingeordnet werden. Wegen der Verschränkung unterschiedlicher Öffentlichkeitsebenen können soziale Netzwerke aber nicht einer bestimmten Ebene zugeordnet werden, sondern müssen als hybride Angebotsformen verstanden werden,[125] welche unterschiedliche, nutzergenerierte Inhalte und Reichweiten beinhalten. Die drei vorgestellten Ansätze von *Neuberger*, *Schmidt* und *Klinger* zeigen, dass soziale Netzwerke öffentlichkeitstheoretisch das Zusammendenken verschiedener Perspektiven gebietet und selbst innerhalb eines Anbieters eine differenzierte Herangehensweise erfordern. Das hat zur Folge, dass manche Funktionen oder Teilangebote eines sozialen Netzwerks der Öffentlichkeit zuzuordnen sind und andere nicht, und hinsichtlich der Kriterien für den Zu-

[122] *Kneuer/Salzborn*, ZVglPolitWiss 2016, 1 (5).
[123] Vgl. *Pfetsch u. a.*, Publizistik 2018, 477 (488); *Emmer*, in: Schweiger/Beck, Handbuch Online-Kommunikation, S. 35 (52).
[124] *Ingold*, Der Staat 2017, 491 (521).
[125] *Schulz/Dreyer*, Governance von Informations-Intermediären, S. 15, 31, 41.

gang zu digitalen Kommunikationsorten zu beachten ist. Dort wo öffentliche Kommunikation und öffentliche Meinungsbildung stattfinden, sind die Anforderungen an die Verwehrung, daran teilzunehmen, höher als bei interpersonaler Kommunikation.

Teil 2

Anwendungsbezogener Teil

Die ersten drei Kapitel haben das Fundament für den anwendungsbezogenen Teil gelegt: Um beurteilen zu können, wann und wie die mittelbare Drittwirkung in Bezug auf die Meinungsfreiheit ein passendes Konzept für die digitale Gesellschaft darstellt, war es zunächst essentiell zu verstehen, wie die bisherige Rechtsprechung des Bundesverfassungsgerichts, die verfassungsrechtliche Dogmatik in den USA und der weitere theoretische Rahmen abgesteckt werden können. Auf der Grundlage dieser drei theoretischen Bausteine wird im zweiten Teil erörtert, wie die Funktionsweise der sozialen Netzwerke und ihre Verfahrensweise mit nutzergenerierten Inhalten die öffentliche Kommunikation beeinflussen (Kap. 4). Auf das deskriptive Kapitel folgt die konkrete Anwendung auf die derzeitigen Erscheinungsformen relevanter Informationsintermediäre, sowie eine rechtliche Einordnung sowohl der relevanten Akteure im Grundrechtsgefüge als auch des Verhältnisses zwischen sozialen Netzwerken und individuellen Nutzern (Kap. 5). Schließlich wird erörtert, welche Kriterien bei einer Interessenabwägung unter Beachtung der besonderen Stellung von Art. 5 Abs. 1 S. 1 GG heranzuziehen sind und wann es zu einer intensiveren Drittwirkung kommt.

Kapitel 4

Soziale Netzwerke und die Kontrolle über digitale Kommunikation

A. Untersuchungsobjekt: soziale Netzwerke

Untersucht werden soziale Netzwerke als Subkategorie von Informationsintermediären. Nutzer können sich auf dieser Plattform ein digitales Netzwerk an Kontakten aufbauen, selbst- oder fremdgenerierte Inhalte teilen und die Infrastruktur der Plattform für kommunikative Zwecke nutzen.[1] Soziale Netzwerke werden auch als Plattform bezeichnet; die Begriffe und die ihnen zugrunde liegenden Konzepte schließen sich nicht gegenseitig aus, sondern werden oft kombiniert, wenn das soziale Netzwerk mehr Funktionen anbietet.

I. Einleitung: Herausforderungen für das Recht

1. Globales Netzwerk als privates Angebot

Soziale Netzwerke sind digitale Dienste, die Menschen eine kommunikative Infrastruktur in Form eines Netzwerks anbieten[2] – i. d. R. ungeachtet staatlicher Grenzen oder Rechtsordnungen,[3] weil es sich um ein internetbasiertes Angebot handelt. Ihre Regeln sollen grundsätzlich für alle Nutzer gleich gelten, zunächst ohne hinsichtlich geographischer Regionen oder Staaten zu unterscheiden (zumindest, wenn sie nicht gesetzlich dazu verpflichtet werden). Durch ihre Nutzungsbedingungen legen sie den Rahmen des Zulässigen innerhalb der Kommunikationsinfrastruktur fest, die sie anbieten.[4]

Für dieses Modell sozialer Netzwerke kann der Anbieter Facebook als Beispiel herangezogen werden. 2015 lautete das Unternehmensleitbild (Mission Statement) von Facebook: „Our goal is to give people a place to share and con-

[1] Die vorliegende Arbeit geht vom Modell der sozialen Netzwerke aus. Einige der marktführenden sozialen Netzwerke fallen auch unter die Definition der Plattform, einzelne davon auch in die des digitalen Ökosystems. Soziale Netzwerke umfassen jedoch erst recht auch Plattformen und die darin entstehenden Ökosysteme auf vereinzelten Plattformen.

[2] Krit. *Dijck/Poell*, Media and Communication 2013, 2 (7).

[3] Die Angebote sind in manchen Ländern nicht oder nur eingeschränkt verfügbar. Grund dafür sind staatliche Sperrungen des Internets oder einzelner Dienste.

[4] Vgl. *Eifert*, NJW 2017, 1450 (1451).

nect freely and openly, in a safe and secure environment."[5] 2016 erklärte Facebooks damalige Head of Content, *Monika Bickert*, die Herangehensweise des Unternehmens wie folgt: „Wir haben einen Katalog an Inhaltsstandards für die ganze Welt. Dies hilft unserer Gemeinschaft, wirklich global zu sein, weil es den Menschen ermöglicht, Inhalte über Grenzen hinweg zu teilen. Gleichzeitig ist es eine Herausforderung, einheitliche Standards beizubehalten, da Menschen auf der ganzen Welt unterschiedliche Vorstellungen darüber haben, was im Internet ausgetauscht werden sollte."[6] Heute lautet Facebooks Mission Statement: „Give people the power to build community and bring the world closer together."[7] Diese Zitate zeigen, dass Facebook für alle Nutzer weltweit dieselben Regeln für nutzergenerierte Inhalte anwenden möchte.[8] Gleichzeitig macht die Aussage von *Bickert* auch deutlich, dass es berechtigte Zweifel an der Umsetzbarkeit eines solchen einheitlichen Regelkatalogs gibt.

Nicht nur Facebook präsentiert sich als globaler Kommunikationsdienst, der für Nutzer weltweit zugänglich sein will. Im Januar 2020 lauteten etwa die Selbstbeschreibungen des Kurznachrichtendiensts Twitter: „Twitter zeigt, was gerade in der Welt passiert und worüber sich die Leute unterhalten."[9] und der Video-Sharing-Plattform YouTube: „Unsere Mission ist es, allen eine Stimme zu geben und ihnen die Welt zu zeigen."[10]

2. *Kulturelle, soziale und rechtliche Unterschiede*

Die inhaltlichen Unterschiede zwischen den Regeln, die soziale Netzwerke als globale Diensteanbieter anwenden, und den jeweiligen Rechtsordnungen der Länder, in denen sie tätig sind, stellt eine der größten Herausforderungen in Bezug auf ihr Geschäftsmodell dar. Es liegt nahe, dass Unternehmen in der Regel die Werte und das rechtliche Verständnis des Rechtssystems übernehmen, in dem sie gegründet wurden. Das stimmt zum Bespiel im Fall derjenigen sozialen Medien, die aus den USA stammen[11] (2013 stammten acht der zehn

---

[5] Freie Übersetzung d. Verf.: „Unser Ziel ist es, den Menschen einen Ort zu geben, an dem sie sich frei und offen in einer sicheren und geschützten Umgebung austauschen und verbinden können."; abrufbar unter https://newsroom.fb.com/news/2015/03/explaining-our-community-standards-and-approach-to-government-requests/ zuletzt aufgerufen am 30.08.2022.

[6] Freie Übersetzung d. Verf.: „We have one set of content standards for the entire world, (…). This helps our community be truly global, because it allows people to share content across borders. At the same time, maintaining one set of standards is challenging because people around the world may have different ideas about what is appropriate to share on the Internet."; *Buni/Chemaly*, The secret rules of the internet.

[7] Freie Übersetzung d. Verf.: „Den Menschen die Macht geben, eine Gemeinschaft aufzubauen und die Welt näher zusammenbringen."

[8] *Keller*, Who Do You Sue?, S. 8.

[9] Abrufbar unter https://about.twitter.com/en zuletzt aufgerufen am 30.08.2022.

[10] Abrufbar unter https://www.youtube.com/intl/de/about/ zuletzt aufgerufen am 30.08.2022.

[11] *Gillespie*, Custodians of the internet, S. 51.

wichtigsten Internetseiten aus den USA, wohingegen 81 % ihrer Nutzer sich außerhalb der USA befanden[12]). Dementsprechend ist das in den Nutzungsbedingungen verankerte Verständnis der Meinungsfreiheit an das *First Amendment* angelehnt,[13] sowie an die Gesetze und an die kulturellen Werte der USA. Wenn inhaltsbezogene Nutzungsbedingungen *de facto* global anwendbar sind, stellt sich allerdings unvermeidbar die Frage, ob aus einem vom US-Rechtsverständnis geprägten Modell ein solcher Standard entwickelt werden sollte, der auf die ganze Welt anwendbar wäre. Oftmals gehen die „Regeln und Praktiken der internen Regulierung von Inhalten" durch soziale Netzwerke über rechtliche Normen hinaus[14] und werden auf Sachverhalte in der ganzen Welt angewandt, obwohl der kulturelle Kontext bei der Anwendung inhaltsbezogener Regeln unentbehrlich ist. Auch das belegen Vorfälle bei Facebook: das Löschen des Fotos „The Napalm-Girl" des Pressefotografen Nick Ut, das Löschen von Fotos, die die nackte Brust stillender Frauen zeigen, oder das Benennen von Stierkampf als Beispiel für unangemessene Inhalte im spanischen Facebook.[15]

II. Angebotscharakteristika von sozialen Netzwerken

1. Vermittlung von fremden Inhalten

Charakteristisch für soziale Netzwerke ist, dass Nutzer dort eigene oder fremde Inhalte hochladen und für andere sichtbar machen.[16] Die Formate (Text, Bild, Audio, Video) können sehr unterschiedlich sein, ebenso die Konzeptionierung, Produktion und Distribution.[17] Der Dienst, den soziale Netzwerke im Privatkundengeschäft anbieten, besteht aus der Bereitstellung einer Kommunikationsplattform für nutzergenerierte Inhalte sowie andere kommunikative Handlungen (Inhalte produzieren, kommentieren, Gruppen gründen usw.).[18]

Die Definition des Merkmals „nutzergenerierte Inhalte" ist allerdings umstritten. *Bauer* schlägt folgende Definition vor:

„User-Generated-Content bezeichnet die Gesamtheit aller von Internetnutzern bewusst erzeugten wahrnehmbaren elektronischen Medieninhalte, die von diesen unmittelbar und unabhängig von einer vorherigen redaktionellen Auswahl über das Internet der Öffent-

[12] *Dewey*, The big myth Facebook needs everyone to believe.

[13] *Chander*, Emory Law Journal 2014, 639; *Klonick*, Harv. L. Rev 2018, 1598 (1644–1645).

[14] *Katzenbach*, Die Regeln digitaler Kommunikation, S. 276.

[15] *Dewey*, The big myth Facebook needs everyone to believe.

[16] Vgl. *Pille*, Meinungsmacht sozialer Netzwerke, S. 70 f.; *Schmidt*, in: Schmidt/Taddicken, Handbuch soziale Medien, S. 23 (25).

[17] Siehe grundlegend zu „user-generated-content": *Hasebrink u. a.*, Medien- und Kommunikationsbericht, S. 99 f.

[18] *Pürer*, Publizistik- und Kommunikationswissenschaft, S. 96; *Paal*, GRUR 2013, 873 (880); *Redeker*, in: Redeker, IT-Recht, Rn. 1278.

lichkeit zugänglich gemacht werden, sofern es sich hierbei nicht um professionell erstellte und zu gewerblichen Zwecken veröffentlichte Inhalte handelt.“[19]

Trotz dieses Definitionsversuchs kommt auch er zu dem Schluss, dass der Begriff zur „unifizierenden Bezeichnung für die verschiedenen inhaltlichen Formen nutzergenerierter Medienbeiträge im Internet“ geworden ist, und dass auch andere Erscheinungsformen darunter fallen.[20] Kerninhalt sozialer Netzwerke sind also keine eigenen Inhalte, sondern die Erstellung durch ihre Nutzer und somit auch deren Nutzungsverhalten, d. h. wenn sie Inhalte generieren, verbreiten und untereinander interagieren.

2. *Informations- und Identitätsmanagement*

Zu den charakteristischen Praktiken von Nutzern auf sozialen Medien gehören das Identitäts- und Informationsmanagement.[21] Angesichts der Menge an hochgeladenen Inhalten ist die Vermittlungsrolle von Informationsintermediären dabei zentral. Mithilfe von Algorithmen sortieren soziale Netzwerke nutzergenerierte Inhalte und klassifizieren bzw. priorisieren sie für ihre Nutzer.[22] Diese algorithmische Inhaltekuratierung stellt den Kern der Vermittlungsfunktion von Intermediären dar.[23] Soziale Netzwerke vermitteln in der Regel keine qualitativen Erwartungen an nutzergenerierte Inhalte: jeder kann sich über alltägliche Themen, Unterhaltung, politische oder soziale Bewegungen äußern.[24] Entsprechend können sich das Informationsmanagement und das Identitätsmanagement der Nutzer innerhalb der persönlichen Öffentlichkeit decken.[25] Beispielweise spiegelt sich die Beliebtheit eines Fotos in der Zustimmung anderer wieder (in Form von „Daumen hoch“ oder „Herz“) und wird dadurch mehr Sichtbarkeit erhalten. Außerdem fördert die Interaktion mit den Inhalten auch die Interaktion zwischen den Nutzern. All dies kann wiederum in die algorithmische Inhaltekuratierung einfließen.[26]

---

[19] *Bauer*, User Generated Content, S. 26.

[20] *Bauer*, User Generated Content, S. 27.

[21] *Schmidt*, in: Schmidt/Taddicken, Handbuch soziale Medien, S. 23 (32–33).

[22] Ein Algorithmus ist „eine Abfolge von Schritten, die unternommen werden, um ein bestimmtes Problem zu lösen oder ein definiertes Ergebnis zu erreichen.“, *Diakopoulos*, DJ 2015, 398 (400).

[23] Vgl. *Paal/Hennemann*, JZ 2017, 641 (643); *Schemmel*, Der Staat 2018, 501 (506).

[24] Dabei ist zwischen Bewegungen zu unterscheiden, die *durch* die Kommunikationswege sozialer Netzwerke entstanden sind – wie #MeToo auf Twitter – und anderen, die sich *über* soziale Netzwerke organisieren und vernetzen – wie Fridays For Future.

[25] *Schmidt*, Social Media, S. 31 f.

[26] *Napoli*, Telecomm. Pol’y 2015, 751 (756).

3. Das Geschäft mit der Aufmerksamkeit

„Die vertikale Integration einer Vielzahl disparater Angebote“[27] macht Social-Media-Plattformen zu einem umfassenden System: sie stellen ihre Plattform für Kommunikation zur Verfügung und sind für ihre werbefinanziertes Modell darauf angewiesen, dass Nutzer sich aktiv beteiligen.[28] Dadurch werden nicht nur Inhalte generiert, sondern auch die Reaktionen der Nutzer und somit auch die Produktion von Daten gefördert.[29] Auf der Grundlage dieser Daten können detaillierte Nutzerprofile erstellt werden, die der eigentlichen Einnahmequelle dienen, nämlich der gezielten Werbeansprache.[30] Informationsintermediäre bedienen den Werbemarkt mit Daten, die es ihnen ermöglichen, dem Nutzer möglichst Inhalte anzuzeigen, die ihn am ehesten interessieren könnten.[31] Entsprechend hängen die von Algorithmen durchgeführten Bewertungen von festgelegten Annahmen darüber ab, was für Rezipienten relevant ist.[32] Die Inhaltekuratierung dient primär dem Zweck, die Aufmerksamkeit des Nutzers auf der Plattform zu halten und zu verhindern, dass er sich einer anderen zuwendet – daher die Bezeichnung „Aufmerksamkeitsökonomie“ für dieses datengetriebene Geschäftsmodell.[33] Besonders seit dem Cambridge-Analytica-Skandal steht es in der Kritik, weil im Zuge dessen zunehmend klar wurde, dass Inhalte, die emotionsstarke und im Zweifelsfall negative Reaktionen beim Beobachter auslösen, in Form von Sichtbarkeit oder Empfehlungen durch die algorithmische Kuratierung priorisiert werden.[34]

Abgesehen von der Möglichkeit Inhalte zu veröffentlichen und mit einem ausgewählten Kreis zu teilen, haben soziale Netzwerke zunehmend ihr Angebot erweitert und sind zu mehrseitigen Plattformen geworden[35] (oder sogar digitalen „Ökosystemen“). Sie haben nach und nach andere Dienste integriert, wie zum Beispiel einen eigenen Online-Marktplatz oder eine eigene Währung.[36]

---

[27] *Ingold*, Der Staat 2017, 491 (519).

[28] *Pürer*, Publizistik- und Kommunikationswissenschaft, S. 96.

[29] *Elkin-Koren*, in: Brousseau/Marzouki/Meadel, Governance, Regulation and Powers on the Internet, S. 318 (12); *Dijck/Poell*, Media and Communication 2013, 2 (10); *Fuchs*, Communication and Capitalism: a Critical Theory, S. 152.

[30] *Ash*, Redefreiheit, S. 78; *Wielsch*, in: Eifert/Gostomzyk, Netzwerkrecht, S. 67.

[31] *Hill*, in: Hill/Martini/Kugelmann, Digitalisierung in Recht, Politik und Verwaltung, S. 47; *Schulz/Dreyer*, Governance von Informations-Intermediäre, S. 23; *Dijck*, Computer Law & Security Review 2020, 105377 (2).

[32] *Gillespie*, in: Gillespie/Boczkowski/Foot, Media technologies, S. 167 (177).

[33] S. hierzu: *Dijck/Poell*, Media and Communication 2013, 2 (6).

[34] Vorausschauend: *Zarsky*, Fordham Intell. Prop. Media & Ent. LJ 2007, 741 (752–756); zu User Engagement durch negative Emotionen: *Crockett*, Nature Human Behaviour 2017, 769; *Tufekci*, YouTube, the Great Radicalizer; ausf. *Zuboff*, The age of surveillance capitalism; krit. *Wielsch*, in: Eifert/Gostomzyk, Netzwerkrecht, S. 69.

[35] Zum Begriff der multi-sided-platform: *Schreieck u. a.*, in: Linnhoff-Popien/Schneider/Zaddach, Digital Marketplaces Unleashed, S. 527 (528).

[36] Diese Entwicklung kann bspw. beim chinesischen Dienst für Kommunikation, Trans-

Auf Plattformen findet infolgedessen eine Konzentration an Diensten statt, die zur Folge hat, dass Nutzer den Mehraufwand eines Wechsels nicht in Kauf nehmen wollen und einzelne Anbieter eine starke Marktdominanz aufbauen.[37] Als Ökosystem beschreibt *Van Dijck* deswegen solche Plattformen, die die Merkmale von unterschiedlichen Plattformarten erfüllen: infrastrukturell, intermediär und sektoral.[38] Zwar sind für die vorliegende Fragestellung grundsätzlich soziale Netzwerke vorrangig als unverzichtbarer Ort der Kommunikation relevant, allerding steigt auch der allgemeine Grad der Angewiesenheit exponentiell, wenn Nutzer stets auf das Angebot *einer* Plattform zurückgreifen, weil sie innerhalb in verschiedenen Kontexten kommunizieren und interagieren können.[39]

III. Der Einfluss sozialer Netzwerke auf Kommunikation im Internet

Weil soziale Netzwerke nicht mehr nur eine Veröffentlichungsplattform für nutzergenerierte Inhalte anbieten, sondern als Plattformen zunehmend eine Vielzahl an Diensten,[40] wird ihnen eine wachsende Relevanz innerhalb der Gesellschaft zugeschrieben. Sie sind zu „wirkungsvollen Kanälen politischer Informationen" geworden.[41] Aus Regulierungsperspektive kann man diese Relevanz als Markt-, Daten- und Meinungsmacht durchdeklinieren.[42] Die Meinungsbildungsrelevanz von sozialen Netzwerken ist u. a. auf den „Winner-takes-it-all"-Effekt und den Bottleneck-Effekt zurückzuführen.

1. „Winner-Takes-It-All"-Effekt

„More power in determining who can speak and who can be heard around the globe than any Supreme Court Justice, than any king or any president."[43] So beschreibt *Rosen* das Machtpotenzial sozialer Netzwerke auf die Kommunikationsfreiheiten innerhalb der Informationsgesellschaft. Seiner Ansicht nach

---

port, Zahlungen WeChat beobachtet werden, Tochtergesellschaft der Tencent Holdings Limited.

[37] *Poell u. a.*, IPR 2019, 1 (6).

[38] *Dijck*, NM&S 2020, 1 (8).

[39] Vgl. OLG Dresden, Urt. v. 16.06.2020 – 4 U 2890/19, MMR 2021, 58 (59–60).

[40] *Helmond*, Social Media + Society 2015, 1; *Dijck/Poell*, Media and Communication 2013, 2 (5); *Poell u. a.*, IPR 2019 passim.

[41] *Jungherr/Schroeder*, Social Media + Society 2021, 2056305121988928 (2).

[42] Dabei geht es um unterschiedliche Regulierungsbereiche (Wettbewerbs- und Kartellrecht, Datenschutzrecht und Rundfunk- bzw. öffentliches Medienrecht), die jeweils Instrumente anbieten können, um unterschiedliche Schutzgüter wie Wettbewerb, informationelle Selbstbestimmung und freie Meinungsbildung zu schützen; vgl. *Paal/Hennemann*, JZ 2017, 641 (645 f.).

[43] Übersetzung d. Verf.: „mehr Macht darüber, wer sprechen und wer rund um den Globus gehört werden kann, als jeder Richter des Obersten Gerichtshofs, jeder König oder jeder Präsident", in: *Buni/Chemaly*, The secret rules of the internet.

können soziale Medien mehr Einfluss über den öffentlichen Diskurs als Staatsoberhäupter ausüben und daraus entstehe eine ernstzunehmende Schutzlücke zwischen den faktischen Einflussnahmemöglichkeiten sozialer Netzwerke auf die Gesellschaft und ihrer mangelnden Bindung an Grundrechte.

Der Markt von Informationsintermediären ist von Netzwerkeffekten geprägt: umso mehr Nutzer ein soziales Netzwerk nutzen, desto mehr kommt es zu einer Konzentration von Nutzern und Transaktionen bei einem Diensteanbieter.[44] Besonders etablierte Anbieter setzen sich gegenüber kleineren Plattformen durch, weil sie mit jedem neuen Nutzer als Netzwerk attraktiver werden.[45] Dieses Phänomen nennt man den „Winner-takes-it-all"-Effekt. Grundsätzlich ist zu beobachten, dass es für jede Art von Intermediär einen besonders dominanten Anbieter gibt – bei sozialen Netzwerken ist es bisher Facebook gewesen. In der Regel führt es dazu, dass sich die Stellung dieses Dienstes auf dem Markt verfestigt. Diese Konsolidierung ist nicht nur für die Frage der wirtschaftlichen Macht von Plattformen relevant, sondern auch für die Meinungsbildung,[46] da soziale Netzwerke vorrangig nutzergenerierte Inhalte hosten und zu kommunikativen Zwecken genutzt werden.

2. *„Bottleneck-Effekt"*

Da soziale Netzwerke via Algorithmen festlegen, wie Informationen sortiert, priorisiert und gefiltert werden, entscheiden sie darüber, was Nutzer sehen – sie sind zu einem „Flaschenhals" der öffentlichen Kommunikation im Internet geworden.[47] Aus Nutzerperspektive dient die algorithmische Inhaltekuratierung in erster Linie der Zugangs*erleichterung*; in der Inhaltebündelung und -kuratierung liegt die Hauptfunktion der Intermediäre. Folglich nimmt auch ihr Einflusspotenzial auf die Meinungsbildung zu, wenn Menschen sie zunehmend als Informationsquelle nutzen.[48] Für Nutzer ist allerdings nicht erkennbar nach welchen Kriterien bzw. Maßstäben dieser Ausschnitt erstellt wird[49] – anders als bei klassischen Massenmedien. Die algorithmische Sortierung der Inhalte ist aus Nutzerperspektive zwar durchaus erwünscht, um durch das unüberschaubare Angebot im Internet zu navigieren, aber die „algorithmenbasiert ermittelten Korrelationen durch die Vielzahl der Merkmale und ihrer möglichen Kombina-

---

[44] *Eisenmann*, Harvard Business School Note 2007, (2): „Jede Plattform vermittelt Benutzerinteraktionen auf einem, und nur einem, Netzwerk. Jedes plattformvermitteltes Netzwerk hat eine, und nur eine, Plattform in seinem Kern."

[45] *Schulz/Dankert*, Die Macht der Informationsintermediäre, S. 27.

[46] *Schulz/Dankert*, Die Macht der Informationsintermediäre, S. 27; *Nieborg/Poell*, in: Prenger/Deuze, Making Media: Production, Practices, and Professions, S. 85 (92).

[47] *Krönke*, in: Wischmeyer/Rademacher, Regulating Artificial Intelligence, S. 145 (149) m. w. N. *Eifert*, NJW 2017, 1450; *Ingold*, Der Staat 2017, 491 (70); *Paal/Hennemann*, JZ 2017, 641 (643); *Heldt*, CR 2018, 494 (497).

[48] *Zimmer/Kunow*, Medienintermediäre und Meinungsbildung, S. 53–55.

[49] *Helberger u. a.*, info 2015, 50 (56).

tionen“[50] sind für Nutzer (in der Regel) nicht nachvollziehbar. Bedenklich ist, dass die algorithmische Sortierung dazu dienen soll, die Aufmerksamkeit der Nutzer zu halten, also dem Geschäftsmodell von sozialen Netzwerken zu nutzen, aber die Auswirkungen der Verbreitung der Inhalte auf individueller oder kollektiver Ebene nicht bedacht werden und gemeinwohlorientierte Standards in den Richtlinien bisher eine untergeordnete Rolle spielen.[51]

3. Zwischenfazit

Daraus ergibt sich, dass Nutzer auf besonders große Plattformen angewiesen sein können, weil diese nicht ohne Weiteres substituierbar sind. Die hohen Nutzerzahlen der beliebtesten Plattformen weisen auf einen „hohen Grad an Institutionalisierung“ hin, woraus sich eine gewisse kommunikative Macht ableiten lässt.[52] Insoweit sind die Erscheinungsformen einer solchen „Macht“ auch für die hier bearbeitete Frage von Bedeutung, weil es im Lichte der jüngsten Entscheidungen des Bundesverfassungsgericht zweifelsfrei (auch) darauf ankommt, diejenigen als Verpflichtete einer intensiveren Drittwirkung zu identifizieren, die einen besonders starken Einfluss über die Teilhabe am gesellschaftlichen Leben ausüben können.[53] Die Verbindung zwischen der marktbezogenen Dominanz eines Anbieters und der Angewiesenheit der Nutzer ist noch nicht abschließend geklärt. In- und außerhalb von sozialen Netzwerken bleiben zahlreiche Möglichkeiten um sich zu äußern, insofern ist der Grad der Angewiesenheit nicht vorschnell mit einem „Quasi-Monopol“ einzelner Anbieter zu verwechseln.[54] Dennoch ist nicht von der Hand zu weisen, dass das Zusammenspiel der Charakteristika sozialer Netzwerke und der Netzwerkeffekte auf dem Markt der Intermediäre dazu führen kann, dass ein bestimmtes soziales Netzwerk als „nicht ohne weiteres austauschbaren Medium von überragender Bedeutung“ gewertet wird.[55]

---

[50] *Broemel*, in: Hermstrüwer/Lüdemann, Der Schutz der Meinungsbildung im digitalen Zeitalter, S. 35 (40).

[51] *Napoli*, Telecomm. Pol’y 2015, 751 (757); *Pille*, Meinungsmacht sozialer Netzwerke, S. 348 f. (351).

[52] *Jarren*, Publizistik 2019, 163 (174).

[53] *Nieborg/Poell*, in: Prenger/Deuze, Making Media, S. 85 (90); *Srnicek*, Platform capitalism, S. 25–26; vgl. *Busch*, Regulierung digitaler Plattformen als Infrastrukturen der Daseinsvorsorge, S. 21.

[54] Vgl. *Lüdemann*, MMR 2019, 279 (283); siehe auch *Masing*, in: Bäuerle/Wallrabenstein/Bryde, Demokratie-Perspektiven, S. 409 (422–423).

[55] BVerfG, Beschl. v. 22.05.2019 – 1 BvQ 42/19 – Rn. 19.

B. Teilöffentlichkeiten innerhalb sozialer Netzwerke

I. Ausdifferenzierte Teilöffentlichkeiten

Soziale Netzwerke als eine Kategorie von Informationsintermediären bilden durch ihr Angebot, ihre Architektur und ihre Charakteristika als Plattform sowohl für Inhalte als auch für Verbindungen einen zentralen Teil der Zugangsinfrastruktur für Internetnutzer. Entsprechend ist ihre Relevanz für die öffentliche Kommunikation in der digitalen Gesellschaft nicht von der Hand zu weisen. Der Grad der Öffentlichkeit wird seit jeher für die Einordnung von öffentlicher Kommunikation und neuen Kommunikationsformen herangezogen.[56] Eine Erkenntnis aus dem vorherigen Kapitel ist, dass Öffentlichkeit durch soziale Netzwerke im Internet hergestellt werden kann und dass auch an sie funktionale Erwartungen existieren, die mit denen aus der nicht-digitalen Öffentlichkeit vergleichbar sind.

Fraglich ist, wie mit ihrem modularen Aufbau umzugehen ist, da die Frage, ob ein Dienst oder ein Modul für die kommunikative Nutzung unabdingbar ist, sich danach richtet, welche Funktion die einzelnen Module erfüllen und ob sie Öffentlichkeit herstellen.[57] Generell sind soziale Netzwerke „hochgradig modular aufgebaut“.[58] Sie bieten ähnliche Basisfunktionen für die Kommunikation der Nutzer an, die sich – auf ihre Funktionalitäten bezogen – nicht wesentlich unterscheiden.[59] Folgende drei „Module“ sind im Hinblick auf Teilöffentlichkeiten zu beachten: Newsfeed, Gruppen und private Nachrichten. Diese Unterscheidung ist wichtig, denn innerhalb eines Dienstes können verschiedene Inhalts-, Verbreitungs- und Vernetzungsformate gewählt werden, innerhalb derer öffentlich oder privat kommuniziert wird. Damit geht einher, dass nicht jeder Teil einen „Ort der öffentlichen Debatte“ darstellt, sondern es sich nur um eine technische Funktion von mehreren handelt.

Aus der Übersicht wird ersichtlich, dass Facebook als soziales Netzwerk mit nutzergenerierten Inhalten die drei Basisfunktionen anbietet. Obwohl diese Dienste alle auch Informationsintermediäre sind und eine Vermittlungsfunktion übernehmen, stehen bei Diensten wie YouTube, Instagram und Tiktok die Inhalte und die Interaktion mit den Inhalten stärker im Vordergrund als die Bildung von Netzwerken (wie Gruppen) innerhalb des Dienstes.

---

[56] *Schulz*, ZUM 1996, 487 (490–494); *Schulz*, CR 2008, 470 (473).

[57] *Vesting*, AöR 122 (1997), 337 (363), der vor der Existenz sozialer Netzwerke für „spezifische Abwägungsregeln in die Kommunikation in ausdifferenzierten Teilöffentlichkeiten“ plädierte.

[58] *Schulz/Dreyer*, Governance von Informations-Intermediären, S. 15; siehe auch *Schulz*, Roles and Responsibilities of Information Intermediaries, S. 6.

[59] *Pürer*, Publizistik- und Kommunikationswissenschaft, S. 95–97; *Hartmann*, Multimedia, S. 105 f.

Tabelle 1: Modularer Aufbau sozialer Netzwerke (in alphabetischer Reihenfolge)

	Newsfeed	Gruppenfunktion	Private Nachrichten
Facebook	Ja	Ja (offen u. geschl.)	Ja
Instagram	Ja	Nein	Ja
LinkedIn	Ja	Ja	Ja
Reddit	Ja	Ja (sog. Subreddits, offen)	Ja
Tiktok	Ja	Nein	Ja
Twitter	Ja	Nein	Ja, auch „nicht-öffentliche Gruppenunterhaltungen mit Followern“.
YouTube	Ja	Nein	Nein (nicht mehr seit 18.09.2019)

II. Beschreibung und Einordnung der Module

1. Newsfeed

Das Wort „Newsfeed“ (Synonyme: Web-Feed, Timeline) bezeichnet den Teil des Dienstes, der „eine kontinuierliche Übertragung von Daten, bestehend aus Nachrichten-Updates“ darstellt.[60] Mitglieder erhalten den Newsfeed als Vorschau von Links, die dem individuellen Nutzer zeigen, welche Inhalte seine Kontakte oder sein erweiterter Kontaktkreis veröffentlicht hat. Deswegen kann man öffentliche, semi-öffentliche und private Kommunikation nur anhand der Einstellungen der jeweiligen Nutzer trennen – wenn eine solche Trennung überhaupt gelingen kann.[61] Die wesentlichen Merkmale des Newsfeeds sind, dass die dortigen Informationen für angemeldete Mitglieder des Netzwerks sichtbar sind (je nach den Einstellungen des Kommunikator), und dass für diejenigen, die die Inhalte sehen, eine Form der Interaktion mit dem Inhalt möglich ist (kommentieren, teilen usw.). Der Newsfeed dient also nicht der interpersonalen Kommunikation zwischen zwei Mitgliedern, sondern dort werden alle Beiträge gesammelt, als Auflistung dargestellt und anderen Nutzern Gelegenheit zur Interaktion gegeben. Charakteristisch für große Diensteanbieter wie Facebook ist, dass Nutzer aufgrund der großen Menge an Inhalten fast endlos durch den algorithmisch sortierten Newsfeed „scrollen“ können.[62]

---

60 Newsfeed. BusinessDictionary, abrufbar unter https://businessdictionary.info/definition/news-feed/ zuletzt aufgerufen am 30.08.2022.

61 Des Weiteren kann auch danach unterschieden werden, um welche Art des Profils es sich handelt und ob es beispielweise von einem Amtsträger oder einer öffentlichen Stelle zu Informationszwecken betrieben wird. So kann auch auf einzelnen Profilen Öffentlichkeit hergestellt werden, wenn das Profil öffentlich zugänglich ist und sich von einer gewöhnlichen Internet-Homepage grundsätzlich nur insoweit unterscheidet, als dass die Seite von Facebook gehostet wird.

62 Für die Navigation im Newsfeed wird das englische Verb „to scroll“ benutzt, was sowohl mit „durchblättern“ als auch „rollen“ übersetzt werden kann.

Der Newsfeed enthält verschiedene Öffentlichkeitsebenen und ist somit der Kern des Modells, das soziale Netzwerke mit nutzergenerierten Inhalten ausmacht. Obwohl jeder Newsfeed (oder ähnliche Angebote) für den jeweiligen Nutzer algorithmisch individualisiert ist, wird im Newsfeed eine Form von Öffentlichkeit hergestellt, weil der Nutzer dort jenseits des Privaten kommuniziert. Das Teilen von Inhalten mit dem vom Nutzer bestimmbaren Kreis an Kontakten (oder ohne Beschränkung bzgl. des Rezipientenkreis), das Kommentieren (oder andere Reaktionsformen) und ähnliches Nutzerverhalten stellen kommunikative Handlungen dar, die den Rahmen des Privaten verlassen. Im Newsfeed wird eine Öffentlichkeit hergestellt, die graduell von der einfachen bis zur verschränkten Öffentlichkeit reichen kann, d. h. eine eher persönliche Öffentlichkeit, wenn der Nutzer nur private Kontakte hat, bis zu einer integrierten Netzöffentlichkeit, wenn er viele Kontakte hat sowie Seiten von Medien und Unternehmen abonniert.[63]

2. Gruppen

Als Gruppe werden abgetrennte Bereiche innerhalb eines sozialen Netzwerks bezeichnet, die von Nutzern zu unterschiedlichen Zwecken eingerichtet werden können. Sie können offen, geschlossen oder geheim sein. Diese Eigenschaft richtet sich danach, erstens ob die Gruppe für andere Nutzer ohne Beschränkung sichtbar und zugänglich sein soll, zweitens ob andere Nutzer nur auf Anfrage zugelassen werden, oder drittens ob sie nicht sichtbar ist und neue Mitglieder nur auf Einladung bzw. durch das aktive Hinzufügen von Mitgliedern hinzukommen können. Charakteristisch für das Gruppenformat ist die Möglichkeit, den Zugang nur für einen ausgewählten Kreis an Mitgliedern zu öffnen.

Öffentlichkeit kann in Gruppen hergestellt werden, wenn sie offen sind und sich eine Zahl an Mitgliedern beteiligt, die auch im analogen als einfache oder mittlere Öffentlichkeit qualifiziert werden würde. Allerdings kann auch in einer geschlossenen oder geheimen Gruppe Öffentlichkeit hergestellt werden, wenn es keine persönliche Verbindung aller Gruppenmitglieder gibt oder sie nicht wissen, welche Reichweite die Gruppe hat. In der Regel kann man ab einer gewissen Mitgliederzahl von einer einfachen oder mittleren Öffentlichkeitsebene ausgehen. Gruppen dienen einer kleinteiligeren Organisation der Nutzer innerhalb des sozialen Netzwerks und der engeren Vernetzung untereinander, sie sind allerdings nicht für die Herstellung von Öffentlichkeit unabdingbar.

Ähnliches gilt beispielweise für das Einrichten von zeitlich beschränkten Formaten wie das sogenannte Veranstaltungsformat von Facebook („Event"), welches als öffentlich zugänglicher Termin oder als „geheimer", also nur für eingeladene Mitglieder sichtbarer, Termin angelegt werden kann. Hinzuge-

[63] S. o. Kap. 3, C. II. 2. Persönliche Öffentlichkeit; *Schmidt*, Social Media, S. 28–30.

kommen ist bei Facebook das Format „Rooms“, welche die Einrichtung von Gruppen zu Zwecken von Videoanrufen ermöglichen soll: Nutzer können einen „Raum“ einrichten und ihre Kontakte können diesen „Raum“ jederzeit betreten und sich dann mit denjenigen, die in dem „Raum“ sind, unterhalten.[64] Der Unterschied zu Gruppen ist, dass es sich nicht um einen abgetrennten Bereich in Form eines separaten Newsfeed handelt (wie in bisherigen Gruppen), sondern nur für Videoanrufe eingerichtet wird, also eher der privaten oder semi-privaten Kommunikation dienen soll. Gleichzeitig können solche „Räume“ für alle Facebook-Kontakte sichtbar eingerichtet werden und von allen „betreten“ werden („it’s easy for people to drop by“),[65] wenn die Privateinstellungen nicht auf geheim eingestellt sind („lock a room if you don’t want anyone else to enter“). Es hängt davon ab, ob der Nutzer den „Raum“ öffentlich oder geheim einrichten möchte. Damit wird ein zusätzliches Modul angeboten, das eher den Zwecken der privaten Kommunikation zuzuordnen ist, aber in die bestehende kommunikative Struktur integriert wird. Es handelt sich um einen generell beobachtbaren Trend bei Kommunikationstechnologien.

3. *Private Nachrichten*

Private Nachrichten (Messaging) sind ein zusätzlicher Kommunikationsweg, der von den meisten sozialen Netzwerken angeboten wird: es handelt sich um geschlossene Kanäle, in denen Nachrichten ausgetauscht werden können, die als Äquivalent des interpersonalen Privatgesprächs dienen, oder andere Formen der Privatkommunikation stattfinden (bspw. Telefonate). Charakteristisch ist, dass sie für Außenstehende nicht sichtbar sind, und in der Regel nur wenige Nutzer beteiligt sind. Die Nutzung solcher privater und demnach geschlossener Kommunikationsformate nimmt zu[66] und führt dazu, dass Diskussionen für weniger Nutzer allgemein zugänglich sind, bzw. die Offenheit für Dritte, sich an einer Diskussion zu beteiligen, verringert wird. Es handelt sich um das Format, was am ehesten der privaten d. h. interpersonalen Kommunikation und am wenigsten der öffentlichen Kommunikation zuzuordnen ist. So verlagern sich Teile des Diskurses in nur für wenige zugängliche Teile des sozialen Netzwerks[67] und geben zu bedenken, dass dafür andere Maßstäbe anwendbar sind. Fraglich ist, wie damit umzugehen ist, wenn Betreiber das Argument der Privat-

---

[64] Facebook, Introducing Messenger Rooms and More Ways to Connect When You’re Apart, 24.04.2020, abrufbar unter https://about.fb.com/news/2020/04/introducing-messenger-rooms/ zuletzt aufgerufen am 30.08.2022.

[65] Auf ähnliche Weise funktioniert der Dienst Clubhouse: in sog. Räumen organisieren Nutzer Gesprächsrunden, denen Dritte zuhören können.

[66] *Fichter*, Über die „Messengerisierung“ der Politik; *Kim*, On the Demise of Facebook’s News Feed, and the Rise of Messaging.

[67] *Kunova*, Report: Audiences are ditching Facebook for sharing news, favouring the ‚safe space‘ of private messaging apps.

heit vorhalten,[68] um so ggf. einer medialen und rechtlichen Kontrolle zu entgehen, obwohl es sich auch in geschlossenen Kommunikationskanälen um Öffentlichkeiten handeln kann.[69]

4. Zwischenergebnis

Konzepte für analoge Öffentlichkeiten lassen sich nicht ohne Weiteres auf Online-Öffentlichkeiten übertragen, insbesondere nicht auf soziale Netzwerke, weil sie nicht mit einem physischen Raum, den man betritt, gleichgestellt werden können. Ihre Formate und deren Struktur können stets verändert und angepasst werden und sich somit einer endgültigen Einordnung entziehen.[70] Dennoch muss hinreichend berücksichtigt werden, dass soziale Netzwerke Öffentlichkeit herstellen und insoweit für die Teilhabe am öffentlichen Leben und an der Aushandlung gesellschaftlicher Positionen geeignet sind.[71] Bspw. kann es durch soziale Netzwerke nachweisbar zu einer erhöhten Vernetzung von Protestbewegungen und politischen Versammlungen kommen.[72] Insofern muss die durch soziale Netzwerke hergestellte Öffentlichkeit unter dem Aspekt der Zugangsmöglichkeit betrachtet werden: als eine Möglichkeit über das enge private Netzwerk hinaus zu kommunizieren und als aktive Teilnehmer dieser sich graduell wandelnden Öffentlichkeit wahrgenommen zu werden.

C. Soziale Netzwerke im Grundrechtsgefüge

I. Einleitung

Aus den bisherigen Kapiteln ergibt sich, dass soziale Netzwerke zwar anhand von Merkmalen definierbar sind, aber aufgrund ihrer Hybridität schwer in traditionelle kommunikationswissenschaftliche oder rechtliche Kategorien einzuordnen sind. Als Kommunikationsplattform für nutzergenerierte Inhalte, die der Vernetzung unter Nutzern und dem Zugang zu Informationen dient, stellen soziale Netzwerke einen Akteur von öffentlicher und privater Kommunikation neben dem Staat, den traditionellen Medien und dem Individuum dar.[73] Die

---

[68] *Zuckerberg*, A Privacy-Focused Vision for Social Networking, 2019, abrufbar unter https://www.facebook.com/notes/2420600258234172/ zuletzt aufgerufen am 30.08.2022.

[69] Diese Verlagerung birgt viele Herausforderungen, vor allem im Hinblick auf Polarisierung und Desinformation: *Fichter*, Über die „Messengerisierung" der Politik; *Moshavi*, Shining Light Into the Dark Spaces of Chat Apps; *Riedel*, Behind Closed Curtains.

[70] *Katzenbach*, Die Regeln digitaler Kommunikation, S. 326; *Schulz/Dreyer*, Governance von Informations-Intermediären, S. 31.

[71] *Zimmer/Kunow*, Medienintermediäre und Meinungsbildung.

[72] *Tufekci/Wilson*, Journal of Communication 2012, 363; *De Choudhury u. a.*, Proc. Int. AAAI Conf. Weblogs Soc Media 2016, 92; *Tufekci*, Twitter and Tear Gas.

[73] *Gollatz*, Die private Governance der Plattformen zur Regelung grenzüberschreitender Kommunikation, S. 44–45.

Art und Weise, wie diese relativ neue Akteure Kontrolle über nutzergenerierte Inhalte ausübt, stellt eine Kuratierungspraxis dar, die gängigerweise als Inhaltemoderation bezeichnet wird (II.). Entsprechend sind sie nicht nur grundrechtsverplichtet sondern u. U. auch grundrechtsschutzberechtigt. Einerseits spielen sie als Informationsintermediäre eine dienende Rolle bei der Wahrnehmung von Kommunikationsfreiheiten; andererseits greifen sie gestalterisch ein und legen einen kommunikativen Rahmen fest – dieses „mehrseitige“ Profil gilt es im Grundrechtsgefüge zu situieren (III. und IV.). Das genaue Herausarbeiten der schutzwürdigen Interessen sowohl auf der Nutzer- als auch auf der Betreiberseite ist für die Abwägung im Einzelfall geboten (V.).

II. Definition der Inhaltemoderation

Aus dem Lateinischen „moderare“ wird der Begriff Inhaltemoderation benutzt, um das Lenken und Regeln von Informationen, die durch Nutzer auf sozialen Netzwerken generiert wurden, zu bezeichnen.[74] *Grimmelman* definiert Inhaltemoderation als jene „Governance-Mechanismen, die die Beteiligung in einer Gemeinschaft strukturieren, um die Zusammenarbeit zu erleichtern und Missbrauch zu verhindern“.[75] Inhaltemoderation umfasst neben rechtlichen Normen auch soziale Normen, die in einer Gemeinschaft strukturierend wirken (unabhängig von ihrer rechtlichen Wirkung). Dazwischen fügen sich private Normen in Form von Nutzungsbedingungen oder weiteren vertraglichen Vereinbarungen ein. Auf sozialen Netzwerke handelt es sich um das Bestimmen und Anwenden privater Regeln, darüber was Nutzer veröffentlichen dürfen und was nicht – sog. Gemeinschaftsstandards.[76] Inhaltemoderation (aus dem Englischen „content moderation“) ist deswegen der gängige Begriff für die inhaltsbezogenen Regeln der Plattformen (auch wenn der Begriff der Inhaltekuratierung präziser wäre). Die Gemeinschaftsstandards können aus (sozialen) Normen bestehen, die von der Nutzercommunity oder einem Teil davon im Rahmen eines gemeinsamen Verfahrens als Regelkatalog institutionalisiert und gegebenenfalls gemeinsam fortgeschrieben werden. Bei kommerziellen Plattformen entstehen sie meistens in einem Top-Down-Verfahren, d. h. der Dienstanbieter bestimmt einseitig den Regelkatalog für alle Nutzer[77] und wendet sie in Form von Nutzungsbedingungen an.

---

[74] Vgl. allgemeine Definition von „moderieren“ aus Duden, abrufbar unter https://www.duden.de/rechtschreibung/moderieren zuletzt aufgerufen am 30.08.2022.

[75] *Grimmelmann*, Yale J. L. & Tech 2015, 43 (47), Übersetzung d. Verf.; *Myers West*, NM&S 2018, 4366 (4368).

[76] *Gillespie*, Custodians of the Internet, S. 45–73.

[77] *Gollatz*, Die private Governance der Plattformen zur Regelung grenzüberschreitender Kommunikation, S. 140 f.

Soziale Netzwerke bilden Kommunikationsräume, die zur Öffentlichkeit gezählt werden können, aber deren Regeln nicht zwangsläufig mit gesetzlichen Verboten übereinstimmen müssen.[78] Bisher haben sie einen eigenen Ordnungsrahmen bestimmt und sich selbst reguliert und standardisiert.[79] Die zunehmende Standardisierung äußert sich insbesondere durch das Festlegen von inhaltsbezogenen Regeln, die horizontal und vertikal wirken. Inhaltsbezogen sind solche Regeln, die an Meinungsinhalte knüpfen. Eine inhaltsbezogene Regulierung von Meinungsäußerungen wird bei staatlicher Regulierung grundsätzlich abgelehnt. Bspw. kommt es in der Rechtsprechung des Bundesverfassungsgerichts in Bezug auf die Schranken von Art. 5 Abs. 1 S. 1 GG darauf an, ob ein Gesetz allgemein ist,[80] d. h. „meinungsneutral-allgemein auf die Abwehr von Rechtsgutverletzungen zielt".[81] Charakteristisch für die Inhaltemoderation sozialer Netzwerke ist hingegen, dass sie werteorientiert stattfindet, d. h. aufgrund der bestimmten Art des Inhalts,[82] und vorrangig auf der Grundlage privater Regeln, die kommunikative Pflichten für die Nutzer enthalten. Die Entscheidung der Diensteanbieter, „bestimmte Inhalte, deren Veröffentlichung nicht rechtswidrig ist, nicht zeigen zu wollen" kann man auch als wertorientiertes Löschen bezeichnen.[83]

1. Inhaltemoderation als „Moving Target"

Die Vielschichtigkeit der Normen, die für das kommunikative Geschehen auf sozialen Netzwerken gelten,[84] trägt im Wesentlichen dazu bei, dass die Frage nach der Rechtmäßigkeit der Inhaltemoderation schwer zu beantworten ist, da unterschiedliche Normensysteme entsprechend unterschiedliche Maßstäbe anwenden. Im Ergebnis handelt es sich um einen sich stets wandelnden Regelkatalog, der folglich schwer zu greifen ist („moving target"). Das globale Angebot der Plattformen, die regionalen und gesetzlichen Unterschiede bei den Nutzern und das ständige Ändern der Gemeinschaftsstandards erschweren die rechtliche Beurteilung des Sachverhalts.

Das Einflusspotential sozialer Netzwerke auf die heutige Kommunikation durch das Festlegen von Inhaltsregeln ist u. a. deswegen so vielschichtig, weil sie konstant aktualisiert und dabei unterschiedliche, interne und externe Faktoren bei der Erstellung, der Anwendung und der Auslegung von Inhaltsstandards berücksichtigt werden.[85] Änderungen bei den inhaltsbezogenen Nut-

---

78 *Katzenbach*, Die Regeln digitaler Kommunikation, S. 274.
79 *Gießmann*, Vier Thesen zur Plattformgesellschaft (1).
80 BVerfGE 124, 300 – Wunsiedel.
81 *Schemmer*, in: Epping/Hillgruber, GG Art. 5 Rn. 99.2.
82 *Kellner*, Die Regulierung der Meinungsmacht von Internetintermediären, S. 78.
83 *Kellner*, Die Regulierung der Meinungsmacht von Internetintermediären, S. 81.
84 *Katzenbach*, Die Regeln digitaler Kommunikation, S. 255 f.
85 *Nahon*, in: Bruns/Enli/Skogerbo/Larsson/Christensen, The Routledge companion to social media and politics, S. 39 (43).

zungsbedingungen können aus internen und externen Gründen erfolgen, bspw. als Reaktion auf ein Ereignis innerhalb des Netzwerks, also von Nutzern ausgelöst, oder aufgrund einer Policy-Entscheidung des Unternehmens wegen anderer Faktoren.[86] Darüber hinaus kann der Druck der Öffentlichkeit auch eine substanzielle Rolle spielen.[87] Abgesehen vom Prozess der Entstehung dieser Regeln kommt für deren Anwendung die algorithmische Umsetzung hinzu, die entlang der Entwicklungen in der Nutzercommunity angepasst wird.[88]

2. *Private Regeln für die Inhaltemoderation*

Grundsätzlich werden soziale Netzwerke vom Gesetzgeber als neutrale Webhosting-Dienste behandelt, die Inhalte zwar sortieren, aber nicht für sie verantwortlich sind, weil sie nicht redaktionell tätig sind. Über die Zulässigkeit von Inhalten entscheiden jedoch jene Dienste auf Grundlage ihrer Gemeinschaftsstandards – sog. *Private Ordering* (a), die in der Regel in der Anwendung gegenüber nationalen Gesetzen bevorzugt werden (b).

a) Private Ordering

Unter *Private Ordering* versteht man die Rechtsetzung durch private Regeln.[89] Der Fachbegriff stammt aus der Governance-Forschung und beschreibt die Normsetzung durch Private statt durch den Staat.[90] Dieses Phänomen ist dem Internet zwar nicht eigen, aber dort besonders häufig zu finden, da Intermediäre eine quasi-Öffentlichkeit herstellen, aber mehrheitlich von privaten Akteuren betrieben werden.[91] Nutzungsbedingungen zwischen einem sozialen Netzwerk und dessen Nutzern bilden den Normencorpus, der gesetzliche Regelungen bei der Entscheidung, ob nutzergenerierte Inhalte erlaubt sind, *de facto* ersetzt und *de jure* ergänzt.[92] Soziale Netzwerke bestimmen und setzen diese privaten Regeln unilateral durch.[93] *De facto* bilden die Gemeinschaftsstandards die Grundlage für die Entscheidung darüber, welche Inhalte erlaubt sind, und können im Hinblick auf bestimmte Inhaltekategorien einschränkender als nationale Gesetze wirken.[94]

---

[86] *Kettemann/Schulz*, Setting Rules for 2,7 Billion – A (First) Look into Facebook's Norm-Making System, S. 21 f.

[87] *Dijck/Poell*, Media and Communication 2013, 2 (5).

[88] *Gillespie*, in: Gillespie/Boczkowski/Foot, Media Technologies, S. 167 (183).

[89] *Schwarcz*, Nw. UL Rev. 2002, 319 (319–322).

[90] S. a. *Albert u. a.*, in: Albert/Deitelhoff/Zimmermann, Ordnung und Regieren in der Weltgesellschaft, S. 381 (391).

[91] Das Thema wird auch unter „Governance *by* social media platforms" diskutiert.

[92] *Belli/Venturini*, IPR 2016 (2); *Gorwa*, Internet Policy Review 2019.

[93] *Katzenbach*, Die Regeln digitaler Kommunikation, S. 326.

[94] *Gillespie*, in: Burgess/Marwick/Poell, Sage Handbook of Social Media, S. 254 (262); *Eifert*, in: Eifert/Gostomzyk, Netzwerkrecht, S. 27.

Das Phänomen des *Private Ordering* ist nicht auf große Plattformen wie Facebook beschränkt: auch Plattformen wie Reddit, die als cyber-libertär gelten, haben ein eigenes Regelwerk für ihre Nutzergemeinschaft und setzen diese durch.[95] Ein Minimum an Regeln scheint für die große Mehrheit der sozialen Netzwerke unverzichtbar zu sein. Weil ihr Geschäftsmodell auf nutzergenerierten Inhalten beruht, ist es notwendig, dass die Nutzungsbedingungen das mehrseitige Angebot solcher Plattformen abbilden: Veröffentlichungs-, Vernetzungs-, Vermittlungs- und Kommunikationsinfrastruktur.[96] Die Inhaltsstandards der meisten Plattformen beinhalten folgende Kategorien an verbotenen Inhalten: sexuelle Inhalte und Pornographie; Darstellungen von Gewalt und Obszönität; Belästigung anderer Nutzer; Hassrede; Darstellung oder Befürworten der Selbstverletzung; Darstellung oder Befürworten illegaler Aktivitäten, insbesondere des Drogenkonsums.[97] Diese Kategorien bilden das übliche Minimum an Inhaltsstandards, wobei größere Plattformen i. d. R. Unterkategorien mit genaueren Regeln haben. Das Vorkommen solcher Nutzungsbedingungen zeigt, dass Plattformen nicht nur eine inhaltsneutrale Infrastruktur zur Verfügung stellen, sondern die Interaktion zwischen Nutzern nach ihren jeweiligen normativen Vorstellungen durchaus steuern und im Hinblick auf die Kommunikationskultur beeinflussen.

b) Vorrang von Private Ordering zulässig

Soziale Netzwerke sind (bisher) nicht verpflichtet, gesetzliche Verbote ohne Hinweis durchzusetzen (sondern i. e. S. lediglich zur zeitnahen Bearbeitung von Nutzermeldungen und sonstigen Hinweisen Dritter gem. § 10 TMG) und auch nicht, Verbote aus dem Strafgesetzbuch vorrangig, also statt ihrer eigenen Nutzungsbedingungen anzuwenden.[98] Die Wahl der Entscheidungsgrundlage für die Inhaltemoderation bleibt bislang sozialen Netzwerken überlassen, auch für Inhalte, die gleichzeitig in den Anwendungsbereich des NetzDG fallen. Gemäß Art. 15 der E-Commerce-Richtlinie dürfen EU-Mitgliedstaaten kein Gesetz verabschieden, das eine Pflicht für Intermediäre einführen würde, proaktiv illegale Inhalte zu löschen. Gemäß dem DSA-Entwurf der EU-Kommission wird es bei diesem Verbot bleiben: zwar sollen Plattformen rechtswidrige Inhalte lö-

---

[95] *Langvardt*, Geo. L. J. 2018, 1353 (1361).

[96] Deswegen stellten sich in der Debatte um das *Private Ordering* von Anfang an auch urheberrechtliche Fragen, wie die Lizenzierung und Nutzung geschützter Werke in digitalen und somit globalen Netzwerken: *Elkin-Koren*, in: Brousseau/Marzouki/Meadel, Governance, Regulation and Powers on the Internet, S. 318 (330); *Lev-Aretz*, Harv. J. L. & Tech. 2013, 203 (245 f.).

[97] *Gillespie*, in: Burgess/Marwick/Poell, Sage Handbook of Social Media, S. 254 (263): „sexual content and pornography, representations of violence and obscenity, harassment of other users, hate speech, representations of or promotion of self-harm, representations of or promotion of illegal activity, particularly drug use", Übersetzung d. Verf.

[98] Hier könnte es zu Änderungen durch eine NetzDG-Novelle kommen.

schen, wenn sie gemeldet wurden und es bleibt den Mitgliedstaaten überlassen, welche Äußerungen strafbar sind, aber die Entscheidungsgrundlage können die privaten Regeln des jeweiligen Intermediärs sein.[99] Abgesehen vom einfachgesetzlichen Rahmen wäre es verfassungsrechtlich außerdem nicht vertretbar, *Private Ordering* für unzulässig zu erklären, da ein solches Verbot gegen das Prinzip der Privatautonomie verstoßen würde.[100]

Der von sozialen Netzwerken verfolgte Ansatz ist eindeutig praxisorientiert: die Durchsetzung von Gemeinschaftsstandards ist für globale Diensteanbieter besser operationalisierbar.[101] Wenn ein Verstoß gegen Gemeinschaftsstandards festgestellt wurde, kann der unerwünschte Inhalt global entfernt werden, wohingegen bei der Subsumierung unter nationalen Gesetzen ein Äquivalent in anderen Rechtssystemen erforderlich wäre. Gerade anhand allgemein formulierter Regeln können soziale Netzwerke flexibel auf die jeweiligen kulturellen Kontexte und deren Rechtsrahmen reagieren. Diese Priorisierung der Gemeinschaftsstandards bei der Inhaltemoderation hat zur Folge, dass die Gemeinschaftsstandards sozialer Netzwerke für die globale Kommunikation im Internet große Bedeutung haben – auch und gerade im Vergleich zu nationalen Gesetzen. Es findet in diesem Kontext eine Verschiebung der Steuerungsmacht von nationalen Gesetzgebern zugunsten privater Akteure statt.

III. Grundrechtsträger

Fraglich ist, wie die Inhaltemoderation grundrechtlich zu beurteilen ist, sowohl hinsichtlich der grundsätzlichen Möglichkeit privater Parteien sich auf ihre Grundrechte berufen zu können, als auch welche Schutzgehalte im Kern betroffen sind.

1. Aus der Perspektive der Nutzer

Nutzer von sozialen Netzwerken in Deutschland können sich gegenüber den Betreibern sozialer Netzwerke als natürliche Personen auf den Schutz aus Art. 5 Abs. 1 S. 1 GG im Wege der mittelbaren Drittwirkung berufen. Nutzeraktivitäten auf sozialen Netzwerken, d. h. das Verfassen und Teilen von Inhalten, sowie sonstige Kommentare, fallen in den sachlichen Schutzbereich von Art. 5 Abs. 1 S. 1, 1. Alt. GG.[102]

---

99 Von diesem Umstand macht bspw. Facebook Gebrauch. Aus den bisherigen Berichten gemäß § 2 NetzDG wurde deutlich, dass die Gemeinschaftsstandards von Facebook stets als Entscheidungsgrundlage bevorzugt werden: *Heldt*, IPR 2019, 1 (8).

100 Vgl. *Lüdemann*, MMR 2019, 279 (283).

101 *Keller*, Who Do You Sue?

102 Zum sachlichen Schutzbereich der Meinungsäußerungsfreiheit siehe Kap. 1, C., I.

2. *Aus der Perspektive der sozialen Netzwerke*

Fraglich ist, ob und wenn ja, wie die Inhaltemoderation durch soziale Netzwerke grundrechtlich geschützt ist. Bei der Beurteilung dessen stehen die Beschwerdefähigkeit von sozialen Netzwerken und der materielle Schutz aus Art. 5, 12, 14 und 2 Abs. 1 i. V. m. Art. 19 Abs. 3 GG im Mittelpunkt.

a) Inländische juristische Person gemäß Art. 19 Abs. 3 GG

Nur inländische juristische Personen und juristische Personen mit Sitz im EU-Ausland können sich gemäß Art. 19 Abs. 3 GG auf Grundrechte berufen. „Inländisch" i. S. v. Art. 19 Abs. 3 GG sind nach der sog. Sitztheorie juristische Personen mit Hauptverwaltung oder Hauptsitz im Staatsgebiet der Bundesrepublik Deutschland.[103] Wortlaut und Telos von Art. 19 Abs. 3 GG widersprechen einer Ausdehnung auf ausländische juristische Personen (aus dem nicht-EU-Ausland).[104] Gemäß der Sitztheorie sind Grundrechte von ausländischen juristischen Personen auch in mittelbarer Drittwirkung nicht zu beachten, mit Ausnahme der Verfahrensrechte (Art. 17, 19 IV, 101, 103 I GG), weil diese objektiven Verfahrensgrundsätze gemäß dem Rechtsstaatprinzip jedem zu Gute kommen müssen, der parteifähig ist.[105]

I. S. d. EU-Diskriminierungsverbots ist hingegen anzunehmen, dass juristische Personen innerhalb der EU wie inländische zu behandeln sind. Dies mag umstritten gewesen sein, weil das Diskriminierungsverbot nicht die Harmonisierung in jeder Hinsicht vorgibt, aber mittlerweile wird die Gleichbehandlung der natürlichen und juristischen Personen innerhalb der EU weitestgehend angenommen.[106] So stellte auch das Bundesverfassungsgericht 2011 fest, dass „juristische Personen mit einem Sitz im EU-Ausland ebenso behandelt [werden] wie inländische juristische Personen".[107] Es bedarf folglich auch nicht eines Hauptsitzes in der EU sondern ein Unternehmenssitz ist ausreichend, um den hinreichenden Inlandsbezug zu belegen, wenn ein Unternehmen „in Deutschland tätig wird und hier vor den Fachgerichten klagen und verklagt werden kann."[108] Darüber hinaus gilt im Falle von US-Unternehmen der Freundschafts-, Handels- und Schifffahrtsvertrag zwischen der BRD und den USA (i. F. FrHSchV D-USA). Gemäß Art. XXV Abs. 5 S. 2 FrHSchV D-USA wird

---

[103] BVerfGE 21, 207 (208–209) – Flächentransistor.

[104] *Isensee*, in: Isensee/Kirchhof, HStR Bd. IX (2011), § 199 Rn. 67.

[105] BVerfGE 12, 6 (8); 18, 441 (447); 64, 1 (11); *Isensee*, in: Isensee/Kirchhof, HStR Bd. IX (2011), § 199 Rn. 70; *Guckelberger*, AöR 129 (2004), 618 (629).

[106] *Degenhart*, EUGRZ 1981, 161 (168); *Guckelberger*, AöR 129 (2004), 618 (630–631); *Isensee*, in: Isensee/Kirchhof, HStR Bd. IX (2011), § 199 Rn. 71.

[107] BVerfGE 129, 78 (98).

[108] BVerfGE 129, 78 (99); so auch *Müller-Terpitz*, in: Eifert/Gostomzyk, Netzwerkrecht, S. 52–53.

eine in einem der Vertragsländer wirksam gegründete Gesellschaft im anderen Land als solche anerkannt.[109]

Im Ergebnis können sich also juristische Personen, die soziale Netzwerke betreiben, aus dem nicht-EU-Ausland, aber mit einen Firmensitz in der EU und die auf dem deutschen Markt auftreten, wie inländische juristische Personen auf den Schutz gemäß Art. 19 Abs. 3 GG berufen.[110] Ob sich soziale Netzwerke aus dem EU-Ausland, wenn es um die Löschung nutzergenerierter Inhalte auf ihrer Plattform geht, auch auf die Meinungsfreiheit gemäß Art. 5 Abs. 1 S. 1 i. V. m. Art. 19 Abs. 3 GG berufen können, ist im Einzelfall zu prüfen.[111]

b) Tangierte Grundrechte

Eine Entscheidung des Bundesverfassungsgerichts hinsichtlich der Frage, auf welche Grundrechte sich soziale Netzwerke bei der Inhaltemoderation berufen können, steht noch aus. Bislang wurde in der Rechtsprechung vorrangig auf die Privatautonomie bzw. die unternehmerische Freiheit abgestellt.[112] Versteht man die Inhaltemoderation der Plattform im Kern als eine unternehmerische Entscheidung, so kann man zweifellos auf den Schutz aus Art. 12 Abs. 1 GG abstellen.[113] Inhaltemoderation als Tätigkeit, die der Natur einer Kommunikationsplattform mit nutzgenerierten Inhalten als Ausdruck eines gewünschten Kommunikationsklimas inhärent ist, kann in den Schutzbereich von Art. 5 Abs. 1 GG sowie von Art. 12 Abs. 1, 14 Abs. 1 und 2 Abs. 1 GG fallen. Für eine klare Zuordnung muss zwischen dem Bestimmen von Gemeinschaftsstandards und deren Durchsetzung gegenüber den Nutzern unterschieden werden.

Zunächst stellt sich die Frage hinsichtlich der Sanktionierung unerwünschter Inhalte, weil es dasjenige Verhalten ist, gegen welches sich Nutzer vorrangig wenden. Ob das Durchsetzen von Gemeinschaftsstandards im Einzelfall eine Meinungsäußerung darstellt und in den sachlichen Schutzbereich von Art. 5 Abs. 1 S. 1 GG fällt ist fraglich. Der Schutzbereich von Art. 5 Abs. 1 S. 1 GG ist grundsätzlich weit gefasst und könnte folglich auch Äußerungen, die lediglich auf den Verstoß gegen Gemeinschaftsstandards und dessen Konsequenzen hinweisen, erfassen.[114] Das Entfernen von Nutzerinhalten oder das Sperren eines

---

109 Vgl. BGH, Urt. v. 29.01.2003 – VIII ZR 155/02, NJW 2003, 1607 (1608).

110 Siehe auch *Gostomzyk*, in: Eifert/Gostomzyk, Netzwerkrecht, S. 109.

111 Krit. in Bezug auf den Grundrechtsschutz ausländischer juristischer Personen bei wirtschaftlicher Betätigung im Inland: *Degenhart*, EUGRZ 1981, 161 (164).

112 S. u. Kap. 5, B. III. 3.: Aktuelle Rechtsprechung der Fachgerichte (2018–2021).

113 Spätestens seitdem das Bundesverfassungsgericht bzgl. des Rechts auf Vergessenwerden auf die unternehmerische Freiheit gemäß Art. 16 GRCh abstellte (und auf die Meinungsfreiheit nur subsidiär hinsichtlich der Inhalteanbieter), besteht kein Zweifel daran, dass der Schutzbereich von Art. 12 Abs. 1 GG für die Geschäftsmodelle von Online-Intermediären und ihren Umgang mit nutzergenerierten Inhalten eröffnet ist: BVerfG, Beschl. v. 06.11.2019 – 1 BvR 276/17 – Recht auf Vergessen II, Rn. 102, 105, 110.

114 S. o. Kap. 1, C. 2.

Nutzerkontos könnte eine Haltung wiedergeben, die einem Dafür- oder Dagegenhalten entspräche, da eine inhaltliche (zwar nur oberflächliche aber dennoch entscheidende) Auseinandersetzung mit den von Nutzern veröffentlichten Beiträgen stattfindet. Wird ein Inhalt gemeldet und einer (menschlichen) Überprüfung unterzogen, könnte die Entscheidung (ob der Sanktionierung) als Meinungsäußerung betrachtet werden, weil ein Standpunkt bezüglich des Verstoßes gegen Nutzungsbedingungen kommuniziert wird.

Der BGH hat jüngst sowohl das „Aufstellen von Kommunikationsregeln" als auch „die der Durchsetzung der Gemeinschaftsstandards dienende gezielte Entfernung" als eigene Meinungskundgabe bewertet.[115] Dieser Ansicht ist jedoch im Hinblick auf den zweiten Teil zu widersprechen, da der Schwerpunkt der Durchsetzung den Kernbereich der Privatautonomie betrifft. Zwar kann auch das Durchsetzen von Gemeinschaftsstandards als Ausdruck einer Haltung des sozialen Netzwerks verstanden werden, aber die Durchsetzungshandlungen betreffen vorrangig die Vertragsgestaltung und somit den Schutzbereich von Art. 12 Abs. 1, 14 Abs. 1, 2 Abs. 1 GG. Die Handlungsfreiheit im wirtschaftlichen Bereich wird allgemein als „unternehmerische Dispositionsfreiheit" von Art. 12 Abs. 1 und 14 Abs. 1 GG erfasst, sowie subsidiär von Art. 2 Abs. 1 als Auffanggrundrecht.[116] Insoweit kommt es auch in diesem Kontext vor allem auf die Abgrenzung zwischen den Wirtschaftsgrundrechten und den Kommunikationsrechten an. Bei der Durchsetzung von Nutzungsbedingungen handelt es sich i. E. stets um eine unternehmerische Entscheidung, die von den Wirtschaftsgrundrechten umfasst ist.[117] Obwohl diese unternehmerische Entscheidung für Nutzer von besonderer Qualität im Hinblick auf ihre Kommunikationsfreiheiten ist, sollte sie als nachgelagertes Verhalten im Kontext der Inhaltemoderation bewertet werden – nicht als Ausdruck einer gewissen Meinung der Plattform.

IV. Grundrechtschutz für soziale Netzwerke

Abgesehen von der Frage, ob jede Entscheidung über Nutzerinhalte als Meinungsäußerung bewertet werden sollte, stellt sich die Frage nach dem Schutz für Plattformen bei der Erstellung von Gemeinschaftsstandards. Das Bestimmen von Gemeinschaftsstandards kann bei Art. 5 Abs. 1 GG verortet werden, da es sich um eine inhaltsbezogene und normative Positionierung handelt, die in gewissen Kommunikationsregeln und -logiken für Nutzer mündet und somit i. E. das Genre der Plattform ausmacht (1.). Insofern sind primär die Schutzgehalte der Kommunikationsfreiheiten tangiert. Fraglich ist, ob sich soziale Netzwerke auf die Medienfreiheiten (2.), die Meinungsfreiheit (abgeleitet von

[115] BGH, Urt. v. 29.07.2021 – III ZR 179/20, Rn. 74.
[116] *Papier/Shirvani*, in: Maunz/Dürig, GG Art. 14, Rn. 361 f.
[117] Vgl. *Lüdemann*, MMR 2019, 279 (281).

ihren Nutzern) (3.) oder auf eine spezifische Ausprägung von Art. 5 Abs. 1 GG berufen können (4.).

1. *Inhaltemoderation als Ausdruck einer Ausrichtung der Plattform*

Es bedarf eines neuartigen Schutzkonzepts für soziale Netzwerke. Sie stellen einerseits keine neue Form von Massenmedien dar und werden (bisher) vom Gesetzgeber als neutrale Hostingdienste behandelt.[118] Andererseits können sie in ihrer Vermittlungsfunktion zwischen Kommunikatoren und Rezipienten einen kommunikativen Rahmen über ihre Nutzungsbedingungen bestimmen. Auf der Grundlage des Kriteriums der „Ausrichtung der Plattform" im III. Weg-Beschluss des Bundesverfassungsgerichts,[119] kann ihnen das Recht zugesprochen werden, über die Regeln der Kommunikation auf ihrer Plattform zu bestimmen, weil sie diese Form der kommunikativen Infrastruktur bereitstellen. *Lüdemann* spricht von Gemeinschaftsstandards als „tragende Säule in der gesamten Architektur sozialer Netzwerke".[120] Denn das Bestimmen von Gemeinschaftsstandards bedeutet, dass soziale Netzwerke einen Rahmen vorgeben, der sich im Verhältnis sowohl zwischen sozialem Netzwerk und Nutzern als auch zwischen Nutzern in Form einer Ausrichtung konzeptualisieren lässt. Die Ausrichtung der Plattformen ergibt sich aus der Zusammenschau dieser Vermittlungsleistung(en) und wie sie erbracht werden. Dazu gehört auch die Inhaltemoderation: der kommunikative Rahmen in Form von Regeln, um bestimmte Themen in den Vordergrund zu rücken oder, im Gegenteil, die Sichtbarkeit und Reichweite verletzender oder schädigender Inhalte zu reduzieren, ist inhärenter Bestandteil der Dienste sozialer Netzwerke.

2. *Medienfreiheiten*

Zunächst spricht vieles dafür, den Schutzbereich des Art. 5 Abs. 1 S. 2 GG auf soziale Netzwerke zu erweitern[121] und so zu modifizieren, dass er ihrer besonderen Funktion als kommunikative Infrastruktur der digitalen Gesellschaft entspricht. Mit anderen Worten sollten bei der Anwendung der Presse- und Rundfunkfreiheit nicht nur die Ähnlichkeiten mit klassischen Massenmedien berücksichtigt werden, sondern gerade die Charakteristika von sozialen Netzwerken, d. h. die Herstellung von Öffentlichkeit im digitalen Bereich, das Verfügbarmachen von Informationen sowohl publizistischer als auch nichtpublizistischer Art und das Bereitstellen einer Plattform, die eine öffentlich-

---

[118] Weil sie im Unterschied zu Verlegern oder Herausgebern nutzergenerierte Inhalte veröffentlichen, ohne sie zu überprüfen oder zu bearbeiten. Dazu krit. u. a. *Gillespie*, Custodians of the internet, S. 24 f.

[119] BVerfG, Beschl. v. 22.05.2019 – 1 BvQ 42/19 – Rn. 15.

[120] *Lüdemann*, MMR 2019, 279 (281).

[121] *Schulz*, CR 2008, 470 (473 f.); so auch *Gersdorf*, MMR 2017, 439 (446 f.).

keitsebenenübergreifende Kommunikation ermöglicht.[122] Angesichts ihrer informationsvermittelnden Funktionen kann man eine entsprechende Anwendung der Presse- und Rundfunkfreiheit erwägen. Diese Debatte läuft seit einigen Jahren und war anfangs auf Suchmaschinen fokussiert, wobei sie hinsichtlich sozialer Netzwerke einer anderen Bewertung bedarf.[123] Erwägenswert ist es u. a., den Ausrichtungsschutz als Ausprägung eines einheitlichen Mediengrundrechts zu behandeln, wie es für Informationsintermediäre vorgeschlagen wird.[124] Diese Auffassung verkennt zum einen die praktische Notwendigkeit zwischen Medientypen und ihren Logiken zu unterscheiden, zum anderen die unterschiedlichen Erwartungen gegenüber Medien – sowohl aus der Verfassung als auch des Gesetzgebers –, die einer Vermengung der Schutzbereiche widersprechen.

Gegen die Anwendung der Presse- und Rundfunkfreiheit auf soziale Netzwerke spricht, dass sie dem Schutz von Massenkommunikation dient, aber es sich, wie bereits erläutert, bei sozialen Netzwerken nicht um dieselbe Art von (komplexer) Öffentlichkeit handelt. Sie erbringen nicht dieselbe massenmediale Vermittlungsleistung, sondern unterliegen einer Medienlogik *sui generis*. Insofern umfasst die medienzentrierte Perspektive nicht alle für die Öffentlichkeitsherstellung durch soziale Netzwerke bedeutsamen Aspekte.[125] Darüber hinaus treffen Plattformen keine klassisch publizistische Entscheidung: die Inhaltekuratierung wird durch das Auswerten von Nutzerdaten zu Werbezwecken und nicht auf der Grundlage journalistisch-redaktioneller Kriterien bestimmt.

In der Vergangenheit wurde in Bezug auf Intermediäre auch auf die Presse-Grosso-Entscheidung des Bundesverfassungsgerichts[126] verwiesen, um einen vergleichbaren Annex-Schutz zu begründen.[127] Damals formulierte das Bundesverfassungsgericht folgende Voraussetzungen für das Einbeziehen einer presseexternen Hilfstätigkeit in den Schutzbereich der Pressefreiheit:

> „wenn eine selbständig ausgeübte, nicht die Herstellung von Presseerzeugnissen betreffende Hilfstätigkeit typischerweise pressebezogen ist, in enger organisatorischer Bindung an die Presse erfolgt, für das Funktionieren einer freien Presse notwendig ist und wenn sich die staatliche Regulierung dieser Tätigkeit zugleich einschränkend auf die Meinungsverbreitung auswirkt.“[128]

In der Tat kann man die Inhaltekuratierung und -moderation der sozialen Netzwerke auch als Verteilen von Medieninhalten (u. a.). und somit als Hilfstätig-

[122] S. o. Kap. 3, C.
[123] *Schulz*, CR 2008, 473.
[124] *Degenhart*, CR 2011, 231 (232); *Schemmer*, in: Epping/Hillgruber, GG Art. 5, Rn. 43.1; a. A. u. krit. *Grabenwarter*, in: Maunz/Dürig, GG Art. 5, Rn. 260 und 649.
[125] S. o. Kap. 3, C. II. 2. a).
[126] BVerfGE 77, 346 – Presse-Grosso.
[127] *Kloepfer*, AfP 2010, 120.
[128] BVerfGE 77, 346 (354).

keit für die Presse verstehen. Allerdings besteht keine institutionalisierte Bindung an klassische Medien und deren publizistische Inhalte, vielmehr bilden nutzer*generierte* Inhalte und Nutzer*interaktionen* den Kern sozialer Netzwerke. Darüber hinaus sind die einzelnen Betreiber sozialer Netzwerke nicht für das Funktionieren der freien Presse unersetzbar. Vielmehr werden sie von Medienhäusern als ein Distributions- und Werbekanal von vielen im Internet genutzt. Sie stellen i. E., anders als Grossisten, keinen Annex zur Presse dar und fallen daher auch nicht gleichermaßen in den Schutzbereich der Pressefreiheit.

3. *Abgeleitete Meinungsfreiheit*

Fraglich ist folglich, wo der Schwerpunkt des Ausrichtungsschutzes liegt und an welche grundrechtlichen Schutzgehalte er *primär* anknüpft. Zunächst sind soziale Netzwerke in erster Linie Informationsintermediäre, die die Kommunikationsgrundrechte ihrer Nutzer vermitteln. Ein Eingriff in ihre Freiheit, das Rechtsverhältnis mit Nutzern (innerhalb des gesetzlichen Rahmens) zu gestalten, kann sich entsprechend auf die Meinungsfreiheit jener Nutzer auswirken. Darin wird regelmäßig die Gefahr des Overblockings erkannt, wenn der Gesetzgeber Anreize zur Einschränkung der Meinungsfreiheit setzt, bspw. durch verschärfte Haftungsregime.[129] Der Schutz der Nutzer vor mittelbaren Eingriffen lässt sich vom grundrechtlichen Schutz der sozialen Netzwerke folglich kaum trennen. Daraus ergibt sich laut *Gostomzyk* eine „relative Grundträgerschaft", die es zu schützen gilt, weil soziale Netzwerke „als Kommunikations- und Informationsinfrastruktur von allgemeiner gesellschaftlicher Bedeutung" sind.[130] Demnach könnten sich soziale Netzwerke auf einen abgeleiteten Schutz der Meinungsfreiheit berufen. Hinsichtlich des persönlichen Schutzbereichs von Art. 5 Abs. 1 S. 1 GG wird allgemein angenommen, dass sich juristische Personen des Privatrechts auf die Meinungsfreiheit berufen können, weil es auch für sie zu einer grundrechtstypischen Gefährdungslage kommen kann.[131] Dafür bedarf es nicht eines personellen Substrats, also des Durchgriffs auf die natürlichen Personen innerhalb der juristischen Person, anders als bei juristischen Personen des öffentlichen Rechts.[132]

Dennoch ist der abgeleitete Schutz abzulehnen, denn es handelt es sich um eine Konstruktion, die i. E. den Grundrechtsschutz der Nutzer mittelbar stärkt, aber nicht auf einer genuinen Grundrechtsträgerschaft sozialer Netzwerke beruht. Ein solcher mittelbarer Schutz bildet lediglich eine Dimension von meh-

---

129 Zu dieser Problematik sei auf die Debatte bzgl. des NetzDGs verwiesen, bspw. in *Schulz/Kettemann/Heldt*, Probleme und Potenziale des NetzDG; *Eifert*, in: Eifert/Gostomzyk, Netzwerkrecht, S. 25 f.

130 *Gostomzyk*, in: Eifert/Gostomzyk, Netzwerkrecht, S. 121.

131 BVerfGE 66, 116 (130); 95, 28 (34 f.); *Grabenwarter*, in: Maunz/Dürig, GG Art. 5 Abs. 1 Rn. 229–232 m. w. N.

132 *Bethge*, AöR 104 (1979), 54 (70–72).

reren ab – die Grundrechtsträgerschaft von sozialen Netzwerken muss *ein*schließlich der relativen Grundrechtsträgerschaft gedacht werden, aber nicht *aus*schließlich.

4. *Spezifischer Grundrechtsschutz für digitale Plattformen*

Man gelangt also unvermeidbar zur Frage nach der „konkrete[n] Funktionsleistung" sozialer Netzwerke,[133] um ihren spezifischen Schutz zu begründen. Die „spezifische Vermittlungsleistung" liegt in ihren Angebotscharakteristika,[134] d. h. in der Vermittlung von fremden Inhalten sowie dem Informations- und Identitätsmanagement und dem Integrieren verschiedener Angebote, die zu unterschiedlichem Grad zu ihrer Bedeutung für die Meinungsbildung beitragen. Dieses „hochgradig modulare und hybride Angebot"[135] der sozialen Netzwerke verwehrt sich einer Einordnung in bestehende Medienkategorien und rechtfertigt demnach einen genuinen Grundrechtsschutz innerhalb von Art. 5 Abs. 1 GG (also nicht nur einen relativen Schutz der Meinungsfreiheit oder eine analoge Anwendung der Presse- und Rundfunkfreiheit).[136]

Der Vorschlag von *Ingold,* soziale Netzwerke als „mediale Interaktionssphäre" zu schützen, bildet diese komplexe Verflechtung insofern ab, als darin sowohl der bipolare Austausch von Meinungen und Informationen als auch die Netzwerkeffekte berücksichtigt werden.[137] Der hier vorgeschlagene Ausrichtungsschutz fällt in den Bereich eines solchen Schutzes „von plattförmig-emergenten Interaktionen",[138] da die Ausrichtung Ausdruck der Gestaltungsabsicht seitens der Plattformen genau solcher Interaktionen ist. Das Miteinbeziehen der persönlichen Relevanz und der sozialen Interaktionen in einem medialen Umfeld entspricht zudem dem kommunikationswissenschaftlichen Konzept der persönlichen Öffentlichkeit von *Schmidt*, weil es die konkrete Funktionsleistung sozialer Netzwerke in Bezug auf sowohl individuelle Nutzer als auch Akteure der komplexen Öffentlichkeit zusammenlegt. *Summa summarum* bedarf es eines genuinen Grundrechtsschutzes für soziale Netzwerke, der in den Schutzbereich von Art. 5 Abs. 1 S. 2 integriert wird, wobei die Interaktionen der Nutzer und die objektiv-rechtlichen Gehalte von Art. 5 Abs. 1 S. 1 GG davon umfasst sind. Letztere werden mittelbar Teil der Grundrechtsträgerschaft der Plattformen, soweit es darum geht, die Zugangs- und Nutzungsmöglichkeiten zu schützen, gleichzeitig werden sie aber durch die Ausrichtung bedingt bzw. können ihr gegenüberstehen.

---

133 *Schulz*, CR 2008, 473.
134 S. o. Kap. 4, A. II.
135 *Schulz/Dreyer*, Governance von Informations-Intermediären, S. 2 sowie 15, 31.
136 So auch *Ingold*, in: Eifert/Gostomzyk, Netzwerkrecht, S. 131.
137 *Ingold*, in: Eifert/Gostomzyk, Netzwerkrecht, S. 131.
138 *Ingold*, in: Eifert/Gostomzyk, Netzwerkrecht, S. 131.

V. Ausrichtungsschutz zur Herstellung praktischer Konkordanz

Ausgehend von diesem spezifischen Grundrechtsschutz für soziale Netzwerke, kann ihre Ausrichtung als Ausprägung dieses Schutzes herangezogen werden. Das Bundesverfassungsgericht erkennt im III. Weg-Beschluss dieses Schutzbedürfnis an und gesteht damit den Plattformen das Recht auf eine Ausrichtung zu. Wie ein solcher Ausrichtungsschutz zu definieren ist und wie er sich auf die „verfassungsrechtlichen Rechtsbeziehungen“[139] zwischen sozialen Netzwerken und Nutzern auswirken könnte, hat das Bundesverfassungsgericht bisher offengelassen. Klar ist nur, dass diese Dimension zur Herstellung praktischer Konkordanz bei einer Abwägung mit der Meinungsfreiheit der Nutzer zu beachten ist.

1. Teleologische Herleitung

Zudem erscheint es aus anderen Gründen legitim, dass Intermediäre ihre vermittelnde Rolle durch eigene Regeln gestalten können. Auch der BGH verwies jüngst auf die Notwendigkeit, sozialen Netzwerken einen gewissen Spielraum bei der Inhaltemoderation zuzusprechen.[140] Dafür sprechen mehrere Charakteristika und Faktoren. Zum einen ist ihr Geschäftsmodell vorrangig werbefinanziert und für Nutzer nicht entgeltlich.[141] Werden zu viele problematische Inhalte innerhalb einer Plattform zu präsent, kann davon eine existenzbedrohende Gefahr für den Betreiber ausgehen,[142] wenn sich Nutzer deswegen abwenden. Betreibern steht ein schutzwürdiges Interesse zu, ihre Plattform für Werbekunden entsprechend attraktiv zu gestalten.[143] Das bedeutet, dass Betreiber die Gemeinschaftsstandards als Regelwerk für das gesamte Netzwerk ansehen und ihre Plattform kuratieren. Zum anderen begünstigt das Geschäftsmodell bisher die Aufmerksamkeitsökonomie,[144] indem spektakuläre Inhalte eher geteilt werden als moderate. Dieser Effekt kann durch algorithmische, individuelle zugeschnittene Empfehlungssysteme (sog. Recommender-Systeme) verstärkt werden. Diese bevorzugen i. d. R. besonders aufmerksamkeitserregende Inhalte, unabhängig von deren inhaltlicher Qualität und Form. Diese Praxis kann zu einer stärkeren Verbreitung von spektakulären und teils problematischen (weil für Dritte schädliche) Inhalten führen. Ähnliches gilt für potenzielle Radikalisierungseffekte, wenn Menschen aufgrund algorithmischer Sortie-

---

[139] BVerfG, Beschl. v. 22.05.2019 – 1 BvQ 42/19 – Rn. 15.

[140] BGH, Urt. v. 29.07.21 – III ZR 192/20, Rn. 70–71.

[141] Die Frage, ob Nutzer mit ihren Daten eine Art Gegenleistung erbringen, die einer Zahlung gleichzustellen wäre, ist umstritten. Abl. bspw. LG Berlin, Urt. v. 16.01.2018 – 16 O 341/15; dazu *Metzger*, AcP 216 (2016), 817.

[142] Vgl. *Lüdemann*, MMR 2019, 279 (281); *Klonick*, Harv. L. Rev 2018, 1598 (1627 f.).

[143] Vgl. *König*, AcP 219 (2019), 611 (631); so auch der BGH, Urt. v. 29.07.21 – III ZR 192/20, Rn. 85.

[144] S. o. Kap. 4, A. II. 3.

rung stets sich gegenseitig bestätigende Inhalte angezeigt werden (sog. „Echo Chamber"). Um dem entgegen zu wirken, können Plattformbetreiber entscheiden, Inhalte im Hinblick auf ein Mindestmaß an Vielfalt verstärkt zu kuratieren, bspw. manipulative oder verzerrende Inhalte zu untersagen oder sie mit einem tatsachenbezogenen Hinweis zu versehen. Ein solcher Hinweis kann als Faktencheck oder als abweichende Einschätzung erfolgen.[145] Mithin erscheint es folgerichtig, den Betreibern gewisse Steuerungsmöglichkeiten bezüglich ihrer Kommunikationsregeln und Inhaltsempfehlungen zu geben, wenn sie ihre Ausrichtung anhand von expliziten und ausreichend präzisen Regeln erkennbar machen.

Für die Schutzwürdigkeit des Ausrichtungsschutzes kann außerdem als Indiz hinzugezogen werden, dass der Gesetzgeber hinsichtlich des NetzDG bereits erkannt hat, dass die Ausrichtung einer Plattform ein ausschlaggebendes Merkmal sein kann, wenn es um ihre Verantwortung für nutzergenerierte Inhalte geht. Das NetzDG findet laut Gesetzesbegründung nur Anwendung auf soziale Netzwerke „ohne spezielle Themen- und Nutzerfestlegung".[146] Es kommt dabei auf „die generelle Ausrichtung der Plattform" an und „thematisch und personell eingegrenzte Netzwerke wie berufliche Netzwerke bedürfen keiner gesetzlichen Compliance-Regeln".[147] Diese bewusste Unterscheidung zwischen der Legaldefinition sozialer Netzwerke im NetzDG und dem breiteren, kommunikationswissenschaftlichen Verständnis von sozialen Netzwerken,[148] die dazu führt, dass gewisse Anbieter nicht in den Anwendungsbereich des NetzDG fallen, erscheint im Hinblick auf den Ausrichtungsschutz insofern sinnvoll als dass *nicht* thematisch und personell eingegrenzte Netzwerke strengeren Regeln des Gesetzgebers unterliegen. Bei sog. „eingegrenzten" Netzwerken geht der Gesetzgeber verstärkt davon aus, dass gesetzliche Compliance-Regeln nicht erforderlich sind, weil die Betreiber ein genuines Interesse daran haben, einen kommunikativen Rahmen in Form von privaten Regeln durchzusetzen.

2. Kein Rückgriff auf Widmung- und Tendenzschutz

Vom Grundsatz her ähnelt der Ausrichtungsschutz zwei bereits existierenden Rechtsinstituten: die Widmung als Ausdruck einer Gestaltungsabsicht (a) und der Tendenzschutz der freien Presse (b). I. E. sind weder die Widmung noch der Tendenzschutz anwendbar, um den Grundrechtsschutz von Intermediären zu konkretisieren, dennoch bietet sich der Vergleich an, weil es bei der Ausrichtung um das nach Innen gerichtete Recht geht, die Nutzung auf bestimmte Kommunikationsformen beschränken zu dürfen.

---

[145] LG Mannheim, Urt. v. 27.11.2019 – 14 O 181/19, GRUR-RS 2019, 33945 Rn. 104.
[146] Deutscher Bundestag, 18. Wahlperiode, Drucksache18/12356 (16.05.2017), S. 19.
[147] Ebd.
[148] *Müller-Terpitz*, in: Eifert/Gostomzyk, Netzwerkrecht, S. 46.

a) Die kommunikative Widmung

Die Widmung als Maßstab für den Rahmen des Leitbildes des öffentlichen Forums wurde für die hiesige Frage bisher vom BVerfG abgelehnt. Im Fraport-Fall haben sich die beteiligten Parteien (jeweils) auf den Widmungszweck und die Widmungserweiterung innerhalb des Flughafen-Terminals berufen, aber das Bundesverfassungsgericht ist mit nur einem Satz auf dieses Argument eingegangen: Da der Flughafenbetreiber in den Abfertigungshallen ein allgemein zugängliches öffentliches Forum geöffnet habe, spräche man ihm das „Recht zu einer eingeschränkten Widmung" ab.[149] In einem späteren Beschluss hat das Bundesverfassungsgericht nochmals bestätigt, dass es nicht auf die Widmung ankomme, sondern nur „inwieweit tatsächlich allgemeine Kommunikation eröffnet" sei oder nicht.[150] Folglich kann über den Akt der Widmung nicht gesteuert werden, ob und, wenn ja, welche Art von Öffentlichkeit hergestellt wird und welche Gestaltungsfreiheit den Betreibern zusteht.

b) Der Tendenzschutz der Presse

Ähnlich verhält es sich mit dem Tendenzschutz der Presse. Die Pressefreiheit aus Art. 5 Abs. 1 S. 2 GG umfasst laut Bundesverfassungsgericht „die Freiheit, die Tendenz einer Zeitung festzulegen, beizubehalten, zu ändern und diese Tendenz zu verwirklichen."[151] Die Aufgabe der Presse setze voraus, dass „nach ihrer Tendenz, politischen Färbung oder weltanschaulichen Grundhaltung miteinander konkurrierender Presseerzeugnisse" existierten.[152] Der Schutz aus Art. 5 Abs. 1 S. 2 GG umfasse dementsprechend das Recht der Zeitung, eine eigene „Grundrichtung" festzulegen und zu verwirklichen. Entsprechend geht man von einem Tendenzschutz für Medienhäuser aus, der die Meinungs- und Pressefreiheit von dort angestellten Journalisten einschränken kann.[153] Der Tendenzschutz besteht ebenso für Rundfunkveranstalter – auch wenn weniger uneingeschränkt im Vergleich zur Presse.[154] Fraglich ist, ob die Ausrichtung eines sozialen Netzwerks wegen der Kuratierung von Inhalten und der Inhaltemoderation auf Anhieb auch mit der Programmautonomie als subjektiv-rechtliche Dimension der Rundfunkfreiheit gleichzustellen ist. Dagegen spricht die Erkenntnis, dass Intermediäre zwar durch neue Formate bisherige Öffentlichkeitsformen ergänzen, aber keine neuen Massenmedien darstellen.[155]

---

149 BVerfGE 128, 226 (273).

150 BVerfG Beschl. v. 20.06.2014 – 1 BvR 980/13 – Kundgebung auf Friedhof.

151 BVerfGE 52, 283 (296) – Tendenzbetrieb.

152 BVerfGE 52, 283 (296).

153 *Dürig*, in: Maunz, Festschrift zum 75. Geburtstag von Hans Nawiasky, S. 157 (160).

154 BVerfGE 59, 231 (258).

155 Hinzukommt, dass die Rundfunkfreiheit als Funktionsgrundrecht gelesen wird und der dienende Charakter nicht ohne Weiteres auf Akteure übertragen werden kann, die keine Rundfunkveranstalter sind.

Auch wenn die Analogie zum Tendenzschutz nachvollziehbar scheint, handelt es sich beim Ausrichtungsschutz sozialer Netzwerke eher um die Freiheit, durch Nutzungsbedingungen das Profil einer Plattform zu bestimmen, als um die autonomiebezogenen Schutzgehalte von Art. 5 Abs. 1 S. 2 GG. Insofern mangelt es an der notwendigen Vergleichbarkeit für eine Analogie. Gerade weil soziale Netzwerke als Intermediäre im Kern eine Vermittlungsrolle spielen und Inhalte weder selber produzieren noch journalistisch-redaktionell sortieren, kann der Tendenzschutz als Schutzgehalt von Art. 5 Abs. 1 S. 2 GG mangels massenmedialer Vermittlung nicht auf sie übertragen werden.[156]

3. Keine Einrichtungsgarantie

Fraglich ist, ob es einer Einrichtungsgarantie für den Ausrichtungsschutz bedarf, die in Form einer Institutsgarantie den Ausrichtungsschutz der Plattformen verfassungsrechtlich festschreiben könnte.[157] Unter den Oberbegriff der Einrichtungsgarantien fallen die Institutsgarantien als „objektrechtliche Grundrechtsgewährleistungen, die aus den (subjektiven) Grundrechten gewonnen werden".[158] Bei Art. 14 GG (Eigentum) und Art. 2 Abs. 1 GG (Vertragsrecht) handelt es sich um privatrechtliche Institute.[159] Damit wird garantiert, dass der Gesetzgeber den Kern des Grundrechts nicht aushöhlen darf und sich auf regulatorische Eingriffe beschränken muss, die „die wesentlichen Strukturen unangetastet" lassen.[160] Für eine Einstufung als Einrichtungsgarantie spräche, dass der Gesetzgeber bereits regulierend eingreift, denn sowohl die allgemeinen Schranken der Meinungsfreiheit gemäß Art. 5 Abs. 2 GG als auch Gesetze wie das NetzDG (oder der Digital Services Act der Europäischen Union) konstituieren einen gesetzlichen Rahmen. Des Weiteren bedürfen Plattformen möglicherweise eines ergänzenden Schutzes, wenn es um ihre Vertragsfreiheit geht. Versteht man die Funktion der Einrichtungsgarantie als „die Sicherung von Autonomie durch die Gewährleistung […] von Rechtsmacht",[161] so würde eine Einrichtungsgarantie mehr Schutz für die Gestaltung der kommunikativen Regeln als Teil der Nutzungsbedingungen bedeuten. Man könnte aus den bestehenden Institutsgarantien in Art. 14 Abs. 1, 2 Abs. 1 GG eine Garantie des Ausrichtungsschutzes für Plattformen ableiten, die das Recht zur Gestaltung

---

156 Darüber hinaus schließen mangelnde Einseitigkeit und Linearität die Anwendung der Rundfunkfreiheit auf soziale Netzwerke aus: *Grabenwarter*, in: Maunz/Dürig, GG Art. 5 Abs. 1, Abs. 2, Rn. 644 f.

157 Vgl. *Mager*, Einrichtungsgarantien, S. 176 f.; *Voßkuhle/Kaiser*, JuS 2011, 411 (412–413).

158 *Ruffert*, Vorrang der Verfassung und Eigenständigkeit des Privatrechts, S. 86.

159 *Epping*, Grundrechte, S. 211–212.

160 *Epping*, Grundrechte, S. 212.

161 *Mager*, Einrichtungsgarantien, S. 411.

der kommunikativen Infrastruktur jenseits des gesetzlichen Rahmens gewährleisten würde.[162]

Gegen eine solche Einrichtungsgarantie sprechen allerdings sowohl das Risiko einer „Versteinerungswirkung“[163] als auch die Schutzrichtung der Einrichtungsgarantie, die sich gegen den Gesetzgeber richtet. Es besteht das Risiko, eine Garantie festzuschreiben, deren Konturen noch einigermaßen undeutlich wären. Darüber hinaus ist auch das Schutzbedürfnis der Plattformen nicht einem solchen Maße unterscheidbar, das eine solche Garantie rechtfertigen würde. Angesichts der Dynamik, mit der sich Plattformen und deren Regulierung ständig verändern überwiegen die Argumente gegen eine Einrichtungsgarantie.

4. *Ausrichtungsschutz für soziale Netzwerke in concreto*

Insgesamt folgt daraus, dass in einem solchen System die *Ausrichtung* der Plattform eine schutzwürdige Ausprägung darstellt. Umso ausgeprägter sie ist, desto mehr muss sie als zu berücksichtigendes Interesse bei der Herstellung praktischer Konkordanz beachtet und in der Abwägung gewichtet werden. Woran eine solche Abstufung festgemacht werden kann, wird i. F. erläutert.

Um die Ausrichtung einer Plattform festzustellen, können verschiedene Kriterien wie ihr Zweck, ihr Angebot und das eigene Unternehmensleitbild herangezogen werden. Beim Zweck der Plattform stellt man darauf ab, ob sie primär auf Kommunikation ausgerichtet ist, oder ob Kommunikation nur beiläufig stattfindet. So kann zwischen sozialen Netzwerken und anderen Intermediären unterschieden werden, wobei man angesichts des modularen Angebots der meisten Plattformen nicht ausschließlich auf die Denomination abstellen kann, sondern die jeweiligen Funktionen beachten muss. Bei der Ausrichtung in Form des Angebots kommt es auf die Form des modularen Aufbaus der Plattform an: Wie soeben beschrieben kann in bestimmten Teilen einer Plattform Öffentlichkeit hergestellt werden, andere sind eher der Individualkommunikation zuzuordnen. Je nach der Gestaltung des Gesamtangebots und der einzelnen Module kann man daraus schließen, inwieweit die Plattform für öffentliche Kommunikation geöffnet ist. Eine aktuell noch sichtbare Unterscheidung ist die zwischen Newsfeed und privaten Nachrichten, aber sie könnte durch Umstellungen in der Plattformarchitektur obsolet werden.

Auch das jeweilige Unternehmensleitbild kann Hinweise ob der inhaltlichen Ausrichtung enthalten (thematischer Fokus). Folglich kann man zwischen Plattformen unterscheiden, die durch einen themenbezogenen, inhaltlichen Fokus

---

[162] Vgl. *Mainzer*, Die dogmatische Figur der Einrichtungsgarantie, S. 222–223.

[163] *Mainzer*, Die dogmatische Figur der Einrichtungsgarantie, S. 226; so auch *Epping*, Grundrechte, S. 215: „zwingende Folge der Abhängigkeit einzelner Grundrechte von gesetzgeberischem Handeln.“

die bestimmungsgemäße Nutzung einseitig festlegen. Im III. Weg-Beschluss stellte das Bundesverfassungsgericht etwa darauf ab, dass Facebook ein zum „Zweck des gegenseitigen Austausches und der Meinungsäußerung eröffneten Forums" darstelle, das man zur „Verbreitung von politischen Programmen und Ideen" nutzen könne.[164] Der mangelnde thematische Fokus eines Plattformbetreibers ist ein Hinweis dafür, dass ein breites Spektrum an Meinungen erlaubt sind. Folglich wären die Anforderungen an inhaltliche Verbote seitens der Betreiber höher als bei denjenigen mit klarem thematischem Profil. Hinzukommt die Absicht des Betreibers, sein Angebot so zu gestalten, dass es für ein möglichst breiten Kreis attraktiv ist und in einer Darstellung als öffentliches Forum mündet.[165] Der Ausrichtungs*schutz* kann folglich bei der Abwägung nur so weit gehen, wie die Kommunikationsregeln sich für das tatsächliche Genre des sozialen Netzwerks eignen.

D. Fazit

Soziale Netzwerke können anhand von Merkmalen und Funktionen i. S. v. Öffentlichkeitmodellen im Grundrechtgefüge verortet werden, sollten aber aufgrund ihres modularen Aufbaus und deren dynamischer Entwicklung nicht in traditionelle (oder sogar überholte) Modelle eingeordnet werden, sondern dem Einfluss, den sie über die öffentliche Kommunikation haben, angemessen begriffen werden. Obwohl sich die Rechtsprechung bereits positiv hinsichtlich eines Grundrechtsschutzes für die Inhaltemoderation sozialer Netzwerke geäußert hat, ist die Frage nach ihrer genuinen Grundrechtsträgerschaft bislang offengeblieben. Nach der hier vertretenen Ansicht begründen die Charakteristika sozialer Netzwerke einen eigenen Schutz, der nicht ausschließlich von den Kommunikationsfreiheiten der Nutzer oder der Presse- und Rundfunkfreiheiten abgeleitet wird, sondern die neue Öffentlichkeitsform für die digitale Gesellschaft innerhalb von Art. 5 Abs. 1 S. 2 GG abbildet und die Verflechtung von sozialen Interaktionen und Informationen umfasst. Des Weiteren hat sich herauskristallisiert, dass das Recht der Plattformen, einen eigenen kommunikativen Rahmen festzulegen, in Form eines Ausrichtungsschutzes bei der Abwägung mit Nutzeransprüchen zu beachten ist. Die Ausrichtung kann sowohl anhand des nach Außen kommunizierten Rahmens für Nutzerkommunikation in Form von Nutzungsbedingungen bzw. Gemeinschaftsstandards auf der jeweiligen Plattform als auch der *de facto* Praxis des Betreibers festgestellt werden.

---

[164] Zur Anwendung im konkreten Fall von Facebook s. u. Kap. 5, B. III. 8.

[165] Vgl. *Siehr*, Das Recht am öffentlichen Raum, S. 683: „die bewusste Simulation des traditionellen öffentlichen Raumes".

Kapitel 5

Inhaltemoderation und die intensivere Drittwirkung

Digitale Informationsintermediäre stellen ein weites Forschungsfeld für verschiedene Fachdisziplinen und auch für immer mehr Bereiche der Rechtswissenschaften dar, weil sie als Ort von sozialer Interaktion in vielen Lebensbereichen konstant relevanter werden. Die bisherigen Erkenntnisse haben verdeutlicht, dass die verfassungsrechtliche Einordnung dieser Praxis eine differenzierte Herangehensweise bezüglich der Schutzgehalte erfordert. Für die grundrechtliche Abwägung sind verschiedene Kriterien bezogen auf unterschiedliche Schutzebenen, die auf einander aufbauen, erforderlich und müssen sowohl auf den gesamten Vorgang der Inhaltemoderation als auch deren Folgen auf tatsächlicher und rechtlicher Ebene einzahlen. Für die Frage der Drittwirkung von Meinungsfreiheit muss dieses sehr weite Feld auf den Umgang von sozialen Netzwerken mit nutzergenerierten Inhalten eingegrenzt werden – die sog. Inhaltemoderation. Vor dem Hintergrund unterschiedlicher Phänomene kann die Inhaltemoderation als Sachverhalt herangezogen werden (A.), um zu beleuchten, ob die Meinungsbildungs- und Meinungsäußerungsfreiheit individueller Nutzer durch die mittelbare Drittwirkung auf sozialen Netzwerken besonders geschützt werden muss (B.).

A. Sachverhalt: Inhaltemoderation auf sozialen Netzwerken

Soziale Netzwerke und ihre Bedeutung für die Öffentlichkeit in der digitalen Gesellschaft wurden im letzten Kapitel bereits erörtert. In diesem Abschnitt wird Inhaltemoderation am Beispiel von Facebook konkretisiert (I.). Insbesondere wird auf die Widerspruchsoptionen für Nutzer, nachdem sie sanktioniert wurden, eingegangen (II.)

I. Facebook als Anwendungsfall

Das soziale Netzwerk Facebook hat die meisten Nutzer im weltweiten Vergleich: 2.895 Millionen monatlich aktive Nutzer im ersten Quartal 2021.[1]

[1] Statista: Anzahl der monatlich aktiven Facebook Nutzer weltweit, https://de.statista.com/statistik/daten/studie/37545/umfrage/anzahl-der-aktiven-nutzer-von-facebook/ zuletzt aufgerufen am 30.08.2022.

Facebook wurde ursprünglich als Netzwerk für Universitätsabsolventen in den USA von (u. a.) dem heutigen CEO Zuckerberg gegründet und hat sich vom klassischen sozialen Netzwerk zu einer mehrseitigen Plattform entwickelt.[2] Wie bei anderen sozialen Netzwerken beruht Facebooks Geschäftsmodell im Kern auf nutzergenerierten Inhalten, der Aufmerksamkeit der Nutzer und dem Verwerten von Nutzerdaten zum Zwecke der zielgerichteten Ansprache durch Dritte. Dafür sammelt Facebook Daten über seine Nutzer und erstellt möglichst präzise Profile für den Werbemarkt.

In diesem Abschnitt wird folgende Frage am Beispiel von Facebook erörtert: *wer* wendet *welche Normen* auf *welche Inhalte warum* und mit *welchen Konsequenzen* an?

1. Beteiligte

Die Frage, wie Gemeinschaftsstandards zur Anwendung kommen, hängt auch von den Beteiligten ab. Die Initiative zur Inhaltemoderation kann von Nutzerseite und von sozialen Netzwerken ausgehen, sowohl beim Melden unerwünschter Inhalte als auch bei der Einschätzung, gegen welche Gemeinschaftsstandards sie verstoßen könnten. Die Abbildung zeigt die möglichen Etappen bei der Schaffung und Anwendung von Gemeinschaftsstandards bei Facebook.

Tabelle 2: Übersicht der Beteiligten innerhalb sozialer Netzwerke

Akteure innerhalb Facebooks: Beteiligt an:	Facebook Content Policy Team	Inhalte-moderatoren	Nutzer
Ausarbeitung von Inhaltsrichtlinien und Umsetzung in der Plattformarchitektur	X		
Durchsetzung	X	X	X
Auslegung	X	X	X
Bewertung	X	X	
Widerspruch gegen Inhaltemoderation		X	X
Iteration der Regeln für die Inhaltskontrolle	X		

a) Nutzerinnen und Nutzer

Nutzer können Facebook vermeintliche Verstöße gegen Gemeinschaftsstandards melden. Die Praxis des „Flagging" (wörtlich: markieren) beschreibt den Mechanismus zur Meldung anstößiger Inhalte an eine Social-Media-Plattform.[3] Dieser Meldemechanismus ist eine zentrale Funktion für Plattformen, die nut-

---

[2] Siehe Kap. 4, A. II.

[3] *Crawford/Gillespie*, NM&S 2016, 410 (411).

zergenerierte Inhalte hosten, da sie auf dem „notice and take-down"-Prinzip beruhen. Die meisten bieten daher einen Meldemechanismus für Nutzer an.[4] Die Mehrheit der Löschungsentscheidungen auf sozialen Netzwerken erfolgen (noch) im Nachgang zu einer Meldung durch Nutzer,[5] es kommt allerdings zunehmend zu einer Verlagerung der Meldeaktivität wegen der Automatisierung des Prozesses mithilfe von Algorithmen (s. u.).

b) *Menschliche Moderatoren und Commercial Content Moderation*

In der Regel reicht die Kontrolle durch andere Nutzer nicht aus. Angesichts der Fülle an Inhalten, die innerhalb kürzester Zeit dank immer schneller werdender Technologien und Verbindungen auf den großen sozialen Netzwerken hochgeladen werden, wurde die Inhaltemoderation (auf großen Plattformen) substanziell professionalisiert. Die Kommunikationswissenschaftlerin *Roberts* hat sich dem Phänomen ausführlich gewidmet und den Terminus der „Commercial Content Moderation" geprägt (i. F. CCM). Aus ihrer Arbeit ergibt sich, dass der Einsatz professioneller Inhaltemoderatoren (also keine Mitglieder der Nutzergemeinschaft) ein wesentlicher Bestandteil für soziale Netzwerke ist, um die Verbreitung ungewollter Inhalte im Internet zu beschränken.[6] Sie sind außerdem ein Hinweis dafür, dass der Personenkreis eine Zahl überschritten hat, bei der es einen persönlichen Bezug zwischen den Nutzern gibt und es deshalb eines Einwirken von professionellen, nicht-inhaltlich beteiligten Moderatoren bedarf.

Die Größe des Netzwerks lässt nicht immer darauf schließen, ob die Inhaltemoderation anhand von CCM erledigt wird.[7] Zwar ist es ab einer bestimmten Anzahl an Nutzern zunehmend schwierig auf CCM zu verzichten, aber das Beispiel der Online-Enzyklopädie Wikipedia zeigt, dass es mithilfe einer sehr aktiven und engagierten Community möglich ist, ohne CCM auszukommen. Auch hier kommt es auf das einzelne Plattformmodell, dessen Architektur und

---

[4] *Buni/Chemaly*, The secret rules of the internet.

[5] *Myers West*, NM&S 2018, 4366 (4374).

[6] *Roberts*, in: Schintler/McNeely, Encyclopedia of Big Data, S. 1 (2); *Roberts*, Behind the Screen, S. 33.

[7] Die Zahl der Moderatoren variiert und kann teilweise nur dank gesetzlicher Verpflichtungen wie § 2 Abs. 2 Nr. 4 NetzDG ermittelt werden. Facebook hat bspw. ein speziell geschultes Team aus 73 Personen zur Bearbeitung von NetzDG-Beschwerden (https://about.fb.com/de/wp-content/uploads/sites/10/2021/01/Facebook-NetzDG-Transparenzbericht-Januar-2021.pdf S. 7, zuletzt aufgerufen am 30.08.2022); bei YouTube umfasst das NetzDG-Beschwerden-Team 63 Personen (https://transparencyreport.google.com/netzdg/youtube?hl=de zuletzt aufgerufen am 30.08.2022); das NetzDG-Team von Twitter besteht aus 125 Personen (https://transparency.twitter.com/content/dam/transparency-twitter/country-reports/germany/NetzDGJul-Dec2020.pdf zuletzt aufgerufen am 30.08.2022); bei TikTok befassen sich 28 Teammitglieder mit der Überprüfung von NetzDG-Beschwerden (NetzDG Transparenzbericht: Juli 2020 – Dezember 2020, Bundesanzeiger: 03.02.2021). Stand Juni 2021.

die Nutzergemeinschaft an.[8] *Roberts* argumentiert außerdem, dass CCM einen potenziellen Mehrwert für das Angebot der Plattform schaffen kann.[9] Ein soziales Netzwerk mit „guter" CCM würde von Nutzern im Vergleich zu sozialen Netzwerken, die toxische oder unangenehme Inhalte nicht entfernen, bevorzugt werden. Zwar können einnehmende und möglicherweise unangemessene Inhalte für mehr Aufmerksamkeit bei Nutzern beitragen, doch längerfristig wenden sie sich von Diensten ab, bei denen sie mit „unangenehmen" Inhalten konfrontiert werden.[10] Diese Ansicht stimmt mit der Idee eines Ausrichtungsschutzes für Plattformen überein, der nicht sich nur auf thematische Schwerpunkte beschränken würde, sondern auch das Vorhandsein spezifischer Kommunikationsregeln als Teil einer generellen Ausrichtung versteht.[11]

c) Automatisierte Moderation: Algorithmen und Künstliche Intelligenz

Zunehmend versuchen soziale Netzwerke mit hohen Nutzerzahlen auf automatisierte Formen der Inhaltemoderation mithilfe von Algorithmen und künstlicher Intelligenz auszuweichen.[12] Die automatisierte Inhaltemoderation ersetzt menschliche Moderatoren bisher nicht vollständig, weil die Arbeit durch menschliche Moderatoren weiterhin präziser ist und bessere Ergebnisse liefert. Dennoch kann Content-Control-Software, etwa in der Form von Upload-Filtern, beim Erkennen, Markieren (automatisiertes „Flagging"), Hashen und gegebenenfalls Löschen von unerwünschten Inhalten helfen.[13] Durch Machine-Learning können Systeme trainiert werden, um bestimmte Inhaltekategorien zu identifizieren und das Verfahren der Inhaltemoderation zu beschleunigen. In der Praxis werden Programme wie PhotoDNA (Microsoft) oder ContentID (YouTube) eingesetzt, um nutzergenerierte Inhalte mit den Hashes von bereits als unerwünscht kategorisierten Inhalten zu vergleichen. Wenn die Hashes übereinstimmen, wird der Inhalt automatisch markiert und entfernt.[14]

Die Einbindung von künstlicher Intelligenz in Online-Kommunikation stellt angesichts der möglichen Konsequenzen auf gesellschaftlicher Ebene eine besondere Herausforderung dar.[15] Zum einen warnen Experten davor, dass die eingesetzte Technik (noch) nicht geeignet sei und signifikante Feh-

---

[8] Vgl. *Clark u. a.*, Content and Conduct: How English Wikipedia Moderates Harmful Speech.

[9] *Roberts*, Behind the Screen, S. 71.

[10] *Klonick*, Harv. L. Rev 2018, 1598 (1664).

[11] S. o. Kap. 4. C. III.

[12] *Gollatz u. a.*, The Turn to Artificial Intelligence in Governing Communication Online.

[13] *Gorwa u. a.*, Big Data & Society 2020, 1.

[14] TechTerms Definition, abrufbar unter https://techterms.com/definition/hash zuletzt aufgerufen am 30.08.2022.

[15] *Emmer*, in: Schweiger/Beck, Handbuch Online-Kommunikation, S. 35 (52); *Heldt*, Jipitec 2019, para 1 (15).

ler mache.[16] Bspw. können Programme schlecht zwischen Bildern von nackter Haut und denen von Sanddünen unterscheiden,[17] oder erkennen, ob die Wiedergabe eines Musikstücks von einer Schranke des Urheberrechtschutzes geschützt ist.[18] Insbesondere bei Text stoßen die Systeme an ihre Grenzen, weil bei Äußerungen der Kontext essentiell ist und Kenntnisse über das soziale und kulturelle Umfeld erforderlich sind. Solche Fähigkeiten besitzen hingegen (nur) Menschen aus den jeweiligen Kulturkreisen.[19]

2. Was wird gelöscht?

Inhaltemoderation ist nicht auf eine Inhaltsart begrenzt: alles, was von Nutzern hochgeladen, veröffentlicht oder auf eine andere Art und Weise generiert wird, kann von der Durchsetzung von Inhaltsstandards oder Löschungspraktiken der jeweiligen Plattform betroffen sein, soweit der Inhalt gegen ihre Inhaltsstandards verstößt. Davon umfasst sind jedenfalls Bild-, Audio-, Videodateien und Text, sowie Livestream als besondere Form eines audiovisuellen Inhalts mit simultaner Übertragung. Das Veröffentlichen von nutzergenerierten Inhalten beinhaltet mehrere technische Zwischenstufen: hochladen, im Cache zwischenspeichern, im Front-End für andere Nutzer sichtbar machen. Nur sehr wenige Plattformen gehen nicht gegen ungewollte Inhalte vor, d. h. nur solche, die ihren Nutzern ausdrücklich keine Inhaltsregeln vorgeben.[20]

Facebook (als hier gewählter Anwendungsfall) versammelt in seinem Angebot verschiedene Möglichkeiten der Kommunikation, sowohl was die *Inhalts*form (Text, Bilder, Audio, Video, Livestream) als auch die *Verbreitungs-* und *Vernetzungs*formate (Newsfeed, Kommentare, Gruppen) angeht. Jenseits dieser Auswahl wird die Nutzung durch die technischen Gegebenheiten begrenzt wird – Nutzer können nur die von Facebook festgelegten und vorhandenen Module nutzen, um ihre Meinung zu äußern. Die Plattformarchitektur, einschließlich solcher Grenzen, ist Teil des Angebots, das dem Nutzer gemacht wird (bspw. Einstellungen bzgl. der Sichtbarkeit von Inhalten oder Privatschutzeinstellungen)[21] und kann sich auf die rechtliche Beurteilung auswirken,

---

[16] *Gorwa u. a.*, Big Data & Society 2020, 1; *Frosio*, in: Torremans, Intellectual Property and Human Rights, preprint; *Bloch-Wehba*, Cornell Int'l L. J. 2020, 60.

[17] *McMullan*, The UK police's porn-hunting AI can't yet tell the difference between deserts and nudes.

[18] *Perel/Elkin-Koren*, Fla. L. R. 2017, 181.

[19] U. a. *Roberts*, Behind the Screen, S. 221.

[20] Bspw. die Plattform 4chan (später 8chan) – ein Imageboard, dessen Alleinstellungsmerkmal es war, keine Regeln für Inhalte zu haben: *Heldt*, Anonyme Äußerungen im Netz: Der Fall 4chan.

[21] Der Skandal über Facebooks Kooperation mit dem Datenanalyseunternehmen Cambridge Analytica 2018 hat dazu geführt, dass Facebook Informationen über die Datenverwendung und -weitergabe offenlegen musste und für mangelnden Datenschutz sehr kritisiert wurde. Diese Kritik bezog sich aber nicht direkt auf das User-Front-End, das hier beschrieben wird.

je nachdem ob die Kommunikation privat oder öffentlich erfolgt. Die folgende Fallprüfung beschränkt sich auf nicht-private Kommunikation.[22]

3. *Werteorientiertes Löschen: Nicht illegale aber unerwünschte Inhalte*

Die meisten soziale Netzwerke behalten sich das Recht vor, „anstößige" oder „unerwünschte" Inhalte dauerhaft zu entfernen (löschen oder sperren) oder den Nutzer wegen der unerwünschten Inhalte aus dem Netzwerk auszuschließen. „Unerwünscht" sind diejenigen Inhalte, die gegen inhaltsbezogene Nutzungsbedingungen, sog. Inhalte- oder Gemeinschaftsstandards, verstoßen. Bei Facebook wurden die Regeln ursprünglich als Standards für und durch die Nutzergemeinschaft verstanden.[23] Diese Gestaltungsfreiheit ergab sich aus den rechtlichen Umständen: unter dem quasi-absoluten Schutz des *First Amendment* und der Haftungsausnahme für Intermediäre gemäß Sec. 230 CDA gibt es in den USA keine gesetzlichen Schranken der Meinungsfreiheit[24] und keine gesetzliche Pflicht für Intermediäre gegen bestimmte Inhalte vorzugehen.

Nur ein kleiner Anteil (4,33 %) der entfernten Inhalte werden von sozialen Plattformen wegen gesetzlicher Pflichten gelöscht oder gesperrt, in der Regel findet die Inhaltemoderation wegen eines Verstoßes gegen Gemeinschaftsstandards statt.[25] Gegenstand der vorliegenden Untersuchung sind daher solche Inhalte, die auf der Grundlage von Gemeinschaftsstandards moderiert werden und nicht gegen ein gesetzliches Verbot verstoßen.[26]

a) Facebooks Gemeinschaftsstandards

Der erste Eintrag von Facebook zu seinen „Community Standards" unter der Adresse https://www.facebook.com/communitystandards/ wurde am 27. Januar 2011 veröffentlicht,[27] mit folgendem Hinweis:

---

[22] Es gibt bisher nur wenig Daten über die Inhaltemoderation auf Facebook abseits öffentlich sichtbarer Inhalte im Newsfeed. Es wird vermutet, dass innerhalb von geschlossenen Gruppen anders vorgegangen wird. Eine Reportage von BR, NDR und WDR hat 2020 aufgedeckt, dass Facebook in geschlossenen Gruppen, zu denen sich die Journalisten Zugang verschafft haben, „weit mehr als tausend Beiträge", die „mutmaßlich rechtswidrig sind: Hassrede, Mordaufrufe, Volksverhetzung", nicht von Facebook markiert bzw. gelöscht wurden. *Nabben u. a.*, Die Hassmaschine.

[23] *Klonick*, Harv. L. Rev 2018, 1598 (1633).

[24] S. o. Kap. 2, B. III. 2–3.

[25] *Wagner*, The Political Quarterly 2020, 739 (740).

[26] Die Auszüge der Gemeinschaftsstandards, die vor der aktuellen Version der Community Standards galten, wurden von Verf. über das Internet Archive unter https://archive.org/ ermittelt (sofern nicht auf eine andere Quelle verwiesen wird). Auf Facebooks Webseite sind ausschließlich die aktuell geltenden Gemeinschaftsstandards zu sehen. Dies gilt auch für die meisten anderen sozialen Netzwerke.

[27] Vgl. *Gollatz*, Die private Governance der Plattformen zur Regelung grenzüberschreitender Kommunikation, S. 138.

„Als vertrauenswürdige Gemeinschaft von Freunden, Familie, Kollegen und Klassenkameraden ist Facebook weitgehend selbstreguliert. Personen, die Facebook nutzen, können Inhalte, die sie fragwürdig oder anstößig finden, melden und tun dies auch. Um die Bedürfnisse und Interessen einer globalen Gemeinschaft auszugleichen, bitten wir alle, die folgenden Inhaltsstandards zu respektieren“.[28]

Zwar gab es bereits vorher Regeln für das werteorientierte Löschen von Inhalten, es handelte sich aber um eine interne Praxis, die nicht nach außen kommuniziert wurde.[29] Vor 2008 war die vorherrschende Anweisung für diejenigen, die für Durchsicht von Nutzerinhalten zuständig waren, die „Feel bad? Take it down“-Regel.[30] Diese Faustregel galt nur für interne Zwecke. In den darauffolgenden Jahren wurden Facebooks Gemeinschaftsstandards weiterentwickelt und die Aktualisierungen auf der Seite veröffentlicht, aber das Unternehmen kommunizierte nach Außen weder wie diese Regeln entstanden noch wie sie angewandt wurden.[31] Die Begriffe, die genutzt wurden, um unerwünschte Äußerungen zu beschreiben, waren weitestgehend unbestimmt und ließen viel Interpretationsspielraum, so dass es für Nutzer kaum nachvollziehbar war, welche Definitionen und Maßstäbe Facebook bei der Inhaltemoderation heranzog. Im Folgenden wird dies anhand der Generalklausel sowie der Verbote von Hassrede und Nacktheit genauer dargelegt.

Eine rechtliche Beurteilung des Umgangs von Facebook mit unerwünschten Nutzerinhalten war lange Zeit schwierig, weil nur wenig Informationen über die Praxis öffentlich waren.[32] Im Mai 2017 veröffentlichte die Zeitung The Guardian zum ersten Mal zugespielte Teile von Facebooks internem Regelwerk, das hauptsächlich aus Richtlinien besteht, die der Auslegung seiner Gemeinschaftsstandards dienen.[33] Diese Richtlinien zur Auslegung der Gemeinschaftsstandards bilden das interne Regelwerk für die Prüfung von Inhalten und sind somit als Maßstab für die Bewertung unerwünschter Inhalte höchstrelevant. Aufgrund des öffentlichen Drucks nach dem Cambridge-Analytica-Skandal veröffentlichte Facebook 2018 eine vollständigere Version dieses internen Regelwerks („body of rules“).[34]

b) Facebooks Generalklausel

Die Entscheidung, Inhalte zu entfernen (oder andere Sanktionsformen zu ergreifen), wurde anfangs auf der Grundlage einer Generalklausel getroffen. Unter einer Generalklausel versteht man prinzipiell eine „sehr allgemein formulierte

28 Auszug aus dem Gemeinschaftsstandards, Stand 27.01.2011.
29 *Klonick*, Harv. L. Rev 2018, 1598 (1631).
30 *Klonick*, Harv. L. Rev 2018, 1598 (1631).
31 *Buni/Chemaly*, The secret rules of the internet.
32 U. a. *Heins*, Harv. L. Rev. F. 2013, 325 (326); *Klonick*, Harv. L. Rev 2018, 1598 (1601).
33 *Hopkins*, Revealed.
34 *Constine*, Facebook reveals 25 pages of takedown rules for hate speech and more.

Rechtsvorschrift, die […] konkretisiert werden muss und anderen Einzelregelungen übergeordnet ist".[35] Ab Oktober 2007 behielt sich Facebook das Recht vor, Inhalte zu entfernen, die von Facebook als „anstößig" betrachtet wurden („content that, in the sole judgment of Company, is objectionable"). Im „Content Code of Conduct" wurde erläutert, welche Inhalte und Verhaltensweisen bei Facebook unerwünscht waren – unter anderem die Kategorie „anstößige Inhalte", die anhand von Beispielen in vier Subkategorien konkretisiert wurde.[36] Facebook behielt sich das Recht vor, darüber zu entscheiden, was unter diesen Inhaltsverboten zu subsumieren war. Im Oktober 2017 verwendete Facebook in seiner „Erklärung der Rechte und Pflichten" folgende allgemeine Formulierung zur Einhaltung der Gemeinschaftsstandards: „Wenn du gegen den Inhalt oder den Geist dieser Erklärung verstößt oder auf sonstige Art und Weise mögliche rechtliche Risiken für uns erzeugst, können wir die Bereitstellung von Facebook für dich ganz oder teilweise einstellen." Im Januar 2018 verwendete Facebook folgende Generalklausel: „Wir können sämtliche Inhalte und Informationen, die du auf Facebook postest, entfernen, wenn wir der Ansicht sind, dass diese gegen diese Erklärung bzw. unsere Richtlinien verstoßen."[37] Auf der Grundlage dessen behielt sich Facebook insgesamt das Recht vor, gegen unerwünschte Inhalte vorzugehen.

Diese Generalklausel wurde 2019 durch folgenden Passus in der Einleitung ersetzt: „Unsere Gemeinschaftsstandards legen fest, was auf Facebook erlaubt ist und was nicht. In diesem Sinne verlangen wir von den Mitgliedern der Facebook-Community die Einhaltung dieser Richtlinien."[38]

c) Subkategorien

Abgesehen von der Generalklausel sind die Gemeinschaftsstandards bei Facebook mittlerweile in folgende Kategorien unterteilt: I. Gewalt und kriminelles Verhalten; II. Sicherheit; III. Anstößige Inhalte; IV. Integrität und Authentizität; V. Wahrung des geistigen Eigentums; VI. Inhaltsbezogene Anfragen.[39] Im Folgenden wird anhand von zwei Subkategorien verdeutlicht, welche Herausforderungen die Praxis des wertorientierter Löschens mit sich bringt, insbesondere bei Inhalten, die einer Kontextualisierung oder Abwägung bedürfen.

---

[35] Allgemeine Definition, Duden, abrufbar unter https://www.duden.de/rechtschreibung/Generalklausel zuletzt aufgerufen am 30.08.2022.

[36] Auszug aus dem Code of Conduct, Stand 14.10.2007; die vier Subkategorien lauteten: „Content that is obscene, pornographic or sexually explicit; depicts graphic or gratuitous violence; makes threats of any kind or that intimidates, harasses, or bullies anyone; is derogatory, demeaning, malicious, defamatory, abusive, offensive or hateful."

[37] Auszug aus den Gemeinschaftsstandards, Stand 03.01.2018.

[38] Auszug aus den Gemeinschaftsstandards, Stand 21.01.2020.

[39] Gemeinschaftsstandards https://www.facebook.com/communitystandards/ zuletzt aufgerufen am 30.08.2022.

aa) Verbot von Hassrede

Man kann am Beispiel des Begriffs Hassrede die Vermengung von privat vereinbarten Regeln, die sich an sozialen Normen orientieren, und von Rechtsnormen veranschaulichen. Unter Hassrede kann man Straftaten (wie §§ 130, 185 f. StGB) verstehen, aber der Begriff umfasst typischerweise mehr Verhaltensweisen als strafrechtliche Tatbestände. Ab 2017 wurde das Verbot der Hassrede von Facebook konkretisiert und wie folgt definiert: „Wir definieren Hassrede als direkten Angriff auf Personen aufgrund geschützter Eigenschaften: ethnische Zugehörigkeit, nationale Herkunft, religiöse Zugehörigkeit, sexuelle Orientierung, Kaste, Geschlecht, Geschlechtsidentität, ernsthafte Erkrankung oder schwere Behinderung."[40] Diese Regeln gegen Hassrede wird von Facebook wie folgt begründet: „Hassrede schafft ein Umfeld der Einschüchterung und Ausgrenzung und kann Gewalt abseits von Facebook fördern. Deshalb lassen wir Hassrede auf Facebook nicht zu."

Es gibt unterschiedliche Definitionen für Hassrede sowie verwandte Begriffe, die nicht zu dem der Hassrede im engeren Sinn gehören, ihn aber i. w. S. ergänzen. Hassrede i. w. S. kann als Inzivilität definiert werden, also als

> „normüberschreitende Kommunikation, die sich auf Normen der interpersonalen und/ oder deliberativen Kommunikation bezieht und in (teil-)öffentlich zugänglichen Diskussionen auf sozialen Netzwerkseiten, Foren, Online-Communities, Kommentarsektionen auf Webseiten sowie Videoplattformen oder Wikis beobachtet werden kann."[41]

Mit „normüberschreitend" ist solche Kommunikation gemeint, die sich über soziale (nicht notwendigerweise rechtliche) Normen hinwegsetzt, und damit gegen ein wesentliches Qualitätsmerkmal öffentlicher Kommunikation verstößt.[42] Jene Normen als Grenzen der erlaubten Kommunikation können grundsätzlich von Beteiligten oder von demjenigen, der den Kommunikationsraum zur Verfügung stellt, eingeführt werden, da normüberschreitende Kommunikation auch dann als inzivil empfunden werden kann, wenn ein privater Dritter die Norm bestimmt hat, die überschritten wird. Inzivile Kommunikation ist nur schwer abgrenzbar und ihre rechtliche Einordnung stellt somit eine (weitere) Herausforderung dar. Darunter versteht man auch sog. gefährliche Sprache und toxische Kommunikation, die nicht zur Hassrede i. e. S. gehören. „Gefährliche Sprache macht aus einer unliebsamen Personengruppe ein Feindbild und möchte darüber Gewalt gegen diese Personen allgemein rechtfertigen, oder sogar konkret zu Gewalt anstiften." Anders als Hassrede i. e. S. richtet sich ge-

---

[40] Auszug aus den Gemeinschaftsstandards, Stand 21.01.2020; vorher: „Du wirst keine Inhalte posten, die Hassreden enthalten, bedrohlich oder pornografisch sind, zu Gewalt verleiten oder Nacktdarstellungen bzw. grafische sowie sonstige Gewalt enthalten.", Stand 06.10.2017.

[41] *Kümpel/Rieger*, Wandel der Sprach- und Debattenkultur in sozialen Online-Medien, S. 10.

[42] *Wessler*, Habermas and the media, S. 61.

fährliche Sprache an Dritte, die „gegen die Betroffenen aufgehetzt" werden – sie wirkt mittelbar. Toxische Inhalte sind „Erzählungen und Muster zur Interpretation von Ereignissen, die Hass verbreiten und verstärken."[43]

Zum besseren Verständnis von Hassrede sollen nachfolgend beispielhaft weitere Definitionen dargelegt werden.[44] Laut *Struth* werden mit dem Wort Hassrede „Äußerungen bezeichnet, die als extremistisch, rassistisch oder antisemitisch charakterisiert werden können und zu Hass und Gewalt aufrufen."[45] Eine Empfehlung des Europarats an seine Mitglieder definierte 1997 Hassrede als

> „alle Formen des Ausdrucks, die Rassenhass, Fremdenfeindlichkeit, Antisemitismus oder andere Formen des Hasses auf der Grundlage von Intoleranz verbreiten, aufstacheln, fördern oder rechtfertigen, einschließlich: Intoleranz, die durch aggressiven Nationalismus und Ethnozentrismus ausgedrückt wird, Diskriminierung und Feindseligkeit gegenüber Minderheiten, Migranten und Menschen ausländischer Herkunft."[46]

Die Amadeu-Antonio-Stiftung gibt folgende Definition von Hassrede als Arbeitsgrundlage an: „Ausdrucksform, die Menschen aufgrund ihrer Herkunft, Hautfarbe, Geschlecht, sexuellen Orientierung, körperlichen Einschränkungen, Religion angreift, entsprechende Ausdrucksformen fördert, rechtfertigt oder dazu anstiftet."[47]

bb) Verbot von Nacktheit

Ähnlich verhält es sich mit Facebooks Verbot hinsichtlich des Teilens von Inhalten, die Nacktheit zeigen. Grundsätzlich „schränkt Facebook die Darstellung von Nacktheit oder sexuellen Handlungen ein, da manche Mitglieder unserer Gemeinschaft diese Art von Inhalten als anstößig empfinden".[48] Inhalte, die unter dieses Regel fallen, können eventuell den objektiven Tatbestand von Strafgesetzen zwar erfüllen, aber der überwiegende Teil ist nicht illegal. Zum Hintergrund und besseren Verständnis der Entstehung der Facebook Gemeinschaftsstandards in Bezug auf Nacktheit: Bei der Gründung von Facebook 2004 hatte das soziale Netzwerk MySpace damals die höchste Zahl an Nutzern. My-

---

43 Amadeu-Antonio-Stiftung, Glossar: abrufbar unter https://www.amadeu-antonio-stiftung.de/debate-dehate/glossar/ zuletzt aufgerufen am 30.08.2022; vgl. auch Toxic Twitter, Amnesty Report, abrufbar unter https://www.amnesty.org/en/latest/research/2018/03/online-violence-against-women-chapter-1/ zuletzt aufgerufen am 30.08.2022.

44 Vgl. BMBF-Projekt No Hate an der FU Berlin; NGO Hate Aid gegen Hass im Netz; *Adriane van der Wilk*, „Cyber Violence und Online-Hate-Speech gegen Frauen", Studie des EU Parlaments, abrufbar unter http://www.europarl.europa.eu/RegData/etudes/STUD/2018/604979/IPOL_STU(2018)604979_EN.pdf zuletzt aufgerufen am 30.08.2022.

45 *Struth*, Hassrede und Freiheit der Meinungsäußerung, S. 22.

46 Recommendation No. R (97) 20 of the Committee of Ministers to Member States on „Hate Speech", abrufbar unter https://rm.coe.int/1680505d5b zuletzt aufgerufen am 30.08.2022, Übersetzung d. Verf.

47 Amadeu-Antonio-Stiftung, Glossar: abrufbar unter https://www.amadeu-antonio-stiftung.de/debate-dehate/glossar/ zuletzt aufgerufen am 30.08.2022.

48 Auszug aus den Gemeinschaftsstandards, Stand 21.01.2020.

Space hat damals keine ausgeprägte Praxis der Inhaltemoderation: Das Unternehmen vertrat eine „freizügige" Content-Politik, die allerdings auch dazu führte, dass MySpace als „Jagdrevier für Sexualstraftäter" bezeichnet wurde.[49] Es ist davon auszugehen, dass diese normative Lücke durch die fehlenden Inhaltsstandards viele Nutzer abschreckte und dazu führte, dass MySpace nach und nach an Beliebtheit bei den Nutzern einbüßte. Facebook hingegen hatte von Beginn an eine striktere Herangehensweise. 2011 enthielten Facebooks Gemeinschaftsstandards folgende Regel: „We have a strict ‚no nudity or pornography' policy. Any content that is inappropriately sexual will be removed."[50] Problematisch an dieser Formulierung ist u. a., dass nicht genauer erklärt wurde, was unter „inappropriately sexual" zu verstehen ist und dass keine Ausnahmen vorgesehen waren. Das hatte zur Folge, dass auch Kunst, auf denen Nacktheit zu sehen ist, und Abbildungen aus dem täglichen Leben entfernt wurden.

Einige Bilderentfernungen führten zu öffentlichen Kontroversen. 2011 wurde das Bild eines sich küssenden homosexuellen Paares aus einer Fernsehserie erst gelöscht, dann wieder veröffentlicht.[51] 2012 berichtete der Journalist *Chen* umfassend über die Löschungspraxis von Facebook bezüglich Inhalte, die der Journalist als „harmlos" einordnete, wie zum Beispiel sogenannten „camel toes" – ein Begriff der englischen Umgangssprache, der den Effekt beschreibt, bei dem durch um die Leistengegend einer Frau eng anliegende Kleidung die Aufmerksamkeit auf die Form der äußeren Genitalien gelenkt sein kann.[52] Bei Bildern von Männern oder bei Gewalt sei Facebook hingegen nachsichtiger, entnahm *Chen* den internen Dokumenten, die ihm vorlagen („Blutige Bilder sind erlaubt, solange jemandem nicht die Eingeweide herausquillt.").[53] Die Grundlage für das Entfernen von „Camel Toe"-Bildern war das Verbot von „Sex & Nudity", das zu diesem Zeitpunkt wie 2011 lautete (s. o.). Das Verbot von „Graphic Violence" enthielt folgende Klausel: „While we are a platform for sharing events that take place in your life and around the world, any inappropriately graphic content will be removed when found on the site".[54] Es wurden also Bilder von bekleideten Frauen gelöscht, weil ihre Kleidung zu eng anlag. Das kann man den internen Dokumenten entnehmen, die *Chen* wörtlich zitierte: „Tiefe Fleischwunden darf man zeigen; übermäßiges Blut darf man zeigen." *Chen* kam zu dem Ergebnis, dass Facebooks Inhaltemoderationspraxis gegenüber Frauen diskriminierend und vom „Eifer bei der Säuberung der Inhalte" ge-

---

[49] *Briegleb*, heise online 2006; s. auch *York*, Silicon Values, S. 22–23.

[50] Auszug aus dem Gemeinschaftsstandards, Stand 24.03.2011.

[51] *Chen*, Facebook Apologizes For Censoring Gay Kiss Picture.

[52] Definition aus Lexico, Oxford UK Dictionary, abrufbar unter https://www.dictionary.com/browse/cameltoe zuletzt aufgerufen am 30.08.2022.

[53] *Chen*, Inside Facebook's Outsourced Anti-Porn and Gore Brigade, Where „Camel Toes" are More Offensive Than „Crushed Heads".

[54] Auszug aus den Gemeinschaftsstandards, Stand 16.02.2012.

leitet sei.[55] Solche Berichte waren 2012 relativ selten, es handelte sich eher um ein Nischenthema, das vorrangig bei denjenigen für Aufmerksamkeit sorgte, die selbst von einer Löschung betroffen waren, oder einer sozialen Gruppe angehörig waren, innerhalb derer die Problematik vorgekommen war.[56]

Dennoch gab es immer wieder Medienberichte über ähnliche Fälle: Das Löschen einer Abbildung des Gemäldes „L'Origine du Monde" von Gustave Courbet 2011, des „Napalm-Girl"-Fotos vom Associated-Press-Fotografen Nick Ut und von Fotos stillender Mütter, auf denen Brustwarzen zu sehen waren, lösten Kontroversen über den Umgang mit Fotos vom weiblichen Körper aus;[57] ähnlich verhielt es sich 2016 bei der Löschung des Fotos einer Journalistin, auf dem zwei indigene alte Frauen zu sehen sind, die für einen zeremoniellen Tanz bemalt wurden und deren Brust nicht bekleidet war.[58] Mittlerweile erkennt Facebook solche Ausnahmen teilweise an und erklärt das Regel-Ausnahme-Verhältnis wie folgt: „So schränken wir zum Beispiel die Darstellung weiblicher Brüste ein, wenn die Brustwarzen zu sehen sind, lassen aber Bilder zu, die etwa Protestaktionen oder stillende Frauen darstellen, oder Fotos von Narbenbildungen nach Brustamputationen. Außerdem sind Fotos von Gemälden, Skulpturen und anderen Kunstformen gestattet, die nackte Personen oder Figuren zeigen." Facebook hat sich damit ein Stückweit auf die öffentliche Debatte eingelassen und die geforderten Ausnahmen teilweise eingeführt.[59] Dennoch ist die Regel weiterhin, dass auf Facebook (und zum Konzern gehörende Plattformen wie Instagram) Nacktheit nicht kontextabhängig, sondern grundsätzlich als anstößig gewertet wird. Eine werteorientierte Inhaltemoderation kann so zu einer Verbreitung gesellschaftlicher Normen und einer Anpassung im digitalen Raum beitragen – weil sie gerade nicht nur Rechtsnormen umsetzt.

Das Entfernen von Abbildungen von Nacktheit ist auch deswegen problematisch, weil es Fragen im Hinblick auf die Drittwirkung der Kunstfreiheit aufwirft. Art. 5 Abs. 3 S. 1 GG ist ein weiteres Grundrecht, das zwischen sozialen Netzwerken und Nutzern mittelbar wirken könnte. Beim Kommunizieren

---

[55] *Chen*, Inside Facebook's Outsourced Anti-Porn and Gore Brigade, Where „Camel Toes" are More Offensive Than „Crushed Heads".

[56] Vgl. *Roberts*, Behind the Screen, S. 22.

[57] Vgl. *Ibrahim*, Social Media + Society 2017, 1.

[58] „L'Origine du Monde": Facebook ne pourra pas échapper aux juges français, L'Obs, abrufbar unter https://www.nouvelobs.com/les-internets/20160212.OBS4584/l-origine-du-monde-facebook-ne-pourra-pas-echapper-aux-juges-francais.html zuletzt aufgerufen am 30.08.2022; Berühmtes Vietnam-Foto gelöscht – Aftenposten greift Facebook an, Süddeutsche Zeitung, abrufbar unter https://www.sueddeutsche.de/digital/napalm-girl-beruehmtes-vietnam-foto-geloescht-aftenposten-greift-facebook-an-1.3154517 zuletzt aufgerufen am 30.08.2022; ‚How can two female elders be seen as pornographic?', DailyMail, abrufbar unter https://www.dailymail.co.uk/news/article-3490841/Facebook-slammed-removing-posts-topless-Aboriginal-women.html zuletzt aufgerufen am 30.08.2022.

[59] Ein Beispiel für eine wirksame Mobilisierung der Nutzer gegen die einseitige Regelgestaltung von Facebook; vgl. *Katzenbach*, Die Regeln digitaler Kommunikation, S. 326.

von Bildern und Videos als visuelle, nicht-textbasierte Kommunikation kann eine Konfusion zwischen der Meinungsäußerungs- und Kunstfreiheit im Wirkbereich der Kunst entstehen. Da die Kunstfreiheit aus Art. 5 Abs. 3 S. 1 GG gegenüber der Meinungsfreiheit aus Art. 5 Abs. 1 S. 1 GG lex specialis ist,[60] könnte die Löschung solcher Bilder, die in den sachlichen Schutzbereich von Abs. 3 fallen, eine andere Form des Defizits im Sinne der Mephisto-Formel für die mittelbare Drittwirkung darstellen. Angesichts dieses zusätzlichen Abgrenzungsproblem beschränkt sich diese Arbeit auf Inhalte, die die Voraussetzungen für ein Werk i. S. v. Art. 5 Abs. 3 S. 1 GG nicht erfüllen.

4. Sanktionierung: Durchsetzung der Entscheidung gegen Inhalte

Facebook beschreibt die Sanktionierung infolge eines Verstoßes gegen die Community Standards wie folgt: „Verstöße gegen unsere Gemeinschaftsstandards haben Folgen. Wie diese Folgen konkret aussehen, hängt von der Schwere des Verstoßes und dem bisherigen Verhalten der jeweiligen Person auf unserer Plattform ab."[61] So wie das Unternehmen die Gemeinschaftsstandards einseitig als Nutzungsbedingungen stellt,[62] entscheidet es auch über die privaten Sanktionen gegen unerwünschtes Verhalten.[63] Erfolgt die Inhaltemoderation professionell als CCM, so werden die Gemeinschaftsstandards durch das Unternehmen, das die Kommunikationsplattform betreibt angewandt und durchgesetzt.[64] Die Entscheidung über die Moderation von nutzergenerierten Inhalten als Reaktion auf einen vermeintlichen Regelverstoß kann nach der Veröffentlichung der Inhalte erfolgen (*ex post*) oder schon davor (*ex ante*), wobei sich die Inhaltemoderation *ex post* als Standard durchgesetzt hat.[65]

a) Entfernen als Sanktion

Auf den größten sozialen Netzwerken werden unerwünschte Inhalte in der Regel entfernt,[66] eine tatsächliche „Moderation", die auf ungewollte Nutzerinhalte durch einen sachlichen Kommentar reagiert, hat sich als Reaktion nicht etabliert.[67] Wenn nutzergenerierte Inhalte auf Facebook gemeldet werden

---

[60] BVerfGE 30, 173 (200).

[61] Auszug aus den Gemeinschaftsstandards, Stand 21.01.2020.

[62] *Gollatz*, Die private Governance der Plattformen zur Regelung grenzüberschreitender Kommunikation, S. 140.

[63] *Myers West*, NM&S 2018, 4366.

[64] Vgl. Klassifizierung bei *Schreieck u. a.*, in: Linnhoff-Popien/Schneider/Zaddach, Digital Marketplaces Unleashed, S. 527 (531).

[65] *Roberts*, Behind the Screen, S. 35.

[66] *Gillespie*, Custodians of the internet, S. 177 f.

[67] Dabei führt das aktive und transparente Moderieren von Diskussionen bei inzivilen Äußerungen eher zu Verbesserungen hinsichtlich des normativ unerwünschten Verhaltens als das Löschen: *Kümpel/Rieger*, Wandel der Sprach- und Debattenkultur in sozialen Online-Medien, S. 26.

(durch andere Nutzer oder automatisiert) und der zuständige Moderator sich für das Entfernen des Inhalts entscheidet, so wird der Inhalt gelöscht. Bei einer Entscheidung auf der Grundlage der Gemeinschaftsstandards entfernt Facebook solche Inhalte vom gesamten Netzwerk und der betroffene Nutzer wird aus der aktiven Sitzung abgemeldet.[68] Wenn Inhalte aufgrund von nationalen Gesetzen wie zum Beispiel dem NetzDG entfernt werden, werden sie von Facebook hingegen nur für den Geltungsbereich des Gesetzes ortsbezogen (d. h. regional) gesperrt und können für Nutzer außerhalb dieses geographisch bestimmten Bereichs sichtbar bleiben.[69] Die Art der Regeldurchsetzung erlaubt allerdings keine Rückschlüsse auf die Entscheidungsgrundlage: kommt der Moderator zu dem Schluss, dass der untersuchte Inhalt unter eine der Kategorien von unerwünschten Inhalten zu subsumieren ist, so kann er ihn vollständig entfernen, ohne zu prüfen, ob möglicherweise ein Inhalt vorliegt, der nicht nur gegen Gemeinschaftsstandards, sondern auch gegen nationale Gesetze verstößt.

Das Abmelden des Nutzers aus der aktiven Sitzung heißt (noch) nicht, dass der Nutzer von Facebook dauerhaft ausgeschlossen wird, nichtsdestotrotz muss er sich mit seinen Kontoinformationen neu anmelden (nicht neu registrieren). Will sich der betroffene Nutzer im Anschluss an die Moderationsentscheidung wieder anmelden, wird ihm in der Regel mitgeteilt, dass der von ihm veröffentlichte Post oder Kommentar gelöscht wurde, weil er gegen die Gemeinschaftsstandards verstoßen hat.[70] Nachdem der Nutzer diesen Hinweis zur Kenntnis genommen hat und die Kenntnisnahme durch das Klicken auf „Weiter" bestätigt hat, erscheint eine Aufforderung, die Gemeinschaftsstandards erneut zur Kenntnis zu nehmen.

b) Ausschluss (Zugangssperre)

Verstößt ein Nutzer wiederholt gegen die Gemeinschaftsstandards, kann dieses Verhalten zum Ausschluss des Nutzers führen, zeitweise oder dauerhaft, bis hin zu einer Sperrung oder Löschung des Nutzerkontos.[71] Bei Facebook heißt es hierzu: „Bei einem Folgeverstoß können wir die Posting-Rechte des Nutzers einschränken oder das entsprechende Profil deaktivieren."[72] Welche Sanktionsform ab welcher Schwere des Verstoßes angewandt wird, wird in den Gemeinschaftsstandards nicht weiter erläutert. Facebook behält sich vor, den Grad der Sanktionierung zu bestimmen (von der Sperre für Einzelfunktionen bis zur Löschung des Nutzerkontos) und möglicherweise nicht einheitlich anzuwenden. In der Regel werden die gesperrten Nutzerprofile nach einer gewissen Zeit

---

[68] Vgl. *Klonick*, Harv. L. Rev 2018, 1598 (1647).

[69] *Heldt*, IPR 2019, 1 (8–9).

[70] Zu Beginn gab es diese Art von Hinweisen nicht: *Suzor u. a.*, IJoC 2019, 1526 (1531–1532).

[71] Vgl. *Klonick*, Harv. L. Rev 2018, 1598 (1647); *York*, Silicon Values, S. 17–18.

[72] Auszug aus den Gemeinschaftsstandards, Stand 21.01.2020.

wieder freigegeben oder die betroffenen Nutzer greifen auf die Lösung zurück, sich mit einem neuen Nutzerprofil zu registrieren.

Das Ausschließen muss als private Sanktionierung des sozialen Netzwerkes gegenüber seinen Nutzern verstanden werden, weil ihnen die Möglichkeit verwehrt bleibt, sich innerhalb des ausgesuchten Netzwerks zu äußern und gilt (bisher) als *ultima ratio* bei der Durchsetzung von Gemeinschaftsstandards.[73] Ziel des Ausschlusses ist, die Verbreitung unerwünschter Inhalte zu vermeiden und diese Nutzer von der Teilhabe an der Kommunikation innerhalb des sozialen Netzwerks auszuschließen.[74] Das bedeutet aus Nutzerperspektive auch den Verlust des Zugangs zu hochgeladenen Inhalten wie persönlichen Fotos oder anderen Informationen, die ohne Zugang zu Facebook nicht erhältlich sind. Der Ausschluss aus einem großen Netzwerk wie Facebook kann auch zur Folge haben, dass dem Betroffenen der Zugang zu anderen Plattformen verwehrt bleibt, wenn sie eine vereinfachte Anmeldung anhand des Facebook-Profils erlauben, oder dass wirtschaftliche Folgen eintreten, falls ein Unternehmensprofil unterhalten wird, wofür man einen Facebook-Zugang über das persönliche Nutzerkonto benötigt.[75] Ein Ausschluss kann also Konsequenzen in- und außerhalb von Facebook auf das gesellschaftliche Leben eines Facebook-Nutzers haben.

c) Algorithmische Benachteiligung (Downgrading und Shadowbanning)

Es gibt andere Sanktionierungsformen, bei denen der Verstoß gegen Gemeinschaftsstandards durch weniger Visibilität, sog. Downgrading oder Shadowbanning, sanktioniert wird. Diese Praxis wird von den Diensteanbietern, die sie anwenden, nicht klar als Sanktionierungsform kommuniziert, sondern kommt nach und nach durch empirische Forschung und journalistische Recherche zu Tage.[76] Bisher ist ihre Anwendung bei Facebook nicht bekannt, kann aber bei dessen Tochterunternehmen Instagram bereits beobachtet werden.[77] Für das Downgrading werden nutzergenerierte Inhalte in der algorithmischen Sortierung gezielt runtergestuft. Dies kann mit erheblichen Folgen einhergehen,

---

[73] A. A. *Kellner*, Die Regulierung der Meinungsmacht von Internetintermediären, S. 87, die im Ausschluss von Nutzern eine „Reaktion auf die Angst einer Haftbarkeit“ sieht.

[74] *Myers West*, NM&S 2018, 4366 (4379).

[75] Vgl. *Myers West*, NM&S 2018, 4366 (4375).

[76] U. a. *Myers West*, NM&S 2018, 4366 (4374); *Suzor u. a.*, IJoC 2019, 1526 (1532).; Twitter appears to have fixed „shadow ban“ of prominent Republicans, Vice News, 25.07.2018, abrufbar unter https://www.vice.com/en_us/article/43paqq/twitter-is-shadow-banning-prominent-republicans-like-the-rnc-chair-and-trump-jrs-spokesman zuletzt aufgerufen am 30.08.2022.

[77] Facebook Patents Shadowbanning, Gizmodo, 16.07.2019, abrufbar unter https://gizmodo.com/facebook-patents-shadowbanning-1836411346 zuletzt aufgerufen am 30.08.2022; Vgl. für den Diensteanbieter TikTok: *Heldt*, TikTok, a kaleidoscope of visuals, data and legal questions.

denn der Verlust von Sichtbarkeit beutetet einen Reichweite- und Relevanzverlust.[78] Im Zweifel fällt die Anwendung dieser Sanktionsform weder dem Kommunikator noch dem potenziellen Rezipienten auf, weil keiner von beiden die Platzierung eines Inhalts *ohne* Downgrading kennt, und Abweichungen daher auf Anhieb nicht erkennbar sind. Wenn die Inhalte nicht nur in der algorithmischen Sortierung runtergestuft werden, sondern für andere nicht mehr sichtbar sind, allerdings ohne entfernt zu werden, ist die Rede von Shadowbanning. Das gewünschte Ergebnis ist in beiden Fällen, dass durch den Mangel an Visibilität es weniger oder keine Reaktionen auf den Inhalt gibt.

d) Eingeschränkte Nutzungsrechte (Quarantäne)

Eine weitere Sanktionsform ist die „Quarantäne" von Nutzern. Diese Sanktionsart ist (bisher) von Facebook weniger bekannt, aber wird von anderen sozialen Plattformen eingesetzt, um auf unerwünschtes Nutzerverhalten zu reagieren. Soziale Netzwerke können Nutzer unter Quarantäne stellen, wenn sie die Veröffentlichung und Verbreitung unerwünschter Inhalte reduzieren oder unterbinden wollen,[79] ohne deren Nutzerkonto zu sperren oder sie anders zu sanktionieren. Für Nutzer ist die Quarantäne erkennbar, denn sie können die Plattform nicht mehr unbeschränkt nutzen, aber werden nicht ausgeschlossen.

Man kennt die Praxis bspw. vom Content Board Reddit, wo Nutzer in ihren Nutzungsmöglichkeiten einschränkt werden.[80] Reddit beschreibt diese Sanktion folgenderweise:

> „Der Zweck der Quarantäne einer [Reddit-] Gemeinschaft besteht darin, zu verhindern, dass ihr Inhalt versehentlich von Personen, die dies nicht bewusst wünschen, oder ohne den entsprechenden Kontext betrachtet wird. […] Unter Quarantäne gestellte Gemeinschaften zeigen eine Warnung an, die die Benutzer auffordert, sich ausdrücklich für die Anzeige der Inhalte zu entscheiden. Sie generieren keine Einnahmen, erscheinen nicht in nicht abonnementbasierten Feeds (z. B. Popular) und werden nicht in die Suche oder Empfehlungen aufgenommen."[81]

Zuständige Reddit-Moderatoren werden über die Quarantäne benachrichtigt und können (über ein Formular) dagegen widersprechen. Dort werden auch die Anforderungen an einen erfolgreichen Widerspruch beschrieben.[82] Bspw.

78 *Bucher*, New Media & Society 2012.

79 *Dobson u. a.*, in: Dobson/Robards/Carah, Digital Intimate Publics and Social Media, S. 3 (22).

80 *Carlson/Cousineau*, Journal of Media Ethics 2020, 1 (5).

81 Übersetzung d. Verf.: „The purpose of quarantining a community is to prevent its content from being accidentally viewed by those who do not knowingly wish to do so, or viewed without appropriate context. […] Quarantined communities will display a warning that requires users to explicitly opt-in to viewing the content. They generate no revenue, do not appear in non-subscription-based feeds (eg Popular), and are not included in search or recommendations."

82 Reddit Account and Community Restrictions, Quarantined Subreddits, Stand

wurde ein solches Unterforum von Reddit, in dem Anhänger des damaligen US-Präsidenten Donald J. Trump Inhalte für ihn oder gegen seine politischen Gegner veröffentlichten, wegen unzulässigen Aufrufen zu Gewalt von Reddit unter Quarantäne gestellt.[83]

Ullmann und *Tomalin* haben die technischen und ethischen Vorteile der Quarantäne von verbaler Hassrede untersucht. Im ersten Schritt kommen sie zu dem Ergebnis, dass die automatisierte Erkennbarkeit von Hassrede trotz des technischen Fortschritts ein schwieriges Unterfangen bleibt. Das hat unterschiedliche Gründe, u. a. die Kennzeichnung von Trainingsdaten als Hassrede findet ohne standardisiertes Verfahren statt und kann daher nicht als fehlerfrei übernommen werden; die Wirkung von Konterrede („counterspeech") wurde bisher nicht abschließend erforscht; das Einbeziehen des Kontexts, obwohl dieser von Algorithmen bisher nicht vollständig berücksichtigt werden kann; das Umgehen des Systems durch einen Sprachgebrauch, der nicht explizit, aber unterschwellig Hassrede enthält.[84] Demgegenüber birgt die Quarantäne ihrer Ansicht nach das Potenzial eines nuancierten Umgangs mit ungewünschten Inhalten, weil die betroffenen Inhalte weder vollständig verboten, d. h. entfernt werden, noch uneingeschränkt sichtbar bleiben.[85]

Hervorzuheben ist, dass die sog. Quarantäne eine Sanktionierungsform darstellt, die die Sichtbarkeit und Verbreitung der Inhalte zwar einschränkt, aber dennoch den Zugang der Rezipienten über ein Opt-In-Modell nicht vollständig aufhebt.[86] Hinzukommt, dass die Betroffenen über die Verhängung der Quarantäne benachrichtigt werden und eine Form von Berufung einreichen können. Die Transparenz der Sanktionierung für den Kommunikator und die eigenverantwortliche Entscheidung des Rezipienten, den Inhalt trotz der Warnung betrachten zu wollen, macht die Quarantäne (u. a. im Vergleich mit Downgrading) zu einem Modell, welches die Rechte der Nutzer stärker berücksichtigt und gleichzeitig zweckbestimmt zu wirken scheint.[87]

e) Zwischenfazit

Bei der Sanktionierung unerwünschter Inhalte sind nicht nur die unmittelbaren Folgen, sondern auch die mittelbaren zu berücksichtigen. Das kann insbeson-

---

18.02.2020, abrufbar unter https://www.reddithelp.com/en/categories/rules-reporting/account-and-community-restrictions/quarantined-subreddits zuletzt aufgerufen am 30.08.2022.

[83] *Vigdor/Chokshi*, Reddit Restricts Pro-Trump Forum Because of Threats; *Law*, Reddit Places a „Quarantine" on The_Donald, Its Largest Community of Trump Supporters.

[84] *Ullmann/Tomalin*, Ethics Inf Technol 2019, 1 (4–5).

[85] *Ullmann/Tomalin*, Ethics Inf Technol 2019, 1 (7).

[86] S. auch die Einführung des „Sensitive Content Control" auf der Plattform Instagram: https://about.fb.com/news/2021/07/introducing-sensitive-content-control/ zuletzt aufgerufen am 30.08.2022. Damit sollen Nutzer einstellen können, wie viele „sensible Inhalte" ihnen algorithmisch empfohlen werden dürfen.

[87] Vgl. *Carlson/Cousineau*, Journal of Media Ethics 2020, 1 (9).

dere dann problematisch werden, wenn der Bezug zwischen der sanktionierten Äußerung und dem Ausschluss kaum erkennbar ist. Wird eine Äußerung wegen des Inhalts entfernt, ist der Grund oft erkennbar, bzw. ermittelbar (zumindest seitdem Plattformen transparenter über ihre Gemeinschaftsstandards kommunizieren) und die Sanktionierung nachvollziehbar, wenn auch nicht immer gerechtfertigt. Die unerwünschte Äußerung hat eine Beschränkung der Äußerungsverbreitung zur Folge. Beim Ausschluss von der Plattform hingegen sind die Gründe unter Umständen für den Nutzer schwerer zu erkennen (wenn sie von der Plattform nicht klar kommuniziert werden), ebenso bei der algorithmischen Reduzierung von Sichtbarkeit und Reichweite.

II. Nach der Sanktionierung: Widerspruchsmöglichkeit

Nicht alle sozialen Netzwerke bieten ihren Nutzern die Möglichkeit an, gegen die private Sanktionierung von unerwünschten Inhalten mit einem „Rechtsmittel"-Äquivalent wie einer privaten „Berufung" (1.) oder „Revision" (2.) vorzugehen. Diese Termini aus dem prozessualen Vokabular werden herangezogen, um die privaten Streitschlichtungsangebote innerhalb des sozialen Netzwerks zu beschreiben.

1. Interne „Berufung"

a) Kenntnis über die Sanktionierung

Voraussetzung für die Ingangsetzung eines internen „Berufungsverfahrens" ist zunächst die Kenntnis der Nutzer über die Tatsache, dass sie von Inhaltemoderation betroffen sind. In Frage kommen also entweder eine offensichtliche Sanktionierungsform wie das Entfernen des Inhalts, die der Nutzer selbst bemerkt, oder eine Benachrichtigung. Um Nutzern faktisch die Möglichkeit einzuräumen, sich gegen die private Sanktionierung zu wehren, wäre des Weiteren erforderlich, den Grund für die Entscheidung in Folge der Inhaltemoderation mitzuteilen.

Bisher war es für die größeren sozialen Netzwerke üblich, den Grund für das Entfernen von Inhalten oder für das Sperren von Nutzerkonten vorzuenthalten.[88] Insgesamt werden sie aber im Hinblick darauf transparenter.[89] Seit dem Brexit-Referendum in Großbritannien und den US-Präsidentschaftswahlen 2016 sowie dem Cambridge-Analytica-Skandal 2018 geben die großen Social-Media-Unternehmen mehr Informationen im Hinblick auf die Inhaltemoderation preis – sowohl auf individueller Ebene an die betroffenen Nutzer als auch in öffentlich

---

88 *Suzor u. a.*, IJoC 2019, 1526 (1531).

89 Transparency Remains Inadequate, RDR Corporate Accountability Index 2019, abrufbar unter https://rankingdigitalrights.org/index2019/report/freedom-of-expression/#section-41 zuletzt aufgerufen am 30.08.2022.

einsehbaren Berichten. Diese Entwicklung kann bzgl. Facebook im jährlichen Bericht „RDR Corporate Accountability Index“ der Organisation Ranking Digital Rights beobachtet werden: der Indikator F4 in der Kategorie „Freedom of Expression“ misst die Antwort auf die Frage: „Erklärt das Unternehmen die Umstände, unter denen es den Zugang zu dem Dienst einschränken oder verweigern kann?“. In 2015, dem ersten Jahr, in dem die empirische Untersuchung von Ranking Digital Rights durchgeführt und der Index erstellt wurde, hat Facebook am schlechtesten aller untersuchten Digitalunternehmen abgeschnitten, weil es nur 33 % der abgefragten Voraussetzungen für den Indikator F4 erfüllt hat.[90] 2019 lag dieser Wert im RDR Index (jetzt unter dem Indikator F8 „User notification about content or account restriction.“) für Facebook bei 50 %.[91]

b) Berufungsrecht bei Facebook

Facebook ermöglicht es seinen Nutzern seit April 2018, gegen eine Sanktionierung von unerwünschten Inhalten aus den Kategorien Nacktheit, Hassrede und Gewaltabbildungen vorzugehen. Wurden nutzergenerierte Inhalte aus einer dieser Kategorien durch Facebook entfernt, wird der betroffene Nutzer benachrichtigt und erhält die Möglichkeit, eine Überprüfung der ersten Entscheidung zu beantragen (sog. „Berufungsrecht“). Daraufhin soll ein Content Moderator (Facebook weist explizit darauf hin, dass es sich hierbei immer um einen Menschen handelt) innerhalb von 24 Stunden die erste Entscheidung überprüfen.[92] Fällt die zweite Entscheidung („Berufung“) zugunsten des gemeldeten Inhalts aus, wird der Nutzer benachrichtigt und der Inhalt wieder auf Facebook veröffentlicht.[93] Das private „Berufungsrecht“ beinhaltet aber keinen Anspruch darauf, den Grund der ersten Entscheidung (zulasten des Inhalts) zu erfahren oder gegen eine Sanktionierung vorzugehen, die durch die Kategorisierung an sich erfolgt.[94] Es ist auch keine Information darüber zu finden, in welchem Maße die Wiederveröffentlichung („Put-Back“) dem ursprünglichen Beitrag, der nach der Inhaltemoderation entfernt wurde, entspricht. Mit anderen Worten ist unklar, welche Position in der algorithmischen Sortierung einem wiederhergestellten Inhalt eingeräumt wird und somit ob der Zustand, der vor dem Entfernen gewesen wäre, überhaupt repliziert werden kann.

---

[90] F4.Reasons for Account or Service Restriction, RDR Corporate Accountability Index 2015, Ranking Digital Rights, abrufbar unter https://rankingdigitalrights.org/index2015/indicators/f4/ zuletzt aufgerufen am 30.08.2022.

[91] F8. User notification about content or account restriction, RDR Corporate Accountability Index 2019, Ranking Digital Rights, abrufbar unter https://rankingdigitalrights.org/index2019/indicators/f8/ zuletzt aufgerufen am 30.08.2022.

[92] Facebook Newsroom, „Publishing Our Internal Enforcement Guidelines and Expanding Our Appeals Process“, April 2018, abrufbar unter https://about.fb.com/news/2018/04/comprehensive-community-standards/ zuletzt aufgerufen am 30.08.2022.

[93] Ebd.

[94] Vgl. *Suzor u. a.*, IJoC 2019, 1526 (1533).

2. *Zweite Instanz: „Revision“ bei Facebook*

2019 hat Facebook ein Kontrollgremium angekündigt, welches für die Überprüfung von Inhaltemoderation zuständig sein soll: das „Facebook Oversight Board“ (i. F. FOB).[95] Dieses Gremium soll inhaltsbezogene Entscheidungen, die zulasten der Nutzer getroffen wurden, nach dem internen Berufungsverfahren überprüfen. Dafür hat Facebook 2019 ein weltweites Konsultationsverfahren mit Experten aus Wissenschaft und Praxis angestrengt. Die ersten Verfahren des FOB wurden im zweiten Halbjahr 2020 angekündigt und die ersten Entscheidungen am 28. Januar 2021 veröffentlicht.[96] Trotz der Veröffentlichung einer Charta mit einer Governance-Struktur für dieses Kontrollgremium bleibt noch relativ vieles über den *Modus Operandi* des FOB unbekannt.[97] Facebook gibt sich als Unternehmen damit eine interne quasi-Revisionsinstanz,[98] die unabhängig vom operativen Geschäft final über Inhaltemoderation in Einzelfällen entscheiden darf und darüber hinaus Policy-Empfehlungen abgeben kann. Es ist aber schwer abzuschätzen, welche Auswirkungen die Entscheidungen des FOB innerhalb des Unternehmens und außerhalb, in der Gesellschaft haben werden.[99] Man sollte jedoch nicht unterschätzen, dass große Online-Plattformen zunehmend in die Rolle „systemrelevanter Infrastruktur hineinwachsen“.[100]

Der Rechtsweg bleibt Nutzern auch nach der Inanspruchnahme der internen Berufungs- und Revisionsangebote von Facebook offenkundig weiterhin offen, wenn sie gegen die Inhaltemoderation vorgehen wollen. Dennoch könnten sich die Entscheidungen aus diesem internen Verfahren vor dem FOB auf das gesamte Netzwerk auswirken und damit Relevanz über den Einzelfall hinaus erlangen. Problematisch bei internen Streitbeilegungsstrukturen, die sich an Gerichten orientieren, ist, dass dadurch faktisch eine parallele Struktur entstehen

---

95 Mit Ausnahme von Facebook bietet bisher kein soziales Netzwerk eine zweite Instanz an, d. h. eine Form von internem Revisionsverfahren gegen die Sanktionierung von Inhalten nach einem erfolglosen „Berufungsverfahren“, die nicht eine ausschließlich beratende Funktion hat.

96 Abrufbar unter https://oversightboard.com/decision/ zuletzt aufgerufen am 30.08.2022.

97 Oversight Board Charter, v. 17.09.2020, abrufbar unter https://about.fb.com/wp-content/uploads/2019/09/oversight_board_charter.pdf zuletzt aufgerufen am 30.08.2022.

98 Der Zuständigkeitsbereich des FOB wird laufend aktualisiert, bisher darf der FOB aber noch nicht über alle inhaltsbezogenen Entscheidungen des Unternehmens entscheiden.

99 Das „Verfahren“ des FOB bezüglich des Facebook-Kontos des ehemaligen US-Präsidenten Trump hat bspw. für viel Aufmerksamkeit gesorgt. Interessant an dieser Anekdote ist, dass Facebooks Entscheidung, Trump zu sperren, nach US-Recht erlaubt war, aber der FOB sie für „unverhältnismäßig“ befand, da dass das permanente Sperren eines Kontos nicht in Facebooks Nutzungsbedingungen vorgesehen sei und insofern einer nachträglichen Neubewertung und -begründung bedürfe. Abrufbar unter https://www.oversightboard.com/decision/FB-691QAMHJ/ zuletzt aufgerufen am 30.08.2022.

100 *Busch*, Regulierung digitaler Plattformen als Infrastrukturen der Daseinsvorsorge, S. 26.

kann, deren Einfluss noch ungewiss ist. Es muss daher aufmerksam beobachtet werden, welche Auswirkungen die Inhaltemoderation der sozialen Plattformen allgemein auf das Kommunikationsverhalten und die Sprache von Internetnutzern, sowie des Weiteren, welchen Einfluss die Entscheidungen des FOB auf nationale Gerichte haben könnten.[101]

III. Zwischenfazit

In den letzten Jahren wurden mehr Details über den konkreten Umgang mit nutzergenerierten Inhalten und den Gemeinschaftsstandards der Plattformen bekannt, auch wegen des öffentlichen Drucks nach Ereignissen wie dem Cambridge-Analytica-Skandal. Vorher konnten über den Inhalt sowie die Konkretisierung, Interpretation und Anwendung der Gemeinschaftsstandards bei Facebook durch Inhaltemoderatoren wenig faktenbasierte Aussagen gemacht werden, weil keine offiziellen Informationen diesbezüglich vorlagen – weder für im Einzelfall betroffene Nutzer, noch für die Öffentlichkeit. Durch die Äußerungen einzelner Betroffener, die teilweise mediale Aufmerksamkeit auf sich gezogen haben, sowie durch die Nachforschungen und Berichte unabhängiger Organisationen konnten Informationen über die Inhaltemoderation bei Facebook gesammelt werden.[102] Mit der Veröffentlichung der Richtlinien zur Anwendung der Gemeinschaftsstandards 2018 und des ersten Transparenzberichts zur Inhaltemoderation im Mai 2018 sind nun belastbare Informationen verfügbar, anhand derer der Umgang von Facebook mit normüberschreitender Kommunikation bewertet werden kann.

B. Rechtliche Bewertung

Gehen Nutzer gegen die Sanktionierung ihres Verhaltens auf einem sozialen Netzwerk juristisch vor, hat das zuständige Gericht bei der Abwägung zwischen den Rechten des sozialen Netzwerks und der Meinungsfreiheit des Nutzers zu prüfen und zu entscheiden, ob soziale Netzwerke bei der Sanktionierung von nutzergenerierten Inhalten im Rahmen der Inhaltemoderation an die Meinungsfreiheit des betroffenen Nutzers gebunden sind. Aus der Rechtsprechung des Bundesverfassungsgerichts ergibt sich, dass die Ausstrahlungswirkung einen höheren Grad an Intensität erreichen kann, wenn Private Öffentlichkeit herstellen und diese allgemein zu kommunikativen Zwecken genutzt werden kann. Fraglich ist, ob dabei der Spielraum für die inhaltsbezogenen Regeln der Betrei-

---

[101] Vgl. *Klonick*, Yale L. J. 2020, 2232 (2495).

[102] Nichtregierungsorganisationen wie EFF, RDR, EDRi usw.; Journalisten diverser Medienhäuser. Stellv. dafür *Riesewieck*: „Digitale Drecksarbeit" (2017) und *Block/Riesewieck*: „The Cleaners" (2018).

ber dieser Kommunikationsorte entsprechend eingeschränkt und auf das Einhalten gesetzlicher Schranken reduziert wird.

Um zu verdeutlichen, welche Kriterien für die Beurteilung dieser Frage und in welchem Maße beachtet werden müssen, um zwischen den kollidierenden Grundrechten abwägen zu können, wird ein solches Verfahren als „Szenario" i. F. geprüft. Darunter fallen u. a. die Fragen, ob das Verwenden einer Generalklausel in Gemeinschaftsstandards eine unangemessene Benachteiligung im Hinblick auf die Meinungsfreiheit darstellt; ob bei nicht rechtswidriger Kommunikation auf sozialen Netzwerken ein grundsätzlicher Vorrang der Meinungsfreiheit besteht; wie die Maßstäbe aus den Bundesverfassungsgerichtsentscheidungen in einer solchen Konstellation Anwendung finden.

I. AGB-Kontrolle: Anwendbarkeit der §§ 305f. BGB i. w. S.

1. Abgrenzung vom virtuellen Hausrecht

Der Drittwirkung der Meinungsfreiheit zwischen Anbietern und Nutzern sozialer Netzwerke wird der Begriff des virtuellen Hausrechts gegenübergestellt. Darunter versteht man die „Übertragung der Grundsätze des Hausrechts der physischen Welt ins Internet und mit Bezugspunkt der über die Domain abgrenzbaren Webpräsenz".[103] Der Begriff des virtuellen Hausrechts fand erstmals in einem Urteil des LG Bonn 1999 Verwendung, in dem das Gericht entschied, dass der Betreiber einer Homepage, der Dritten mittels einer sogenannten Chat-Software die Möglichkeit zur Verfügung stellte, untereinander zu kommunizieren, sich nur auf sein virtuelles Hausrecht berufen könne, um Nutzern den Zugang zu verwehren, wenn sie eine rechtswidrige Nutzung der Chatsoftware darlegen könne.[104] Diese Entscheidung ebnete den Weg für die heutige Debatte, denn die darin entwickelten Kriterien gingen zum ersten Mal über die Frage der Haftung hinaus und warfen die Frage der Drittbindung der Anbieter an die Meinungsfreiheit der Nutzer auf. Damals drängten sich laut *Ladeur* (im Nachgang zum Urteil des LG Bonn) zwei Optionen als Antwort auf die Frage des Maßstabs beim Ausschluss von Teilnehmern aus Foren auf: entweder eine „Vermutung gegen die Dispositionsfreiheit des Anbieters, wenn nicht genaue Belege für die Störung der Internetdiskussionen vorgetragen werden", oder eine „Beweiserleichterung für Anbieter, wenn ein formalisiertes Verfahren und eine kontinuierliche Begründungspraxis für Konfliktentscheidung institutionalisiert werden."[105] Diese beiden Vorschläge lassen sich wie folgt umformulieren: zum einen als Transparenzpflicht hinsichtlich des Grundes für die Sanktionierung des Verhaltens in sozialen Netzwerken und zum anderen als Begründungs-

[103] *Piras*, Virtuelles Hausrecht?, S. 52.
[104] LG Bonn Urt. v. 16.11.1999 – 10 O 457/99, ZUM-RD 2000, 545.
[105] *Ladeur*, MMR 2001, 787 (792).

pflicht und Widerspruchsrecht für Nutzer, beides (wenn vorhanden) zugunsten des Diensteanbieters. Bezüglich dieser Fallkonstellation formulierte *Ladeur* das „Desiderat eines netzwerkgerechten Privatrechts", wofür s. E. ein „produktives Verständnis der Grundrechte im Privatrecht, insbesondere die Drittwirkung von Art. 5 Abs. 1 GG einen wichtigen Beitrag leisten könne".[106]

Das virtuelle Hausrecht wurde von anderen Fachgerichten in ähnlichen Fällen herangezogen, um über die Duldungspflicht des Diensteanbieters zu entscheiden. In der analogen Anwendung von § 1004 BGB bietet das virtuelle Hausrecht eine Möglichkeit, die Lücken im Vertrags- und Sachenrecht zu schließen, die in solchen Fällen identifiziert wurden.[107] Teilweise wird das virtuelle Hausrecht mit den Gemeinschaftsstandards gleichgesetzt, obwohl es sich um eine Ausprägung des § 1004 BGB handelt, nicht um die Nutzungsregeln privater Diensteanbieter an sich.[108] Allerdings wird auch die Ausübung des Hausrechts daran festgemacht, dass die Benutzung des Dienstes an bestimmte Nutzungsbedingungen geknüpft wird.[109] Über den Mehrwert dieser Anwendung des § 1004 BGB besteht allerdings keine Einigkeit in der Literatur. In ihrer Arbeit zur Frage, ob das Institut des virtuellen Hausrechts erforderlich sei, kam *Piras* zu dem Ergebnis, dass es eines solchen nicht bedürfe.[110] Darüber hinaus wird das virtuelle Hausrecht als dogmatische Reduzierung gesehen, weil es das Problem nur aus der Perspektive der Beeinträchtigung des Eigentumsrechts darstellt.[111]

Im Ergebnis kann der Streit um das virtuelle Hausrecht jedoch für die vorliegende Arbeit dahinstehen, denn die Differenzierung zwischen dem virtuellen Hausrecht und der Drittwirkung von Art. 5 Abs. 1 S. 1 GG ist für die hiesige Fragestellung eher eine begriffliche als eine materielle Abgrenzung.[112] Grund dafür ist, dass das virtuelle Hausrecht eine mit Blick auf § 1004 BGB konstruierte Rechtsposition ist, die als Generalklausel auch eine Grundrechtsabwägung durch das anwendende Gericht zulässt. Vorzugswürdiger erscheint es, die Drittwirkung der Grundrechte im Rahmen der AGB-Kontrolle zu prüfen, weil die Analogie des Hausrechts der Mehrseitigkeit des Sachverhalts nicht gerecht wird und weil der Rückgriff auf das Sachenrecht, obgleich ein quasi-vertragliches Verhältnis zwischen Nutzern und sozialen Plattformen besteht, nicht überzeugt.

---

[106] *Ladeur*, MMR 2001, 787 (792).
[107] *Maume*, MMR 2007, 620 (625).
[108] *Braun*, jurisPR-ITR 2019, Anm. 6.
[109] *Schmidl*, K&R 2006, 563 (566).
[110] *Piras*, Virtuelles Hausrecht?, S. 225; Vgl. auch *Raff*, in: MüKo BGB, § 1004, Rn. 25 (33).
[111] *Lüdemann*, MMR 2019, 279 (281).
[112] So auch *Pille*, Meinungsmacht sozialer Netzwerke, S. 376.

2. *Kontrolle allgemeiner Geschäftsbedingungen*

Bei der Klage eines Nutzers gegen eine private Sanktionierung aufgrund eines Verstoßes gegen die Gemeinschaftsstandards durch das Teilen eines Inhalts auf eine Beseitigung der Sanktionierung müsste das angerufene Gericht im Zuge der Beurteilung der Vertragsmäßigkeit der Löschung die Wirksamkeit der Klauseln aus den Nutzungsbedingungen kontrollieren und innerhalb einer Generalklausel wie § 307 BGB die Ausstrahlungswirkung von Art. 5 Abs. 1 S. 1 GG prüfen. Die Kontrolle allgemeiner Geschäftsbedingungen ist für die hier beschriebenen Fälle der werteorientierten Inhaltemoderation ein geeignetes Schutzkonzept[113] um die Drittwirkung der Meinungsfreiheit zwischen sozialen Netzwerken und Nutzern zu konkretisieren.[114] Dieser Ansicht folgte auch der BGH in seinen Entscheidungen bzgl. der Einschränkung von Hassrede im Juli 2021.

3. *Anwendbarkeit der §§ 305 f. BGB i. e. S.*

Die erste Voraussetzung für die AGB-Kontrolle ist die Anwendbarkeit der §§ 305 f. BGB, d. h. es müsste deutsches Recht zwischen sozialen Netzwerken aus dem nicht EU-Ausland und ihren Nutzern anwendbar und die Anwendung von §§ 305 f. BGB dürfte nicht aus anderen Gründen ausgeschlossen sein. Die Voraussetzung der Anwendbarkeit von deutschem Recht ist erfüllt.[115] Gemäß Art. 6 Abs. 1, Art. 4 Rom II-VO ist an das Recht des Staates anzuknüpfen, in dem der behauptete Schaden eintritt oder wahrscheinlich eintritt, in dem die von der Rechtsordnung missbilligten Handlungen erfolgen und die von der Rechtsordnung geschützten kollektiven Interessen der Verbraucher beeinträchtigt worden sind oder drohen zu werden.[116] Für deutsche Nutzer ist es das deutsche Recht. Für Verbraucherverträge kann die AGB-Prüfung auch nicht durch Rechtswahl- oder Gerichtsstandklauseln ausgehebelt werden, wenn der Vertragspartner des Plattformbetreibers Verbraucher i. S. d. Art. 6 Abs. 1 Rom-I-VO ist.[117] Der Anwendbarkeit der §§ 305 f. auf die Nutzungsbedingungen sozialer Netzwerke steht außerdem kein Ausschlussgrund aus § 310 BGB entgegen.

---

[113] So auch *Hoffmann-Riem*, AöR 137 (2012), 509 (540); *Wielsch*, in: Eifert/Gostomzyk, Netzwerkrecht, S. 75; *König*, AcP 219 (2019), 611 (618); a. A. *Broemel*, in: Eifert/Gostomzyk, Netzwerkrecht, S. 102.

[114] Weitere Einfallsnormen wären in diesem Kontext erwägenswert (insbesondere § 242 BGB), aber aus forschungsökonomischen Gründen beschränkt sich diese Arbeit auf § 307 BGB. I. E. geht es außerdem um die gleiche Abwägung.

[115] Vgl. BGH, Beschl. v. 24.09.2019 – VI ZB 39/18, GRUR 2020, 101, 102.

[116] BGH GRUR 2016, 946 Rn. 21; NJW 2009, 3371.

[117] *Holznagel*, CR 2018, 369 (372).

II. Vorliegen von AGB i. S. d. § 305 Abs. 1 BGB

1. Der Prüfungsgegenstand

Prämisse für die folgende Untersuchung ist das Vorliegen von AGB. Dafür müsste Facebook auf der Grundlage der öffentlich einsehbaren Gemeinschaftsstandards Inhalte löschen und diese Gemeinschaftsstandards müssten allgemeine Geschäftsbedingungen gemäß § 305 Abs. 1 S. 1 BGB darstellen. Im Bereich der werteorientierten Sanktionierung von Inhalten ist die Anwendung gesetzlicher Verbote als Entscheidungsgrundlage auszuklammern.[118] Abgesehen von Gemeinschaftsstandards kämen daher die internen Richtlinien über die Auslegung der Gemeinschaftsstandards in Frage. Dagegen spricht aber, dass sie nur zum Teil öffentlich sind und regelmäßig verändert, bzw. wegen tagesaktueller Geschehnisse angepasst werden. Sie können somit nicht Gegenstand der AGB-Kontrolle gemäß §§ 305 ff. BGB sein. Fest steht allerdings, dass die Grundlage für die Inhaltemoderation die Gemeinschaftsstandards von Facebook sind.[119]

AGB sind gemäß der Legaldefinition des § 305 Abs. 1 S. 1 BGB alle für eine Vielzahl von Verträgen vorformulierten Vertragsbedingungen, die eine Vertragspartei (Verwender) der anderen Vertragspartei bei Abschluss eines Vertrags stellt. Gemäß diesen kumulativen Voraussetzungen müssen AGB dem Nutzer eine eigene Erklärung „in den Mund legen".[120] Davon abzugrenzen sind Hinweise und Informationen des Verwenders, die den Nutzer nicht binden, sondern ein empfohlenes Verhalten auf dem Dienst verdeutlichen.

Die Gemeinschaftsstandards werden von Facebook vorformuliert und gelten für alle Nutzer, die sich bei Facebook registrieren und ein Nutzerprofil anlegen. Sie werden zum Zeitpunkt der Registrierung gestellt und sind als AGB i. S. v. § 305 Abs. 1 S. 1 BGB zu betrachten. Sie sind auch keine Hinweise und Informationen des sozialen Netzwerkes zur eigenen Verfahrensweise mit Inhalten der Nutzer. Für die Unterscheidung von allgemeinen (verbindlichen) Vertragsbedingungen und (unverbindlichen) Bitten, Empfehlungen oder tatsächlichen Hinweisen ist auf den Empfängerhorizont abzustellen, wobei von einem rechtlich nicht vorgebildeten Durchschnittskunden und dem typischerweise gegebenen Verhältnissen auszugehen ist.[121] Hierfür muss also jedem Nutzer bei der Anmeldung klar sein, dass Facebooks Gemeinschaftsstandards nicht nur ein empfohlenes Verhalten beschreiben, sondern Regeln darstellen, an die sich alle Nutzer zu halten haben. Indem Facebook explizit darauf hinweist, dass es von seinen Nutzern das Einhalten seiner Gemeinschaftsstandards erwartet und Ver-

---

[118] S. o. Kap. 5 A, II. 3.

[119] Das geht für Facebook u. a. aus den Berichten über die Anwendung der Gemeinschaftsstandards und den Berichten gemäß § 2 NetzDG hervor.

[120] LG Berlin, Urt. v. 16.01.2018 – AZ: 16 O 341/15, 35, MMR 2018, 328.

[121] BGH, Urt. v. 09.04.2014 – VIII ZR 404/12, NJW 2014, 2269.

stoße sanktioniert, ist es jedem Nutzer klar, dass es sich nicht um Empfehlungen handelt.[122]

2. *Einbeziehung in den Vertrag*

Für eine Kontrolle nach §§ 305 f. BGB müssen die Gemeinschaftsstandards als AGB wirksam in den Vertrag einbezogen sein.

a) *Vorliegen eines Vertrags*

Ob ein Vertrag zwischen sozialen Netzwerken und Nutzern eingegangen wird, war zeitweise umstritten,[123] wird heute mit der Registrierung und Einrichtung eines Nutzerkontos aber einhellig angenommen.[124] Umstritten ist weiterhin die Entgeltlichkeit des Schuldverhältnisses, sie ist für die vorliegende Frage aber nicht relevant. Durch die Zurverfügungstellung von Daten gegen die Nutzung einer Kommunikationsstruktur könnte man von einem schuldrechtlichen Vertrag mit miet-, werk- und dienstvertraglichen Elementen ausgehen.[125] Die Entgeltlichkeit ist für das Vorliegen des Schuldverhältnisses allerdings nicht entscheidend.[126]

Für das rechtliche Vorgehen gegen die Sanktionierung wegen eines Verstoßes gegen die Gemeinschaftsstandards reicht ein nicht-typisierbares Vertragsverhältnis. Die Urteilsverfassungsbeschwerde und damit die Prüfungskompetenz des Bundesverfassungsgerichts wird auf eine Nicht-Beachtung von Grundrechten durch Zivilgerichte gestützt, daher kommt es an dieser Stelle nicht auf die Frage an, welchen Vertragstyp soziale Netzwerke und Nutzer schließen.[127] Vielmehr kann darauf abgestellt werden, dass auf beiden Seiten von einem Vertragsverhältnis ausgegangen wird und die verschiedenen Grundrechtspositionen entweder auf der abstrakten Ebene der Auslegung der Norm oder der konkreten Ebene der Anwendung der Norm im Einzelfall abgewogen werden.[128] I. E. liegt jedenfalls ein Schuldverhältnis vor.

Die Rechtsprechung prüft regelmäßig die Wirksamkeit der „Nutzungsbedingungen“ von Facebook, ohne sich mit der Frage zu beschäftigen, welcher Vertragstyp zwischen Nutzer und sozialem Netzwerk zustande gekommen ist.[129]

---

[122] *Gollatz*, Die private Governance der Plattformen zur Regelung grenzüberschreitender Kommunikation, S. 139–140.

[123] Vgl. LG Bonn, MMR 2000, 109 (110).

[124] *Kreutz*, ZUM 2018, 162 (166); *Holznagel*, CR 2018, 369 (372); *Maume*, MMR 2007, 620 (621).

[125] KG RNotZ 2017, 457, 459; *Bräutigam*, MMR 2012, 635 (640); *Bräutigam/Sonnleithner*, in: Rechtshandbuch Social Media, S. 35 (37); *Solmecke/Dam*, MMR 2012, 71 (71).

[126] *Bachmann*, in: MüKo BGB, § 241, Rn. 6.

[127] Vgl. OLG Düsseldorf Urt. v. 04.12.2020 – 7 U 131/19, GRUR-RS 2020, 41440 Rn. 23.

[128] *Schlaich/Korioth,* in: Schlaich/Korioth, Das Bundesverfassungsgericht, Die Verfassungsbeschwerde, Rn. 291.

[129] Vgl. OLG Dresden, Hinweisbeschl. v. 07.04.2020 – 4 U 2805/19, BeckRS 2020, 7500.

Spätestens seit dem Urteil des BGH vom 12. Juli 2018 zur Vererbbarkeit eines Social Media Kontos kann diese Auffassung auch nicht mehr ernsthaft in Frage gestellt werden: „Das Berufungsgericht ist zutreffend davon ausgegangen, dass die Beklagte und die Erblasserin mit Einwilligung ihrer gesetzlichen Vertreter (§ 107 BGB) einen schuldrechtlichen Vertrag über die Einrichtung und Nutzung eines ‚Accounts', geschlossen haben."[130] Auch das Bundesverfassungsgericht geht im III.-Weg-Beschluss von „vertraglichen oder quasi-vertraglichen Ansprüchen der Antragstellerin" aus.[131]

b) Wirksames Einbeziehen der AGB

Weitere Voraussetzung für ein wirksames Einbeziehen der AGB ist die Verschaffung der Kenntnisnahme. Gemäß § 305 Abs. 2 S. 2 BGB muss der Verwender der AGB dem Nutzer die Möglichkeit der Kenntnisnahme verschaffen, also die Möglichkeit vom Inhalt der AGB in zumutbarer Weise Kenntnis zu nehmen.[132]

Die Einbeziehung umfangreicher AGB ist im Internet problemlos möglich. Früher galt der sog. „Vertragsschluss über Bildschirmtext", wenn die AGB eingeblendet wurden und nicht zu lang waren. Davon hat sich der BGH 2006 in seinem Urteil über die Kenntnisverschaffung von AGB bei Bestellungen über das Internet verabschiedet. Das Gericht entschied, dass es für eine wirksame Kenntnisnahme genüge, wenn bei einer Bestellung über das Internet die AGB des Anbieters über einen auf der Bestellseite gut sichtbaren Link aufgerufen und ausgedruckt werden können.[133] Im Falle von Facebook sind die Nutzungsbedingungen über dem Button „Registrieren" verlinkt und sichtbar.[134] Der Nutzer kann sie anklicken und einsehen sowie ausdrucken, wenn er dies wünscht.

Erforderlich ist, dass die AGB in einer für den Kunden verständlichen Sprache verfasst sind.[135] Dass die AGB von Facebook „Nutzungsbedingungen" statt AGB heißen, führt nicht zur Unwirksamkeit ihrer Einbeziehung. Geht man von einem objektiven Empfängerhorizont des Nutzers aus, so ist für diesen klar erkennbar, dass es sich um die von Facebook auferlegten Bedingungen für die Nutzung der Plattform handelt. Die Gemeinschaftsstandards sind Teil der Nutzungsbedingungen und als solche erkennbar.[136]

---

130 BGH, Urt. v. 12.07.2018 – III ZR 183/17, NJW 2018, 3178, Rn. 19.

131 BVerfG, Beschl. v. 22.05.2019 – 1 BvQ 42/19, Rn. 21.

132 BGH, Urt. v. 11.11.2009 – VIII ZR 12/08, NJW 2010, 864 Rn. 38.

133 BGH, Urt. v. 14.06.2006 – I ZR 75/03, NJW 2006, 2976 (2977).

134 Stand 13.02.2018.

135 *Basedow*, in: MüKo BGB, § 305, Rn. 70.

136 Zweifel an einer wirksamen Einbeziehung gibt es eher im datenschutzrechtlichen Bereich, wo es einer positiven, eindeutigen Einwilligung des Nutzers bedarf: LG Berlin, Urt. v. 16.01.2018 – AZ: 16 O 341/15, 31–32.

c) Keine überraschende Klausel

Gemäß § 305c BGB dürfen die geprüften AGB keine überraschende Klausel enthalten. Überraschende Klauseln sind laut § 305c BGB „Bestimmungen, die […] so ungewöhnlich sind, dass der Vertragspartner des Verwenders mit ihnen nicht zu rechnen braucht, werden nicht Vertragsbestandteil.“ Dabei müssen sowohl die Üblichkeit auf der Seite des Verwenders als auch der Erwartungshorizont auf Seite des Vertragspartners berücksichtigt werden, und ob die Diskrepanz zwischen beidem zu einem Überrumpelungseffekt beim Vertragspartner führen.[137] Davon kann bei Gemeinschaftsstandards bei sozialen Netzwerken nicht ausgegangen werden.[138] Es ist für ein soziales Netzwerk mit nutzergenerierten Inhalten mittlerweile üblich, eine Aussage darüber zu treffen, welche Verhaltensregeln Nutzer einhalten sollen. Somit sind Generalklauseln über unerwünschte Inhalte sowie Verbote von Hassrede und pornografischen Inhalten bei Facebook nicht überraschend im Sinne von § 305c BGB.

III. Inhaltskontrolle gemäß § 307 BGB

1. Zivilrechtliche Generalklausel

Fraglich ist, ob die in den Nutzungsbedingungen vorgesehene Moderation von nutzergenerierten Inhalten als unangemessene Benachteiligung gemäß § 307 Abs. 1 BGB bewertet werden kann. Gemäß § 307 Abs. 1 S. 1 BGB sind „Bestimmungen in Allgemeinen Geschäftsbedingungen unwirksam, wenn sie den Vertragspartner des Verwenders entgegen den Geboten von Treu und Glauben unangemessen benachteiligen.“ Die Ausstrahlungswirkung der Grundrechte findet zwischen Privaten durch die zivilrechtlichen Generalklauseln statt und die Inhaltskontrolle gemäß § 307 Abs. 1 BGB ist eine solche wertausfüllungsfähige und -bedürftige Norm.

2. Eröffnung gemäß § 307 Abs. 3 BGB

Für die Eröffnung der Inhaltskontrolle gemäß § 307 BGB muss eine Klausel vorliegen, deren Inhalt nicht in einer gesetzlichen Norm geregelt ist. Diese Voraussetzung ist stets dann erfüllt, wenn ergänzende Regelungen von sozialen Netzwerken als Gemeinschaftsstandards geschrieben und verwendet werden. Das ist u. a. dann der Fall, wenn private Generalklauseln ein unbestimmtes Verbot von „unangemessenen“ Inhalten vorschreiben, oder bei Hassrede oder Nacktheit, wenn kein gesetzliches Verbot erfüllt ist.

---

[137] *Basedow*, in: MüKo BGB, § 305c, Rn. 6; *Schuster*, in: Spindler/Schuster, Recht der elektronischen Medien, BGB § 305c, Rn. 3–5.

[138] So auch *Spindler*, CR 2019, 238 (241); *Schuster*, in: Spindler/Schuster, Recht der elektronischen Medien, BGB § 305c Rn. 7; vgl. *Elsaß u. a.*, CR 2017, 234 (237).

3. *Kein Klauselverbot gemäß §§ 308, 309 BGB*

In der Regel sind die Klauselverbote i. S. v. §§ 308, 309 BGB für den Sachverhalt der Inhaltemoderation nicht einschlägig. Nur in solchen Fällen, wo ein soziales Netzwerk in seinen Gemeinschaftsstandards einen Rücktrittsvorbehalt i. S. v. § 308 Nr. 3 BGB verwendet, also „die Vereinbarung eines Rechts des Verwenders, sich ohne sachlich gerechtfertigten und im Vertrag angegebenen Grund von seiner Leistungspflicht zu lösen" könnte ein Verstoß gegen das Klauselverbot vorliegen. Ein solcher Rücktrittvorbehalt könnte dann vorliegen, wenn eine Generalklausel eine Sanktionierung von nutzergenerierten Inhalten ohne Begründung vorsieht. Allerdings kann diese Frage dahinstehen, denn in solchen Fällen würde die Ausnahme des § 308 Nr. 3 2. HS BGB für Dauerschuldverhältnisse greifen und zu einer Inhaltskontrolle nach § 307 BGB führen. Dabei kommt es auch hier nicht auf den Vertragstypus an, ein dauerndes Rechtsverhältnis zwischen zwei Parteien genügt.[139]

4. *Inhaltskontrolle i. e. S.*

Die Inhaltskontrolle i. e. S. gemäß § 307 Abs. 1 BGB findet in zwei Schritten statt. Zunächst wird anhand eines objektiv-rechtlichen Vergleichsmaßstabs festgestellt, ob eine unangemessene Benachteiligung generell vorliegt (a), die nicht unter § 307 Abs. 2 BGB fällt (b). Im zweiten Schritt muss anhand einer Interessensabwägung festgestellt werden, ob im konkreten Einzelfall die Voraussetzungen des § 307 Abs. 1 BGB für eine unwirksame AGB-Klausel erfüllt sind.

a) Unangemessene Benachteiligung

Der Bewertungsmaßstab für eine unangemessene Benachteiligung richtet sich nach der typischerweise anzutreffenden Interessenlage, d. h. nach der vom Gesetzgeber vorgesehenen Rechtslage, von der anhand der AGB abgewichen werden soll.[140] Dafür reicht es nicht, dass Vertragspartner durch die AGB-Klausel im Vergleich zum Gesetz schlechter stehen, sondern es bedarf einer Benachteiligung „von einem gewissen Gewicht".[141] Eine unangemessene Benachteiligung i. S. v. § 307 Abs. 1 S. 1 BGB kann aus einer „überindividuell-generalisierenden, typisierenden, von den konkreten Umständen des Einzelfalls absehenden Betrachtungsweise"[142] dann festgestellt werden, wenn der Verwender der Klausel „missbräuchlich eigene Interessen auf Kosten des Vertrags-

---

[139] *Wurmnest*, in: MüKo BGB, § 308 Nr. 3, Rn. 7.

[140] *Schmidt*, in: Bamberger/Roth/Hau/Poseck, BGB § 307, Rn. 30.

[141] *Schmidt*, in: Bamberger/Roth/Hau/Poseck, BGB § 307, Rn. 29.

[142] St. Rspr. des BGH und herrsch. Auffassung in der Literatur, s. BGH, Urt. v. 04.07.1997 – V ZR 405/96, NJW 1997, 3022 (3024).

partners durchzusetzen versucht, ohne die des Vertragspartners von vornherein hinreichend zu berücksichtigen".[143]

Eine Einschränkung, die über die gesetzlichen Verbote im Sinne von Art. 5 Abs. 2 GG hinausgeht, ist zwischen Privaten grundsätzlich erlaubt und kann auch in AGB enthalten sein. Eine solche AGB-Klausel ist im Lichte des Grundsatzes der Vertragsfreiheit nicht grundsätzlich unangemessen – u. a. wenn die Klausel den Vertragszielen dient.[144] So lässt sich eine unangemessene Benachteiligung nicht schon dann annehmen, wenn soziale Netzwerke sich das Recht vorbehalten, Inhalte zu löschen, die in den Schutzbereich von Art. 5 Abs. 1 S. 1 GG fallen.[145] Rechtssystematisch bedeutet die Eröffnung des sachlichen Schutzbereichs von Art. 5 Abs. 1 S. 1 GG nicht, dass eine Einschränkung nicht gerechtfertigt wäre. Außerdem würde es außer Acht lassen, dass gesetzliche Verbote und ähnliche Gemeinschaftsstandards sich bei bestimmten Formen unerwünschter Inhalte materiell-rechtlich überschneiden.

b) § 307 Abs. 1 S. 1 i. V. m. Abs. 2 BGB

Die untersuchte AGB-Klausel könnte unter § 307 Abs. 2 BGB fallen. Gemäß § 307 Abs. 2 BGB ist eine unangemessene Benachteiligung im Zweifel anzunehmen, wenn eine Bestimmung 1. mit wesentlichen Grundgedanken der gesetzlichen Regelung, von der abgewichen wird, nicht zu vereinbaren ist oder 2. wesentliche Rechte oder Pflichten, die sich aus der Natur des Vertrags ergeben, so einschränkt, dass die Erreichung des Vertragszwecks gefährdet ist. Erfüllt eine Klausel aus den Gemeinschaftsstandards die Voraussetzungen von Abs. 2, kann von einer weiteren Prüfung von Abs. 1 abgesehen werden, weil Abs. 2 dem Zweck dient, eine Konkretisierung der Voraussetzungen aus Abs. 1 S. 1 in bestimmten Fallgruppen und somit die Annahme einer Benachteiligung zu erleichtern.[146]

§ 307 Abs. 2 Nr. 1 BGB wäre erfüllt, wenn die Gemeinschaftsstandards des sozialen Netzwerks nicht mit wesentlichen Grundgedanken des Vertragstypus vereinbar wären. Das ist dann der Fall, wenn durch die AGB-Klausel wesentlich vom „dispositiv-gesetzlichen Leitbild" des Vertragstypus abgewichen wird.[147] Die Nutzung sozialer Netzwerke fällt nicht unter einen Vertragstypus des BGB, zudem ist wegen der Plattformisierung sozialer Netzwerke, also der Entwicklung von Netzwerken zu digitalen Ökosystemen, auch zukünftig nicht von einem singularen Vertragstypus auszugehen.[148]

---

143 St. Rspr., BGH, Urt. v. 25.04.2001 – VIII ZR 135/00, NJW 1984, 1182 (1182); BGH, Urt. v. 01.02.2005 – X ZR 10/04, NJW 2005, 1774 (1775).

144 S. o. Kap. 1, C. II. 4. – Meinungsfreiheit im Mietrecht und Arbeitsrecht.

145 A. A. *Lang*, AöR 143 (2018), 220.

146 *Wurmnest*, in: MüKo BGB, § 307, Rn. 72.

147 BGH, Urt. v. 24.09.1980 – VIII ZR 273/79, NJW 1981, 117 (118).

148 Beachte jedoch das Gesetz zur Umsetzung der Richtlinie über bestimmte vertragsrechtliche Aspekte der Bereitstellung digitaler Inhalte und digitaler Dienstleistungen v. 25.06.2021.

In Frage käme § 307 Abs. 2 Nr. 2 BGB, wenn die jeweilige Klausel aus den Gemeinschaftsstandards die „Erreichung des Vertragszwecks“, also eine Kardinalpflicht aus dem Vertrag, gefährdet. Eine Kardinalpflicht ist nach der Rechtsprechung des Bundesgerichtshofs eine „Pflicht, deren Erfüllung die ordnungsgemäße Durchführung des Vertrags überhaupt erst ermöglicht und auf deren Einhaltung der Vertragspartner regelmäßig vertrauen darf“.[149] Zwar stellt sich auch hier die grundsätzliche Frage nach der Natur des Vertrags zwischen sozialen Netzwerken und ihren Nutzern, aber Kardinalpflichten lassen sich dennoch identifizieren. Ferner entfaltet § 307 Abs. 2 Nr. 2 BGB „vor allem für solche Verträge Bedeutung, bei denen es an einem dispositiven gesetzlichen Leitbild fehlt“.[150] Bei sozialen Netzwerken ist der Vertragszweck aus Nutzerperspektive die Nutzung einer Kommunikationsinfrastruktur für unterschiedliche kommunikative Zwecke.

Laut dem Facebook-Unternehmensleitbild ist der Unternehmenszweck, „die Welt näher zusammenbringen“ („bring the world closer together“). In einer ausführlicheren Variante lautet das Statement wie folgt: „Facebook’s mission is to give people the power to build community and bring the world closer together. People use Facebook to stay connected with friends and family, to discover what’s going on in the world, and to share and express what matters to them.“[151] Daran lässt sich der folgende Vertragszweck erkennen: die individuelle Nutzungsmöglichkeit eines globalen Kommunikationsnetzwerks. Indem sich Facebook in seinen AGB das Recht vorbehält, einzelne, unerwünschte Inhalte zu löschen (selbst wenn diese nicht gegen gesetzliche Verbote verstoßen), ist der Zweck der Nutzung nicht ausgeschlossen. Den vertragsgemäßen Gebrauch dieses Netzwerks zu gestatten kann grundsätzlich, in Anlehnung an Mietverträge, als Kardinalpflicht des Betreibers verstanden werden.[152] Nutzungsbedingungen oder punktuelle Einschränkungen stellen keine Nichterfüllung dessen dar.

Bei Zugangssperren käme man eventuell zu einem anderen Ergebnis: Klauseln, die eine dauerhafte Deaktivierung von Nutzerkonten vorsehen, könnten die Erfüllung der Kardinalpflicht des sozialen Netzwerks gefährden. Bei einer zeitweisen Sperrung würde man von einer nur vorübergehenden Verhinderung der Nutzung ausgehen, aber wenn der Zugang längerfristig oder dauerhaft gesperrt wird, wird man entweder die Verletzung der Kardinalpflicht annehmen oder von einer Vertragsbeendigung ausgehen müssen. Letzteres könnte an die Kündigung aus wichtigem Grund gemäß § 314 BGB angelehnt sein,[153] die gemäß § 314 Abs. 2 S. 1 BGB „erst nach erfolglosem Ablauf einer zur Abhilfe bestimmten Frist oder nach erfolgloser Abmahnung zulässig“ wäre. Dass Face-

---

149 BGH, Urt. v. 20.07.2005 – VIII ZR 121/04, NJW-RR 2005, 1496, 1505.

150 *Wurmnest*, in: MüKo BGB, § 307, Rn. 65.

151 Facebook Investor Relations: What is Facebook’s mission statement? Stand 06.04.2020.

152 *Wurmnest*, in: MüKo BGB, § 307, Rn. 75.

153 *Holznagel*, CR 2018, 369 (375).

book seinen Nutzern nicht die Möglichkeit einräumt, den unerwünschten Inhalt zu ändern, kann bereits als Verstoß gegen §§ 307 Abs. 1 i. V. m. Abs. 2 Nr. 2, 314 Abs. 2 BGB gewertet werden.[154] Ansonsten käme nur die zweite Variante in Betracht: Die Tatsache, dass Nutzerkonten nicht beim ersten Verstoß gesperrt werden, sondern erst nach wiederholten Verstößen und zunächst nur vorübergehenden, kann als „erfolglose Abmahnung" i. S. d. § 314 Abs. 2 S. 1 Alt. 2 BGB gewertet werden.

c) § 307 Abs. 1 S. 2 BGB: Transparenzgebot

Auch ein Verstoß gegen das Transparenzgebot aus § 307 Abs. 1 S. 2 BGB könnte vorliegen, wenn die Bestimmung nicht klar und verständlich ist. Abgestellt wird dabei auf einen Durchschnittsvertragspartner, der „normal informiert, angemessen aufmerksam und verständig" ist.[155] Auf materieller Ebene wären solche Klauseln als unangemessen einzuordnen, die in Form einer Generalklausel das unerwünschte Verhalten zwar in einem Verbot untersagen, aber nicht ausreichend definieren. Das wäre insbesondere dann anzunehmen, wenn Regeln aus den Gemeinschaftsstandards nicht klar genug formuliert sind.[156] Auf der überindividuell-generalisierenden Ebene kann also festgehalten werden, dass eine unangemessene Benachteiligung im Sinne des § 307 Abs. 1 S. 1 BGB vorliegt, wenn soziale Netzwerke unbestimmte Vorgaben zu unerlaubten Äußerungen in ihren Gemeinschaftsstandards machen und diese Vorgaben über die gesetzlichen Verbote i. S. v. Art. 5 Abs. 2 GG hinausgehen.[157]

In Facebooks Fall lag ein Verstoß vor, solange die Gemeinschaftsstandards und die Richtlinien zu ihrer Anwendung nicht öffentlich waren (bis 2018), bzw. nur unbestimmte Schlagwörter wie Hassrede und Nacktheit kommuniziert wurden. Heute ist davon nicht mehr auszugehen, da Facebook inzwischen in seinen Gemeinschaftsstandards klarer beschreibt, welches Verhalten auf der Plattform unerwünscht ist. Wenn ein solcher Verstoß gegen das Transparenzgebot (in anderen Fällen als dem dargestellten Facebook-Fall) vorläge, würde er für die Annahme einer unangemessenen Benachteiligung nicht ausreichen, so dass eine Interessenabwägung gemäß § 307 Abs. 1 S. 1 BGB durchgeführt werden muss.

5. Interessenabwägung im Einzelfall: das Ableiten von Kriterien

Für die Interessenabwägung im Einzelfall gemäß § 307 Abs. 1 S. 1 BGB ist es erforderlich Kriterien zu erarbeiten, die herangezogen werden können. Der

---

154 Vgl. LG Berlin, Urt. v. 19.11.2013 – 15 O 402/12.

155 EuGH, Urt. v. 30.04.2014 – C-26/13, NJW 2014, 2335 Rn. 71; vgl. BGH, Urt. v. 20.11.2019 – IV ZR 159/18, NJW-RR 2020, 92 Rn. 8.

156 Vgl. *Hindelang*, Freiheit und Kommunikation, S. 379.

157 Vgl. *König*, AcP 219 (2019), 611 (634).

BGH hat in seinem Urteil zum Parabolantennen-Fall die vorzunehmende Abwägung in Bezug auf Art. 5 Abs. 1 S. 1 GG wie folgt beschrieben:

„[...] eine fallbezogene Abwägung der von dem eingeschränkten Grundrecht und dem grundrechtsbeschränkenden Gesetz geschützten Interessen, im Rahmen der auslegungsfähigen Tatbestandsmerkmale des bürgerlichen Rechts [...] Diese Grundsätze fordern eine Abwägung unter Berücksichtigung aller Umstände des Einzelfalls, für die sich jede schematische Lösung verbietet.“[158]

Bei der Inhaltemoderation müssen Fachgerichte eine Abwägung zwischen der Meinungsfreiheit der Nutzer und den Grundrechten der Betreiber sozialer Netzwerke (in Betracht kommen Art. 2, 5, 12 und 14 GG[159]) vornehmen und sie im Wege der praktischen Konkordanz in Ausgleich bringen. Dafür kann die bisherige Rechtsprechung zur mittelbaren Drittwirkung der Meinungsfreiheit herangezogen werden. Der Sachverhalt wird je nach Sanktionierungsform der sozialen Netzwerke und entsprechendem Antrag der betroffenen Nutzer in Fallgruppen aufgeteilt, innerhalb derer jeweils die Interessen miteinander abzuwägen sind.

Fraglich ist vorab noch, ob die Abwägung nur zwischen den Interessen des sozialen Netzwerks und des betroffenen Nutzers stattfindet, oder ob auch die Interessen anderer Nutzer bei der Abwägung berücksichtigt werden müssen. Dritte könnten möglicherweise ein Interesse an einer Sanktionierung haben, weil sie von dem Verhalten des betroffenen Nutzers verletzt wurden oder sie Inhalte als inzivil empfinden und deswegen dem Netzwerk melden. Bei der Interessenabwägung im Rahmen von § 307 Abs. 1 S. 1 BGB werden Drittinteressen allerdings nicht berücksichtigt, es ist „allein auf die schutzwürdigen Interessen der Parteien abzustellen“.[160] Diese Nichtbeachtung der Interessen betroffener Dritter kann im hiesigen Kontext nicht überzeugen, vielmehr können und sollten sie nach der hier vertretenen Ansicht mittelbar über den Ausrichtungsschutz der Plattformen beachtet werden.[161]

6. Kriterien der intensiveren Drittwirkung

Anhand des bisher Erarbeiteten kann jetzt darauf eingegangen werden, wann Inhaltemoderation eine unangemessene Benachteiligung bedeuten könnte, oder mit anderen Worten, wann es nicht mit Art. 5 Abs. 1 S. 1 GG vereinbar ist, Nutzer auszuschließen (zeitweise oder dauerhaft) oder nutzergenerierte Inhalte zu löschen, die nicht rechtswidrig sind. Im Vordergrund steht die Anwendung der bisherigen Rechtsprechung des Bundesverfassungsgerichts zur mittelbaren Drittwirkung, angereichert mit den Erkenntnissen aus den vorherigen Kapiteln.

[158] BGH, Urt. v. 16.05.2007 – VIII ZR 207/04, NJW-RR 2007, 1243 (1244).
[159] Vgl. LG Bamberg, Urt. v. 18.10.2018 – 2 O 248/18, MMR 2019, 56 (58 Rn. 52).
[160] *Wurmnest*, in: MüKo BGB, § 307 Rn. 52.
[161] S. o. Kap. 4, C. III.

Die im ersten Kapitel identifizierten Prüfungsschritte – erstens, wer sind die Verpflichteten einer intensiveren Drittwirkung, zweitens, ob sie den Zugang zu einem Ort der öffentlichen Kommunikation gewährleistet sein müssen und drittens, falls ja, in welchem Umfang werden dort unerwünschte Meinungsäußerungen von der Drittwirkung der Meinungsfreiheit geschützt – werden herangezogen, um Kriterien zu formulieren, zu konkretisieren und schließlich anzuwenden.

a) Das Kriterium des „öffentlichen Kommunikationsraumes"

In den vier analysierten Entscheidungen seit dem Fraport-Urteil hat sich das Bundesverfassungsgericht hinsichtlich des Zugangsrechts zu einer privaten Kommunikationsmöglichkeit geäußert, also zu einer von Privaten hergestellten Öffentlichkeit, bzw. zu den Anforderungen, die an eine Verwehrung dieses Zugangs zu stellen sind. Hierbei geht es um den Zugang i. e. S. also den bloßen Zutritt oder die Möglichkeit des Zugangs, gelöst (sofern möglich) von der Möglichkeit sich zu dort zu äußern und diese Äußerung zu verbreiten. Damit wird in diesem Schritt vorrangig die Meinungsbildungsfreiheit aus Art. 5 Abs. 1 S. 1 GG geschützt, die als Voraussetzung der Meinungsäußerungs- und Meinungsverbreitungsfreiheit einen umfassenden Schutz erfährt.

Obwohl das Bundesverfassungsgericht im Fraport-Urteil zum Ergebnis kam, dass die Fraport-AG ein Unternehmen in mehrheitlich öffentlich-rechtlicher Hand und deswegen unmittelbar an die Grundrechte gebunden sei, stellte es auch fest, dass die mittelbare Drittwirkung unter Umständen genauso weit reichen könne wie die unmittelbare Drittwirkung, insbesondere wenn Private „in eine vergleichbare Pflichten- oder Garantenstellung hineinwachsen".[162] Aus dem Fraport-Urteil ergeben sich folgende Merkmale für eine von Privaten hergestellten Öffentlichkeit: Wenn private Unternehmen die Bereitstellung der Rahmenbedingungen öffentlicher Kommunikation selbst übernehmen („öffentlichen Verkehr eröffnen" und „Orte der allgemeinen Kommunikation schaffen") und damit in Funktionen eintreten, die – wie die Sicherstellung der Post- und Telekommunikationsdienstleistungen – grundsätzlich dem Staat als Aufgabe der Daseinsvorsorge zugewiesen sind, müssen die Freiheitsrechte der Verbraucher ausreichend beachtet werden.[163]

Wer die Verpflichteten einer intensiveren Drittwirkung sein können, wurde im Nibelungen-Beschluss konkretisiert. Folgende Merkmale für den Zugangsschutz ergeben sich daraus: der Zugang muss gewährleistet sein, wenn die Kommunikationsmöglichkeit „für den Publikumsverkehr offen" ist, dem „Leitbild des öffentlichen Forums entspricht" und damit die Kommunikationsfunktion der öffentlichen Straßen, Wege und Plätze ergänzt. Diesem Gebot unter-

162 BVerfGE 128, 226 (248).
163 BVerfGE 128, 226 (249).

liegen Private dann, wenn der Zugang zur Kommunikationsinfrastruktur zur „Teilhabe am gesellschaftlichen Leben" beiträgt. Das ergibt sich laut Bundesverfassungsgericht im Fall zum Stadionverbot aus der „spezifischen Situation" eines Machtungleichgewichts, welches dann entsteht,

> „wenn einzelne Personen mittels des privatrechtlichen Hausrechts von Veranstaltungen ausgeschlossen werden, die von Privaten aufgrund eigener Entscheidung einem großen Publikum ohne Ansehen der Person geöffnet werden und wenn der Ausschluss für die Betroffenen in erheblichem Umfang über die Teilhabe am gesellschaftlichen Leben entscheidet."[164]

b) Das Kriterium der Angewiesenheit

Besonders hervorzuheben ist das Kriterium der Angewiesenheit für die Abwägung zwischen den Kommunikationsfreiheiten der Nutzer und den Rechten des sozialen Netzwerks. Das Bundesverfassungsgericht hat es zum ersten Mal 2019 in seinem III. Weg-Beschluss bzgl. Facebook benannt („erhebliche Marktmacht") und das Gefährdungspotenzial im Hinblick auf die öffentliche Kommunikation in der digitalen Gesellschaft positiv festgestellt („Abhängigkeit vom Grad deren marktbeherrschender Stellung").[165] Ob ein Nutzer auf ein bestimmtes soziales Netzwerk angewiesen ist, kann folglich bei der Abwägung im Rahmen von § 307 Abs. 1 S. 1 BGB sowohl beim Zugang als auch beim aktiven Nutzen der Kommunikationsinfrastruktur ein ausschlaggebendes Kriterium sein.

Hierbei muss man bedenken, dass soziale Netzwerke die bisherigen Arenen und Ebenen der Öffentlichkeit ergänzen und erweitern, sie aber nicht vollständig ersetzen, so dass der Grad der Abhängigkeit zwar relativ hoch ist, aber (bisher) noch nicht unersetzbar.[166] Außerdem rückt hierbei die eigentlich ökonomische Dimension von Marktmacht in den Hintergrund: man schließt „vom Grad de[r] marktbeherrschende[n] Stellung" auf eine Abhängigkeit im kartellrechtlichen Sinne für die öffentliche Kommunikation. *Broemel* weist daher zu Recht darauf hin, dass eine solche Schlussfolgerung irreführend sein mag, da die Unzulässigkeit einer AGB-Klausel grundsätzlich nicht von der Markmacht des Verwenders abhängt.[167] Dennoch darf dieses Kriterium nicht außer Acht gelassen werden, denn die positive Feststellung der erheblichen Marktmacht eines sozialen Netzwerks wirkt sich auf die Angewiesenheit im kommunikativen Sinne aus. Aus den Ergebnissen der vorangegangen Kapitel, kann man her-

---

[164] BVerfGE 148, 267 (284).

[165] BVerfG, Beschl. v. 22.05.2019 – 1 BvQ 42/19 – Rn. 15.

[166] Allerdings umgehen Nutzer die Sanktionen durch das Anlegen mehrerer Nutzerkonten bei einem sozialen Netzwerk, so dass bei wiederholten Sanktionierungen in solchen Fällen davon ausgegangen werden kann, dass der Grad der Angewiesenheit zwar in der Person des Nutzers vorhanden ist, aber sich gewissermaßen über mehrere Nutzerkonten verteilt.

[167] *Broemel*, in: Eifert/Gostomzyk, Netzwerkrecht, S. 103.

leiten, dass ein Nutzer auf eine digitale Kommunikationsplattform in der Form eines sozialen Netzwerks angewiesen ist, wenn er darüber mit anderen kommunizieren kann und Informationen erhält, wenn auf diesem sozialen Netzwerk für die individuelle und öffentliche Meinungsbildung relevante Kommunikationsvorgänge und öffentliche Debatten im gesamtgesellschaftlichen Sinne stattfinden (ohne dass es seiner aktiven Beteiligung bedarf), und wenn der Zugangsausfall einen wesentlichen Nachteil für die Teilnahme daran darstellen würde. Die Bedeutung solcher Intermediäre ist nicht von der Hand zu weisen. Auch die Größe des sozialen Netzwerks in Form von Nutzerzahlen ist dabei von Bedeutung: Hohe Nutzerzahlen belegen das Vorliegen einer Online-Öffentlichkeit und somit inkrementell das Merkmal des Angewiesenseins (BVerfG: „das von der Nutzerzahl her mit Abstand bedeutsamste soziale Netzwerk“[168]).

c) *Das Kriterium der Ausrichtung*

Trotz einer intensiveren Drittwirkung der Meinungsfreiheit in der spezifischen Konstellation zwischen Nutzern und denjenigen sozialen Netzwerken, die die Merkmale aufweisen, müssen letztere nicht jedes Verhalten ihrer Nutzer dulden. Insofern wirkt sich die intensivere Drittwirkung nicht zwangsläufig zulasten der sozialen Netzwerke als Adressaten aus. Ihre Gemeinschaftsstandards können inhaltsbezogene Regeln enthalten, die zwar nicht auf eine gesetzliche Regelung zurückzuführen sind oder über diese hinausgehen, aber keine unangemessene Benachteiligung darstellen, weil ein schutzwürdiges Interesse der Plattform an einer ergänzenden Gestaltung besteht. Dieses schutzwürdige Interesse an einer Ausrichtung der Plattform gilt es im Einzelfall festzustellen und im Rahmen der Abwägung angemessen zu beachten. Private Kommunikationsregeln und ihre Durchsetzung als Teil der Inhaltemoderation innerhalb eines digitalen Netzwerks (über staatliche Grenzen hinweg) müssten daher im Hinblick auf Art. 5 Abs. 1 S. 1 GG formell und materiell höhere Anforderungen erfüllen als jene, die mit gesetzlichen Verbote inhaltsgleich sind und daher gemäß § 307 Abs. 3 BGB keiner Inhaltskontrolle unterliegen. Dennoch sind sie als Kern der Ausrichtung eines sozialen Netzwerks nicht *per se* unwirksam.

Im Sinne des Freiheitsausgleichs ist es erforderlich, dass die intensivere Drittwirkung keine pauschale Inpflichtnahme der sozialen Netzwerke bedeutet, sondern dass die jeweilige Ausrichtung der Plattform angemessen beachtet wird. Für die Feststellung, ob einem sozialen Netzwerk eine bestimmte Ausrichtung zugesprochen werden kann und wenn ja, welcher Relevanzgrad ihr beizumessen ist, lässt sich auf Sachverhaltsebene anhand von Indizien auf der Plattform ermitteln. Bei der rechtlichen Bewertung ist das Kriterium der Ausrichtung insbesondere dann zu beachten (und bei der Abwägung möglicherweise höher als bei anderen zu gewichten), wenn das soziale Netzwerk ein be-

[168] BVerfG, Beschl. v. 22.05.2019 – 1 BvQ 42/19 – Rn. 15.

sonderes Profil, einen spezifischen Themenschwerpunkt oder eine andere Form von erkennbar inhaltlicher Ausprägung zu erkennen gibt. Dies könnte im Unternehmensleitbild, in den Registrierungsbedingungen oder in den allgemeinen Nutzungsbedingungen zu finden sein.[169]

7. Interessenabwägung: Schutzebenen

Die intensivere Drittwirkung kann sich auf den Schutz des Zugangs, der Äußerungsmöglichkeit und des Äußerungsinhalts auswirken, die in dieser Reihenfolge aufeinander aufbauen und damit auch den Schutzbereich von Art. 5 Abs. 1 S. 1 GG für den Kommunikationsvorgang als Ganzes abbilden.[170] Unter Beachtung dieser Kriterien kann nun innerhalb der drei Schutzebenen, die die drei Prüfungsschritte abbilden, abgewogen werden.

a) Schutz des Zugangs

Der Schutz des Zugangs i. e. S. dient vorrangig der freien und öffentlichen Meinungsbildung – unabhängig von der Meinungs*äußerungs*freiheit. Die intensivere Drittwirkung der Meinungsfreiheit kann vor einer Zugangssperre schützen, wenn ihre Voraussetzungen erfüllt sind und die Umstände im Einzelfall nicht auf eine Ausnahme hinweisen.

Soweit Private Rahmenbedingungen für öffentliche Kommunikation bereitstellen, d. h. wenn ein Ort der allgemeinen Kommunikation erschaffen wird und allgemein zugänglich ist, kann man von einer solchen Drittwirkung der Meinungsfreiheit ausgehen, die in der Intensität ihrer Wirkung der unmittelbaren Wirkung der Grundrechte äquivalent sein kann,[171] aber den Grundsatz der Mittelbarkeit nicht in Frage stellt.[172] Die Diskussion um die Mittelbarkeit der Drittwirkung kann dahinstehen, vielmehr lenkt sie von der eigentlichen Frage der Intensität der Drittwirkung ab, denn die Meinungsfreiheit kann Nutzer gegenüber Intermediären stärker schützen als innerhalb anderer Privatrechtsverhältnisse, aber diese Schutzwirkung hängt nicht von der *unmittelbaren* Drittwirkung ab. Insofern bietet es sich eher an, von einer *intensiveren* Drittwirkung der Grundrechte zu sprechen.

Das Bundesverfassungsgericht hat in Bezug auf die Teilhabe am gesellschaftlichen Leben festgestellt, dass es Aufgabe des Gesetzgebers sei, ein „Mindestmaß an Teilhabe am gesellschaftlichen, kulturellen und politischen Leben“ für jedermann durch entsprechende Gesetze zu gewährleisten, denn „der Mensch

[169] S. o. Kap. 4 C. V.

[170] Bei der Durchsetzung der Sanktionen durch soziale Netzwerke werden die Schutzebenen allerdings in umgekehrter Reihenfolge zu beachten sein, weil die Zugangssperre die *ultima ratio* darstellt und es im Regelfall eher erst zu einer Löschung einzelner Inhalte kommt.

[171] BVerfGE 128, 226 (249).

[172] A. A. *Kulick*, Horizontalwirkung im Vergleich, S. 365.

als Person existiert notwendig in sozialen Bezügen".[173] Betreiben private Akteure solche Orte des gesellschaftlichen Lebens, die für jedermann zugänglich sind, kann diese Aufgabe ihnen durch die intensivere Drittwirkung in Form des Zugangsschutzes zugewiesen werden. Kommt man zu dem Ergebnis, dass die Voraussetzungen des Leitbilds des öffentlichen Forums erfüllt sind und der betroffene Diensteanbieter als Verpflichteter in Betracht kommen, hätte eine intensivere Drittwirkung im Rahmen von § 307 Abs. 1 S. 1 BGB zur Folge, dass das besondere Interesse am Zugang zu sozialen Netzwerken in der Abwägung angemessen – und eventuell bevorzugt – berücksichtigt wird.[174]

Daraus lassen sich Schutzmechanismen in Form von Verfahrensgarantien ableiten. Die prozeduralen Anforderungen an die Inhaltemoderation erlauben es sozialen Netzwerken weiterhin unerwünschte (aber nicht rechtswidrige) Inhalte zu moderieren, aber führen gleichzeitig zu einem „Grundrechtsschutz durch Verfahren".[175] Ein dauerhafter Ausschluss des betroffenen Nutzers sollte die *ultima ratio* sein, auch weil die Folgen auf individueller Ebene einschließlich des Grads des Angewiesenseins auf das soziale Netzwerk in der Regel nicht auf Anhieb (beim Vorgang der Inhaltemoderation) erkennbar sind. Für eine zeitweise oder dauerhafte Sperrung der Nutzerkontos ist es erforderlich, dass das soziale Netzwerk die Sanktion begründen und dem Nutzer die Möglichkeit einräumen, darauf zu reagieren. Wenn solche Verfahrensrechte aufgrund der Nutzerzahlen und des Zeitdrucks, unter dem Inhalte moderiert werden, nicht individualisiert gewährleistet werden können, dann sollte zumindest *in abstracto* verständlich kommuniziert werden, unter welchen Voraussetzungen Nutzer wegen des Verstoßes gegen die Gemeinschaftsstandards ausgeschlossen werden.

Zusammengefasst ist für die Sperrung eines Nutzerkontos eine ausdrückliche Sperrklausel erforderlich, einschließlich verfahrensrechtlicher Rahmenbedingungen, d. h. eine Aufklärung des Sachverhalts, einer Benachrichtigung der Sanktionierung an den Nutzer, sowie der Möglichkeit zur Stellungnahme, bevor der Zugang endgültig verwehrt. Darin sollten die Informationen darüber, wie lang die Sperrung dauern wird und unter welchen Voraussetzungen der Nutzer wieder Zugang zu seinem Konto erhalten kann, enthalten sein. Die Anforderungen an ein solches Verfahren sind höher, wenn das Nutzerkonto unwiderruflich gesperrt werden soll.

---

[173] BVerfGE 125, 175 (223) – Hartz IV.

[174] Die Frage des Zugangsschutzes ist auch über die individuelle Dimension einzelner Nutzer hinaus relevant, sowohl wenn es um den Zugang vom Staat zur Verbreitung von Informationen geht, als auch bei der Zugangsinfrastruktur. Bei letzterem wären die hier angestellten Überlegungen eventuell breiter anwendbar, um gegen die faktische Verhinderung des Zugangs durch Infrastrukturanbieter vorzugehen. So bspw. im Januar 2021 als Amazon Web Services dem sozialen Netzwerk Parler kündigte und die App Stores von Apple und Google Parler aus ihrem Angebot entfernten; *Novet*, Parler's de-platforming shows the exceptional power of cloud providers like Amazon.

[175] *Raue*, JZ 2018, 961 (969).

b) Schutz der Äußerungsmöglichkeit

Abgesehen vom Zugangsschutz als Vorbedingung hat sich das Bundesverfassungsgericht in den Entscheidungen zu Fraport, zum Stadionverbot und III. Weg außerdem zur Frage geäußert, *wie* die Meinungsäußerungsfreiheit innerhalb einer von Privaten hergestellten Öffentlichkeit zu behandeln ist. Diese Frage betrifft den Zugangsschutz i. w. S., also den Schutz der Gelegenheit sich zu äußern und aktiv am kommunikativen Geschehen teilzunehmen. Aus dem Fraport-Urteil lässt sich entnehmen, dass der Schutz des Zugangs i. w. S. die Möglichkeit umfasst, „Anliegen in die Öffentlichkeit zu tragen und hierüber die Kommunikation anstoßen zu können." Auch die Formulierung der „Teilhabe am gesellschaftlichen Leben" im Beschluss zum Stadionverbot beinhaltet, dass nicht nur der Zugang i. e. S. geschützt wird, sondern auch die aktive Teilnahme am kommunikativen Geschehen, die mit dem gesellschaftlichen Leben einher geht.[176]

Im III. Weg-Beschluss ging das Gericht ausdrücklich auf die Möglichkeit zur „Nutzung […] zum Zweck des gegenseitigen Austausches und der Meinungsäußerung" von sozialen Netzwerken ein. Damit erkennt das Bundesverfassungsgericht an, dass es heutzutage von herausragender Bedeutung für das gesellschaftliche Leben sein kann, dass Nutzern die Gelegenheit offensteht, die Kommunikationsinfrastruktur zu nutzen, um dort unterschiedliche Teilöffentlichkeiten potenziell zu erreichen.[177] Wann soziale Netzwerke dieser Pflicht unterworfen sind, muss laut dem Beschluss im Einzelfall „in Abhängigkeit vom Grad deren marktbeherrschender Stellung, der Ausrichtung der Plattform, des Grads der Angewiesenheit auf eben jene Plattform und den betroffenen Interessen der Plattformbetreiber und sonstiger Dritter" festgestellt werden.[178] Diese Kriterien können durchaus kumulativ verstanden werden, auch wenn sich dieses Verständnis nicht unmittelbar aus der Rechtsprechung ergibt. Dafür spricht, dass das Bundesverfassungsgericht im Bierdosen-Flashmob-Beschluss die Folgenabwägung als ausschlaggebenden Faktor für das Ergebnis der Abwägung genannt hat und dass eine intensivere Drittwirkung der Meinungsfreiheit gleichzeitig das soziale Netzwerk in der Ausübung seiner Grundrechte beschränkt. Umso höher die Anforderungen an die Merkmale für eine intensivere

---

[176] Vgl. auch *Hindelang*, Freiheit und Kommunikation, S. 383.

[177] Der Schutz der Äußerungsgelegenheit auf marktführenden Plattformen wirft auch die Frage auf, ob ein solcher Anspruch für den Staat denkbar wäre. Im Streit um das australische Mediengesetz, das eine Beteiligung der traditionellen Medien an den Werbeeinnahmen der Plattformen vorsieht, hat Facebook im Feb. 2021 journalistische Inhalte gesperrt, aber auch Regierungsseiten; *Senzel*, Mediengesetz: Facebook sperrt Nachrichten in Australien. Vgl. auch die Ratio des Art. 37 Abs. 2 a) DSA-E über die freiwillige Zusammenarbeit zwischen der EU-COM und sehr großen Plattformen für die Verbreitungen bestimmter krisenbezogener Informationen der Mitgliedstaaten.

[178] Bzgl. ihres Einflusses auf öffentliche Kommunikation im Internet und auf die freie Meinungsbildung, s. Kap. 3.

Drittwirkung sind, desto eher ist ein Abwägungsergebnis zulasten des sozialen Netzwerks vertretbar. Insgesamt lassen sich für die Frage, ob das Sperren des Zugangs i. w. S. eine unangemessene Benachteiligung i. S. v. § 307 Abs. 1 S. 1 BGB darstellen kann, folgende Voraussetzungen ableiten: ist das soziale Netzwerk bereits zum Zugang i. e. S. verpflichtet und sind Nutzer im Zweifel auf das Angebot aufgrund seiner Marktgröße angewiesen, um möglichst viele zu erreichen, handelt es sich um eine Konstellation, in der die Grundrechte der Nutzer intensiver wirken.

c) *Schutz des Äußerungsinhalts*

Kernfrage dieser Arbeit ist, wie weit der *materielle* Schutz der Meinungsäußerungsfreiheit im Verhältnis zwischen den Betreibern sozialer Netzwerke und ihren Nutzern gehen kann. Die Rechtsprechung der letzten Jahre hat deutlich gemacht, dass das Entfernen von legalen, aber unerwünschten Inhalten eine bedeutsame Herausforderung für die Kommunikation in Online-Öffentlichkeiten darstellt. Daher muss im Einzelfall geprüft werden, ob die Praktiken des werteorientierten Löschens angesichts der intensiveren Drittwirkung der Meinungsfreiheit nicht eine unangemessene Benachteiligung für die Nutzer darstellen. Eine Vermutungsregel „für die Zulässigkeit der freien Rede“ wurde bisher abgelehnt und sollte keinesfalls pauschal angewandt werden, denn die Inhaltemoderation auf sozialen Netzwerken ist durchaus komplizierter, als dass man von einer Regel zugunsten aller Inhalte, die nicht rechtswidrig sind, ausgehen könne. Dennoch darf nicht in den Hintergrund geraten, dass „kein Grundrecht so sehr Minderheitsrecht [ist] wie die Meinungsfreiheit – wichtig ist sie gerade dann, wenn sich Meinungen gegen den common sense stellen und anstößig sind.“[179]

Der Schutzumfang der Meinungsfreiheit durch eine intensivere Drittwirkung baut auf dem Schutz des Zugangs und der Äußerungsgelegenheit auf, aber lässt sich nicht unmittelbar aus der Rechtsprechung des Bundesverfassungsgerichts herleiten. Im III. Weg-Beschluss hat das Bundesverfassungsgericht das Recht und die Pflicht der sozialen Netzwerke erwähnt, „einzelne Inhalte auf ihre Vereinbarkeit mit ihren Nutzungsbedingungen, den Rechten Dritter oder den Strafgesetzen zu prüfen und diese gegebenenfalls zu löschen.“ Aus dieser Entscheidung kann man schlussfolgern, dass das Entfernen von unerwünschten Inhalten nicht aus dem einzigen Grund, dass sie über gesetzliche Verbote hinausgehen, grundsätzlich eine unangemessene Benachteiligung darstellt. Das Entfernen von Inhalten könne insbesondere dann rechtmäßig sein, wenn das bisherige Verhalten des Nutzers einen „Anlass zu beanstandungswürdigen Inhalten“ gegeben hat und einen besonderen „Überwachungs- und Bearbeitungsaufwand, der angesichts der großen Zahl der Nutzer und des daraufhin ausgerichteten Ge-

---

179 *Masing*, JZ 2012, 585 (586).

schäftsbetriebs ins Gewicht fiele," erwarten lässt.[180] Die Reichweite des Schutzes betrifft den inhaltlichen Kern einer Äußerung, weshalb es hier – mehr noch als beim Zugangsschutz i. e. und i. w. S. – auf den Einzelfall und dessen Vereinbarkeit „mit der Werteordnung des Grundgesetzes" ankommt, das Entfernen als unangemessene Benachteiligung i. S. v. § 307 Abs. 1 S. 1 BGB zu werten.

Auch aus dem Beschluss des Bundesverfassungsgerichts zum Hausverbot eines NPD-Politikers in einem Wellnesshotel ergeben sich keine weiteren Kriterien. Hingegen ließe sich aus dem vorangegangenen BGH-Urteil von 2012 entnehmen, dass das Aufeinandertreffen unterschiedlicher politischer Meinungen an Orten des öffentlichen Verkehrs der freiheitlichen demokratischen Grundordnung immanent ist (solange es sich nicht um eine vom Bundesverfassungsgericht verbotene Partei handelt) und als solches hinzunehmen ist, weil es keine Beeinträchtigung *per se* darstelle. Diese Ansicht ließe sich durchaus auf Online-Öffentlichkeiten übertragen: Politische Meinungen können zwar im Einzelfall einen Verstoß gegen die Gemeinschaftsstandards darstellen, aber bei der Inhaltemoderation ist ebenfalls die Meinungsvielfalt gemessen an der Zahl der Nutzer zu beachten. Entspricht ein soziales Netzwerk dem Leitbild des öffentlichen Forums – sprich ist es Adressat der intensiveren Drittwirkung –, müssen bei der Abwägung alle Aspekte des Schutzbereichs von Art. 5 Abs. 1 S. 1 GG einbezogen werden.

8. Facebook als konkretes Anwendungsbeispiel

Prozedurale Anforderungen lassen sich allgemein formulieren, aber bei Fragen bzgl. der Einschränkbarkeit der Meinungsfreiheit kommt man zwangsläufig zur Einzelfallbetrachtung – anders sollte es bei Fällen über die Zulässigkeit von Meinungsäußerungen nicht sein.[181] Es bietet sich daher an, die bisher allgemeinen Überlegungen zur intensiveren Drittwirkung auf den konkreten Fall von Facebook anzuwenden.

a) Zugang zu Facebook

Die Definition des Leitbildes des öffentlichen Forums durch das Bundesverfassungsgericht als Ort, an dem „eine Vielzahl von verschiedenen Tätigkeiten und Anliegen verfolgt werden können und dadurch ein vielseitiges und offenes Kommunikationsgeflecht entsteht"[182] trifft zweifellos auf Facebook zu. Facebook stellt einen Ort der allgemeinen Kommunikation her, da die Plattform allgemein zugänglich ist, die Registrierung ohne Ansehen der Person erfolgt, und Nutzer auf das Angebot zugreifen, um am gesellschaftlichen Kommunikationsgeschehen teilzunehmen. Facebooks Unternehmensziel ist es, Menschen aus

---

[180] BVerfG, Beschl. v. 22.05.2019 – 1 BvQ 42/19, Rn. 22.

[181] Vgl. *König*, AcP 219 (2019), 611 (635).

[182] BVerfGE 128, 226 (253).

der ganzen Welt, unabhängig jedweder persönlichen Merkmale, zu „verbinden“ und ihnen eine Plattform für kommunikative Zwecke anzubieten. Facebook ist als Plattform für alle Internetnutzer zugänglich, weil die Registrierung nichts weiter erfordert als ein internetfähiges Gerät und einen Browser- oder App-Zugang. Für die Anmeldung müssen folgende Informationen ausgefüllt werden: Vorname, Nachname, E-Mail-Adresse oder Telefonnummer, ausgewähltes Passwort, Geburtstag und Geschlecht,[183] aber werden nicht ausgewertet, um die Registrierung zu erlauben oder abzulehnen. Die grundsätzlichen Voraussetzungen für eine intensivere Drittwirkung der Meinungsfreiheit wären somit erfüllt.

b) *Angewiesenheit*

Sind Nutzer auf Facebook angewiesen? Das ist dann der Fall, wenn sie darüber mit anderen kommunizieren und Informationen erhalten, wenn auf Facebook für die individuelle und öffentliche Meinungsbildung relevante Kommunikationsvorgänge und öffentliche Debatten stattfinden, ohne dass es ihrer aktiven Beteiligung bedarf, und wenn der Zugangsausfall einen wesentlichen Nachteil für die Teilnahme an der öffentlichen Debatte darstellen würde.[184] Obwohl es sich hier um Voraussetzungen handelt, die nicht losgelöst vom Nutzer als Person – also von der betroffenen Partei – behandelt werden können, wird das Kriterium der Angewiesenheit in Bezug auf Facebook als größtes soziales Netzwerk unabhängig vom Einzelfall bejaht werden können.[185]

Außerdem ist davon auszugehen, dass dieser Schutz nicht erst greift, wenn der Zugang gesperrt wurde, sondern schon vorher. Das Merkmal der Angewiesenheit kann nicht allein deswegen verneint werden, weil eine Person noch nicht bei Facebook registriert ist. Die Angewiesenheit ergibt sich gerade daraus, dass es nicht ausschließlich auf die individuelle Form der Nutzung ankommt, sondern um die gesamtgesellschaftliche Bedeutung eines sozialen Netzwerks. Die intensivere Drittwirkung der Meinungsfreiheit umfasst folglich auch den Schutz des Erstzugangs (d. h. die Registrierung), wenn das Interesse des Nutzers am Zugang zu Facebook dargelegt wird.

c) *Schutz einer Äußerung auf Facebook*

Bei den materiellen Anforderungen an die Inhaltemoderation durch ein soziales Netzwerk wie Facebook kommt es (mehr als beim Schutz des Zugangs) auf den Einzelfall an. Daher kann hier nur insoweit auf die eingangs angesprochenen Kategorien der werteorientierten Inhaltemoderation eingegangen werden.

[183] Stand 20.01.2020.
[184] S. o. Kap. 4, B.
[185] Vgl. BGH, Beschl. v. 23.06.2020 – KVR 69/19, NJW 2020, 1318 (1327–1328).

aa) Keine unbestimmte Generalklausel

Das Löschen oder Entfernen von legalen Inhalten auf der Grundlage einer privaten Generalklausel wird in der Regel eine unangemessene Benachteiligung des Nutzers bedeuten, wenn sie nicht hinreichend bestimmt ist und gegen das Transparenzgebot verstößt. Die Nutzungsbedingungen müssen zugänglich, bestimmt und verständlich sein. Daher müssen auf auslegungsbedürftige Begriffe, die einen zu weiten Interpretationsspielraum erlauben, strengere Maßstäbe angewandt werden. In Facebooks Fall würden ältere Generalklauseln – wie das Verbot „anstößiger Inhalte", ohne den Begriff „anstößig" weiter zu definieren und zu konkretisieren – eine gerichtliche Überprüfung vermutlich nicht überstehen.[186] Sie wären als Generalklausel zu unbestimmt und ihre Anwendung würde daher die Voraussetzungen einer unangemessenen Benachteiligung erfüllen, wenn die betroffenen Inhalte nicht auch in eine präzisere Verbotskategorie der Gemeinschaftsstandards fallen würden. Die jetzigen Gemeinschaftsstandards von Facebook sind allerdings bestimmter (dank Unterkategorien und Beispielen) und insgesamt für den Durchschnittsleser klar verständlich.

bb) Klare und verständliche Definition von Hassrede

Facebooks Gemeinschaftsstandards dürfen Verbote von Hassrede enthalten, deren Anwendungsbereich über strafgesetzrechtliche Verbote i. S. v. Art. 5 Abs. 2 GG hinausgehen. Wenn die Nutzungsbedingungen auf Formen von Hassrede abzielen, die aber keinen Tatbestand eines einfachgesetzlichen Verbots erfüllen, kann von der Kombination dieser beiden Merkmale abgeleitet werden, dass ein Verstoß gegen Hassrede-Gemeinschaftsstandards vermutlich eine Äußerung darstellt, die zwar in den sachlichen Schutzbereich von Art. 5 Abs. 1 S. 1 GG fällt, aber zugleich relativ nah an der Schwelle zu normüberschreitendem Verhalten (i. S. v. inzivilem Verhalten) ist. Gleichwohl kann dieses Indiz irreführend sein und der betroffene Inhalt zwar unangenehm, kritisch oder unbequem sein und als herabsetzend empfunden werden, aber unter den „Bedingungen des Meinungskampfes"[187] einer streitbaren Demokratie zulässig sein oder andere Voraussetzungen i. S. d. Äußerungsrechts erfüllen. Daher muss stets der Kontext der Aussage beachtet werden, um Ausnahmen hinreichend zu beachten, wie bspw. den Rechtfertigungsgrund aus § 193 StGB oder den Schutz von Satire aus Art. 5 Abs. 3 GG.

Wenn das Verhalten, das unter den Begriff der Hassrede fällt, ausreichend definiert und klar konkretisiert wird, dann bildet dies Anhaltspunkte dafür, dass die Interessenabwägung zugunsten des sozialen Netzwerks ausfällt, weil Facebook ein Interesse daran hat, Regeln für zivilisierte Sprach- und Umgangsfor-

---

[186] Vgl. *Raue*, JZ 2018, 961 (970).
[187] BVerfGE 61, 1 (13).

men durchzusetzen.[188] Abgesichert wird dieses Gestaltungsrecht durch prozedurale Anforderungen: Facebooks Definition von Hassrede ist klar, das Verbot wird begründet und wird anhand von Beispielen konkretisiert, daher grundsätzlich zulässig,[189] aber bei seiner Anwendung im Einzelfall kann es nichtsdestotrotz als unangemessene Benachteiligung gewertet werden, gemessen am weiten Schutzbereich von Art. 5 Abs. 1 S. 1 GG.

cc) Den Kontext der Äußerung beachten

Für die Bewertung der Zulässigkeit des Nacktheitsverbots von Facebook können zunächst die bisherigen Überlegungen über die Generalklausel und das Verbot von Hassrede übernommen werden. Darüber hinaus liegen die prozeduralen Unterschiede in der Konkretisierung des Verbots anhand von Beispielen. In der Regel konkretisiert Facebook alle Verbote anhand von Beispielen. Letztere machen die relativ unbestimmten Verbote aus Nutzerperspektive zu greifbaren Regeln für die Kommunikation auf der Plattform.

Inhaltlich unterscheidet sich das Nacktheitsverbot stark von dem Hassredeverbot. Hier sind die Beispiele stark von moralischen Vorstellungen geprägt und es handelt sich um ein besonders werteorientiertes Verbot, weshalb Inhalte, die darunter subsumiert werden könnten, zwar als inzivile Kommunikation bezeichnet werden (i. S. v. normüberschreitend), aber weniger allgemeingültig als schädlich („harmful content") wahrgenommen werden. Abgesehen von klaren Fällen wie das Verbot von Pornographie muss daher Facebook bei solchen Inhalten stärker den Kontext und die kulturellen Begebenheiten berücksichtigen. Trotz einiger Ausnahmen (wie bei stillenden Frauen) wird der Kontext des Inhalts im Umgang mit Nacktheit nicht hinreichend beachtet und es mangelt an Differenzierungen.[190] Durch die Unbestimmtheit der Klausel und ihre vielfach automatisierte Durchsetzung anhand von Algorithmen werden die Besonderheiten des Einzelfalls, einschließlich des Kontexts, nicht ausreichend gewürdigt.[191] Das hat über die individuelle Nutzerin hinaus weitere negative Konsequenzen: gesamtgesellschaftlich können damit Ungleichbehandlungen zwischen den Geschlechtern perpetuiert werden. Auch hier ist damit nicht eine staatsgleiche Bindung an Art. 3 GG gemeint, sondern der bedeutsame Einfluss auf den Meinungsbildungsprozess, der insbesondere dann kritisch beobachtet werden sollte, wenn das medial transportierte Bild nicht im Einklang mit dem grundrechtlichen Wertekatalog steht.

---

[188] Vgl. *Vesting*, AöR 122 (1997), 337 (362); so nun auch der BGH, Urt. v. 29.07.21 – III ZR 192/20, Rn. 85.

[189] Vgl. OLG Dresden, Urt. v. 16.06.2020 – 4 U 2890/19, MMR 2021, 58 (59, Rn. 15).

[190] So auch *Ibrahim*, Social Media + Society 2017, 1 (6).

[191] Vgl. Facebook Oversight Board, Entsch. v. 28.01.2021, Case Decision 2020–004-IG-UA.

d) Facebooks Ausrichtungsschutz

Wie bereits auf abstrakter Ebene dargestellt, sollte auch die Ausrichtung einer Plattform bei der Abwägung berücksichtigt werden. Insbesondere im Hinblick auf bestimmte unerwünschte Inhalte sollen soziale Netzwerke Regeln aufstellen dürfen, solange sie die o. g. Kriterien beachten. Dafür muss festgestellt werden, ob die untersuchte Plattform ein gewisses Profil hat und sich dementsprechend präsentiert. Facebook hat bspw. ausdrücklich keinen inhaltlichen Schwerpunkt. Da das Mission Statement „bring the world closer together" lautet und Facebook sich (überspitzt gesagt) weltweit an alle richten soll, lässt sich keine inhaltliche Ausrichtung (über dieses Element der „globalen Community" hinaus) erkennen. Im Gegenteil: Facebook versucht, so universal wie möglich in Erscheinung zu treten und weltweit so viele Nutzer wie möglich zu akquirieren. Diese sehr allgemeine Ausrichtung der Plattform lässt eine thematische Einschränkung nicht zu und muss sich folglich an einem strengen Maßstab der Meinungsvielfalt messen lassen.

Ein Indiz über die Ausrichtung von Facebook könnte u. U. der Gründungsort und Unternehmenssitz, die USA, darstellen. Wie bereits erwähnt ist Facebook stark vom US-Rechtsverständnis geprägt, sowie von kulturellen Normen aus den USA, die Argumente bei Verboten (wie dem Nacktheitsverbot) nachvollziehbar machen. Ob diese US-zentrierte Ausrichtung bei der Abwägung mit der Meinungsfreiheit im deutschen Kontext allerdings eine valide Position i. S. d. Plattformausrichtung darstellt, ist fraglich. Mit anderen Worten: kann Facebook bestimmte Gemeinschaftsstandards in Deutschland damit begründen, dass die Firmenkultur auf US-amerikanischen Werten beruht? Die US-zentrierte Ausrichtung könnte berücksichtigt werden, wenn man argumentiert, dass Nutzer sich bewusst für einen Dienst aus den USA und entsprechend für die von der US-Rechtsordnung geprägten Gemeinschaftsstandards der Plattform entscheiden. Dies könnte insbesondere dann zum Tragen kommen, wenn sich mehr Plattformen auf dem Markt etablieren, die nicht aus den USA kommen, sondern bspw. aus China. Dann könnte man einwenden, dass die Verwurzelung einer Plattform wie Facebook in der US-Rechtsordnung als ein ausschlaggebendes Merkmal der Plattformausrichtung herangezogen wird, weil sie für eine absolute Definition der Meinungsfreiheit steht und Nutzer sich eventuell bewusst dafür entscheiden. Dagegen spricht aber, dass auf diese Weise Rechtsnormen zur Anwendung kommen würden, die in einem Verfahren vor deutschen Gerichten keine rechtliche Validität haben. Würde die Ausrichtung einer Plattform sich (ausschließlich) nach der Rechtsordnung des Gründungslandes richten, fände i. E. eine Anwendung ausländischen Rechts abgeleitet vom Ausrichtungsschutz und der intensiveren Drittwirkung statt. Ein solches Verständnis würde die Ausstrahlungswirkung der Meinungsfreiheit aus Art. 5 Abs. 1 S. 1 GG untergraben und zu einer mittelbaren Anwendung fremder Rechtsnormen führen.

Das Ursprungsland des sozialen Netzwerks sollte daher i. E. bei der Ausrichtung nicht berücksichtigt werden. In Facebooks Fall bedeutet es, dass Gemeinschaftsstandards mit der Ausrichtung der Plattform begründet werden können, aber die Ausrichtung wiederum nicht zu einer Anwendung anderer Verfassungswerte „durch die Hintertür" führen darf.

9. Rechtsfolge gemäß § 306 BGB

Wird bei der Inhaltemoderation eine unangemessene Benachteiligung festgestellt, ist die betroffene Klausel der Gemeinschaftsstandards gemäß § 307 Abs. 1 S. 1 BGB unwirksam. Gemäß § 306 Abs. 1 BGB bleibt die Vereinbarung zwischen dem sozialen Netzwerk und dem Nutzer im Übrigen unter Berücksichtigung des Verbots der geltungserhaltenden Reduktion unwirksam. Gemäß § 306 Abs. 2 BGB richtet sich der Inhalt des Vertrags nach den gesetzlichen Vorschriften, soweit die Bestimmung unwirksam ist. Beruht die Inhaltemoderation auf einer bestimmten Klausel der Gemeinschaftsstandards, wird diese unwirksam sein, ohne dass diese Rechtsfolge den gesamten Regelkatalog der Gemeinschaftsstandards insgesamt betrifft.

IV. Rechtsfolge der intensiveren Drittwirkung

1. Ansprüche der Nutzer

Die intensivere Drittwirkung zwischen sozialem Netzwerk und Nutzer kann der unmittelbaren Grundrechtsbindung in der Intensität zwar (sehr) nahekommen, aber sie bleibt mittelbar. Es bedarf einer gerichtlichen Kontrolle, um den Gewährleistungsgehalt im Einzelfall festzustellen und den Schutzumfang von Art. 5 Abs. 1 S. 1 GG für den Nutzer zu eruieren. Fällt die Abwägung im Rahmen von § 307 Abs. 1 S. 1 BGB zugunsten der Meinungsfreiheit des Nutzers aus, weil aufgrund der spezifischen Konstellation von einer intensiveren Drittwirkung der Meinungsfreiheit auszugehen ist, könnten Nutzer die Wiederherstellung des Zustands, der vor der rechtswidrigen Inhaltemoderation vorlag, verlangen. Folglich muss die Wiederherstellung des Nutzerkontos oder des streitgegenständlichen Inhalts, also die Beseitigung der faktisch als Sanktion wirkenden Inhaltemoderation im Zivilverfahren beantragt werden. Im Folgenden wird auf die mögliche Umsetzung eingegangen.

a) Anspruch auf Zugang

Wird eine unangemessene Benachteiligung durch eine Zugangssperre seitens des sozialen Netzwerks (in einer internen „Berufung") oder im Klageverfahren positiv festgestellt, muss die Sanktionierung aufgehoben, also das Nutzerkonto umgehend freigeschaltet werden. Handelt es sich um eine zeitweise Sperre, kann im Einzelfall auch eine Minusmaßnahme wie die Verkürzung der Sperrzeit geeignet sein. Ähnlich könnte eine dauerhafte Zugangssperre auf eine vorübergehende Sperre verkürzt werden. Fraglich ist, ob ein Zugang mit beschränkten Nutzungsrechten (ähnlich der Quarantäne) ausreichend wäre, um die Sanktion zu beseitigen. Grundsätzlich sollte der Zugang wieder so gewährleistet sein, wie er ohne die unangemessene Benachteiligung durch die Inhaltemoderation gewesen wäre, d. h. unbegrenzt. Wurde der Zugang allerdings wegen wiederholter Verstöße gegen die Gemeinschaftsstandards gesperrt und wurde im Verfahren ein nachgewiesenes Interesse festgestellt, den betroffenen Nutzer davon abzuhalten, weiterhin gegen die Gemeinschaftsstandards zu verstoßen, könnte das Gericht unter Berücksichtigung aller Umstände entscheiden, dass der Zugang vorübergehend nur mit Leserechten o. ä. gewährt wird. Dabei muss jedoch stets der *ultima ratio*-Charakter der Zugangssperre beachtet werden.

b) Anspruch auf Wiederherstellung („Put-Back“)

Auch im Umgang mit zu Unrecht entfernten Inhalten gilt der Grundsatz, dass der Zustand wiederhergestellt muss, der ohne die unangemessene Benachteiligung vorliegen würde. Ein Verstoß gegen § 307 Abs. 1 S. 1 BGB hätte zur Folge, dass die Entscheidungsgrundlage aus den Gemeinschaftsstandards, die zulasten des Nutzers herangezogen wurde, kein wirksamer Bestandteil des Verhältnisses zwischen sozialem Netzwerk und Nutzer mehr ist.[192] Da für soziale Netzwerke charakteristisch ist, dass Nutzer dort eigene oder fremde Inhalte hochladen und für andere Nutzer verfügbar machen, kann eine Hauptleistungspflicht des sozialen Netzwerks durchaus in der Veröffentlichung und Zugänglichmachung dieser nutzergenerierten Inhalte gesehen werden.[193] Folglich entsteht für den betroffenen Nutzer ein Anspruch auf Wiederherstellung des Inhalts (sog. Put-Back). Das bedeutet die Wiederveröffentlichung der Inhalte, bei denen eine Entfernung eine unzulässige Beschränkung der Meinungsäußerungsfreiheit des Nutzers darstellen würde.[194]

Fraglich ist, *wie* eine Wiederherstellung des Inhalts *in concreto* umzusetzen ist, denn durch die Wiederveröffentlichung des Inhalts ist die Sichtbarkeit des betroffenen Inhalts nicht zwangsläufig gewährleistet. Da dem Nutzer i. d. R. verborgen bleibt, wie die algorithmische Sortierung und Priorisierung der In-

---

[192] Fraglich ist allerdings, ob Facebook „nachbessern“ kann, wenn es seine AGB aktualisiert. Bspw. wenn das Verbot von Hassrede eine unangemessene Benachteiligung darstellen würde, ob zwischen dem Nutzer und Facebook keine diesem Umstand angepasste Klausel wirken würde. Abl.: OLG Dresden, Hinweisbeschl. v. 07.04.2020 – 4 U 2805/19 (LG Dresden). Über das ständige Aktualisieren der Gemeinschaftsstandards: *Dwoskin u. a.*, Zuckerberg once wanted to sanction Trump. Then Facebook wrote rules that accommodated him.

[193] *Holznagel*, CR 2018, 369 (371).

[194] Vgl. *Raue*, JZ 2018, 961 (970); *Kettemann/Tiedeke*, Back up: Can Users Sue Platforms to Reinstate Deleted Content?, GigaNet Annual Symposium 2019.

halte erfolgen, kann er keine konkreten Angaben hierzu in seinem Antrag machen oder einen solchen Mangel in der Wiederherstellung rügen. Dabei ist gerade die Sichtbarkeit eines Inhalts für Nutzer von äußerst großer Relevanz und eine Benachteiligung – wie oben bei der Sanktionierung durch Shadowbanning und Downgrading erläutert – nur schwer erkennbar. Auch die Wiederherstellung eines Livestreams ist nicht ohne Weiteres möglich, wenn das aufgenommene Geschehen in der Vergangenheit liegt und nicht wiederholbar ist. Man könnte entweder die Aufnahme im Nachhinein hochladen und veröffentlichen, oder der Nutzer kann einen neuen Livestream auf dem sozialen Netzwerk in Gang setzen.

Ähnliche Fragen stellen sich bezüglich der Reaktionen anderer Nutzer in Form von Kommentaren o. ä., die bereits vor dem Entfernen des Inhalts erfolgt sind: werden sie mit dem Inhalt wiederhergestellt? Kann eine möglicherweise bereits begonnene Debatte weitergeführt werden? Auf diese Fragen gibt es noch keine klaren Antworten, denn sie ergeben sich aus dem Zusammenspiel von rechtlichen Ansprüchen und sozio-technischen Möglichkeiten.

2. Antizipatorische Effekte der intensiveren Drittwirkung

Die intensivere Drittwirkung könnte auch antizipatorische Effekte entfalten.[195] Damit ist gemeint, dass sie jenseits des Einzelfalls sowohl auf andere Nutzer desselben Dienstes als auch auf andere Dienste und deren Nutzer wirken könnte, sowie möglicherweise andere Intermediäre. Nicht nur Facebook als weltweit größtes soziales Netzwerk kommt als Verpflichtete im Sinne der intensiveren Drittwirkung in Betracht, vielmehr könnten – unter Beachtung einer sorgfältigen Abwägung mit den schutzwürdigen Interessen der jeweiligen Plattformen – auch kleinere Plattformen verpflichtet werden, den Zugang oder Inhalte wiederherzustellen. Grund dafür ist zum einen die übliche Vorgehensweise von Plattformen, proaktiv solche Gerichtsentscheidungen umzusetzen, bei denen sie zwar nicht unbedingt als Verfahrenspartei beteiligt waren, die aber dennoch ihr Geschäftsmodell betreffen.[196] (Auch) Rechtsprechung – als eine der Formen von Normensetzung – trägt somit zur Rechtssicherheit bei. Solche Vorsorgemaßnahmen sind in den meisten Industrien üblich und zeugen von einer vorausschauenden Geschäftsführung. Allgemein fließen Grundsatzentscheidungen einzelner Gerichte in weitere Rechtsprechung sowie in das allgemeine Rechtsverständnis ein, wenn sie eine Frage entscheiden, die eine Viel-

---

[195] Die Verhinderung negativer Auswirkungen auf den Prozess der freien Meinungsbildung ist aus dem Medienrecht bereits bekannt. Die Meinungsmachtkontrolle sieht eine Pflicht des Gesetzgebers vor, zu verhindern, dass „übermächtige einzelne Kommunikatoren" den Prozess der öffentlichen Meinungsbildung potenziell verzerren könnten: *Schulz*, AfP 2017, 373 (377).

[196] *Iglesias Keller*, International Review of Law, Computers & Technology 2020, 1 (11); *Gasser/Schulz*, Berkman Center Research Publication No. 2015–5, S. 8.

zahl von Personen betreffen könnte.[197] Zum anderen wird diese Wirkung durch den Umstand potenziert, dass soziale Netzwerke ihren Dienst digital und global anbieten. Entsprechend kurz ist der Schritt von einer nationalen Gerichtsentscheidung zu weltweiten Konzernrichtlinien.

Insofern mag das Konzept der intensiveren Drittwirkung in mancher Hinsicht den üblichen Lauf der Rechtsentwicklung vorwegnehmen und teilweise ungewollte Effekte des vorauseilenden Gehorsams beinhalten. Gleichermaßen taugt es aber dazu, eine normative Wirkung zu entfalten, die im Ergebnis zu einer intensiveren Bindung von sozialen Netzwerken an Grund- und Menschenrechte führt.[198] Von der Bedeutung einer Online-Plattform für die öffentliche Meinungsbildung und darüber hinaus das Leben in der Gesellschaft hängt ab, zu welchem Grad sie ihre Nutzungsbedingungen und Kommunikationsregeln losgelöst von grundrechtlichen Maßstäben Nutzern auferlegen dürfen.

3. Rechtsprechung der Fachgerichte (2018–2021)

Die Entscheidungen deutscher Zivilgerichte zur Rechtmäßigkeit der Löschung von Nutzerinhalten in sozialen Netzwerken wurden seit den ersten Entscheidungen im Sommer 2018 bis Mai 2021 berücksichtigt.

a) Bestandsaufnahme

Bisher kam es im Zeitraum vom 01.01.2018 bis 20.05.2021 zu mindestens 68 Rechtsstreitigkeiten dieser Art (ab der LG-Ebene).[199] In 27 dieser Fälle wurde die Drittwirkung der Meinungsfreiheit von den Zivilgerichten in den Entscheidungsgründen explizit genannt,[200] bei den übrigen Fällen wurde die Lehre der Drittwirkung zwar nicht explizit genannt, aber es fand dennoch eine Abwägung zwischen den Grundrechten der Parteien statt.[201] Die Meinungsfreiheit

---

197 *Martini*, Vergleichende Verfassungsrechtsprechung, S. 558–566; *Shapiro/Sweet*, On Law, Politics, and Judicialization, S. 101, 120.

198 S. a. *Kulick*, Horizontalwirkung im Vergleich, S. 412: „vor dem Hintergrund stark zunehmender Digitalisierung privater Lebensbereiche" sei eine „Konstruktion der Grundrechtswirkung zwischen privaten Akteuren" „für einen umfassenden Grundrechtsschutz unerlässlich".

199 Hinzugekommen sind BGH III ZR 179/20 und III ZR 192/20.

200 OLG München, 18 U 5493/19; OLG Düsseldorf, 7 U 131/19; OLG Hamm, 29 U 6/20; LG Frankenthal, 6 O 23/20; LG Frankfurt, 2–03 O 48/19; OLG Nürnberg, 3 U 3641/19; OLG Karlsruhe, 15 U 120/19; OLG München, 18 U 1491/19; OLG Oldenburg, 13 W 16/19; LG Bremen, 7 O 1618/18; LG Nürnberg-Fürth, 11 O 3362/19; KG Berlin, 10 W 172/18; OLG Karlsruhe, 6 W 81/18; OLG München, 18 W 1955/18; OLG München, 18 W 1873/18; LG Bamberg, 2 O 248/18; OLG München, 18 W 1383/18; LG Frankfurt, 2–03 O 310/18; LG Berlin, 27 O 355/18; LG Heidelberg, 1 O 71/18; OLG München, 18 W 1294/18; LG Siegen, 5 O 69/18; OLG Dresden, 4 W 577/18; OLG München, 18 W 858/18; OLG Karlsruhe, 15 W 86/18; LG Mosbach, 1 O 108/18; LG Frankfurt, 2–03 O 182/18.

201 BGH, III ZR 60/20; OLG Karlsruhe, 6 U 38/19; BGH, KVR 69/19; OLG Brandenburg, 1 U 15/19; LG Köln, 31 O 19/19; LG Darmstadt, 23 O 159/18; LG Hamburg, 305 O 117/18;

wurde stets – dort, wo die Drittwirkung geprüft wurde – erkannt und für die Abwägung herangezogen. Seit dem III. Weg-Beschluss des Bundesverfassungsgerichts von 2019 ergingen 11 Entscheidungen, die sich mit der hier erläuterten Fragestellung beschäftigt haben, von denen sich fünf bei der Abwägung auf diesen Beschluss bezogen haben.[202] Hinzukommt eine Entscheidung des OVG Berlin-Brandenburg, in der das Gericht interessanterweise klargestellt hat, dass sich aus der Tatsache, dass Facebook gemäß § 3 Abs. 2 NetzDG Inhalte entferne, kein öffentlich-rechtlicher Folgenbeseitigungsanspruch gegen Facebook ergebe.[203]

Anhand von zwei Entscheidungen aus dem Jahr 2018 kann das Spektrum der Ansichten zum Grad der Drittwirkung der Meinungsfreiheit zwischen sozialen Netzwerken und Nutzern am deutlichsten dargestellt werden: das OLG München entschied 2018, dass Facebook beim Löschen von Kommentaren der Meinungsfreiheit seiner Nutzer keine engeren Grenzen setzen darf als einfachgesetzlich geregelt.[204] Die relevante Textpassage aus den Entscheidungsgründen lautet: „Im Hinblick auf die mittelbare Drittwirkung der Grundrechte, insbesondere des Grundrechts des Nutzers auf Meinungsfreiheit (Art. 5 Abs. 1 GG), muss deshalb gewährleistet sein, dass eine zulässige Meinungsäußerung nicht von der Plattform entfernt werden darf." Diese Ansicht wiederholte das OLG München Anfang 2020; es wies darauf hin, dass bei einer Plattform, „die dem allgemeinen Informations- und Meinungsaustausch der Nutzer ohne thematische Eingrenzung" diene, die Entscheidung ob ein Inhalt von der Meinungsfreiheit geschützt sei, „nicht im Ermessen des Plattformbetreibers liegen" dürfe.[205] Es müsse ihm allerdings „das Recht zustehen, Inhalte mit einem strafbaren oder die Rechte Dritter verletzenden Inhalt von der Plattform zu entfernen".[206] Das OLG München wendet also in Bezug auf die Meinungsfreiheit gesetzliche Maßstäbe auf private Plattformbetreiber an und begründet dies mithilfe der „fundamentale[n] Bedeutung, die der Meinungsfreiheit für die menschliche Person und die demokratische Ordnung zukommt".[207]

OLG Köln, 15 U 160/18; LG Frankfurt, 2–03 O 184/17; OLG Köln, 15 U 156/18; LG Düsseldorf, 12 O 168/18; BGH, VI ZR 89/18; OLG Karlsruhe, 6 U 105/18; OLG München, 18 W 1955/18; LG Frankfurt, 2–03 O 320/17; LG Offenburg, 2 O 310/18; OLG Stuttgart, 4 W 63/18; OLG Dresden; 4 U 873/18; OLG Dresden, 4 U 1822/17; LG Köln, 28 O 282/17; LG Köln, 24 O 187/18; OLG Brandenburg, 1 W 28/18; OLG Frankfurt, 16 U 105/17; LG Hamburg, 324 O 81/18; OLG Dresden, 4 U 217/18; OLG Dresden, 4 W 305/18; LG Bonn, 9 O 307/17; LG Köln, 28 O 362/17; OLG München, 29 U 1156/17; BGH, VI ZR 498/16; OLG Köln, I-6 U 92/17; LG Hamburg, 324 O 63/17; LG Dresden, 1a O 2749/17 EV.

202 OLG Düsseldorf, 7 U 131/19; OLG Nürnberg, 3 U 3641/19; OLG Karlsruhe, 15 U 120/19; OLG Oldenburg, 13 W 16/19; LG Nürnberg-Fürth, 11 O 3362/19.

203 OVG Berlin-Brandenburg, Beschl. v. 11.08.2020 – OVG 11 N 16.19, MMR 2020, 790.

204 OLG München, Beschl. v. 24.08.2018 – 18 W 1294/18.

205 OLG München, Urt. v. 07.01.2020 – 18 U 1491/19 Pre, GRUR-RR 2020, 174, 177.

206 OLG München, Urt. v. 07.01.2020 – 18 U 1491/19 Pre, GRUR-RR 2020, 174, 177.

207 OLG München, Urt. v. 07.01.2020 – 18 U 1491/19 Pre, GRUR-RR 2020, 174, 177.

Das OLG Dresden hingegen entschied, dass Facebook als Hassrede eingestufte Inhalte löschen und den betreffenden Nutzer zeitweilig sperren dürfe.[208] Dies gelte auch dann, wenn die betreffenden Inhalte nicht gegen die Regelungen des NetzDG verstoßen. So heißt es im Beschluss: „Angesichts dieser berechtigten Interessen ist es nicht zu beanstanden, dass das Verbot der Hassrede in Ziff. 12 der Gemeinschaftsstandards auch Meinungsäußerungen betrifft, die unterhalb der Schwelle zur Schmähkritik bleiben."

Abgesehen von Art. 5 GG wurden auch folgende Grundrechte auf Nutzerseite geprüft: das Allgemeine Persönlichkeitsrecht, die Allgemeine Handlungsfreiheit und das Gleichbehandlungsgebot. Der 18. Zivilsenat des OLG München entschied in zwei Fällen, dass die Sperrung eines Facebook-Kontos aufgrund eines Verstoßes gegen die Gemeinschaftsstandards keine Beeinträchtigung des allgemeinen Persönlichkeitsrechts darstelle. Aufgrund der Befristung der Sperrung und der Möglichkeit andere Dienste als Facebook zu nutzen, sei es „nicht zu einer umfassenden Einschränkung [d]er personalen Entfaltung [des Klägers]" gekommen.[209] Die Sperrung sei „mit einer umfassenden Einschränkung ihrer personalen Entfaltung […] nicht verbunden" und „ein Anspruch auf Nutzung bestimmter Kommunikationsmittel für den Kontakt zu Dritten oder für das Äußern von Meinungen besteh[e] nicht".[210] So entschied auch das OLG Düsseldorf: „Die engere persönliche Lebenssphäre oder die Grundbedingungen der Äußerungsmöglichkeiten des Klägers sind durch eine bloße zeitweilige Einschränkung der Nutzung der F…-Dienste nicht berührt."[211] Obwohl diese Gerichte die Relevanz solcher Plattformen für die Kundgabe von Meinungen im Internet anerkennen, bewerten sie die Sperrung des Nutzerkontos nicht als Beeinträchtigung des allgemeinen Persönlichkeitsrechts.

Das LG Berlin beschloss 2019, dass dem Antragssteller ein Anspruch auf Freischaltung gelöschter Inhalte und die Aufhebung der Kontosperre gegen Facebook zustand, weil er weder gegen die Gemeinschaftsstandards verstoßen noch eine rechtswidrige oder diskriminierende Äußerung getätigt habe.[212] Das Gericht stellte ferner einen Verstoß „gegen § 242 BGB in Verbindung mit einer mittelbaren Drittwirkung des Art. 3 Abs. 1 GG" wegen des Nicht-Löschens ähnlicher Beiträge (wie der des Antragstellers) und berief sich dabei auf den Stadionverbotsbeschluss des Bundesverfassungsgerichts.[213]

---

[208] OLG Dresden, Beschl. v. 08.08.2018 – 4 W 577/18.

[209] OLG München, Urt. v. 07.01.2020 – 18 U 1491/19 Pre, GRUR-RR 2020, 174, 180.

[210] OLG München Endurteil v. 08.12.2020 – 18 U 5493/19 Pre, GRUR-RS 2020, 34322 Rn. 86. Das OLG München hat das allgemeine Persönlichkeitsrecht bereits in seinem Beschluss vom 24.08.2018 – 18 W 1294/18 erwähnt, aber es damals nicht materiell geprüft („Dahinstehen kann, ob die streitgegenständliche Äußerung das allgemeine Persönlichkeitsrecht (Art. 2 Abs. 1, Art. 1 Abs. 1 GG) der F-Nutzerin verletzt.").

[211] OLG Düsseldorf, Urt. v. 4.12.2020 – 7 U 131/19, GRUR-RS 2020, 41440 Rn. 66.

[212] LG Berlin, Beschl. v. 09.09.2018 – 27 O 355/18, ZUM-RD 2019, 67.

[213] Es wird aus dem Beschluss nicht ganz klar, weshalb das Gericht auf die Ungleichbe-

b) Analyse

Die bisherigen Entscheidungen der Fachgerichte seit Anfang 2018 zeigen, dass Nutzer gegen die Löschung von Inhalten oder die Aussperrung durch soziale Netzwerke (vorrangig gegen Facebook, aber auch Instagram und YouTube) klagen, insbesondere wenn es sich um Inhalte handelt, die zwar möglicherweise gegen die Gemeinschaftsstandards, aber nicht gegen ein gesetzliches Verbot verstoßen. Die Gerichte, die sich mit solchen Sachverhalten beschäftigt haben, auf die mittelbare Drittwirkung von Art. 5 Abs. 1 S. 1 GG eingegangen.[214] Die Urteile veranschaulichen, dass es stets auf die Umstände des Einzelfalls ankommt: zwar muss die Meinungsfreiheit bei der Entscheidungsfindung besonders beachtet und gewichtet werden, aber es kann zu unterschiedlichen Ergebnissen hinsichtlich der Intensität der Drittwirkung kommen. Die Gerichte prüfen in der Regel, ob die Gemeinschaftsstandards des sozialen Netzwerks das Entfernen von nutzgenerierten Inhalten rechtfertigen, insbesondere dann, wenn eine Äußerung keinen Straftatbestand erfüllt und ausschließlich auf der Grundlage der Gemeinschaftsstandards entfernt wurde. Sie gehen regelmäßig auch auf das Interesse der Plattformbetreiber ein, durch werteorientiertes Löschen ihre Nutzergemeinschaft („Community") vor unangenehmen Inhalten zu wahren. Das OLG Nürnberg sieht in der „Grundentscheidung, Maßnahmen zu ergreifen, damit sich andere Nutzer nicht wegen einer Verrohung von der Plattform der Beklagten abwenden" eine „unternehmerische Entscheidung", die in den Schutzbereich von Art. 12 Abs. 1 GG fällt.[215] Ebenso sei es das schützenswerte Interesse der Plattformbetreiber, die Rechte Dritter zu schützen.[216]

Bemerkenswert ist, dass die Gerichte teilweise Anforderungen bezüglich der mittelbaren Drittwirkung der Meinungsfreiheit bei der Inhaltemoderation hervorheben. Damit ist gemeint, dass sie bei ihrer rechtlichen Beurteilung darauf abstellen, ob die Plattformbetreiber ihre Gemeinschaftsstandards im Lichte des Art. 5 Abs. 1 S. 1 GG auslegen.[217] Andere betonen ausdrücklich, dass die Gemeinschaftsstandards die Meinungsfreiheit der Nutzer berücksichtigen sollten, aber dass die Plattformbetreiber als gewinnorientierte Unternehmen nicht verpflichtet werden können, „das ‚Konzept' des Art. 5 Abs. 1 GG auch in Gänze zu verwirklichen".[218]

---

handlung gegenüber anderen Nutzern abstellte („während sie andere vergleichbare, zum Teil sogar wortgleiche Post, weiterhin veröffentlichte und die Accounts ihrer Autoren nicht sperrte"), obwohl es nach der Stadionverbotsrechtsprechung nicht darauf ankommt.

214 Rechtsprechungsdurchsicht auf den juristischen Datenbanken Beck-Online und Juris im Zeitraum 01.01.2018 bis 20.05.2021.

215 OLG Nürnberg, Urt. v. 04.08.2020 – 3 U 3641/19, GRUR-RR 2020, 543, 547.

216 Ebd.

217 OLG Oldenburg, Urt. v. 01.07.2019 – 13 W 16/19, ZUM-RD 2020, 367, 368; OLG Hamm Beschl. v. 15.09.2020 – 29 U 6/20, GRUR-RS 2020, 25382 Rn. 115–116.

218 LG Bremen, Urt. v. 20.06.2019 – 7 O 1618/18, MMR 2020, 426, 428.

Ob es in einer dieser Entscheidungen zu einer Fehleinschätzung des rechtsanwendenden Gerichts kam, vermag nur durch eine Überprüfung durch das Bundesverfassungsgericht abschließend geklärt werden. Ob darüber hinaus die verfassungsrechtlichen Anforderungen an die einfachgesetzlichen Schranken i. S. v. Art. 5 Abs. 2 GG wie bspw. die Wechselwirkungslehre unmittelbar auf die privaten Regeln eines sozialen Netzwerks übertragen werden sollten, vermag allerdings nicht zu überzeugen.[219] Die intensivere Drittwirkung hingegen würde bei der Normanwendung einen besonderen Schutz für die Meinungsfreiheit der Nutzer entfalten, ohne dabei unverhältnismäßig in die Privatautonomie einzugreifen und Maßstäbe anzuwenden, die für den Gesetzgeber gelten.

c) BGH-Entscheidungen (2021)

Im Juli 2021 hat der BGH in zwei Fällen über die Frage entschieden, ob die Inhaltemoderation von Facebook bzgl. Hassrede eine unangemessene Benachteiligung gemäß § 307 BGB darstelle.[220] Die zwei Urteile haben im Wesentlichen die in dieser Arbeit vertretene Auffassung bestätigt. Der BGH kam zu dem Ergebnis, dass die Voraussetzungen aus dem Fraport-Urteil nicht erfüllt seien. Facebook sei zwar durchaus für die Kommunikation im Internet wichtig, aber nicht staatsgleich und nur mittelbar an die Grundrechte seiner Nutzer gebunden.[221] Daraus ergebe sich, dass Facebook die Meinungsfreiheit seiner Nutzer beachten müsse, aber selber auch als Grundrechtsträger dazu befugt sei, nutzergenerierte Inhalte zu überprüfen und ggf. auf der Grundlage seiner Gemeinschaftsstandards zu entfernen. Facebook sei als Ort der öffentlichen Kommunikation sehr bedeutsam, gerade auch für die jüngeren Generationen.[222] Es sei außerdem nicht ohne Weiteres möglich, gleichwertige Alternativen zu finden, was auf eine strukturelle Überlegenheit deute.[223] Mit diesen Urteilen treibt der BGH auch die Prozeduralisierung des Privatrechts voran, indem er (neben dem Schutz der Meinungsfreiheit) auch den „Schutz vor willkürlicher Ungleichbehandlung" für die Nutzer betonte.[224]

Auf der Seite von Facebook sei sowohl die Berufsfreiheit als auch die Meinungsfreiheit zu berücksichtigen.[225] Der BGH erkannte das schutzwürdige Interesse sozialer Netzwerke an, unerwünschte Inhalte über die gesetzlichen Grenzen hinaus zu bewerten, um für Nutzer ein „frei, unbesorgt[es] und [...] sichere[s] Umfeld" und für Werbekunden ein „ attraktives Kommunikations- und

[219] A. A. *Mafi-Gudarzi*, MMR 2018, 678 (680).

[220] BGH, Urt. v. 29.07.2021 – III ZR 179/20 und III ZR 192/20 (mit quasi-identischen Entscheidungsgründen).

[221] BGH, Urt. v. 29.07.2021 – III ZR 192/20, Rn. 71.

[222] BGH, Urt. v. 29.07.2021 – III ZR 192/20, Rn. 78.

[223] BGH, Urt. v. 29.07.2021 – III ZR 192/20, Rn. 79.

[224] BGH, Urt. v. 29.07.2021 – III ZR 192/20, Rn. 75.

[225] BGH, Urt. v. 29.07.2021 – III ZR 192/20, Rn. 81 f.

Werbeumfeld zu schaffen".[226] Facebooks Inhaltemoderation falle außerdem in den Schutzbereich von Art. 5 Abs. 1 S. 1 GG.[227] Auch müsse sich das soziale Netzwerk vor möglichen Haftungsfällen schützen und seinen Verpflichtungen aus dem NetzDG nachkommen. Richtigerweise hob der BGH das ständige „Dilemma" der sozialen Netzwerke hervor, entweder im Sinne des weiten Schutzes der Meinungsfreiheit nicht zu löschen oder durch das Entfernen von Inhalten einen Gesetzesverstoß zu vermeiden.[228]

C. Fazit

Die Emergenz sozialer Netzwerke hatte eine disruptive Wirkung auf das bisherige Verständnis von öffentlicher Kommunikation. Die ständige Veränderung ihrer Funktionsweise (u. a. durch die Plattformisierung) wirft weiterhin Fragen auf. Der Umgang sozialer Netzwerke mit nutzergenerierten Inhalten ist daher einerseits immer für den Einzelfall zu bewerten, aber wirkt sich andererseits innerhalb des Netzwerks über den Einzelfall hinaus aus. Fest steht, dass ein Sachverhalt wegen der zahlreichen zu beachtenden Ebenen komplex ist.

Die Inhaltemoderation von sozialen Netzwerken findet auf der Grundlage sog. Gemeinschaftsstandards statt, die sich materiell teilweise mit gesetzlichen Verboten überschneiden und teilweise restriktiver sind.[229] Der Verstoß gegen Gemeinschaftsstandards wird vom sozialen Netzwerk sanktioniert: durch das Entfernen von Inhalten, das Sperren von Nutzerkonten, die Einschränkung der Sichtbarkeit von Inhalten und von Nutzerverhalten anhand von Algorithmen und das Einschränken von Funktionalitäten werden Nutzer faktisch am üblichen Gebrauch der Plattform gehindert. Die Entscheidung, die bei der Inhaltemoderation gegen Nutzer getroffen wird, kann eine unangemessene Benachteiligung durch das soziale Netzwerk i. S. v. § 307 Abs. 1 S. 1 BGB darstellen. Das Rechtsverhältnis zwischen einem individuellen Nutzer und einem sozialen Netzwerk im Streit über möglicherweise normüberschreitendes Verhalten stellt einen Einzelfall dar, für den keine vorausgehende Abwägungs*ergebnisse* (aber Abwägungs*kriterien*) festgelegt werden können. Als wertausfüllungsfähige und wertausfüllungsbedürftige Generalklausel ist § 307 BGB für die Abwägung zwischen den grundrechtlichen Positionen von sozialen Netzwerken und ihren Nutzern geeignet, weil es weiterhin eine Frage des Vertragsgestaltung ist, welche Nutzungsbedingungen zulässig sind. Gleichzeitig sind soziale Netzwerke private Akteure, die aufgrund ihrer entscheidenden Rolle für die öffentliche Kommunikation und ihres damit einhergehenden Einflusses auf die individuelle

[226] BGH, Urt. v. 29.07.2021 – III ZR 192/20, Rn. 85.
[227] BGH, Urt. v. 29.07.2021 – III ZR 192/20, Rn. 86; s. hierzu oben: Kap. 4., C. IV.
[228] BGH, Urt. v. 29.07.2021 – III ZR 192/20, Rn. 89.
[229] Auch teilweise weniger restriktiv, aber das ist nicht Gegenstand dieser Arbeit.

und öffentliche Meinungsbildung, entsprechend an grundrechtliche Maßstäbe gebunden sind.[230]

Bisher in dieser Arbeit erlangte Erkenntnisse haben es ermöglicht, in der Detailanalyse Kriterien für eine intensivere Drittwirkung zu identifizieren und zu definieren. Eine Rationalisierung ist folglich insoweit möglich, als die Relevanz eines sozialen Netzwerks für den durchschnittlichen Nutzer unabhängig des Einzelfalls erkannt werden kann. Daraus folgt, dass höhere Anforderungen an die Inhaltemoderation und ihre Entscheidungsgrundlagen bei der Inhaltemoderation zu stellen sind. Darüberhinausgehende Fragen betreffen den jeweiligen Einzelfall, weshalb eine materielle Festlegung über eine unzulässige Einschränkung der Meinungsfreiheit durch die Inhaltemoderation sozialer Netzwerke als solche hier nicht stattfinden kann.[231]

---

[230] So i. E. auch *Busch*, Regulierung digitaler Plattformen als Infrastrukturen der Daseinsvorsorge, S. 21.

[231] Dementsprechend kann der Streit darüber, ob die Rechtsprechung des Bundesverfassungsgerichts seit dem Fraport-Urteil und insbesondere seit dem Stadionverbotsbeschluss zu einem Tatbestandsmodell für die mittelbare Drittwirkung führt, obwohl das Rechtfertigungsmodell vorzugswürdig wäre, für die vorliegende Fragestellung dahinstehen, da zum einen beide Modelle hier Anwendung finden könnten und zum anderen das Bundesverfassungsgericht von der Folgenabwägung als ausschlaggebender Faktor bei der Abwägung ausgeht.

Zusammenfassung

Im Kern behandelt diese Arbeit die Frage, inwieweit Grundrechte – vorrangig Art. 5 Abs. 1 S. 1 GG – auf das Privatrechtsverhältnis zwischen dem Betreiber einer Online-Plattform in Gestalt eines sozialen Netzwerks ausstrahlen sollen, wenn der Zugang und die Gelegenheit sich dort zu äußern wichtige Bestandteile des gesellschaftlichen Lebens darstellen.

Im ersten Teil wurde die Fragestellung theoriebezogen anhand verschiedener Methoden erforscht, um sie in ihrer Vollständigkeit zu erfassen. Als methodische Herangehensweisen haben sich (neben der Beschreibung des Forschungsstands im Verfassungsrecht) die Rechtsprechungsanalyse (1. Kap.), der funktionale Rechtsvergleich mit dem US-Verfassungsrecht (2. Kap.) und das Beleuchten von Theorien aus den Sozial- und Kommunikationswissenschaften für eine interdisziplinäre Exploration (3. Kap.) angeboten. Ausgangspunkt dieses *tour d'horizon* waren Entscheidungen des Bundesverfassungsgerichts (seit dem Fraport-Urteil), in denen eine neuartige, erweiterte Anwendung der Drittwirkungslehre in Aussicht gestellt und später (im III. Weg-Beschluss) in der Tat explizit in Bezug auf soziale Netzwerke im Internet artikuliert wurde. Fraglich war dabei jedoch, auf welche Konzepte Gerichte zurückgreifen können, um solche Sachverhalte zu entscheiden, bei denen es um die Grenzen der Meinungsfreiheit zwischen zwei privaten Parteien in digitalen Kommunikationsformaten geht. Diese Lücke galt es zu schließen.

Im zweiten Teil der Arbeit wird die mittelbare Drittwirkung anwendungsbezogen untersucht; für die Gattung der sozialen Netzwerken wird dargestellt, welche Charakteristika diese Art Dienste von anderen Informationsintermediären unterscheidet und welche praktischen Auswirkungen ihr Geschäftsmodell auf die öffentliche Kommunikation hat (4. Kap.). Dem liegt die Erkenntnis zugrunde, dass Öffentlichkeit innerhalb eines sozialen Netzwerks modulartig hergestellt werden kann. Folglich kann die Moderation von Nutzerinhalten eine unangemessene Benachteiligung darstellen, weil soziale Netzwerke durchaus an die Meinungsfreiheit ihrer Nutzerinnen und Nutzer gebunden sind. Die intensivere Drittwirkung wirkt aber nicht unmittelbar zwischen sozialen Netzwerken und Nutzern, wenngleich sie u. U. den gleichen Schutz wie die unmittelbare Grundrechtsbindung entfalten kann (5. Kap.). I. F. werden die jeweiligen Vorgehensweisen und Erkenntnisse sowie die zentralen Ergebnisse der Arbeit zusammengefasst.

A. Kapitel 1: Die Lehre der mittelbaren Drittwirkung

Obwohl das Kernanliegen dieser Arbeit ist, den grundrechtlichen Schutz in digitalen Kontexten also der Gegenwart und der Zukunft zu artikulieren, kommt sie selbstverständlich nicht ohne Retrospektive aus. In dem für den Grundrechtsschutz höchst bedeutsamen Lüth-Urteil legte das Bundesverfassungsgericht den Grundstein für die heutige Anwendung der Lehre und unterstrich zugleich den außerordentlichen Stellenwert der Meinungsfreiheit:

> „die allgemeinen Gesetze müssen in ihrer das Grundrecht beschränkenden Wirkung ihrerseits im Lichte der Bedeutung dieses Grundrechts gesehen und so interpretiert werden, daß der besondere Wertgehalt dieses Rechts, der in der freiheitlichen Demokratie zu einer grundsätzlichen Vermutung für die Freiheit der Rede in allen Bereichen, namentlich aber im öffentlichen Leben, führen muß, auf jeden Fall gewahrt bleibt."[1]

Der Überblick zeigt, dass die Lehre immer wieder durchaus kritisch diskutiert wird, aber sich bisher nicht substanziell verändert hat. In der jüngeren Rechtsprechung des Bundesverfassungsgerichts lassen sich allerdings Anhaltspunkte dafür finden, dass die mittelbare Drittwirkung der Grundrechte eine höhere Intensität in Sachen Grundrechtsbindung Privater bedeuten kann. Um festzustellen, ob das Bundesverfassungsgericht bei der mittelbaren Drittwirkung einem gewissen Entscheidungsmuster bezüglich des Abwägungsvorgangs und -ergebnisses folgt, wurde die Rechtsprechung des Bundesverfassungsgerichts nach bestimmten Kriterien sortiert. In den Entscheidungen wurde nach einem solchen „Abwägungsmuster" für die mittelbare Drittwirkung von Art. 5 Abs. 1 S. 1 GG gesucht. Das Ergebnis zeigt, dass das Bundesverfassungsgericht zwar die Art der fachgerichtlichen Fehler in der mittelbaren Drittwirkung (Defizit oder Fehleinschätzung) definiert, aber keine genaueren Angaben zum Abwägungsergebnis der mittelbaren Drittwirkung der Meinungsfreiheit zwischen Privaten macht. Inhaltlich hat es zur Folge, dass Prognosen (aus Sicht der Parteien des Rechtsstreits) in diesem Bereich nur schwer gemacht werden können. Das Gericht muss sich stets auf den Einzelfall einlassen und entsprechend entscheiden. Im Einzelfall kann es dann zu einer stärkeren Ausprägung der objektiv-rechtlichen Gehalte führen. Aus der Zusammenschau der einschlägigen Entscheidungen seit dem Fraport-Urteil von 2011 (d. h. der „Bierdosen-Flashmob"-Beschluss, der Stadionverbot-Beschluss, der III. Weg-Beschluss sowie der Hausverbot-Beschluss) mit der umfassenderen Rechtsprechungsanalyse zeichnen sich bereits die Voraussetzungen für eine „intensivere" Drittwirkung der Meinungsfreiheit ab, die durch die Ergebnisse der folgenden Kapiteln untermauert werden.

---

[1] BVerfGE 7, 198 (208).

B. Kapitel 2: Die mittelbare Drittwirkung im Rechtsvergleich

In dem als Wendepunkt identifizierten Fraport-Urteil hat sich das Bundesverfassungsgericht explizit auf den SCotUS und dessen *public forum doctrine* bezogen. Dieser und andere Anknüpfungspunkte machten den Rechtsvergleich mit den USA unausweichlich. Um zu erfassen, welche Reichweite die mittelbare Drittwirkung der Meinungsfreiheit in demjenigen Rechtssystem hat, aus dem die größten Digitalunternehmen und sozialen Netzwerke stammen, und welche Erkenntnisse aus dem Umgang mit digitaler Kommunikation sich eventuell für die hiesige Fragestellung heranziehen lassen, wurde der Rechtsvergleich mit der *state action doctrine* und der *public forum doctrine* des SCotUS durchgeführt. Im Ergebnis ist das *Verständnis* von Meinungsfreiheit in den USA grundlegend verschieden, sowohl von den Werten, die geschützt werden sollen, als auch von der Systematik des subjektiven Schutzes durch Rechtsnormen. Darüber hinaus liefern die *state action doctrine* und *public forum doctrine* wenig Anhaltspunkte, die für die Anwendung der Lehre der mittelbaren Drittwirkung fruchtbar gemacht werden könnten. Grundsätzlich beruhen beide Lehren auf der Unterscheidung zwischen der öffentlichen Gewalt und privaten Akteuren bei der Bindungswirkung von Grundrechten, weil in beiden Rechtssystemen die Meinungsfreiheit als fundamental abwehrrechtlich verstanden wird und nur bedingt auf andere – d. h. nicht-staatliche – Gefährdungsszenarien reagiert.

In den USA kann die strikte Unterscheidung zwischen dem Staat und nichtstaatlichen Akteuren im Hinblick auf das *First Amendment* eine Reduzierung des individuellen Schutzes zur Folge haben, welche sich auch auf die überindividuellen Schutzziele (Werte) der *free speech clause* auswirkt. Statt wie das Bundesverfassungsgericht die Drittwirkung der Meinungsfreiheit von der Herstellung von Öffentlichkeit abhängig zu machen, bleibt der SCotUS bei einer restriktiven Auslegung der *state action doctrine*. Eine erweiterte Bindungswirkung des *First Amendment* auf die Betreiber digitaler Kommunikationsräume würde aber dazu führen, dass auch sie keine Nutzerinhalte moderieren dürften, und sowohl staatliche als private Akteure gegenüber unerwünschten Inhalten quasi handlungsunfähig wären. Doch die jüngere Rechtsprechung des SCotUS und einiger Fachgerichte lässt ein höheres Problembewusstsein für diesen Widerspruch erkennen.

Nach Ansicht der Verf. könnte man das Problem durch judikative Rechtserzeugung (zumindest teilweise) in Form einer zusätzlichen Kategorie der *public forum doctrine* beheben: das *social public forum*. So könnte das *First Amendment* eine Schutzwirkung in gewissem Maße entfalten, ohne private Akteure mit staatlichen Akteuren gleichzustellen. Um es mit dem hier entwickelten Vokabular ausdrücken: es käme so zu einer intensiveren Drittwirkung der Meinungsfreiheit, ohne dass sie private Akteure unmittelbar binden würde. Dieses Ergebnis verdeutlicht den Mehrwert des Rechtsvergleichs als Methode: die Erkenntnis, dass sich für beide Rechtssysteme sagen lässt, dass die Rechtsprechung substanziell zur Entwicklung des Rechtsrahmens für das Verhältnis zwischen Nutzern und Plattformen beitragen kann – obwohl das materielle Recht in seinem Schutzmechanismus grundlegend verschieden ist.

C. Kapitel 3: Meinungsfreiheit als Teilnahme am kommunikativen Geschehen – Erkenntnisgewinn durch Interdisziplinarität

Die Rechtwissenschaften arbeiten nicht nur mit Rechtsbegriffen oder Rechtsnormen, sondern ziehen Konzepte und Theorien anderer Wissenschaften heran. Im vorliegenden Fall sind es hauptsächlich Konzepte aus der Sozialwissenschaft, genauer gesagt die Öffentlichkeitstheorien, die es ermöglichen, adäquat auf die Verlagerung öffentlicher Kommunikation in digitale Konstellationen zu reagieren, bzw. die Unterscheidung zwischen privat und öffentlich im rechtlichen Sinne in Frage zu stellen. Das Bundesverfassungsgericht hat sich in seinen Judikaten auf die Herstellung von Öffentlichkeit gestützt, um eine stärkere Wirkung der mittelbaren Drittwirkung in spezifischen Konstellationen zu begründen. Der Strukturwandel aufgrund der Digitalisierung und die Emergenz solcher Dienste, die auf Anhieb Kommunikation öffentlichkeitsebenenübergreifend ermöglichen, verlangen eine Kontemplation bisheriger Ansätze. Zwar sind Öffentlichkeitstheorien weiterhin umstritten, dennoch besteht Klarheit darüber, dass das Internet die analogen Formen der Öffentlichkeit ergänzt und dass soziale Netzwerke privat hergestellte Öffentlichkeiten darstellen können. Von der Mediennutzungsforschung erfahren wir, welche Dienste allgemein zum Kommunizieren und welche gezielt informierend genutzt werden. Eine äußert relevante Rolle für die öffentliche Meinungsbildung kann ihnen heutzutage nicht mehr abgesprochen werden. Das Zurückgreifen auf Konzepte der Sozialwissenschaft ist nicht ungewöhnlich und sollte sich die Rechtsprechung hin zu einer „intensiveren" Drittwirkung der Meinungsfreiheit wandeln (wie von Verf. vorgeschlagen), bedarf es der Theorien und des Forschungsstands zum Konzept der Öffentlichkeit aus den Sozialwissenschaften und bei weiterführenden Untersuchungen eventuell anderer Disziplinen.

D. Kapitel 4: Soziale Netzwerke und die Kontrolle über digitale Kommunikation

Soziale Netzwerke verändern öffentliche Kommunikation, indem sie Möglichkeiten der digitalen und globalen Vernetzung bieten. Sie vermitteln fremde, sog. nutzergenerierte Inhalte und knüpfen Reichweite nicht an die Anforderungen der massenmedialen Öffentlichkeit. Sie sind durchlässig und vielschichtig, dadurch vermengen sich die klassischen Perspektiven auf Kommunikatoren und Rezipienten. Ihr Geschäftsmodell beruht auf der Aufmerksamkeit ihrer Nutzer und dafür bündeln sie publizistische und nicht-publizistische Inhalte je nach Nutzer anhand algorithmischer Sortierung und Priorisierung: sie werden zu Flaschenhälsen digitaler Kommunikation.

Soziale Netzwerke können nicht klassischen Medienkategorien zugeordnet werden: sie stellen teilweise Öffentlichkeit her, aber abhängig von der jeweiligen Plattformarchitektur. Die Modularität des Dienstes („Baukastensystem“) innerhalb einer singulären Plattform verwehrt die Einordnung als Ganzes. Das hybride Informationsangebot, das sie bereitstellen, kann in quasi-öffentlichen Modulen stattfinden, aber dieser Öffentlichkeitscharakter ist keine zwingende Voraussetzung. Deswegen sollte die durch soziale Netzwerke hergestellte Öffentlichkeit unter dem Aspekt der Zugangsmöglichkeit betrachtet werden (nicht nur der Rezeption): eine Möglichkeit über das enge private Netzwerk hinaus zu kommunizieren und als aktiver Teilnehmer dieser sich graduell wandelnden Öffentlichkeit wahrgenommen zu werden.

Inhaltemoderation nennt man die Praxis sozialer Netzwerke, nutzgenerierte Inhalte und Kommunikation auf Konformität mit ihren privaten Regeln zu überprüfen und Verstöße zu sanktionieren. Dieser Praxis kann ein gewisser Einfluss auf die freie individuelle und öffentliche Meinungsbildung nicht abgesprochen werden. Solche privaten Regeln sollen aus Sicht der Diensteanbieter für den globalen Markt tauglich sein und – dem digitalen Charakter des Dienstes entsprechend – unabhängig von nationalen Rechtssystemen Anwendung finden. Sie weisen dennoch starke Bezüge zum Rechtssystem des Herkunftslands des Diensteanbieters auf. Für die größten Dienste sind das die USA, sprich das Zusammenspiel von *First Amendment* und Sec. 230 CDA (s. Kap. 2). Entsprechend behalten sich digitale Plattformen das Recht vor, auf der Grundlage unbestimmter Begriffe über die Kommunikation ihrer Nutzer zu entscheiden. Ihre Gemeinschaftsstandards enthalten teilweise Bestimmungen, die weiter als gesetzliche Verbote gehen. Sanktioniert werden Nutzer durch das Entfernen der Äußerung, durch eine vorübergehende oder permanente Kontosperrung oder durch eine algorithmische Entpriorisierung ihrer Inhalte und möglicherweise einer algorithmische „Verbannung“, die zu weniger Reichweite führen.

Die Betreiber sozialer Netzwerke können sich auf Art. 12 Abs. 1 und 14 Abs. 1 GG im Wege der Spezialität sowie Art. 2 Abs. 1 GG (Privatautonomie) stützen, weil bei es der Durchsetzung von Nutzungsbedingungen stets um eine unternehmerische Entscheidung geht. Gegenüber der Meinungsfreiheit aus Nutzerperspektive bedeutet das Moderieren von nutzergenerierten Inhalten für den Diensteanbieter auch Ausdruck einer eigenen Haltung bezüglich bestimmter Äußerungsinhalten. Damit bestimmt der Diensteanbieter den diskursiven Rahmen auf seiner Plattform und verdeutlicht seine Ablehnung gegenüber bestimmten Inhalten wie bspw. solchen, die potenziell Dritten schaden und nicht-erwünschte Äußerungen enthalten. Dieses Kuratieren der eigenen Plattform fällt in den Schutzbereich von Art. 5 Abs. 1 S. 2 GG und muss als genuine Grundrechtsträgerschaft sozialer Netzwerke begriffen werden. Auf die jeweilige Ausrichtung der Plattform ist entsprechend bei der Abwägung einzugehen.

E. Kapitel 5: Inhaltemoderation und intensivere Drittwirkung

Soziale Netzwerke schreiben in ihren Nutzungsbedingungen den Umgang der Nutzer untereinander vor und setzen diese Regeln durch das Entfernen von Inhalten oder durch andere Einschränkungen um. Facebook bietet sich hier als Anwendungsfall an, weil es das weltweit größte soziale Netzwerk ist. Die Zulässigkeit von rechtmäßigen Meinungsäußerungen in Form von nutzergenerierten Inhalten durch private Regeln einseitig zu bestimmen und effektiv zu sanktionieren, kann eine unangemessene Behandlung gemäß § 307 Abs. 1 S. 1 BGB darstellen. Das ist dann der Fall, wenn die Voraussetzungen für eine intensivere Drittwirkung vorliegen und bei der Abwägung besonders beachtet werden müssen. Im Ergebnis muss es gelingen, die Kollision zwischen der Gewährleistung der Nutzung neuer privater Öffentlichkeitsformen im Internet, die für Teilhabe am gesellschaftlichen Leben relevant sind, und dem Umgang mit unerwünschten aber nicht rechtswidrigen Meinungsäußerungen aufzulösen. Hierfür wird eine intensivere Drittwirkung der Meinungsäußerungsfreiheit in identifizierten spezifischen Konstellationen vorgeschlagen.

I. Verpflichtete der intensiveren Drittwirkung

Adressaten sind solche Private, die die Bereitstellung eines Ortes der allgemeinen Kommunikation übernehmen, der ohne Ansehen der Person zugänglich ist und einen gewissen Öffentlichkeitsbezug aufweist. Der Dienst ist einer Intermediärsgattung zuordenbar, die für die individuelle und öffentliche Meinungsbildung relevant ist, weil er Rahmenbedingungen für öffentliche Kommunikation schafft. Der Dienst weist eine gewisse Größe auf dem Markt auf, was auf die Angewiesenheit der Nutzer für die Teilnahme am kommunikativen Geschehen innerhalb der Gesellschaft hindeutet. Dabei muss bedacht werden, dass unterschiedliche Kommunikationsformen auf unterschiedlichen Modulen innerhalb einer Plattform zu unterschiedlichen Öffentlichkeitsformen führen können.

Wenn Unternehmen Orte der allgemeinen Kommunikation im Internet schaffen und betreiben, gelten besondere Anforderungen in Bezug auf die Meinungsfreiheit ihrer Nutzer. Die intensivere Drittwirkung ist somit Ausdruck eines graduellen Schutzverständnisses: je größer die Plattform und je unbestimmter ihre Ausrichtung, desto eher kann die Durchsetzung inhaltsbezogener Regeln, die über gesetzliche Verbote hinausgehen, eine unangemessene Benachteiligung der Nutzer darstellen. Im Ergebnis müssen die Fachgerichte im Rahmen der einschlägigen Generalklausel zwischen der individuellen Meinungsfreiheit des betroffenen Nutzers und den Interessen des Unternehmens abwägen.

II. Wirkung der intensiveren Drittwirkung

Die intensivere Drittwirkung kann sich in Bezug auf den Schutz vor inhaltsbezogenen Sanktionen (d. h. entfernen, geo-blocken), den subjektiven Schutz der abstrakten Äußerungsmöglichkeit (d. h. algorithmische Benachteiligung) und den Schutz vor kontobezogenen Sanktionen (d. h. Zugangssperren, vorübergehend oder dauerhaft) auswirken, also auf den Schutzbereich von Art. 5 Abs. 1 S. 1 GG im Sinne des Kommunikationsvorgangs als Ganzes.

Auch wenn das Entfernen von Meinungsäußerungen durch soziale Netzwerke möglicherweise eine unangemessene Benachteiligung der Nutzer darstellt, kann dennoch keine absolute Vorrangsregel zugunsten der Meinungsfreiheit aufgestellt werden. Inhaltemoderation ist zu vielschichtig, als dass man von einer Regel zugunsten aller Inhalte, die nicht rechtswidrig sind, ausgehen könnte. Auch wenn sich bei solchen Sachverhalten eine Vermutung zugunsten der Meinungsfreiheit anbietet, gibt es durchaus ein legitimes (und in der Abwägung schutzwürdiges) Interesse des Dienstes, rechtmäßige aber unerwünschte Inhalte zu entfernen, wenn sie mit der Werteordnung des Grundgesetzes und der generellen Ausrichtung der Plattform nicht vereinbar sind. Die Plattformausrichtung muss als Kriterium herangezogen werden. Soweit die Plattform allerdings sich als digitaler, globaler und themenlosgelöster Kommunikationsdienst ausgibt, muss daraus gefolgert werden, dass das Verbot bestimmter Meinungen (wie gesagt, immer abgesehen von gesetzlichen Verboten) nur unter Verweis auf die Gefährdung anderer individueller oder über-individueller Schutzgüter erfolgen darf. Für das Sanktionieren einzelner Äußerungen bedarf es in jedem Fall klarer, zugänglicher und bestimmter Regeln als Grundlage für die Inhaltemoderation. Eine Generalklausel ist hierfür nicht ausreichend.

Die dauerhafte Zugangssperre stellt eine *ultima ratio* dar, weshalb dafür eine ausdrückliche Klausel erforderlich ist, sowie verfahrensrechtliche Rahmenbedingungen, und ein erheblicher Begründungsaufwand, wenn ein Nutzerkonto dauerhaft gesperrt werden soll. Dieser Zugang i. e. S. sollte nicht davon abhängen, ob man bereits registriert war oder nicht. Auch der Anspruch auf einen Erstzugang kann davon umfasst sein, wenn die o. g. Voraussetzungen erfüllt sind. Der Zugang i. w. S. bedeutet die Möglichkeit, als registrierter Nutzer die Kommunikationsangebote eines Dienstes in Anspruch nehmen zu können, ohne in seinen durchschnittlichen Erwartungen in Bezug auf Sichtbarkeit und Reichweite eingeschränkt zu werden. Angesichts zunehmender algorithmischer Sanktionierungsformen, bei denen die Auswirkungen für Nutzer weniger greifbar sind (als bei Löschungen oder Zugangssperren), kann es auf diese Form des Zugangs i. w. S. ankommen.

Ausblick

Die Lehre der mittelbaren Drittwirkung ist als Instrument der Rechtsprechung sowohl auf individueller als auch überindividueller Ebene zukunftsfähig. Angesichts der Herausforderungen, die auf das Verfassungsrecht durch Digitalisierung und Globalisierung zukommen, kann ein transjustizieller Dialog einen diskursiven Raum über die hier untersuchte Fragestellung bieten. Eine Obsoleszenz der nationalen Rechtsprechung ist bisher nicht festzustellen, sondern eher ein Spannungsverhältnis zwischen der Erhaltung von Rechtspluralismus und der Suche nach adäquaten Antworten auf globale Fragestellungen. Dafür kann die Lehre der mittelbaren Drittwirkung hilfreich sein, weil es vergleichbare Lehren oder Doktrinen in anderen Rechtsordnungen gibt, die Anknüpfungspunkte bilden. Auf diesen Austausch sollte hingearbeitet werden, um einen besseren Grundrechtsschutz gewährleisten zu können.[1]

Ein umfassender Schutz der Meinungsfreiheit zwischen Privaten erfordert keine Abkehr des Prinzips der *mittelbaren* Drittwirkung. Auch unter den Umständen einer zunehmenden Verschiebung öffentlicher Kommunikation in digitale Kommunikationsräume gibt es keine Rechtfertigung für eine unmittelbare Drittwirkung der Meinungsfreiheit auf Rechtsbeziehungen zwischen Privaten. Zwar kann die mittelbare Drittwirkung eine Intensität entwickeln, die der Grundrechtsbindung der öffentlichen Gewalt sehr nahekommt, aber eine unmittelbare Grundrechtsbindung ist nicht erforderlich. Es gibt keine Anhaltspunkte dafür, dass die mittelbare Drittwirkung von Art. 5 Abs. 1 S. 1 GG einer unmittelbaren Wirkung zwischen Privaten weichen müsste. Die entwickelten Kriterien können den Gerichten, die sich mit solchen Fällen befassen, und, in der Folge, den Parteien, die die Entscheidungen umsetzen, helfen, Parameter zu beachten, die zu einer grundrechtskonformen Entscheidung führt.

Zweifelsohne kann diese Arbeit nur ihren Teil zur übergeordneten Frage des Grundrechtsschutzes gegenüber nicht-staatlichen Akteuren in der digitalen Gesellschaft beitragen und viele der weiterführenden Gedanken konnten nur kurz angesprochen werden. Aus den Ergebnissen haben sich auch neue Fragen ergeben, die wahrscheinlich im erweiterten Kontext des rechtlichen Umgangs mit Informationsintermediären zum Tragen kommen werden.

---

[1] Vgl. *Bryde*, Der Staat 2003, 61 (75).

A. Wiederherstellung entfernter Nutzerinhalte

Eine davon ist die Frage der Umsetzung, d. h. des Anspruchsinhalts für den betroffenen Nutzer, nachdem festgestellt wurde, dass das Entfernen von Inhalten rechtswidrig war, weil die Drittwirkung der Meinungsfreiheit nicht ausreichend beachtet wurde. Die Wiederherstellung entfernter Inhalte könnte einen Anspruch auf Wirkungsgleichheit beinhalten, der über das bloße (Wieder-)Veröffentlichen des streitgegenständlichen Inhalts hinausginge. Das würde bedeuten, dass der Inhalt nicht nur wieder veröffentlicht, sondern auch in seiner ursprünglichen Visibilität wiederhergestellt werden würde. Die Schwierigkeit liegt in der hochgradig individualisierten Anzeige von Inhalten durch algorithmische Systeme, weswegen sich der Anspruch auf Wiederherstellung nicht objektiv für alle Nutzer artikulieren lässt. Ähnlich verhält es sich, wenn schon die Sanktionierung in der Schlechterstellung der Meinungsäußerung gegenüber anderen Inhalten liegt (*shadow-banning*; *downranking*), denn auch da ist die Beseitigung der unangemessenen Behandlung nicht objektivierbar – im Gegensatz zu der Entfernung des Inhalts oder der Sperrung des Nutzerkontos. Das Formulieren rechtlicher Ansprüche, die diese technischen Umstände und sozialen Erwartungen (Sichtbarkeit, Reichweite) integrieren, erfordert weitere Forschung.

B. Schutz für Daten und automatisierte Kommunikation

Von Meinungsäußerungen in Form von nutzergenerierten Inhalten abgesehen ist in anderen Konstellationen weniger klar, ob an die Schutzgehalte von Art. 5 Abs. 1 S. 1 GG angeknüpft werden kann (bspw. das Verursachen von Datenspuren auf sozialen Netzwerken als mögliche Äußerungsform). Gegen die Einbeziehung in den Schutzbereich von Art. 5 Abs. 1 S. 1 GG spricht, dass jede Aktivität im Internet nicht zwangsläufig eine Meinung im Sinne eines Kommunikationsinhalts darstellt und dass es höchstwahrscheinlich an einer Kundgabe fehlt, da die Datenspuren unabhängig davon entstehen, ob der Nutzer eine Meinung äußern möchte oder nicht. Dafür spricht der weite Schutzbereich der Meinungsäußerungsfreiheit, denn sowohl die Definition der Meinung als die des Sichäußerns werden weit ausgelegt. Damit verbunden sind auch Fragen der Privatheit und der Freiheitlichkeit der Meinungsbildung.

Fraglich ist auch, ob automatisierte Kommunikation, bei der der Kommunikator stückweise die Kontrolle über die Form und möglicherweise auch den Inhalt der Äußerung aus der Hand gibt (bspw. durch das Nutzen von Social Bots zum Verbreiten von Meinungen oder von künstlicher Intelligenz und Journalismus), eine Meinungsäußerung darstellt. Obwohl der persönliche und sachliche Schutzbereich von Art. 5 Abs. 1 S. 1 GG weit und umfassend ausgelegt wird,[2] stellt die Kommunikation in datafizierter Form dieses grundsätzliche Verständnis vor neue Herausforderungen. Käme es zu Änderungen auf der Schutzbereichsebene für neue Kommunikationsformen könnte sich dies auch auf die intensivere Drittwirkung auswirken, da sie in der Abwägung möglicherweise weniger ins Gewicht fallen würden.

C. Automatisierung der Inhaltemoderation

Die Automatisierung der Inhaltemoderation, d. h. die automatisierte Durchsetzung der Gemeinschaftsstandards durch Algorithmen und zunehmend auch durch künstliche Intelligenz wirft ebenfalls Fragen auf. Stünde die Inhaltemoderation durch Algorithmen bzw. autonome Systeme der hier vorgestellten Lösung im Weg, weil sie eine Abwägung im Einzelfall nicht gewährleisten können? Ist eine Automatisierung der Inhaltemoderation nur unter bestimmten Voraussetzungen erlaubt? Und in welchem Verhältnis steht sie zur allgemeinen Automatisierung der Kommunikation? Wenn durch die Automatisierung neue Regelungsstrukturen entstehen, muss geprüft werden, an welchen Maßstäben sie gemessen werden und ob die Vollziehung jenseits des Markierens von Inhalten, d. h. die Anwendung von Gemeinschaftsstandards und gegebenenfalls die Sanktionierung der Nutzerinhalte, rechtmäßig wäre.[3] Außerdem wäre es denkbar, die intensivere Drittwirkung bei der Gestaltung der Algorithmen bereits mit zu berücksichtigen. Dabei geht es weiterhin darum, dass private Regelungsstrukturen innerhalb von globalen Netzwerken möglicherweise nationale Gesetze faktisch substituieren könnten.

D. Verlagerung öffentlicher Kommunikation

Eine Anschlussfrage an den interdisziplinären Teil dieser Arbeit ist die zunehmende Verlagerung der Kommunikation in vermeintlich private, d. h. nicht allgemein zugängliche, Dienste. Experten beobachten, dass die Betreiber von digitalen Kommunikationsdienten Nutzerkommunikation in private Kanäle lenken, eventuell um gewisse Fragen hinsichtlich der Legitimität von Inhaltemoderation zu umgehen. Angesichts dessen müsste untersucht werden, welche Auswirkungen dieses Phänomen auf die hier gestellte Frage haben könnte und ob sich Nutzer auch in Diensten der Individualkommunikation gegenüber Plattformen auf ihre Meinungsfreiheit berufen könnten. Wenn Plattformen auch bei interpersonaler Kommunikation Inhalte moderieren, könnte es erst-recht zu

---

2 BVerfGE 43, 130 (137); 82, 43 (50).

3 Erste Ansätze in: *Bloch-Wehba*, Cornell Int'l L. J. 2020, 60 (50 f.); *Perel (Filmar)/Elkin-Koren*, 2019.

einer intensivieren Drittwirkung ihnen gegenüber kommen, weil Nutzer dort von einem gewissen Grad an Privatheit – auch gegenüber dem Diensteanbieter – ausgehen. Vermutlich wird zunehmend auch der Grundrechtsschutz des Rezipienten mit in die Abwägung solcher multipolaren Konstellationen einfließen. Daran schließen sich Fragen der Governance dieser zukünftigen Öffentlichkeitsformen, bzw. der erweiterten Governance des *Private Orderings* – eine *Governance of Governance* – an.

E. Privatisierte Anwendung der intensiveren Drittwirkung

Eine faktische Substituierung durch interne Kontrollinstanzen (wie das Facebook Oversight Board) ist im Hinblick auf bestehende Machtasymmetrien und aus Gewaltenteilungsüberlegungen kritisch zu hinterfragen. Unabhängige Kontrollinstanzen durch Dritte könnten eher in Erwägung gezogen werden[4] und die Rechtsprechung mit Empfehlungen unterstützen, vorausgesetzt die Unabhängigkeit solcher Stellen kann gewährleistet werden. Im Ergebnis ist die rechtsprechende Gewalt in ihrer Unabhängigkeit allerdings nicht ersetzbar, insbesondere bei der Abwägung zwischen Grundrechtspositionen. Voraussetzung ist und bleibt in jedem Fall eine funktionierende, unabhängige Justiz.[5]

Im europäischen Kontext könnten die auch vom EGMR und vom EuGH entschiedenen Fälle an Wichtigkeit für die judikative Rechtserzeugung gewinnen (allerdings ging es bisher um die Haftung von Facebook für *rechtswidrige* Nutzerinhalte, und inwieweit das Netzwerk proaktiv suchen und löschen muss[6]).

F. Intensivere Drittwirkung im globalen Kontext

Schließlich bleibt noch die Frage offen, wie mit dem Spannungsverhältnis zwischen dem globalen Angebot der großen sozialen Netzwerke und den rechtlichen Antworten auf nationaler Ebene umzugehen ist. Bei der Ausstrahlungswirkung der Meinungsfreiheit zwischen Privaten im digitalen Raum handelt es sich um eine im globalen Kontext redundante Frage: sie stellt sich überall dort, wo soziale Netzwerke einen Ort der allgemeinen Kommunikation bereitstellen und genutzt werden. Die bisherige Vorgehensweise der sozialen Netzwerke ist, dass sie sich, soweit rechtlich möglich, von nationalen Gesetzen unabhängig machen, indem sie ihre eigenen Gemeinschaftsstandards als Entscheidungs-

---

[4] Vgl. *Great Britain/Department for Culture*, Online Harms White Paper, S. 46.

[5] *Shapiro*, in: Landfried, Judicial power: how constitutional courts affect political transformations, S. 21 (35).

[6] EuGH, Urt. v. 03.10.19, C-18/18 – Eva Glawischnig-Piesczek/Facebook Ireland Limited.

grundlage heranziehen, die sie global anwenden können, und ihren Nutzern interne Widerspruchs- bzw. rechtsmittelähnliche Möglichkeiten anbieten. So kann ein paralleles System entstehen, ausschließlich für privat hergestellte Öffentlichkeiten in der digitalen Gesellschaft.

Die Lehre der mittelbaren Drittwirkung als Teil der Rechtsentwicklung durch judikative Rechtserzeugung kann dazu beitragen, rechtliche Lösungen zu formulieren, die nicht nur im nationalen Kontext anwendbar sind. Angesichts der Tatsache, dass verfassungsgerichtliche Entscheidungen über den Einzelfall hinaus wirken können,[7] weil sie von der Öffentlichkeit wahrgenommen und angenommen werden, kann sich dieser erweiterte Einfluss auch auf den Sachverhalt der Inhaltemoderation auswirken, da Änderungen in den Gemeinschaftsstandards für alle Nutzer gelten und ein Einzelfalljudikat somit unvorhersehbare Wirkung entfalten kann.[8] Das Konzept der intensiveren Drittwirkung bietet einen Lösungsansatz für diese redundante Steuerungsherausforderung und eine umsetzbare Alternative zu bisherigen, prinzipienbasierten Herangehensweisen. Entscheidungen des Bundesverfassungsgerichts zu Fragen der Inhaltemoderation könnten insofern möglicherweise einen „Karlsruhe-Effekt" auslösen.[9] Diese letzte Frage umfasst eine empirische sowie eine normative Komponente: wird das *Private Ordering* der Plattformen durch Verfassungsrechtsprechung geprägt und sollten Verfassungsjudikate eine solche erweiterte Ausstrahlungswirkung haben?

---

[7] Vgl. *Düwel*, Kontrollbefugnisse des Bundesverfassungsgerichts bei Verfassungsbeschwerden gegen gerichtliche Entscheidungen, S. 249, 252, 279.

[8] *Hoffmann-Riem*, in: AK-GG, Art. 5 Abs. 1, Rn. 43.

[9] Angelehnt an die Idee des „Brüssel-Effekts" im Kontext der Internetregulierung, *Bradford*, The Brussels effect; s. a. *Masing*, in: Bäuerle/Wallrabenstein/Bryde, Demokratie-Perspektiven: Festschrift für Brun-Otto Bryde zum 70. Geburtstag, S. 409 (425): „Vielleicht kann die Rechtsprechung des Bundesverfassungsgerichts hier Impulse setzen."; *Landfried*, Judicial Power.

English Summary

A. Research Question

More than ten years ago, U. S. legal scholar *Rebecca Tushnet* described the influence of information intermediaries in a prescient way as „Power without Responsability". Today, different regulatory projects against phenomena such as hate crime and disinformation in social networks can be observed (e. g., German Network Enforcement Act), but (still) no uniform approach at the EU level. Among other things, the question of how social networks should handle lawful but unwanted user-generated content remains unanswered. For a long time, content moderation by social networks was not perceived as a pressing problem for legal scholarship because the question of enforcing legal prohibitions on the Internet was prioritized (e. g., by the NetzDG). However, undesirable, offensive or even democratically harmful content often does not fulfill the objective facts of a legal prohibition. As a result, social networks predominantly use their own rules („community standards") to decide what user behavior is permitted and what is not. This power over digital communication is not unproblematic when such services form a digital (partially, at least) public forum due to their services and user numbers. In this context, the question must be addressed as to whether private actors should also observe the communication freedoms of their users, and if so, to what extent. The aim of this thesis is to propose answers to these questions. It identifies constitutional guidelines that could serve as support for the courts in reaching their decisions and that could also be applied to other legal systems and integrated into the content management practices of the companies addressed.

B. Findings

In the theoretical part, the question was explored using various methods in order to grasp it in its completeness. As methodological approaches (in addition to the description of the state of research in constitutional law), the analysis of legal practice, the functional comparison of German and US constitutional law, and the use of theories from the social and communication sciences have offered themselves for an interdisciplinary exploration.

The second part of this thesis was concerned with the practical investigation of indirect horizontal effects in digital communication formats, i. e., what manifestations of these there are and what role they play in society. Related to this was the realization that public fora can be created within a social network, depending on the specific functionality (from more public to more private communication). The way user-generated content is moderated can constitute an undue disadvantage. Hence, social networks can be bound to the freedom of expression of their users horizontally.

C. A more intensive horizontal effect: Main features

Content moderation is the practice of social networks to moderate user-generated content for conformity with their private rules and to sanction violations thereof. These private rules are intended to be applicable to a global market and – in keeping with the digital nature of the service – to be applied independently of national legal systems. They nevertheless have strong links to the legal system of the service provider's country of origin, i. e. for the largest services the USA, i. e. the interaction of the First Amendment and Sec. 230 CDA. Accordingly, they either reserve the right to decide on the communication of their users on the basis of vague terms. In some cases, they contain provisions that go further than legal prohibitions. Users are sanctioned by having their content removed, by having their accounts temporarily or permanently blocked, or by having their content algorithmically demoted and possibly algorithmically „banned", which results in less outreach.

Unilaterally determining the permissibility of user-generated content and otherwise sanctioning it may constitute an unfair practice pursuant to Section 307 (1) sentence 1 of the German Civil Code. This is the case if the requirements for a more intensive horizontal effect are met and must be given special consideration in the balancing process. The goal is to resolve the collision between guaranteeing freedom of expression within new private forms of communication on the Internet, which are relevant for participation in social life, and dealing with undesirable but not unlawful speech. To this end, a more intensive horizontal effect of freedom of expression in identified specific constellations is proposed.

I. Requirements

The addressees ought to be private entities that provide an online space for general communication that is accessible without regard to the person and has a certain degree of public character. The service is classifiable as an intermediary that is relevant to the formation of individual and public opinion, because it creates a framework for online public communication. The service has a significant size on the market, which indicates that users depend on it for their participation in public discourse. It must be considered that different forms of communication on different modules within a platform can lead to different forms of public sphere.

When companies operate spaces suitable for the formation of public opinion on the Internet, special requirements might apply with regard to the freedom of opinion of their users. The more intense horizontal effect is thus an expression of a gradual understanding of legal protection: the larger the platform and the more undefined its orientation, the more likely it is that the enforcement of content-related rules that go beyond statutory prohibitions will constitute an unfair penalty for users. As a result, the courts must balance the individual freedom of expression of the affected user against the interests of the company within the scope of the relevant general provision.

II. Effects

The more intense horizontal effect can have an impact on content-related sanctions (removal, geo-blocking), the subjective protection of the abstract possibility of expression (algorithmic sanctions) and the protection against account-related sanctions (access blocking, temporary or permanent), i. e. on the scope of protection of Article 5 (1) s. 1 GG in the sense of the communicative process as a whole.

Even if the removal of content by social networks may constitute an unreasonable disadvantage to users, no absolute rule in favor of freedom of expression can be established. Content moderation is too complex to assume a general rule in favor of all content that is not unlawful. Even if a presumption in favor of freedom of expression is appropriate in such circumstances, there may well be a legitimate (and worthy of protection) interest of the service to remove lawful but unwanted content if it is not compatible with the value system of the Basic Law and the general scope of the platform. The platform's scope can be used as a criterion. But insofar as the platform claims to be a digital, global and topic-free communication service, it points at the fact that the prohibition of certain opinions (as said, always apart from legal prohibitions) may only take place with reference to the endangerment of other individual or supra-individual protected interests. For the sanctioning of individual statements, clear, accessible and specific rules are required in any case as a basis for content moderation. A general stipulation is not sufficient for this purpose.

Blocking access, that is, banning users from the social media platform represents the ultima ratio. Hence, a specific clause is necessary, as well as procedural framework conditions, and a considerable amount of justification if a user account is to be permanently blocked. This right to access in the narrower sense could also be applicable prior to a registration. It can also include the right to initial access if the above-mentioned requirements are met. Moreover, access in the broader sense means the possibility of being able to make use of the service as a registered user without being restricted in one's average expectations in terms of visibility and reach. In view of increasing algorithmic forms of content moderation (e. g., shadow-banning), where the effects are less tangible for users (than in the case of deletions or permanent bans), this form of access in the broader sense can be important.

D. Outlook

Comprehensive protection of freedom of expression between private parties does not require a renunciation of the principle of *indirect* horizontal effect. Even under the circumstances of an increasing shift of public communication into digital communication spaces, there is no justification for a direct horizontal effect. Although and because the indirect horizontal effect can develop an intensity that approaches the fundamental rights obligation of state authority very closely, a direct effect is not required. The current doctrine is sustainable as an instrument of judicial practice at both the individual and supra-individual levels, provided it is developed in a sense suggested in this thesis. Given the challenges posed to constitutional law by the phenomenon of globalization, a transjudicial dialogue can provide a discursive space on the issue examined here. One cannot detect an obsolescence of national jurisprudence, but rather a tension between the preservation of legal pluralism and the search for adequate answers to global issues.

Literaturverzeichnis

Adolf, Marian, Öffentliche Kommunikation und kommunikative Öffentlichkeiten. Zur Konstitution von Öffentlichkeit im Zeitalter der digitalen Medien, in: Hahn, Oliver/Hohlfeld, Ralf/Knieper, Thomas (Hrsg.), Digitale Öffentlichkeit(en): Konstanz [u. a.] 2015, S. 51–64.

Albers, Marion/Schönberger, Christoph, Höchstrichterliche Rechtsfindung und Auslegung gerichtlicher Entscheidungen, in: Höfling, Wolfram (Hrsg.), Grundsatzfragen der Rechtsetzung und Rechtsfindung, Berlin 2012, S. 257–368.

Albert, Mathias/Deitelhoff, Nicole/Zimmermann, Lisbeth, Private Regulierung und öffentliche Ordnung in der Weltgesellschaft, in: Albert, Mathias/Deitelhoff, Nicole/Zimmermann, Lisbeth (Hrsg.), Ordnung und Regieren in der Weltgesellschaft, 2018, S. 381–400.

Alexy, Robert, Theorie der Grundrechte, Frankfurt am Main 1986.

Ders., Verfassungsrecht und einfaches Recht – Verfassungsgerichtsbarkeit und Fachgerichtsbarkeit, Berlin [u. a.] 2002.

Alstyne, William W. Van/Karst, Kenneth L., State Action, Stanford Law Review 1961, 3.

Altmeppen, Klaus-Dieter/Bieber, Christoph/Filipović, Alexander/Heesen, Jessica/Neuberger, Christoph/Röttger, Ulrike/Stieglitz, Stefan/Thomas, Tanja, Öffentlichkeit, Verantwortung und Gemeinwohl im digitalen Zeitalter: Zur Erforschung ethischer Aspekte des Medien- und Öffentlichkeitswandels, Publizistik 2019, 59–77.

Andrews, Travis M., Tinder, TikTok and more: Online activists are finding creative new ways to say Black Lives Matter, Washington Post 12.06.2020, https://www.washingtonpost.com/technology/2020/06/12/tiktok-tinder-twitter-bts-black-lives-matter/

Angwin, Julia/Grassegger, Hannes, Facebook's Secret Censorship Rules Protect White Men But Not Black Children, ProPublica 28.06.2017, https://www.propublica.org/article/facebook-hate-speech-censorship-internal-documents-algorithms

Ash, Timothy Garton, Redefreiheit: Prinzipien für eine vernetzte Welt, Lizenzausgabe für die Bundeszentrale für politische Bildung, Bonn 2016.

Bachmann, Gregor, BGB § 241 Pflichten aus dem Schuldverhältnis, in: Säcker, Franz Jürgen/Rixecker, Roland/Oetker, Harmut/Limperg, Bettina (Hrsg.), Münchener Kommentar zum BGB Bd. II, 8. Aufl., München 2019.

Badura, Peter/Merten, Detlef/Papier, Hans-Jürgen (Hrsg.), Die Grundrechte und ihre Schranken.

Balkin, Jack M., Digital Speech and Democratic Culture: a Theory of Freedom of Expression for the Information Society, New York University L. Rev. 2004, 1–55.

Bambauer, Jane, Is Data Speech, Stanford Law Review 2014, 57–120.

Barak-Erez, Daphne, A State Action Doctrine for an Age of Privatization, Syracuse Law Review 1994, 1169–1192.

Basedow, Jürgen, BGB § 305 Einbeziehung Allgemeiner Geschäftsbedingungen in den Vertrag, in: Münchener Kommentar zum BGB Bd. II, 8. Aufl., München 2019.

Ders., BGB § 305c Überraschende und mehrdeutige Klauseln, in: Münchener Kommentar zum BGB Bd. II, 8. Aufl., München 2019.

Bauer, Christian Alexander, User Generated Content: Urheberrechtliche Zulässigkeit nutzergenerierter Medieninhalte, Berlin/Heidelberg 2011.

Bauer, Hartmut, Präambel, Artikel 1–19, in: Dreier, Horst (Hrsg.), Grundgesetz, 3. Aufl., Tübingen 2013.

Bäumlin, Richard, Staat, Recht und Geschichte: eine Studie zum Wesen des geschichtlichen Rechts, entwickelt an den Grundproblemen von Verfassung und Verwaltung, Zürich 1961.

Bechmann, Anja/Nielbo, Kristoffer L., Are We Exposed to the Same „News" in the News Feed?, Digital Journalism 2018, 990–1002.

Beck, Klaus, Kommunikationswissenschaft, 5. Aufl., Konstanz 2017.

Beeferman, Larry W., Images of the citizen and the state: resolving the paradox of public and private power in constitutional law, Lanham, MD 1996.

Beisch, Natalie/Schäfer, Carmen, Internetnutzung mit großer Dynamik: Medien, Kommunikation, Social Media, Media Perspektiven 2020, 462–481.

Belli, Luca/Venturini, Jamila, Private ordering and the rise of terms of service as cyberregulation, Internet Policy Review 5 (4) 2016.

Benhabib, Seyla, Hannah Arendt: die melancholische Denkerin der Moderne, 1. Aufl., Frankfurt am Main 2006.

Bentele, Günter/Brosius, Hans-Bernd/Jarren, Otfried (Hrsg.), Öffentliche Kommunikation: Handbuch Kommunikations- und Medienwissenschaft, 1. Aufl., Wiesbaden 2003.

Berberich, Matthias, Der Content „gehört" nicht Facebook! AGB-Kontrolle der Rechteeinräumung an nutzergenerierten Inhalten, Multimedia und Recht 2010, 736–741.

Berger, Curtis J., Pruneyard Revisited: Political Activity on Private Lands, New York University Law Review 1991, 633–694.

Bethge, Herbert, Zur Problematik von Grundrechtskollisionen, München 1977.

Ders., Grundrechtsträgerschaft juristischer Personen: Zur Rechtsprechung des Bundesverfassungsgerichts, Archiv des öffentlichen Rechts 104 (1979), 54–111.

Ders., BVerfGG § 90 [Erhebung der Verfassungsbeschwerde], in: Maunz, Theodor/Schmidt-Bleibtreu, Bruno/Klein, Franz/Bethge, Herbert (Hrsg.), Bundesverfassungsgerichtsgesetz: Kommentar, 60. Aufl., München 2020.

Ders., GG Art. 5, in: Sachs, Michael (Hrsg.), Grundgesetz: Kommentar, 9. Aufl., München 2021.

Bieber, Hans-Jürgen, BGB § 541 Unterlassungsklage bei vertragswidrigem Gebrauch, in: Münchener Kommentar zum BGB Bd. V, 8. Aufl., München 2020.

Bignami, Francesca, Formal versus Functional Method in Comparative Constitutional Law, Osgoode Hall Law Journal 2016, 442–471.

Bird, S. Elizabeth, Are We All Produsers Now?: Convergence and Media Audience Practices, Cultural Studies 2011, 502–516.

Black Jr, Charles L., Foreword: „State Action," Equal Protection and California's Proposition 14, Harvard Law Review 1967, 69–109.

Blackmon, Douglas A., Slavery by another name: The re-enslavement of black Americans from the Civil War to World War II, 2009.

Blasi, Vincent, Holmes and the Marketplace of Ideas, The Supreme Court Review 2004, 1–46.

Bloch-Wehba, Hannah, Automation in Moderation, Cornell International Law Journal 2020, 42–96.

Böckenförde, Ernst-Wolfgang, Grundrechtstheorie und Grundrechtsinterpretation, Neue Juristische Wochenschrift 1974, 1529–1538.

Ders., Staat, Verfassung, Demokratie: Studien zur Verfassungstheorie und zum Verfassungsrecht, 1. Aufl., Frankfurt am Main 1991.

Ders., Schutzbereich, Eingriff, verfassungsimmanente Schranken: Zur Kritik gegenwärtiger Grundrechtsdogmatik, Der Staat 2003, 165–192.

Bodnar, Judit, Reclaiming public space, Urban Studies 2015, 2090–2104.

Bradford, Anu, The Brussels effect: how the European Union rules the world, New York 2020.

Brand, Oliver, Grundfragen der Rechtsvergleichung – Ein Leitfaden für die Wahlfachprüfung, Juristische Schulung 2003, 1082–1091.

Braun, Frank, Unzulässige Verfassungsbeschwerde gegen das Netzwerkdurchsetzungsgesetz, jurisPR-ITR 2019, Anm. 6.

Braun, Johann, Einführung in die Rechtswissenschaft, 4. Aufl., Tübingen 2011.

Bräutigam, Peter, Das Nutzungsverhältnis bei sozialen Netzwerken: Zivilrechtlicher Austausch von IT-Leistung gegen personenbezogene Daten, Multimedia und Recht 2012, 635–641.

Bräutigam, Peter/Sonnleithner, Bernhard von, Vertragliche Aspekte der Social Media, in: Rechtshandbuch Social Media, 2015, S. 35–77.

Briegleb, Volker, Myspace gleicht Nutzerprofile mit Sexualtäter-Datenbank ab, heise online 06.12.2006, https://www.heise.de/newsticker/meldung/Myspace-gleicht-Nutzerprofile-mit-Sexualtaeter-Datenbank-ab-124401.html

Broemel, Roland, Rezeptionsentscheidungen in der Rundfunkordnung, in: Hermstrüwer, Yoan/Lüdemann, Jörn (Hrsg.), Der Schutz der Meinungsbildung im digitalen Zeitalter: Instrumente und Instrumentenvergleich, 1. Aufl., Tübingen 2021, S. 35–55.

Ders., AGB-Kontrolle auf digitalen Plattformen. Ein Kommentar zum Beitrag von Dan Wielsch, in: Eifert, Martin/Gostomzyk, Tobias (Hrsg.), Netzwerkrecht, Baden-Baden 2018, S. 95–108.

Brown, Julie K., Less is More: Decluttering the State Action Doctrine, Mississippi Law Review 2008, 561–581.

Brugger, Winfried, Ban on or protection of hate speech-some observations based on German and American law, Tulane European and Civil Law Forum 2002, 1–20.

Bruns, Axel, Towards Produsage: Futures for User-Led Content Production. In: Sudweeks, Fay/Hrachovec, Herbert/Ess, Charles (Hrsg.), Proceedings Cultural Attitudes towards Communication and Technology, 2006, S. 275–284.

Ders., Echo Chamber? What Echo Chamber? Reviewing the Evidence, In: 6th Biennial Future of Journalism Conference (FOJ17), 2017, S. 1–12.

Ders., Filter bubble, Internet Policy Review 8 (4) 2019.

Bryde, Brun-Otto, Konstitutionalisierung des Völkerrechts und Internationalisierung des Verfassungsrechts, Der Staat 2003, 61–76.

Buchanan, G. Sidney, A Conceptual History of the State Action Doctrine: The Search for Governmental Responsibility (Part II of II), Houston Law Review 1997, 665–776.

Bucher, Taina, Want to be on the top? Algorithmic power and the threat of invisibility on Facebook, New Media & Society 2012, 1164–1180.

Buni, Catherine/Chemaly, Soraya, The secret rules of the internet, The Verge 13.04.2016, https://www.theverge.com/2016/4/13/11387934/internet-moderator-history-youtube-facebook-reddit-censorship-free-speech

Busch, Christoph, Regulierung digitaler Plattformen als Infrastrukturen der Daseinsvorsorge, Friedrich-Ebert-Stiftung, Bonn 2021, 1–36.

Busche, Jan, Vorbemerkung (Vor § 145), in: Säcker, Franz Jürgen/Rixecker, Roland/Oetker, Harmut/Limperg, Bettina (Hrsg.), Münchener Kommentar zum BGB Bd. I, 9. Aufl., München 2021.

Butler, Alan, US Supreme Court Finds Broad Restrictions on Access to Social Media Sites Unconstitutional, European Data Protection Law Review 2017, 555–557.

Byrne, J. Peter, Racial Insults and Free Speech within the University, Georgetown Law Journal 1990, 399–444.

Campbell, Jud, Natural Rights and the First Amendment, Yale Law Journal 2017, 246–321.

Campbell, Wesley J., Speech-Facilitating Conduct, Stanford Law Review 2016, 1–66.

Canaris, Claus-Wilhelm, Grundrechte und Privatrecht, Archiv für die civilistische Praxis 184 (1984), 201–246.

Ders., Erwiderung, Archiv für die civilistische Praxis 185 (1985), 9–12.

Ders., Grundrechte und Privatrecht: eine Zwischenbilanz; stark erweiterte Fassung des Vortrags gehalten vor der Juristischen Gesellschaft zu Berlin am 10. Juni 1998, Berlin [u. a.] 1999.

Carlson, Caitlin Ring/Cousineau, Luc S., Are You Sure You Want to View This Community? Exploring the Ethics of Reddit's Quarantine Practice, Journal of Media Ethics 2020, 1–12.

Chander, Anupam, How Law Made Silicon Valley, Emory Law Journal 2014, 639–695.

Chemerinsky, Erwin, More Speech Is Better, UCLA Law Review 1998, 1635.

Ders., Constitutional law: principles and policies, 4. Aufl., New York 2011.

Chemerinsky, Erwin/Gillman, Howard, Free speech on campus, New Haven/London 2017.

Chen, Adrian, Facebook Apologizes For Censoring Gay Kiss Picture, Gawker 19.04.2011, http://gawker.com/5793536/facebook-apologizes-for-censoring-gay-kiss-picture

Ders., Inside Facebook's Outsourced Anti-Porn and Gore Brigade, Where „Camel Toes" are More Offensive Than „Crushed Heads", Gawker 16.02.2012, http://gawker.com/5885714/inside-facebooks-outsourced-anti-porn-and-gore-brigade-where-camel-toes-are-more-offensive-than-crushed-heads

Ciolli, Anthony Michael, Chilling Effects: The Communications Decency Act and the Online Marketplace of Ideas, University of Miami Law Review 2008, 137–268.

Citron, Danielle Keats/Richards, Neil M., Four Principles for Digital Expression (You Won't Believe #3), Washington University Law Review 2017, 1353–1388.

Clark, David Scott/Ansay, Tuğrul (Hrsg.), Introduction to the law of the United States, Deventer [u. a.] 1992.

Clark, Justin/Faris, Rob/Gasser, Urs/Holland, Adam/Ross, Hilary/Tilton, Casey, Content and Conduct: How English Wikipedia Moderates Harmful Speech, Cambridge, Mass. 2019.

Clarke, William, The Clarke Papers. Selections from the Papers of William Clarke, Vol. 1, 1901.

Classen, Claus Dieter, Die Drittwirkung der Grundrechte in der Rechtsprechung des Bundesverfassungsgerichts, Archiv des öffentlichen Rechts 122 (1997), 65–107.

Clinton, Robert Lowry, God and Man in the Law: the foundations of Anglo-American Constitutionalism, Lawrence, KS 1997.

Coelln, Christian von, Offenheit demokratischer Willensbildung und Staatsferne des öffentlich-rechtlichen Rundfunks. Der Staat als Garant oder Gefahr?, in: Uhle, Arnd (Hrsg.), Information und Einflussnahme: Gefährdungen der Offenheit des demokratischen Willensbildungsprozesses, Berlin 2018, S. 11–48.

Constantinesco, Léontin-Jean, Rechtsvergleichung II: Die rechtsvergleichende Methode, Köln [u. a.] 1972.

Constine, Josh, Facebook reveals 25 pages of takedown rules for hate speech and more, TechCrunch 24.04.2018, http://social.techcrunch.com/2018/04/24/facebook-content-rules/

Crawford, Kate/Gillespie, Tarleton, What is a flag for? Social media reporting tools and the vocabulary of complaint, New Media & Society 2016, 410–428.

Crockett, M. J., Moral outrage in the digital age, Nature Human Behaviour 2017, 769–771.

Curran, Vivian Grosswald, Cultural Immersion, Difference and Categories in U. S. Comparative Law, American Journal of Comparative Law 1998, 43–92.

Dies., Dealing in Difference: Comparative Law's Potential for Broadening Legal Perspectives, American Journal of Comparative Law 1998, 657–668.

De Choudhury, Munmun/Jhaver, Shagun/Sugar, Benjamin/Weber, Ingmar, Social Media Participation in an Activist Movement for Racial Equality, Proc Int AAAI Conf Weblogs Soc Media 2016, S. 92–101.

Degenhart, Christoph, Grundrechtsschutz ausländischer juristischer Personen bei wirtschaftlicher Betätigung im Inland, dargestellt am Beispiel der Eigentumsgarantie, Europäische Grundrechtezeitschrift 1981, 161–168.

Ders., Verfassungsfragen der Internet-Kommunikation, Computer und Recht 2011, 231–237.

Deiseroth, Dieter/Derleder, Peter, Whistleblower und Denunziatoren, Zeitschrift für Rechtspolitik 2008, 248–251.

DeLuca, Kevin M./Lawson, Sean/Sun, Ye, Occupy Wall Street on the Public Screens of Social Media: The Many Framings of the Birth of a Protest Movement: OWS on the Public Screens of Social Media, Communication, Culture & Critique 2012, 483–509.

DeNardis, Laura, Internet Points of Control as Global Governance, Waterloo, Canada 2013.

Depenheuer, Otto, GG Art. 8, in: Maunz, Theodor/Dürig, Günther (Hrsg.), Grundgesetz-Kommentar, 94. EL, München 2021.

Dewey, Caitlin, The big myth Facebook needs everyone to believe, Washington Post 256.01.2016, https://www.washingtonpost.com/news/the-intersect/wp/2016/01/28/the-big-myth-facebook-needs-everyone-to-believe/

Diakopoulos, Nicholas, Algorithmic Accountability, Digital Journalism 2015, 398–415.

Die Medienanstalten, Intermediäre und Meinungsbildung, Gewichtungsstudie zur Relevanz der Medien für die Meinungsbildung in Deutschland, Berlin 2020.

Dietlein, Johannes, Die Lehre von den grundrechtlichen Schutzpflichten, Berlin 1992.

Dijck, José van, Governing digital societies: Private platforms, public values, Computer Law & Security Review 2020.

Dies., Seeing the forest for the trees: Visualizing platformization and its governance, New Media & Society 2020, 1–19.

Dijck, José van/Poell, Thomas, Understanding Social Media Logic, Media and Communication 2013, 2–14.

DiResta, Renee, Free Speech in the Age of Algorithmic Megaphones, Wired 12.10.2018, https://www.wired.com/story/facebook-domestic-disinformation-algorithmic-megaphones/

Dobson, Amy Shields/Carah, Nicholas/Robards, Brady, Digital Intimate Publics and Social Media: Towards Theorising Public Lives on Private Platforms, in: Dobson, Amy Shields/Robards, Brady/Carah, Nicholas (Hrsg.), Digital Intimate Publics and Social Media, Cham 2018, S. 3–27.

Drake, Bruce/Kiley, Jocelyn, Americans say the nation's political debate has grown more toxic and ‚heated' rhetoric could lead to violence, Pew Research Center 2019, https://www.pewresearch.org/fact-tank/2019/07/18/americans-say-the-nations-political-debate-has-grown-more-toxic-and-heated-rhetoric-could-lead-to-violence/

Dürig, Günter, Grundrechte und Zivilrechtsprechung, in: Maunz, Theodor (Hrsg.), Vom Bonner Grundgesetz zur gesamtdeutschen Verfassung: Festschrift zum 75. Geburtstag von Hans Nawiasky, München 1956, 157–190.

Duve, Thomas, Internationalisierung und Transnationalisierung der Rechtswissenschaft, in: Grimm, Dieter/Kemmerer, Alexandra/Möllers, Christoph (Hrsg.), Rechtswege: kontextsensible Rechtswissenschaft vor der transnationalen Herausforderung, 1. Aufl., Baden-Baden 2015, S. 167–196.

Düwel, Martin, Kontrollbefugnisse des Bundesverfassungsgerichts bei Verfassungsbeschwerden gegen gerichtliche Entscheidungen: zu einem Kooperationsverhältnis von Fach- und Verfassungsgerichtsbarkeit, 1. Aufl., Baden-Baden 2000.

Dwoskin, Elizabeth/Timberg, Craig/Romm, Tony, Zuckerberg once wanted to sanction Trump. Then Facebook wrote rules that accommodated him, Washington Post 29.06.2020, https://www.washingtonpost.com/technology/2020/06/28/facebook-zuckerberg-trump-hate/

Eble, Michael J., Online-Medien und Social Web: Ansätze zur Analyse der Verschränkung von Öffentlichkeiten in einem Multi-Plattformen-Design, in: Fraas, Claudia/Meier, Stefan/Pentzold, Christian (Hrsg.), Online-Diskurse: Theorien und Methoden transmedialer Online-Diskursforschung, Köln 2013, 192–225.

Eder, Klaus, Öffentlichkeit und Demokratie, in: Jachtenfuchs, Markus/Kohler-Koch, Beate (Hrsg.), Europäische Integration, Wiesbaden 2003, S. 85–120.

Eifert, Martin, Rechenschaftspflichten für soziale Netzwerke und Suchmaschinen, Neue Juristische Wochenschrift 2017, 1450–1454.

Eisenmann, Thomas R., Winner-Take-All in Networked Markets, Harvard Business School Note 2007.

Elkin-Koren, Niva, Governing access to user-generated content: the changing nature of private ordering in digital networks, in: Brousseau, Eric/Marzouki, Meryem/Meadel, Cecile (Hrsg.), Governance, Regulation and Powers on the Internet, Cambridge 2009, S. 318–343.

Ellis, Jaye, General Principles and Comparative Law, European Journal of International Law 2011, 949–971.

Elsaß, Lennart/Labusga, Jan-Hendrik/Tichy, Rolf, Löschungen und Sperrungen von Beiträgen und Nutzerprofilen durch die Betreiber sozialer Netzwerke, Computer und Recht 2017, 234–241.

Emerson, Thomas I., Toward a General Theory of the First Amendment, Yale Law Journal 1962, 877–956.

Ders., The system of freedom of expression, New York 1970.

Emmer, Martin, Online-Kommunikation und politische Öffentlichkeit, in: Schweiger, Wolfgang/Beck, Klaus (Hrsg.), Handbuch Online-Kommunikation, 2, Wiesbaden 2019, S. 35–57.

Emmer, Martin/Leißner, Laura/Strippel, Christian/Porten-Cheé, Pablo/Schaetz, Nadja, Weizenbaum Report 2021: Politische Partizipation in Deutschland, 2021.

Enders, Christoph, Anmerkung zu BVerfGE 126, 228 – Fraport, JuristenZeitung 2011, 577–580.

Epping, Volker, Grundrechte, 7. Aufl., Berlin 2017.

Fabisch, Dieter, Die unmittelbare Drittwirkung der Grundrechte im Arbeitsrecht: die Auswirkungen der von Hans Carl Nipperdey begründeten Lehre auf die Rechtsprechung des Bundesarbeitsgerichts, Frankfurt am Main/New York 2010.

Farber, Daniel A./Eskridge, William N./Frickey, Philip P./Schacter, Jane S. (Hrsg.), Cases and materials on constitutional law: themes for the constitution's third century, 5. Aufl., St. Paul, MN 2013.

Fee, John, The formal state action doctrine and free speech analysis, North Carolina Law Review 2004, 569–620.

Fertmann, Martin/Potthast, Keno C., Digitale time-outs für Trump: Der Anfang vom Ende der privilegierten Behandlung von Amtsinhaber*innen durch soziale Netzwerke?, JuWiss Blog 18.01.2021, https://www.juwiss.de/05-2021/

Fichter, Adrienne, Über die „Messengerisierung" der Politik, Bundeszentrale für Politische Bildung (bpb.de) 2019, https://www.bpb.de/gesellschaft/digitales/digitale-desinformation/290525/ueber-die-messengerisierung-der-politik

Foundation for Individual Rights in Education (FIRE), Spotlight on Speech 2007: The State of Free Speech on our Nation's Campuses, Philadelphia, PA 2007, https://d28htnjz2elwuj.cloudfront.net/wp-content/uploads/2016/05/17121611/Spotlight-on-Speech-Codes-2007.pdf

Fischer-Lescano, Andreas, Kritik der praktischen Konkordanz, Kritische Justiz 2008, 166–177.

Forsthoff, Ernst, Die Umbildung des Verfassungsgesetzes, in: Barion, Hans/Schmitt, Carl/Forsthoff, Ernst/Weber, Werner (Hrsg.), Festschrift für Carl Schmitt zum 70. Geburtstag, Berlin 1959, S. 35–62.

Frau, Robert, Ortsrecht im Einkaufszentrum, Landes- und Kommunalverwaltung 2016, 445–451.

Frees, Beate/Koch, Wolfgang, ARD/ZDF-Onlinestudie 2018: Zuwachs bei medialer Internetnutzung und Kommunikation, Media Perspektiven 2019, 398–413.

Fremon, David K., The Jim Crow laws and racism in American history, Berkeley Heights, NJ 2000.

Frosio, Giancarlo, Algorithmic Enforcement Online, in: Torremans, Paul (Hrsg.), Intellectual Property and Human Rights, 4. Aufl., 2020, preprint.

Fuchs, Christian, Communication and Capitalism: a Critical Theory, London 2020.

Fuhlrott, Michael/Oltmanns, Sönke, Social Media im Arbeitsverhältnis – Der schmale Grat zwischen Meinungsfreiheit und Pflichtverletzung, Neue Zeitschrift für Arbeitsrecht 2016, 785–791.

Gasser, Urs/Schulz, Wolfgang, Governance Of Online Intermediaries: Observations From A Series Of National Case Studies, Berkman Center Research Publication No. 5, 2015, https://cyber.law.harvard.edu/publications/2015/online_intermediaries

Gerhards, Jürgen, Politische Öffentlichkeit. Ein system- und akteurstheoretischer Bestimmungsversuch, in: Neidhardt, Friedhelm (Hrsg.), Öffentlichkeit, öffentliche Meinung, soziale Bewegungen, Opladen 1994, S. 77–105.

Gerhards, Jürgen, Öffentlichkeit, in: Jarren, Otfried/Sarnicelli, Ulrich/Saxer, Ulrich (Hrsg.), Politische Kommunikation in der demokratischen Gesellschaft: ein Handbuch mit Lexikonteil, 1. Aufl., Opladen 1998, S. 268–284.

Gerhards, Jürgen/Neidhardt, Friedhelm, Strukturen und Funktionen moderner Öffentlichkeit: Fragestellungen und Ansätze, 1990, 1–60.

Giegerich, Thomas, Privatwirkung der Grundrechte in den USA: die State Action Doctrine des US Supreme Court und die Bürgerrechtsgesetzgebung des Bundes, Berlin [u. a.] 1992.

Gießmann, Sebastian, Vier Thesen zur Plattformgesellschaft (1), Netze und Netzwerke 16.05.2015, https://netzeundnetzwerke.de/vier-thesen-zur-plattformgesellschaft-1/

Gillespie, Tarleton, The Relevance of Algorithms, in: Gillespie, Tarleton/Boczkowski, Pablo J./Foot, Kirsten A. (Hrsg.), Media technologies: essays on communication, materiality, and society, Cambridge, Massachusetts 2014, S. 167–194.

Ders., Governance Of and By Platforms, in: Burgess, Jean/Marwick, Alice/Poell, Thomas (Hrsg.), Sage Handbook of Social Media, Los Angeles 2017, S. 254–278.

Ders., Custodians of the internet: platforms, content moderation, and the hidden decisions that shape social media, New Haven/London 2018.

Gliese, Verena, Blogger Relations als Teilbereich der Medienarbeit Unternehmenskommunikation mit neuen Öffentlichkeiten, Wiesbaden 2019.

Gollatz, Kirsten, Die private Governance der Plattformen zur Regelung grenzüberschreitender Kommunikation: Institutionelle Merkmale und die Herausbildung von Regeln im Diskurs, Dissertation, Universität Zürich 2020.

Gollatz, Kirsten/Beer, Felix/Katzenbach, Christian, The Turn to Artificial Intelligence in Governing Communication Online, 2018, https://nbn-resolving.org/urn:nbn:de:0168-ssoar-59528-6

Gornik, Andreas, Die Bindung der Betreiber öffentlicher Räume an die Kommunikationsgrundrechte: Sozialbindung des Eigentums und öffentliche Meinungsbildung, Baden-Baden 2017.

Gorwa, Robert, The platform governance triangle: conceptualising the informal regulation of online content, Internet Policy Review 8 (2) 2019.

Gorwa, Robert/Binns, Reuben/Katzenbach, Christian, Algorithmic content moderation: Technical and political challenges in the automation of platform governance, Big Data & Society 2020, 1–15.

Gostomzyk, Tobias, Grundrechte als objektiv-rechtliche Ordnungsidee, Juristische Schulung 2004, 949–954.

Ders., Grundrechtsträgerschaft für soziale Netzwerke? Der Anwendungsbereich des Art. 19 Abs. 3 GG, in: Eifert, Martin/Gostomzyk, Tobias (Hrsg.), Netzwerkrecht, Baden-Baden 2018, S. 109–124.

Grabenwarter, Christoph, GG Art. 5 Abs. 1, Abs. 2, in: Maunz, Theodor/Dürig, Günter (Hrsg.), Grundgesetz-Kommentar, 94. Aufl., München 2021.

Grabitz, Eberhard, Der Grundsatz der Verhältnismäßigkeit in der Rechtsprechung des BundesverfassungsgerichtsBericht über die in den Bänden 1–33 der amtlichen Sammlung veröffentlichten Entscheidungen des VVerfG, Archiv des öffentlichen Rechts 98 (1973), 568–616.

Great Britain/Department for Culture, Media and Sport, Online Harms White Paper, 2019.

Greenawalt, Kent, Free speech justifications, Columbia Law Review 1989, 119–155.

Grimm, Dieter, Die Meinungsfreiheit in der Rechtsprechung des Bundesverfassungsgerichts, Neue Juristische Wochenschrift 1995, 1697–1705.

Grimmelmann, James, The virtues of moderation, Yale Journal of Law & Technology 2015, 43–109.

Gruber, Laura, Wandel medialer Geschlechterdefinitionen und -positionierungen in Zeiten politischer Umbrüche. Erste Republik – Austrofaschismus – Nationalsozialismus. Eine Untersuchung der Frauenzeitschrift Die Unzufriedene/Das Kleine Frauenblatt (1923–1944), Magisterarbeit, Salzburg 2007.

Guckelberger, Annette, Die Drittwirkung der Grundrechte, Juristische Schulung 2003, 1151–1157.

Dies., Zum Grundrechtsschutz ausländischer juristischer Personen, Archiv des öffentlichen Rechts 128 (2004), 618–638.

Haase, Florian, Einführung in die Methodik der Rechtsvergleichung, Juristische Ausbildung 2005, 232–237.

Häberle, Peter, Grundrechtsgeltung und Grundrechtsinterpretation im Verfassungsstaat: zugleich zur Rechtsvergleichung als „fünfter“ Auslegungsmethode, JuristenZeitung 1989, 913–919.

Ders., Rechtsvergleichung im Kraftfeld des Verfassungsstaates: Methoden und Inhalte, Kleinstaaten und Entwicklungsländer, Berlin 1992.

Habermas, Jürgen, Strukturwandel der Öffentlichkeit: Untersuchungen zu einer Kategorie der bürgerlichen Gesellschaft, Neuwied 1962.

Ders., Strukturwandel der Öffentlichkeit: Untersuchungen zu einer Kategorie der bürgerlichen Gesellschaft; mit einem Vorwort zur Neuauflage 1990, 1. Aufl., Frankfurt am Main 1990.

Ders., Faktizität und Geltung: Beiträge zur Diskurstheorie des Rechts und des demokratischen Rechtsstaats, 2. Aufl., Frankfurt am Main 1992.

Ders., Vorstudien und Ergänzungen zur Theorie des kommunikativen Handelns, 1. Aufl., Frankfurt am Main 1995.

Habermas, Jürgen/Lennox, Sara/Lennox, Frank, The Public Sphere: An Encyclopedia Article (1964), New German Critique 1974, 49–55.

Hager, Günter, Von der Konstitutionalisierung des Zivilrechts zur Zivilisierung der Konstitutionalisierung, Juristische Schulung 2006, 769–775.

Harding, Nicolas/Laude, Lennart, Trump und Twitter – Zur Grundrechtsrelevanz (sic!) der Account-Sperrung eines Hoheitsträgers, JuWiss Blog 21.02.2021, https://www.juwiss.de/08-2021/

Hartmann, Frank, Multimedia, 1. Aufl., Wien 2008.

Hasebrink, Uwe/Schulz, Wolfgang/Dreyer, Stephan/Kirsch, Anna-Katharina/Loosen, Wiebke/Puschmann, Cornelius/Van Roessel, Lies/Schröder, Hermann-Dieter/Schmidt, Jan-Hinrik, Zur Entwicklung der Medien in Deutschland zwischen 2013 und 2016, 2017, S. 1–251.

Hass, Berthold H./Kilian, Thomas/Walsch, Gianfranco (Hrsg.), Web 2.0: Neue Perspektiven für Marketing und Medien, 2. Aufl., Berlin [u. a.] 2011.

Haupt, Claudia E., Regulating Hate Speech – Damned if You Do and Damned if You Don't: Lessons Learned from Comparing the German and US Approaches, Bosten University International Law Journal 2005, 299–336.

Hayden, Patrick, The philosophy of human rights, St. Paul, MN 2001.

Heidtke, Aron, Meinungsbildung und Medienintermediäre, Baden-Baden 2020.

Heins, Marjorie, The Brave New World of Social Media Censorship, Harvard Law Review 2013, 325–330.

Helberger, Natali/Kleinen-von Königslöw, Katharina/Noll, Rob van der, Regulating the new information intermediaries as gatekeepers of information diversity, info 2015, 50–71.

Heldt, Amélie, Terror-Propaganda online: Die Schranken der Meinungsfreiheit in Deutschland und den USA, Neue Juristische Online-Zeitschrift 2017, 1458–1461.

Dies., Reading between the lines and the numbers: an analysis of the first NetzDG reports, Internet Policy Review 8 (2) 2019, 1–18.

Dies., TikTok, a kaleidoscope of visuals, data and legal questions, Digital Society Blog 17.12.2019, https://www.hiig.de/en/tiktok-a-kaleidoscope-of-visuals-data-and-legal-questions/

Dies., Trump's very own platform? Two scenarios and their legal implications, JuWiss Blog 11.01.2021, https://www.juwiss.de/03-2021/

Dies., Merging the Social and the Public: How Social Media Platforms Could Be a New Public Forum, Mitchell Hamline Law Review 2020, 997–1042.

Dies., Transparenz bei algorithmischen Entscheidungen – Food for Thoughts, Computer und Recht 2018, 494–500.

Dies., Upload-Filters: Bypassing Classical Concepts of Censorship?, Journal of Intellectual Property, Information Technology and E-Commerce Law 10 (1) 2019, https://www.jipitec.eu/issues/jipitec-10-1-2019/4877

Helmond, Anne, The Platformization of the Web: Making Web Data Platform Ready, Social Media + Society 2015, 1–11.

Hennig, Anke, Die Rechtsprechung des Bundesverfassungsgerichts auf dem Prüfstand: neue Erkenntnisse aus der Lehre von den grundrechtlichen Schutzpflichten für eine Maßstabsgenerierung zivilgerichtlicher Entscheidungsfindung und ihrer verfassungsgerichtlichen Nachprüfung im Hinblick auf eine adäquate Grundrechtsverwirklichung im Individualvertragsrecht, Hamburg 1999.

Henssler, Martin, BGB § 626 Fristlose Kündigung aus wichtigem Grund, in: Münchener Kommentar zum BGB Bd. V, 8. Aufl., München 2020.

Hepp, Andreas/Krotz, Friedrich, Mediatisierte Welten: Forschungsfelder und Beschreibungsansätze – Zur Einleitung, in: Mediatisierte Welten, Wiesbaden 2012, 7–23.

Herdegen, Matthias, GG Art. 1 Abs. 3, in: Maunz, Theodor/Dürig, Günter (Hrsg.), Grundgesetz-Kommentar, 94. Aufl., 2021.

Ders., Präambel, in: Maunz, Theodor/Dürig, Günter (Hrsg.), Grundgesetz-Kommentar, 94. Aufl., 2021.

Hesse, Konrad, Bäumlin, Richard: Staat, Recht und Geschichte, JuristenZeitung 1963, 485–486.

Ders., Grundzüge des Verfassungsrechts der Bundesrepublik Deutschland, 20. Aufl., Heidelberg 1995.

Heussen, Benno, Unerträgliche Gesetze: Renaissance des Naturrechts?, Zeitschrift für Rechtspolitik 2017, 212–214.

Hill, Hermann, Behavioral Microtargeting – Der berechenbare und beeinflussbare Wähler?, in: Hill, Hermann/Martini, Mario/Kugelmann, Dieter (Hrsg.), Digitalisierung in Recht, Politik und Verwaltung, 2018, S. 47–54.

Hillgruber, Christian, Ohne rechtes Maß? Eine Kritik der Rechtsprechung des Bundesverfassungsgerichts nach 60 Jahren, JuristenZeitung 2011, 861–871.

Ders., § 201 Grundrechtsschranken, in: Isensee, Christian/Kirchhof, Paul, Handbuch des Staatrechts Bd. IX, 3. Aufl., Heidelberg 2011.

Hindelang, Steffen, Freiheit und Kommunikation: Zur verfassungsrechtlichen Sicherung kommunikativer Selbstbestimmung in einer vernetzten Gesellschaft, Berlin 2019.

Ho, Shannon, A social media „blackout" enthralled Instagram. But did it do anything?, NBC News 13.06.2020, https://www.nbcnews.com/tech/social-media/social-media-blackout-enthralled-instagram-did-it-do-anything-n1230181

Hochhuth, Martin, Schatten über der Meinungsfreiheit, Neue Juristische Wochenschrift 2007, 192–195.

Hoecke, Mark Van, Methodology of Comparative Research, Law and Method 2015, 1–35.

Hoffmann-Riem, Wolfgang, AK-GG, Art. 5 Abs. 1, in: Denninger, Erhard/Hoffmann-Riem, Wolfgang/Schneider, Hans-Peter/Stein, Ekkehart (Hrsg.), Alternativ-Kommentar zum Grundgesetz für die Bundesrepublik Deutschland, 3. Aufl., Neuwied 2001.

Ders., Kommunikationsfreiheiten: Kommentierungen zu Art. 5 Abs. 1 und 2 sowie Art. 8 GG, 1. Aufl., Baden-Baden [u. a.] 2002.

Ders., Mediendemokratie als rechtliche Herausforderung, Der Staat 2003, 193–223.

Ders., Grundrechtsanwendung unter Rationalitätsanspruch: Eine Erwiderung auf Kahls Kritik an neueren Ansätzen in der Grundrechtsdogmatik, Der Staat 2004, 203–233.

Ders., Regelungsstrukturen für öffentliche Kommunikation im Internet, Archiv des öffentlichen Rechts 137 (2012), 509–544.

Hohlfeld, Ralf/Strobel, Matthias, Öffentlichkeit im Wandel: Neue Herausforderungen für die Kommunikationswissenschaft, in: Springer, Nina/Raabe, Johannes/Haas, Hannes/Eichhorn, Wolfgang (Hrsg.), Medien und Journalismus im 21. Jahrhundert: Herausforderungen für Kommunikationswissenschaft, Journalistenausbildung und Medienpraxis, Konstanz 2012, S. 75–99.

Holznagel, Daniel, Overblocking durch User Generated Content (UGC) – Plattformen: Ansprüche der Nutzer auf Wiederherstellung oder Schadensersatz?, Computer und Recht 2018, 369–378.

Honsell, Heinrich/Mayer-Maly, Theo, Rechtswissenschaft: die Grundlagen des Rechts, 7. überarbeitete und ergänzte Aufl., Bern 2017.

Hopkins, Nick, Revealed: Facebook's internal rulebook on sex, terrorism and violence, The Guardian 21.05.2017, https://www.theguardian.com/news/2017/may/21/revealed-facebook-internal-rulebook-sex-terrorism-violence

Horwitz, Morton J., The History of the Public/Private Distinction, University of Pennsylvania Law Review 1982, 1423–1428.

Howald, Bert, Howald: Meinungsfreiheit im Arbeitsverhältnis, Arbeitsrecht Aktuell 2013, 195–198.

Hueck, Alfred, Die Bedeutung des Art. 3 des Bonner Grundgesetzes für die Lohn- und Arbeitsbedingungen der Frauen: Rechtsgutachten erstattet für die Bundesvereinigung der Deutschen Arbeitgeberverbände, Düsseldorf 1951.

Hufen, Friedhelm, Die Bewahrung gesellschaftlicher Werte durch das Bundesverfassungsgericht, in: Schuppert, Gunnar Folke/Bumke, Christian (Hrsg.), Bundesverfassungsgericht und gesellschaftlicher Grundkonsens, 1. Aufl., Baden-Baden 2000, S. 61–81.

Ders., Grundrechte: Schranken der Meinungsfreiheit bei Tatsachenbehauptungen, Juristische Schulung 2017, 86–89.

Huhn, Wilson Ray, The State Action Doctrine and the Principle of Democratic Choice, Hofstra Law Review 2006, 1379–1460.

Hyde-Keller, O'rya, Robert C. Post on why speech at universities must be regulated, News from University 14.11.2016, https://news.brown.edu/articles/2016/11/post

Ibrahim, Yasmin, Facebook and the Napalm Girl: Reframing the Iconic as Pornographic, Social Media + Society 2017, 1–10.

Ides, Allan/May, Christopher N./Grossi, Simona, Constitutional law: individual rights, 7. Aufl., New York 2016.

Iglesias Keller, Clara, Policy by judicialisation: the institutional framework for intermediary liability in Brazil, International Review of Law, Computers & Technology 2020, 1–19.

Ingold, Albert, Digitalisierung demokratischer Öffentlichkeiten, Der Staat 2017, 491–533.

Ders., Grundrechtsträgerschaft für soziale Netzwerke! Kommentar zu Tobias Gostomzyk, „Grundrechtsträgerschaft für soziale Netzwerke? Grundsatzfragen der Rechtsdogmatik“, in: Eifert, Martin/Gostomzyk, Tobias (Hrsg.), Netzwerkrecht, Baden-Baden 2018, S. 125–134.

Ipsen, Jörn, Grundrechte, 20. Aufl., München 2017.

Isensee, Josef, Das Grundrecht auf Sicherheit: zu den Schutzpflichten des freiheitlichen Verfassungsstaates; Vortrag gehalten vor der Berliner Juristischen Gesellschaft am 24. November 1982, erw. Fassung, Berlin [u. a.] 1983.

Ders., § 199 Anwendung der Grundrechte auf juristische Personen, in: Isensee, Josef/Kirchhof, Paul (Hrsg.), Handbuch des Staatsrechts, 3. Aufl., Heidelberg 2011.

Jackson, Benjamin, Censorship and Freedom of Expression in the Age of Facebook, New Mexico Law Review 2014, 121–167.

Jakobs, Michael Ch., Der Grundsatz der Verhältnismäßigkeit: mit einer exemplarischen Darstellung seiner Geltung im Atomrecht, Köln [u. a.] 1985.

Jarass, Hans D., Grundrechte als Wertentscheidungen bzw. objektivrechtliche Prinzipien in der Rechtsprechung des Bundesverfassungsgerichts, Archiv des öffentlichen Rechts 110 (1985), 363–397.

Jarass, Hans D./Pieroth, Bodo (Hrsg.), Grundgesetz für die Bundesrepublik Deutschland: Kommentar, 16. Aufl., München 2020.

Jarren, Otfried, Fundamentale Institutionalisierung: Social Media als neue globale Kommunikationsinfrastruktur, Publizistik 2019, 163–179.

Jellinek, Walter, Die Erklärung der Menschen- und Bürgerrechte: ein Beitrag zur modernen Verfassungsgeschichte, 3. Aufl., München [u. a.] 1919.

Jestaedt, Matthias, § 102 Meinungsfreiheit, in: Merten, Detlef/Papier, Hans-Jürgen (Hrsg.), Handbuch der Grundrechte Bd. IV – Grundrechte in Deutschland – Einzelgrundrechte I, Heidelberg 2011.

Jungherr, Andreas/Schroeder, Ralph, Disinformation and the Structural Transformations of the Public Arena: Addressing the Actual Challenges to Democracy, Social Media + Society 2021, doi:10.1177/2056305121988928.

Kahl, Wolfgang, Vom weiten Schutzbereich zum engen Gewährleistungsgehalt: Kritik einer neuen Richtung der deutschen Grundrechtsdogmatik, Der Staat 2004, 167–202.

Kainz, Howard P., Natural Law and Natural Rights, in: Sweet, William (Hrsg.), Philosophical theory and the Universal Declaration of Human Rights, Ottawa 2003, S. 19–26.

Kaiser, Joseph H., Vergleichung im öffentlichen Recht, Zeitschrift für ausländisches öffentliches Recht und Völkerrecht 1964, 391–404.

Kamba, Walter J., Comparative Law: A Theoretical Framework, International and Comparative Law Quarterly 1974, 485–519.

Kamps, Klaus, Die Agora des Internets – Zur Debatte politischer Öffentlichkeit und Partizipation im Netz, in: Jarren, Otfried/Imhof, Kurt/Blum, Roger (Hrsg.), Zerfall der Öffentlichkeit?, 1. Aufl., Wiesbaden 2000, S. 227–239.

Katz, Wilber G., Freedom of Religion and State Neutrality, University of Chicago Law Review 1952, 426–440.

Katzenbach, Christian, Die Regeln digitaler Kommunikation, Wiesbaden 2018.

Kay, Richard S., The State Action Doctrine, the Public-Private Distinction, and the Independence of Constitutional Law, Const. Comment. 1993, S. 329–360.

Kaye, David, Report of the Special Rapporteur on the promotion and protection of the right to freedom of opinion and expression, UN Human Rights Council No. A/HRC/38/35, New York 2018, https://www.ohchr.org/EN/Issues/FreedomOpinion/Pages/OpinionIndex.aspx

Keller, Daphne, Who Do You Sue? State and Platform Hybrid Power Over Online Speech, Hoover Institution 2019, 1–40, https://www.hoover.org/research/who-do-you-sue

Kellner, Anna, Die Regulierung der Meinungsmacht von Internetintermediären, Baden-Baden 2019.

Kelly, Makena, Twitter labels Trump tweets as „potentially misleading" for the first time, The Verge 26.05.2020, https://www.theverge.com/2020/5/26/21271207/twitter-donald-trump-fact-check-mail-in-voting-coronavirus-pandemic-california

Kelsen, Hans, Wesen und Entwicklung der Staatsgerichtsbarkeit, in: Wesen und Entwicklung der Staatsgerichtsbarkeit. Überprüfung von Verwaltungsakten durch die ordentlichen Gerichte, Berlin, Boston 1929, S. 30–88.

Kerr, Robert L., From Holmes to Zuckerberg: Keeping Marketplace-of-Ideas Theory Viable in the Age of Algorithms, Communication Law and Policy 2019, 477–512.

Kersten, Jens/Meinel, Florian, Grundrechte in privatisierten öffentlichen Räumen, JuristenZeitung 2007, 1127–1134.

Kessler, Sarah, Donald Trump Can Post Hate Speech To Facebook, But You Can't, Fast Company 11.12.2015, https://www.fastcompany.com/3054592/donald-trump-can-post-hate-speech-to-facebook-but-you-cant

Kettemann, Matthias C./Schulz, Wolfgang, Setting Rules for 2,7 Billion – A (First) Look into Facebook's Norm-Making System: Results of a Pilot Study, Hamburg 2020.

Kettemann, Matthias C/Tiedeke, Anna Sophia, Back up: Can Users Sue Platforms to Reinstate Deleted Content?, GigaNet Annual Symposium 2019, 18.

Kim, Larry, On the Demise of Facebook's News Feed, and the Rise of Messaging, SocialMediaToday 04.04.2019, https://www.socialmediatoday.com/news/on-the-demise-of-facebooks-news-feed-and-the-rise-of-messaging/551967/

Kingreen, Thorsten/Poscher, Ralf, Grundrechte – Staatsrecht II, 33. Aufl., Heidelberg 2017.

Kischel, Uwe, Rechtsvergleichung, München 2015.

Kissel, Otto Rudolf, Arbeitsrecht und Meinungsfreiheit, Neue Zeitschrift für Arbeitsrecht 1988, 145–154.

Klass, Nadine, Das Recht auf Vergessen(-werden) und die Zeitlichkeit der Freiheit, Zeitschrift für Urheber- und Medienrecht 2020, 265–278.

Klaus, Elisabeth, Öffentlichkeit als gesellschaftlicher Selbstverständigungsprozess und das Drei-Ebenen-Modell von Öffentlichkeit. Rückblick und Ausblick., in: Klaus, Elisabeth/Drüeke, Ricarda (Hrsg.), Öffentlichkeiten und gesellschaftliche Aushandlungsprozesse: theoretische Perspektiven und empirische Befunde, Bielefeld 2017, S. 17–37.

Klinger, Ulrike, Aufstieg der Semiöffentlichkeit: Eine relationale Perspektive, Publizistik 2018, 245–267.

Kloepfer, Michael, Produkthinweispflichten bei Tabakwaren als Verfassungsfrage, Berlin 1991.

Ders., § 42 Öffentliche Meinung, Massenmedien, in: Isensee, Josef/Kirchhof, Paul (Hrsg.), Handbuch des Staatsrechts der Bundesrepublik Deutschland Bd. III, 3. Aufl., Heidelberg 2005.

Ders., Der grundrechtsgeprägte Verfassungsstaat: Festschrift für Klaus Stern zum 80. Geburtstag, Berlin 2012.

Klonick, Kate, The New Governors: The People, Rules, and Processes Governing Online Speech, Harvard Law Review 2018, 1598–1669.

Dies., The Facebook Oversight Board: Creating an Independent Institution to Adjudicate Online Free Expression, Yale Law Journal 2020, 2232–2605.

Knaut, Annette, Politische Imaginative. Vom Narrativ der Öffentlichkeit zu transnationalen Diskursräumen, in: Gaudinger, Frank/Jarzebski, Sebastian/Yildiz, Taylan (Hrsg.), Politische Narrative, Wiesbaden 2014, S. 93–117.

Kneuer, Marianne/Salzborn, Samuel, Digitale Medien und ihre Wirkung auf demokratische Prozesse, Zeitschrift für Vergleichende Politikwissenschaft 2016, 1–14.

König, Carsten, Vertragliche Gestaltung der Meinungsfreiheit in sozialen Netzwerken, Archiv für die civilistische Praxis 219 (2019), 611–645.

Korte, Benjamin, Praxis des Presserechts, München 2014.

Kramer, Ernst A., Juristische Methodenlehre, 5. Aufl., München 2016.

Kraushaar, Wolfgang, Die Occupy-Bewegung, Bundeszentrale für politische Bildung (bpb.de) 2012, http://www.bpb.de/politik/wirtschaft/finanzmaerkte/135540/occupy-bewegung

Kreutz, Oliver, Der Webseitennutzungsvertrag – Fiktion oder unbekanntes Rechtsgeschäft?, Zeitschrift für Urheber- und Medienrecht 2018, 162–168.

Krönke, Christoph, Artificial Intelligence and Social Media, in: Wischmeyer, Thomas/Rademacher, Timo (Hrsg.), Regulating Artificial Intelligence, 2020, S. 145–173.

Kübler, Friedrich, Rechtsvergleichung als Grundlagendisziplin der Rechtswissenschaft, JuristenZeitung 1977, 113–118.

Kuczerawy, Aleksandra, Intermediary liability and freedom of expression in the EU: from concepts to safeguards, Cambridge 2018.

Kühling, Jürgen, Das „Recht auf Vergessenwerden" vor dem BVerfG – November(r)evolution für die Grundrechtsarchitektur im Mehrebenensystem, Neue Juristische Wochenschrift 2020, 275–280.

Ders., GG Art. 5 [Recht der freien Meinungsäußerung, Medienfreiheit, Kunst- und Wissenschaftsfreiheit], in: Gersdorf, Hubertus/Paal, Boris P. (Hrsg.), BeckOK Informations- und Medienrecht, 32. Aufl., München 2021.

Kulick, Andreas, Horizontalwirkung im Vergleich, 1. Aufl., Tübingen 2020.

Kümpel, Anna Sophie/Rieger, Diana, Wandel der Sprach- und Debattenkultur in sozialen Online-Medien, Ein Literaturüberblick zu Ursachen und Wirkungen von inziviler Kommunikation, Berlin 2019.

Kunova, Marcela, Report: Audiences are ditching Facebook for sharing news, favouring the ‚safe space' of private messaging apps, Journalism.Co.Uk 20.09.2018, https://www.journalism.co.uk/news/audiences-are-ditching-facebook-for-sharing-news-prefer-safe-spaces-within-private-messaging-apps/s2/a727847/

Labunski, Richard E., James Madison: and the struggle for the Bill of Rights, Oxford/New York 2006.

Ladeur, Karl-Heinz, Meinungsfreiheit, Ehrenschutz und die Veränderung der Öffentlichkeit in der Massendemokratie. Anmerkungen zu neueren Entscheidungen des Bundesverfassungsgerichts., Archiv für Presserecht 1993, 531–536.

Ders., Ausschluss von Teilnehmern an Diskussionsforen im Internet – Absicherung von Kommunikationsfreiheit durch „netzwerkgerechtes" Privatrecht, Multimedia und Recht 2001, 787–792.

Landfried, Christine (Hrsg.), Judicial Power: How Constitutional Courts Affect Political Transformations, Cambridge, United Kingdom/New York, NY 2018.

Lang, Andrej, Netzwerkdurchsetzungsgesetz und Meinungsfreiheit, Archiv des öffentlichen Rechts 143 (2018), 220–250.

Langner, Thomas, Die Problematik der Geltung der Grundrechte zwischen Privaten, Frankfurt am Main [u. a.] 1998.

Langvardt, Kyle, Regulating Online Content Moderation, Georgetown Law Journal 2018, 1353–1388.

Larenz, Karl, Methodenlehre der Rechtswissenschaft, 6. Aufl., Berlin [u. a.] 1991.

Law, Tara, Reddit Places a „Quarantine" on The_Donald, Its Largest Community of Trump Supporters, Time 27.06.2019, https://time.com/5615159/reddit-donald-trump-quarantine/

Legrand, Pierre, Comparative Legal Studies and Commitment to Theory, The Modern Law Review 1995, 262–273.

Lerche, Peter, Grundrechtswirkungen im Privatrecht, Einheit der Rechtsordnung und materielle Verfassung, in: Böttcher, Reinhard (Hrsg.), Festschrift für Walter Odersky: zum 65. Geburtstag am 17. Juli 1996, Berlin 1996.

Ders., Übermaß und Verfassungsrecht: zur Bindung des Gesetzgebers an die Grundsätze der Verhältnismäßigkeit und der Erforderlichkeit, 2. Aufl.-Nachdr. der Ausg. Köln [u. a.] 1961, Goldbach 1999.

Lev-Aretz, Yafit, Copyright Lawmaking and Public Choice: From Legislative Battles to Private Ordering, Harvard Journal Law & Technology 2013, 203–255.

Von Lewinski, Kai, Weimarer Reichsverfassung und Grundgesetz als Gesellen- und Meisterstück, Juristische Schulung 2009, 505–511.

Lidsky, Lyrissa, Public Forum 2.0, Boston University Law Review 2011, 1975–2028.

Locke, John/Shapiro, Ian/Locke, John, Two treatises of government: and, A letter concerning toleration, New Haven 2003.

Lübbe-Wolff, Gertrude, Die Grundrechte als Eingriffsabwehrrechte: Struktur und Reichweite der Eingriffsdogmatik im Bereich staatlicher Leistungen, 1. Aufl., Baden-Baden 1988.

Lüdemann, Jörn, Grundrechtliche Vorgaben für die Löschung von Beiträgen in sozialen Netzwerken, Multimedia und Recht 2019, 279–284.

Madison, James, Public Opinion: For the National Gazette, [ca. 19 December] 1791, in: Rutland, Robert A./Mason, Thomas A. (Hrsg.), The Papers of James Madison (6 April 1791–16 March 1793), Charlottesville, VA 1983.

Mafi-Gudarzi, Nima, Anm. zu OLG Karlsruhe, 25.6.2018 – 15 W 86/18 – Facebook darf als „Hassrede" eingestuften Kommentar löschen, Multimedia und Recht 2018, 678–680.

Magarian, Gregory P., The First Amendment, the Public-Private Distinction, and Nongovernmental Suppression of Wartime Political Debate, George Washington Law Review 2004, 101–173.

Mager, Ute, Einrichtungsgarantien: Entstehung, Wurzeln, Wandlungen und grundgesetzgemäße Neubestimmung einer dogmatischen Figur des Verfassungsrechts, Tübingen 2003.

Mainzer, Claudia, Die dogmatische Figur der Einrichtungsgarantie, 1. Aufl., Baden-Baden 2003.

Maqbool, Aleem, Black Lives Matter: From social media post to global movement, BBC News 09.07.2020, https://www.bbc.com/news/world-us-canada-53273381

Marti, Urs, Diskursethische Legitimation und soziale Funktion des Rechts – Überlegungen zu Jürgen Habermas' Diskurstheorie des Rechts und der Demokratie, in: Mastronardi, Philippe (Hrsg.), Das Recht im Spannungsfeld utilitaristischer und deontologischer Ethik, Stuttgart 2004, S. 107–120.

Martini, Stefan, Vergleichende Verfassungsrechtsprechung: Praxis, Viabilität und Begründung rechtsvergleichender Argumentation durch Verfassungsgerichte, 1. Aufl., Berlin 2018.

Masing, Johannes, Meinungsfreiheit und Schutz der verfassungsrechtlichen Ordnung, JuristenZeitung 2012, 585.

Ders., Grundrechtsschutz trotz Privatisierung, in: Bäuerle, Michael/Wallrabenstein, Astrid/Bryde, Brun-Otto (Hrsg.), Demokratie-Perspektiven: Festschrift für Brun-Otto Bryde zum 70. Geburtstag, Tübingen 2013, S. 409–428.

Mason, George, The Virginia Declaration of Rights, Mason Neck, VA 1776.

Mathews, Jud, State Action Doctrine and the Logic of Constitutional Containment, University of Illinois Law Review 2017, 655–679.

Maultzsch, Felix, Die Konstitutionalisierung des Privatrechts als Entwicklungsprozess – Vergleichende Betrachtungen zum deutschen und amerikanischen Recht, JuristenZeitung 2012, 1040–1050.

Maume, Philipp, Bestehen und Grenzen des virtuellen Hausrechts, Multimedia und Recht 2007, 620–625.

Maurer, Hartmut, Staatsrecht I: Grundlagen, Verfassungsorgane, Staatsfunktionen, 6. Aufl., München 2010.

Maurer, Hartmut/Waldhoff, Christian, Allgemeines Verwaltungsrecht, 20. Aufl., München 2020.

McMullan, Thomas, The UK police's porn-hunting AI can't yet tell the difference between deserts and nudes, Alphr 19.12.2017, https://www.alphr.com/go/1008019

McQuail, Denis, Media performance: mass communication and the public interest, London/Newbury Park, Calif 1992.

Meiklejohn, Alexander, Political Freedom: The Constitutional Powers of the People, New York 1960.

Ders., The First Amendment Is an Absolute, The Supreme Court Review 1961, 245–266.

Meinel, Florian, Öffentlichkeit als Verfassungsprinzip, Kritische Justiz 2004, 413–431.

Merten, Detlef/Papier, Hans-Jürgen (Hrsg.), Handbuch des Staatrechts Bd. II: Grundrechte in Deutschland: Allgemeine Lehren I, 1. Aufl., Heidelberg 2006.

Metzger, Axel, Dienst gegen Daten: Ein synallagmatischer Vertrag, Archiv für die civilistische Praxis 216 (2016), 817–865.

Michaels, Ralf, The Functional Method of Comparative Law, in: Reimann, Mathias/Zimmermann, Reinhard (Hrsg.), The Oxford Handbook of Comparative Law, Oxford 2006, S. 339–382.

Michl, Fabian, Situativ staatsgleiche Grundrechtsbindung privater Akteure. Zugleich Besprechung von BVerfG, Beschluss vom 11.04.2018 – 1 BvR 3080/09, JuristenZeitung 73 (2018), 910–918.

Ders., Wer darf wen „diskriminieren"? Zum Nichtannahmebeschluss in Sachen Hotelverbot (1 BvR 879/12), Verfassungsblog 12.10.2019, https://verfassungsblog.de/wer-darf-wen-diskriminieren/

Milker, Jens, Karlsruhe im Luxemburger Gewand, aber dennoch eigenständig, Verfassungsblog 29.11.2019, https://verfassungsblog.de/karlsruhe-im-luxemburger-gewand-aber-dennoch-eigenstaendig/

Mill, John Stuart, On liberty (1859), Kitchener, Canada 2001.

Möhlen, Christian, Das Recht auf Versammlungsfreiheit im Internet: Anwendbarkeit eines klassischen Menschenrechts auf neue digitale Kommunikations- und Protestformen, Multimedia und Recht 2013, 221–230.

Möller, Thomas, Der grundrechtliche Schutzbereich der Meinungsfreiheit in Deutschland, England und den USA, 1. Aufl., Baden-Baden 2016.

Moshavi, Sharon, Shining Light Into the Dark Spaces of Chat Apps, Columbia Journalism Review 14.01.2020, https://www.cjr.org/opinion/whatsapp-messenger-misin formation.php

Mössner, Jörg Manfred, Rechtsvergleichung und Verfassungsrechtsprechung, Archiv des öffentlichen Rechts 99 (1974), 193–241.

Muckel, Stefan, Mittelbare Drittwirkung des allgemeinen Gleichheitssatzes, Juristische Ausbildung 2018, 553–556.

Müller, Friedrich, Normstruktur und Normativität: zum Verhältnis von Recht und Wirklichkeit in der juristischen Hermeneutik, entwickelt an Fragen der Verfassungsinterpretation, Berlin 1966.

Ders., Die Positivität der Grundrechte: Fragen einer praktischen Grundrechtsdogmatik, 2. Aufl., Berlin 1990.

Müller, Friedrich/Christensen, Ralph, Zur methodischen Praxis in BVerfGE, in: Grundlegung für die Arbeitsmethoden der Rechtspraxis, 11. Aufl., Berlin 2013, S. 50–83.

Müller, Lena-Sophie/Fritzsche, Saskia/Hartenstein, Heiko/Hecht, Stefanie/Krämer, Elisabeth/Hill, Hermann, Ein soziales Netzwerk als internes Kommunikationsmittel für die öffentliche Verwaltung: Potenziale, Herausforderungen und Realisierungsoptionen auf dem Weg zur vernetzten Organisation, Berlin 2014.

Müller-Franken, Sebastian, Meinungsfreiheit im freiheitlichen Staat: Verfassungserwartungen und Verfassungsvoraussetzungen einer gefürchteten Freiheit, Paderborn [u. a.] 2013.

Ders., GG Art. 8, in: Schmidt-Bleibtreu, Bruno/Hofmann, Hans/Henneke, Hans-Günther (Hrsg.), Kommentar zum Grundgesetz, 14. Aufl., Köln 2018.

Müller-Terpitz, Ralf, Soziale Netzwerke als Gegenstand des geltenden Rechts.Eine rechtssystematische Einordnung, in: Eifert, Martin/Gostomzyk, Tobias (Hrsg.), Netzwerkrecht, Baden-Baden 2018, S. 45–60.

Mulligan, Josh, Finding a Forum in the Simulated City: Mega Mass, Gated Towns, and the Promise of Pruneyard, Cornell Journal of Law and Public Policy 2003, 533–562.

Mundo, Yang, Jenseits des „Entweder-Oder“: Internet als konventioneller Teil der Demokratie., kommunikation @ gesellschaft 2008, 1–13.

Myers West, Sarah, Censored, suspended, shadowbanned: User interpretations of content moderation on social media platforms, New Media & Society 2018, 4366–4383.

Nabben, Benedikt/Richt, Maximilian/Ringler, Niels/Schöffel, Robert/Tanriverdi, Hakan/Zierer, Maximilian/Altland, Nils/Pittelkow, Sebastian/Basl, Christian/Riedel, Katja, Die Hassmaschine, Bayerischer Rundfunk (BR Recherche/BR Data/AI+Automation Lab); Norddeutscher Rundfunk (Ressort Investigation); Westdeutscher Rundfunk (WDR Investigativ) 23.06.2020, https://web.br.de/interaktiv/hassmaschine/

Nahon, Karine, Where There Is Social Media There Is Politics, in: Bruns, Axel/Enli, Gunn/Skogerbo, Eli/Larsson, Anders Olof/Christensen, Christian (Hrsg.), The Routledge companion to social media and politics, New York 2016, S. 39–55.

Napoli, Philip M., Social media and the public interest: Governance of news platforms in the realm of individual and algorithmic gatekeepers, Telecommunication Policy 2015, 751–760.

Nawiasky, Hans, Die Grundgedanken des Grundgesetzes für die Bundesrepublik Deutschland: systematische Darstellung und kritische Würdigung, Stuttgart 1950.

Neidhardt, Friedhelm, Öffentlichkeit, öffentliche Meinung, soziale Bewegungen, in: Neidhardt, Friedhelm (Hrsg.), Öffentlichkeit, öffentliche Meinung, soziale Bewegungen, Opladen 1994, S. 7–41.

Neuberger, Christoph, Internet und Journalismusforschung. Theoretische Neujustierung und Forschungsagenda, in: Journalismus online – Partizipation oder Profession?, Wiesbaden 2008, S. 17–42.

Ders., Internet, Journalismus und Öffentlichkeit, in: Neuberger, Christoph/Nuernbergk, Christian/Rischke, Melanie (Hrsg.), Journalismus im Internet, 2009, S. 19–105.

Ders., Erwartungen der Gesellschaft an das Internet und ihre Erfüllung, MedienJournal 2017, 45–60.

Neuberger, Christoph/Gehrau, Volker, StudiVZ: Diffusion, Nutzung und Wirkung eines sozialen Netzwerks im Internet, 1. Aufl., Wiesbaden 2011.

Neuner, Jörg, Das BVerfG im Labyrinth der Drittwirkung, Neue Juristische Wochenschrift 2020, 1851–1855.

Neves, Marcelo, Zwischen Themis und Leviathan: eine schwierige Beziehung: eine Rekonstruktion des demokratischen Rechtsstaates in Auseinandersetzung mit Luhmann und Habermas, 1. Aufl., Baden-Baden 2000.

Nieborg, David/Poell, Thomas, The Platformization of Making Media, in: Prenger, Mirjam/Deuze, Mark (Hrsg.), Making Media: Production, Practices, and Professions, Amsterdam 2020, S. 85–98.

Niederberger, Andreas, Die politische Philosophie des Bundesverfassungsgerichts: Demokratie und Europa vom Maastricht- zum Lissabon-Urteil, in: Franzius, Claudio/Mayer, Franz C./Neyer, Jürgen (Hrsg.), Grenzen der europäischen Integration, Herausforderungen für Recht und Politik, Baden-Baden 2013, S. 211–233.

Nipperdey, Hans Carl, Grundrechte und Privatrecht, Krefeld 1961.

Novet, Jordan, Parler's de-platforming shows the exceptional power of cloud providers like Amazon, CNBC 16.01.2021, https://www.cnbc.com/2021/01/16/how-parler-deplatforming-shows-power-of-cloud-providers.html

Nowak, John E./Rotunda, Ronald D., Constitutional law, 8. Aufl., St. Paul, Minn 2010.

Nuernbergk, Christian/Neuberger, Christoph (Hrsg.), Journalismus im Internet: Profession, Partizipation, Technisierung, 2. Aufl., Wiesbaden 2018.

Nunziato, Dawn C., Virtual freedom: net neutrality and free speech in the Internet age, Stanford, California 2009.

Oeter, Stefan, „Drittwirkung" der Grundrechte und die Autonomie des Privatrechts, Archiv des öffentlichen Rechts 119 (1994), 529–563.

Olsson, Tobias/Svensson, Anders, Producing Prod-Users: Conditional Participation in a Web 2.0 Consumer Community, Javnost – The Public 2012, 41–58.

Oppitz, Florian, Theorien der Meinungsfreiheit: eine vergleichende Untersuchung richterlicher Grundrechtsdogmatik, 1. Aufl., Baden-Baden 2018.

O'Reilly, Tim, What Is Web 2.0 – Design Patterns and Business Models for the Next Generation of Software, O'Reilly 2005, https://www.oreilly.com/pub/a/web2/archive/what-is-web-20.html

Ders., Web 2.0 Compact Definition: Trying Again – O'Reilly Radar 2006, http://radar.oreilly.com/2006/12/web-20-compact-definition-tryi.html

Paal, Boris P., Immaterialgüter, Internetmonopole und Kartellrecht, Gewerblicher Rechtsschutz und Urheberrecht 2013, 873–881.

Paal, Boris P./Hennemann, Moritz, Meinungsbildung im digitalen Zeitalter Regulierungsinstrumente für einen gefährdungsadäquaten Rechtsrahmen, JuristenZeitung 2017, 641–652.

Papier, Hans-Jürgen, Rechtsstaatlichkeit und Grundrechtsschutz in der digitalen Gesellschaft, Neue Juristische Wochenschrift 2017, 3025–3031.

Papier, Hans-Jürgen/Shirvani, Foroud, GG Art. 14, in: Maunz, Theodor/Dürig, Günter (Hrsg.), Grundgesetz-Kommentar, 94. Aufl., München 2021.

Pariser, Eli, The filter bubble: what the Internet is hiding from you, London 2011.

Pasquale, Frank, Platform neutrality: enhancing freedom of expression in spheres of private power, Theoretical Inquiries in Law 2016, 487–513.

Payandeh, Mehrdad, Grundrechtsschutz im öffentlichen Kommunikationsraum, Juristische Rundschau 2011, 421–424.

Perel (Filmar), Maayan/Elkin-Koren, Niva, Separation of Functions for AI: Restraining Speech Regulation by Online Platforms, 2019.

Dies., Black Box Tinkering: Beyond Disclosure in Algorithmic Enforcement, Florida Law Review 2017, 181–221.

Peters, Bernhard, Der Sinn von Öffentlichkeit, in: Neidhardt, Friedhelm (Hrsg.), Öffentlichkeit, öffentliche Meinung, soziale Bewegungen, Opladen 1994, S. 42–76.

Pfetsch, Barbara/Löblich, Maria/Eilders, Christiane, Dissonante Öffentlichkeiten als Perspektive kommunikationswissenschaftlicher Theoriebildung, Publizistik 2018, 477–495.

Phillips, Michael J., The Inevitable Incoherence of Modern State Action Doctrine, St. Louis University Law Journal 1984, 683–744.

Pille, Jens-Ullrich, Meinungsmacht sozialer Netzwerke, 1. Aufl., Baden-Baden 2016.

Piras, Gabriella, Virtuelles Hausrecht?: Kritik am Versuch der Beschränkung der Internetfreiheit, Tübingen 2016.

Platsas, Antonios E., The functional and the dysfunctional in the comparative method of law: some critical remarks, Electronic Journal of Comparative Law 2008, 1–16.

Poell, Thomas/Nieborg, David/Dijck, José van, Platformisation, Internet Policy Review 2019.

Poscher, Ralf, Grundrechte als Abwehrrechte: reflexive Regelung rechtlich geordneter Freiheit, Tübingen 2003.
Ders., Die Grundrechtssituation in der Weimarer Republik – Verfassung zwischen Anspruch und Wirklichkeit, 23–29.
Post, Robert, Meiklejohn's mistake: Individual autonomy and the reform of public discourse, University of Colorado Law Review 1993, 1109.
Ders., Participatory Democracy and Free Speech, Virginia Law Review 2011, 477–489.
Ders., Democracy, Expertise, and Academic Freedom: a First Amendment Jurisprudence for the modern state, New Haven 2012.
Poushter, Jacob, 40% of Millennials OK with limiting speech offensive to minorities, Pew Research Center 2015.
Puppe, Ingeborg, Kleine Schule des juristischen Denkens, 3. Aufl., Göttingen [u. a.] 2014.
Pürer, Heinz, Publizistik- und Kommunikationswissenschaft, 2. Aufl., Konstanz 2014.
Puschmann, Cornelius, Beyond the Bubble: Assessing the Diversity of Political Search Results, Digital Journalism 2019, 824–843.
Rabel, Ernst, Aufgabe und Notwendigkeit der Rechtsvergleichung, München 1925.
Radin, Margaret Jane, Property and Personhood, Stanford Law Review 1982, 957–1015.
Raff, Thomas, BGB § 1004 Beseitigungs- und Unterlassungsanspruch, in: Säcker, Franz Jürgen/Rixecker, Roland/Oetker, Harmut/Limperg, Bettina (Hrsg.), Münchener Kommentar zum Bürgerlichen Gesetzbuch Bd. VIII, 8. Aufl., München 2020.
Raue, Benjamin, Meinungsfreiheit in sozialen Netzwerken. Ansprüche von Nutzern sozialer Netzwerke gegen die Löschung ihrer Beiträge, JuristenZeitung 20/2018, 961–970.
Redeker, Helmut, Rechtsprobleme von Internet und Telekommunikation: Soziale Netzwerke, in: Redeker, Helmut (Hrsg.), IT-Recht, 7. Aufl, 2020.
Reimer, Franz, Juristische Methodenlehre, 1. Aufl., Baden-Baden 2016.
Richards, Neil M, Why Data Privacy Law Is (Mostly) Constitutional, William & Mary Law Review 2015, 1501–1533.
Riedel, Ann-Cathrin, Behind Closed Curtains: Desinformation auf Messengerdiensten, Friedrich-Naumann-Stiftung, Potsdam 2020.
Roberts, Sarah T., Content Moderation, in: Schintler, Laurie A./McNeely, Connie L. (Hrsg.), Encyclopedia of Big Data, Cham 2017, S. 1–4.
Dies., Behind the Screen: Content Moderation in the Shadows of Social Media, New Haven 2019.
Rosen, Jeffrey, The deciders: The future of privacy and free speech in the age of Facebook and Google, Fordham Law Review 2011, 1525–1538.
Rosenfeld, Michel, Hate speech in constitutional jurisprudence: a comparative analysis, Cardozo Law Review 2002, 1523–1568.
Roth, Klaus, Carl Schmitt – ein Verfassungsfreund? Seine Stellung zur Weimarer Republik in der Phase der relativen Stabilisierung (1924–29), Zeitschrift für Politik 2005, 141–156.
Rowe, Thomas D. Jr., The Emerging Threshold Approach to State Action Determinations: Trying to Make Sense of Flagg Brothers, Inc. v. Brooks, Georgetown Law Journal 1980, 745–772.
Rubenfeld, Jed, The First Amendment's Purpose, Stanford Law Review 2000, 767–832.
Rudofsky, Daniel, Modern State Action in the Age of Big Data, New York University Annual Survey of American Law 2017, 741–800.

Ruffert, Matthias, Vorrang der Verfassung und Eigenständigkeit des Privatrechts: eine verfassungsrechtliche Untersuchung zur Privatrechtswirkung des Grundgesetzes, 1. Aufl., Tübingen 2001.

Ders, Die Globalisierung als Herausforderung an das Öffentliche Recht, Stuttgart 2004.

Ders., Common sense statt strikte Dogmatik?: Zutreffendes aus Karlsruhe zu Stadionverboten, Verfassungsblog 11.07.2018, https://verfassungsblog.de/common-sense-statt-strikte-dogmatik-zutreffendes-aus-karlsruhe-zu-stadionverboten/

Rüfner, Wolfgang, § 197 Grundrechtsadressaten, in: Isensee, Josef/Kirchhof, Paul, Handbuch des Staatsrechts Bd. IX, 3. Aufl., Heidelberg 2011.

Rux, Johannes, Taschen-Definitionen: Zivilrecht – Strafrecht – Öffentliches Recht, 3. Aufl., Baden-Baden 2017.

Saar, Martin, Selbstverständigung und Verselbstständigung. Zum 90. Geburtstag von Jürgen Habermas, Leviathan 2019, 274–285.

Sachs, Michael, BVerfG: Grundrechte: Versammlungs- und Meinungsäußerungsfreiheit, Juristische Schulung 2011, 665–668.

Ders., Ausstrahlung der Versammlungsfreiheit auf die zivilrechtlichen Grundlagen der Eigentümerbefugnisse, Juristische Schulung 2015, 954–955.

Sachs, Michael/Dietlein, Johannes, Der Schutz und die freiheitliche Entfaltung des Individuums, in Stern, Klaus, Das Staatsrecht der Bundesrepublik Deutschland Bd. IV: Die einzelnen Grundrechte, 1. Aufl., München 2006.

Santoro, Francesca, More Than Just A Hashtag: The Influence of Social Media on the Societal Change of the Black Lives Matter Movement, Journal of High Technology Law 2020.

Sarabyn, Kelly, Free Speech at Private Universities, Journal of Law & Education 2010, 145–182.

Schaefer, Jan Philipp, Neues vom Strukturwandel der Öffentlichkeit – Gewährleistungsverwaltung nach dem Fraport-Urteil des Bundesverfassungsgerichts, Der Staat 2012, 251–277.

Schauer, Frederick, Precedent, Stanford Law Review 1987, 571–605.

Ders., First Amendment Opportunism, in: Bollinger, Lee C/Stone, Geoffrey R (Hrsg.), Eternally vigilant: free speech in the modern era, Chicago, Ill./London 2003, S. 174–197.

Ders., The Politics and Incentives of First Amendment Coverage, William & Mary Law Review 2014, 1613.

Ders., Free speech: a philosophical enquiry, Cambridge; New York 1982.

Schemmel, Jakob, Soziale Netzwerke in der Demokratie des Grundgesetzes – Ein verfassungsrechtlicher Blick auf Empirie und Regelungsoptionen, Der Staat 2018, 501–527.

Schemmer, Franz, GG Art. 5 [Recht der freien Meinungsäußerung], in: Epping, Volker/Hillgruber, Christian (Hrsg.), BeckOK Grundgesetz, 47. Aufl., München 2021.

Scheuner, Ulrich, Die rechtliche Tragweite der Grundrechte in der deutschen Verfassungsgeschichte des 19. Jahrhunderts, in: Forsthoff, Ernst/Weber, Werner (Hrsg.), Festschrift für Ernst Rudolf Huber zum 70. Geburtstag am 8. Juni 1973, Göttingen 1973.

Schick, Rupert/Kahlenberg, Friedrich (Hrsg.), Der Parlamentarische Rat: 1948–1949; Akten und Protokolle, Boppard am Rhein 1975.

Schladebach, Marcus, Praktische Konkordanz als verfassungsrechtliches Kollisionsprinzip. Eine Verteidigung, Der Staat 2014, 263–283.

Schlaich, Klaus/Korioth, Stefan, Die Verfassungsbeschwerde nach Art. 93 I Nr. 4a GG, §§ 13 Nr. 8a, 90 ff. BVerfGG, in: Schlaich, Klaus/Korioth, Stefan (Hrsg.), Die Verfassungsbeschwerde, 10. Aufl., München 2015.

Schliesky, Utz/Hoffmann, Christian/Luch, Anika/Schulz, Sönke E./Borchers, Kim Corinna, Schutzpflichten und Drittwirkung im Internet: das Grundgesetz im digitalen Zeitalter, 1. Aufl., Baden-Baden 2014.

Schmidl, Michael, Zum virtuellen Hausrecht als Abwehrrecht, Kommunikation & Recht 2006, 563–571.

Schmidt, Helmut, BGB § 307 Inhaltskontrolle, in: Hau, Wolfgang/Poseck, Roman (Hrsg.), BeckOK BGB, 58. Edition, München 2021.

Schmidt, Jan-Hinrik, Onlinebasierte Öffentlichkeiten: Praktiken, Arenen und Strukturen, in: Fraas, Claudia/Meier, Stefan/Pentzold, Christian (Hrsg.), Online-Diskurse: Theorien und Methoden transmedialer Online-Diskursforschung, Köln 2013, S. 35–56.

Ders., Social Media, Wiesbaden 2013.

Ders., Soziale Medien: Funktionen, Praktiken, Formationen, in: Schmidt, Jan-Hinrik/Taddicken, Monika (Hrsg.), Handbuch soziale Medien, Wiesbaden 2017, S. 23–37.

Ders., Die Medienlogik der Informationsintermediäre und ihre Bedeutung für Meinungsbildung, Bundeszentrale für politische Bildung (bpb.de) 2019, https://www.bpb.de/gesellschaft/digitales/digitale-desinformation/290575/die-medienlogik-der-informationsintermediaere-und-ihre-bedeutung-fuer-meinungsbildung

Schmidt, Jan-Hinrik/Merten, Lisa/Hasebrink, Uwe/Petrich, Isabelle/Rolfs, Amelie, Zur Relevanz von Online-Intermediären für die Meinungsbildung, Hamburg 2017.

Schmidt-Jortzig, Edzard, § 162 Meinungs- und Informationsfreiheit, in: Isensee, Josef/Kirchhof, Paul, Handbuch des Staatsrechts Bd. VII, 3. Aufl., Heidelberg 2009.

Schmidt-Rimpler, Walter/Knur, Alexander/Gieseke, Paul/Friesenhahn, Ernst, Die Lohngleichheit von Männern und Frauen: Zur Frage der unmittelbaren Einwirkung des Art. 3 Abs. 2 und 3 des Grundgesetzes auf Arbeits- und Tarifverträge, Archiv des öffentlichen Rechts 76 (1950/51), 165–185.

Schmitt, Carl, Verfassungslehre, 8. Aufl., Berlin 1993.

Schneider, Jens-Peter, Art. 8 GG, in Epping, Volker/Hillgruber, Christian, BeckOK Grundgesetz, 47. Aufl., 2021.

Schneider, Peter, In dubio pro libertate, in: Caemmerer, Ernst von/Friesenhahn, Ernst/Lange, Richard (Hrsg.), Hundert Jahre Deutsches Rechtsleben: Festschrift zum hundertjährigen Bestehen des Deutschen Juristentages 1860–1960, Karlsruhe 1960.

Schreieck, Maximilian/Hein, Andreas/Wiesche, Manuel/Krcmar, Helmut, The Challenge of Governing Digital Platform Ecosystems, in: Linnhoff-Popien, Claudia/Schneider, Ralf/Zaddach, Michael (Hrsg.), Digital Marketplaces Unleashed, Berlin, Heidelberg 2018, S. 527–538.

Schulenberg, Sebastian, Der „Bierdosen-Flashmob für die Freiheit": Zu Versammlungen auf Grundstücken im Eigentum Privater, Die Öffentliche Verwaltung 2016, S. 55–65.

Schulz, Wolfgang, Jenseits der „Meinungsrelevanz". Verfassungsrechtliche Überlegungen zu Ausgestaltung und Gesetzgebungskompetenzen bei neuen Kommunikationsformen, Zeitschrift für Urheber- und Medienrecht 1996, 487–497.

Ders., Von der Medienfreiheit zum Grundrechtsschutz für Intermediäre?, Computer und Recht 2008, 470–476.

Ders., Kommunikationsverfassung, Kommunikationsgrundrechte, Staatsfreiheit – Staatsfreiheit als Gestaltungsprinzip, Archiv für Presserecht 2013, 464–470.

Ders., Kontrolle vorherrschender Meinungsmacht – Dekonstruktion eines medienrechtlichen Schlüsselbegriffs, Archiv für Presserecht 2017, 373–379.

Ders., Roles and Responsibilities of Information Intermediaries: Fighting Misinformation as a Test Case for a Human Rights-Respecting Governance of Social Media Platforms, Hoover Institution 2019, https://www.lawfareblog.com/roles-and-responsibilities-information-intermediaries

Schulz, Wolfgang/Dankert, Kevin, Die Macht der Informationsintermediäre – Erscheinungsformen, Strukturen und Regulierungsoptionen, 1. Aufl., Bonn 2016.

Schulz, Wolfgang/Dreyer, Stephan, Governance von Informations-Intermediären – Herausforderungen und Lösungsansätze, BAKOM Bundesamt für Kommunikation 2020, https://www.bakom.admin.ch/dam/bakom/de/dokumente/bakom/elektronische_medien/Zahlen%20und%20Fakten/Studien/bericht-governance-von-informations-intermediaeren.pdf.download.pdf/Schulz_Dreyer_Governance%20von%20Informations-Intermedi%C3%A4ren.pdf

Schulz, Wolfgang/Held, Thorsten/Kops, Manfred, Perspektiven der Gewährleistung freier öffentlicher Kommunikation, Zeitschrift für Urheber- und Medienrecht 2001, 621–642.

Schulz, Wolfgang/Kettemann, Matthias C./Heldt, Amélie, Probleme und Potenziale des NetzDG – ein Reader mit fünf HBI-Expertisen. Arbeitspapiere des Hans-Bredow-Instituts, Hamburg 2019.

Schulze-Fielitz, Helmuth, Grundgesetz, Art. 5 Abs. 1, 2, in: Dreier, Horst (Hrsg.), Grundgesetz-Kommentar, 3. Aufl., Tübingen 2013.

Schumann, Ekkehard, Bundesverfassungsgericht, Grundgesetz und Zivilprozeß, Köln [u. a.] 1983.

Schuster, Fabian, BGB § 305c Überraschende und mehrdeutige Klauseln, in: Spindler, Gerald/Schuster, Fabian (Hrsg.), Recht der elektronischen Medien, 4. Aufl., München 2019.

Schwabe, Jürgen, Die sogenannte Drittwirkung der Grundrechte: zur Einwirkung der Grundrechte auf den Privatrechtsverkehr, München 1971.

Ders., Grundrechte und Privatrecht, Archiv für die civilistische Praxis 185 (1985), 1–8.

Schwarcz, Steven L., Private Ordering, Northwestern University Law Review 2002, 319–350.

Senzel, Holger, Mediengesetz: Facebook sperrt Nachrichten in Australien, Tagesschau.de 18.02.2021, https://www.tagesschau.de/ausland/australien-facebook-101.html

Shapiro, Martin M., Judicial Power and Democracy, in: Landfried, Christine (Hrsg.), Judicial power: how constitutional courts affect political transformations, Cambridge, United Kingdom; New York, NY 2018, S. 21–35.

Shapiro, Martin/Sweet, Alec Stone, On Law, Politics, and Judicialization, Oxford; New York 2002.

Siehr, Angelika, Das Recht am öffentlichen Raum, 1. Aufl., Tübingen 2016.

Simmons, A. John, Human Rights, Natural Rights, and Human Dignity, in: Cruft, Rowan/Liao, S. Matthew/Renzo, Massimo (Hrsg.), Philosophical foundations of human rights, First edition, Oxford, United Kingdom 2015, S. 138–152.

Smets, Christoph, Staatsgleiche Grundrechtsbindung Privater aus Funktionsnachfolge?, Neue Zeitschrift für Verwaltungsrecht 2016, 35–38.

Ders., Die Stadionverbotsentscheidung des BVerfG und die Umwälzung der Grundrechtssicherung auf Private, Zeitschrift für Verwaltungsrecht 2019, 34–37.

Solmecke, Christian/Dam, Annika, Wirksamkeit der Nutzungsbedingungen sozialer Netzwerke – Rechtskonforme Lösung nach dem AGB- und dem Urheberrecht, Multimedia und Recht 2012, 71–74.

Sommermann, Karl-Peter, § 16 Funktionen und Methoden der Grundrechtsvergleichung, in: Merten, Detlef/Papier, Hans-Jürgen (Hrsg.), Handbuch der Grundrechte Bd. I: Entwicklung und Grundlagen, Heidelberg 2004.

Sorkin, Michael (Hrsg.), Variations on a Theme Park: The New American City and the End of Public Space, New York 1992.

Spindler, Gerald, Löschung und Sperrung von Inhalten aufgrund von Teilnahmebedingungen sozialer Netzwerke, Computer und Recht 2019, 238–247.

Srnicek, Nick, Platform capitalism, Cambridge, UK/Malden, MA 2017.

Starck, Christian, Rechtsvergleichung im öffentlichen Recht, JuristenZeitung 1997, 1021–1029.

Stephen, Bijan, How Black Lives Matter Uses Social Media to Fight the Power, Wired 21.10.2015, https://www.wired.com/2015/10/how-black-lives-matter-uses-social-media-to-fight-the-power/

Stern, Klaus, Grundlagen und Geschichte, nationaler und internationaler Grundrechtskonstitutionalismus, juristische Bedeutung der Grundrechte, Grundrechtsberechtigte, Grundrechtsverpflichtete, München 1988.

Ders., § 185 Idee und Elemente eines Systems der Grundrechte, in: Isensee, Christian/Kirchhof, Paul, Handbuch des Staatrechts Bd. IX, 3. Aufl., Heidelberg 2011.

Stollt, Michael/Meinert, Sascha, Was ist Globalisierung?, Bundeszentrale für politische Bildung (bpb.de) 2010, https://www.bpb.de/veranstaltungen/netzwerke/teamglobal/67277/was-ist-globalisierung

Stone, Geoffrey R., Reflections on Whether the First Amendment Is Obsolete, Knight First Amendment Institute: Emerging Threats Series 2017, https://knightcolumbia.org/content/reflections-whether-first-amendment-obsolete

Stone, Geoffrey R./Seidman, Louis Michael/Sunstein, Cass R./Tushnet, Mark V./Karlan, Pamela S., Constitutional law, 8. Aufl., New York 2018.

Struth, Anna Katharina, Hassrede und Freiheit der Meinungsäußerung: der Schutzbereich der Meinungsäußerungsfreiheit in Fällen demokratiefeindlicher Äußerungen nach der Europäischen Menschenrechtskonvention, dem Grundgesetz und der Charta der Grundrechte der Europäischen Union, Berlin 2019.

Sunstein, Cass R., Free Speech Now Symposium: The Bill of Rights, University of Chicago Law Review 1992, 255–316.

Ders., State Action Is Always Present, Chicago Journal of International Law 2002, 465–470.

Ders., #Republic: divided democracy in the age of social media, Princeton 2017.

Suzor, Nicolas P./West, Sarah Myers/Quodling, Andrew/York, Jillian, What Do We Mean When We Talk About Transparency? Toward Meaningful Transparency in Commercial Content Moderation, International Journal of Communication 2019, 1526–1543.

Taub, Amanda/Fisher, Max, Where Countries Are Tinderboxes and Facebook Is a Match, The New York Times 21.08.2018, https://www.nytimes.com/2018/04/21/world/asia/facebook-sri-lanka-riots.html

Taylor, Jessica, Trump Calls For „Total And Complete Shutdown Of Muslims Entering" U. S., NPR.org, 07.12.2015, https://www.npr.org/2015/12/07/458836388/trump-calls-for-total-and-complete-shutdown-of-muslims-entering-u-s

The American Heritage Dictionary of the English Language, 5. Aufl., Boston 2020.

Theis-Berglmair, Anna Maria, Meinungsbildung in der Mediengesellschaft: Akteure und Prozesse öffentlicher Kommunikation im Zeitalter des Social Web, in: Zerfaß, Ansgar/Piwinger, Manfred (Hrsg.), Handbuch Unternehmenskommunikation, 2014, S. 145–162.

Dies., Öffentlichkeit und öffentliche Meinung, in: Fröhlich, Romy/Szyszka, Peter/Bentele, Günter (Hrsg.), Handbuch der Public Relations, Wiesbaden 2015, S. 399–410.

Tippelt, Von Florian/Kupferschmitt, Thomas, Social Web: Ausdifferenzierung der Nutzung – Potenziale für Medienanbieter, Media Perspektiven, 442–452.

Tower, Stephen, Not In My Front Yard: Freedom of Speech and State Action In New York City's Privately Owned Public Spaces, Journal of Law and Policy 2014, 433–481.

Tucker, Joshua A./Theocharis, Yannis/Roberts, Margaret E. Barberá, Pablo, From Liberation to Turmoil: Social Media And Democracy, Journal of Democracy 2017, 46–59.

Tufekci, Zeynep, Twitter and Tear Gas: The Power and Fragility of Networked Protest, New Haven, CT 2017.

Tufekci, Zeynep, It's the (Democracy-Poisoning) Golden Age of Free Speech, Wired 16.01.2018, https://www.wired.com/story/free-speech-issue-tech-turmoil-new-censorship/

Dies., YouTube, the Great Radicalizer, The New York Times 10.03.2018, https://www.nytimes.com/2018/03/10/opinion/sunday/youtube-politics-radical.html

Tufekci, Zeynep/Wilson, Christopher, Social Media and the Decision to Participate in Political Protest: Observations From Tahrir Square, Journal of Communication 2012, 363–379.

Turner, Graeme, Ordinary people and the media: the demotic turn, Los Angeles, Calif. [u. a.] 2010.

Tushnet, Mark, The Possibilities of Comparative Constitutional Law, Yale Law Journal 1999, 1225.

Ders., State Action, Social Welfare Rights, and the Judicial Role: Some Comparative Observations Essay, Chicago Journal of International Law 2002, 435–454.

Ders., The issue of state action/horizontal effect in comparative constitutional law, International Journal of Constitutional Law 2003, 79–98.

Ders., Comparative Constitutional Law, in: Reimann, Mathias/Zimmermann, Reinhard (Hrsg.), The Oxford Handbook of Comparative Law, Oxford 2006.

Ders., I dissent: great opposing opinions in landmark Supreme Court cases, Boston 2008.

Tushnet, Rebecca, Power Without Responsibility: Intermediaries and the First Amendment, George Washington Law Review 2008, 101–133.

Ullmann, Stefanie/Tomalin, Marcus, Quarantining online hate speech: technical and ethical perspectives, Ethics Inf Technol 2019, 1–12.

Valenzuela, Sebastián/Arriagada, Arturo/Scherman, Andrés, The Social Media Basis of Youth Protest Behavior: The Case of Chile, Journal of Communication 2012, 299–314.

Vesting, Thomas, Soziale Geltungsansprüche in fragmentierten Öffentlichkeiten, Archiv des öffentlichen Rechts 122 (1997), 337–371.

Vigdor, Neil/Chokshi, Niraj, Reddit Restricts Pro-Trump Forum Because of Threats, The New York Times 26.06.2019, https://www.nytimes.com/2019/06/26/us/politics/reddit-donald-trump-quarantined.html

Vogel, Friedemann/Christensen, Ralph, Die Sprache des Gesetzes ist nicht Eigentum der Juristen. Von der Prinzipienspekulation zur empirischen Analyse der Abwägung, in:

Müller, Friedrich/Mastronardi, Philippe (Hrsg.), „Abwägung". Herausforderung für eine Theorie der Praxis, 1. Aufl., Berlin 2014, S. 88–130.
Volokh, Eugene, Cheap Speech and What It Will Do, Yale Law Journal 1995, 1805–1850.
Voßkuhle, Andreas/Kaiser, Anna-Bettina, Grundwissen – Öffentliches Recht: Funktionen der Grundrechte, Juristische Schulung 2011, 411–413.
Wagner, Ben, Digital Election Observation: Regulatory Challenges around Legal Online Content, The Political Quarterly 2020, 739–744.
Waldron, Jeremy, God, Locke, and Equality: Christian foundations of John Locke's political thought, Cambridge, U. K./New York 2002.
Wendelin, Manuel, Medialisierung der Öffentlichkeit: Kontinuität und Wandel einer normativen Kategorie der Moderne, Köln 2011.
Wessler, Hartmut, Habermas and the media, Medford, MA 2018.
Wieczorek, Mirko Andreas, Persönlichkeitsrecht und Meinungsfreiheit im Internet: Kollision und Abwägung bei Internetangeboten; eine verfassungsrechtliche Analyse, Frankfurt am Main 2013.
Wielsch, Dan, Grundrechte als Rechtfertigungsgebote im Privatrecht, Archiv für die civilistische Praxis 2013, 718–759.
Ders., Die Ordnungen der Netzwerke. AGB – Code – Community Standards, in: Eifert, Martin/Gostomzyk, Tobias (Hrsg.), Netzwerkrecht, Baden-Baden 2018, S. 61–94.
Wieser, Bernd, Vergleichendes Verfassungsrecht, Wien/New York 2005.
Wimmer, Jeffrey, Zwischen Subjekt und System. Politische Öffentlichkeit als multidimensionaler Kommunikationsprozess und Mehrebenenphänomen, in: Quandt, Thorsten/Scheufele, Bertram (Hrsg.), Ebenen der Kommunikation: Mikro-Meso-Makro-Links in der Kommunikationswissenschaft, 1. Aufl., Wiesbaden 2011, S. 163–192.
Wolff, Fabian, Black Lives Matter: Im Würgegriff des staatlichen Rassismus, Die Zeit 13.07.2016, https://www.zeit.de/kultur/2016-07/black-lives-matter-bewegung-dallas-polizeigewalt
Wrase, Michael, Zwischen Norm und sozialer Wirklichkeit: zur Methode und Dogmatik der Konkretisierung materialer Grundrechtsgehalte, Berlin 2016.
Wu, Tim, Machine Speech, University Pennsylvia Law Review 2012, 1495–1534.
Wu, Tim, Is the First Amendment Obsolete?, Knight First Amendment Institute at Columbia University 2017, https://knightcolumbia.org/content/tim-wu-first-amendment-obsolete
Wurmnest, Wolfgang, BGB § 308 Nr. 3 Rücktrittsvorbehalt, in: Münchener Kommentar zum BGB Bd. II, 8. Aufl., München 2019.
Ders., BGB § 307 Inhaltskontrolle, in: Münchener Kommentar zum BGB Bd. II, 8. Aufl., München 2019.
Yemini, Moran, Free Speech for All: A Justice-Infused Theory of Speech for the Digital Ecosystem, Doctoral Dissertation, Haifa 2017.
Ders., Missing in „State Action": Toward a Pluralist Conception of the First Amendment, Lewis & Clark Law Review 2019, 1149.
York, Jillian, Silicon Values: The Future of Free Speech Under Surveillance Capitalism, Brooklyn 2021.
Zarsky, Tal Z., Law and online social networks: Mapping the challenges and promises of user-generated information flows, Fordham Intellectual Property Media & Entertainment Law Journal 2007, 742–783.
Zimmer, Anja/Kunow, Kristian, Vielfaltsbericht 2020 der Medienanstalten: Medienintermediäre und Meinungsbildung, Berlin 2020, S. 44–57.

Zuboff, Shoshana, The age of surveillance capitalism: the fight for a human future at the new frontier of power, 1. Aufl., New York 2019.

Zuckerberg, Mark, A Privacy-Focused Vision for Social Networking, Facebook Notes 12.03.2019, https://www.facebook.com/notes/2420600258234172/

Zweigert, Konrad/Kötz, Hein, Einführung in die Rechtsvergleichung: auf dem Gebiete des Privatrechts, 3. Aufl., Tübingen 1996.

Hinweise

Internetquellen sind, soweit nicht anders angegeben, auf dem Stand vom 30.08.2022.

Die Recherchen im Internet wurden (abgesehen von juristischen und wissenschaftlichen Datenbanken wie beck-online, juris, SSRN, HeinOnline usw.) hauptsächlich mithilfe der folgenden Suchmaschinen durchgeführt: Google Search, DuckDuckGo, StartPage Web Search, Google Scholar.

Register

Internet und Gesellschaft

Schriften des Alexander von Humboldt Institut
für Internet und Gesellschaft

Herausgegeben von
Jeanette Hofmann, Matthias C. Kettemann,
Björn Scheuermann, Thomas Schildhauer und Wolfgang Schulz

Die Schriftenreihe *Internet und Gesellschaft* (IuG) wurde 2014 gegründet. Sie wird von Wissenschaftlern des Alexander von Humboldt Instituts für Internet und Gesellschaft herausgegeben, um wissenschaftliche Forschungen im Themenbereich Internet und Gesellschaft zu ermöglichen und die Entwicklung des Internets in seinem Zusammenspiel mit gesellschaftlichen Transformationsprozessen zu dokumentieren. Die Schriftenreihe versteht sich als Plattform für Wissenschaftler, um die wissenschaftlichen Arbeiten und die Forschungsergebnisse zu Fragen von politischen Akteuren, Zivilgesellschaft und Unternehmen zugänglich zu machen. Sie beschränkt sich im Schwerpunkt auf die juristischen und sozialwissenschaftlichen Perspektiven rund um das Internet.

ISSN: 2199-0344
Zitiervorschlag: IuG

Alle lieferbaren Bände finden Sie unter *www.mohrsiebeck.com/iug*

Mohr Siebeck
www.mohrsiebeck.com